Julia Schäfer

Sozialkapital und politische Orientierungen von Jugendlichen in Deutschland

Forschung Politik

Julia Schäfer

Sozialkapital und politische Orientierungen von Jugendlichen in Deutschland

VS VERLAG FÜR SOZIALWISSENSCHAFTEN

Bibliografische Information Der Deutschen Bibliothek
Die Deutsche Bibliothek verzeichnet diese Publikation in der Deutschen Nationalbibliografie; detaillierte bibliografische Daten sind im Internet über <http://dnb.ddb.de> abrufbar.

1. Auflage Februar 2006

Lektorat: Monika Mülhausen / Marianne Schultheis

Der VS Verlag für Sozialwissenschaften ist ein Unternehmen von Springer Science+Business Media.
www.vs-verlag.de

Umschlaggestaltung: KünkelLopka Medienentwicklung, Heidelberg
Druck und buchbinderische Verarbeitung: MercedesDruck, Berlin
Gedruckt auf säurefreiem und chlorfrei gebleichtem Papier
Printed in Germany

ISBN 3-531-14962-8

Meinen Eltern

Inhalt

Abbildungsverzeichnis

Tabellenverzeichnis

Vorwort

Robert Putnam kam Anfang der 90er Jahre aufgrund seiner intensiven Beschäftigung mit der italienischen Regionalverwaltungsreform zu der Schlussfolgerung, dass *social capital is the key to making democracy work.* Daraufhin wurde das auf die Soziologen James Coleman und Pierre Bourdieu zurückgehende Sozialkapitalkonzept auch in der politischen Kulturforschung immer populärer. Mit Rückgriff auf die Ideen Alexis de Tocquevilles wurde in vielen aktuellen politikwissenschaftlichen Forschungsprojekten die Wechselwirkung zwischen sozialen, nicht-politischen Aktivitäten und politischen Verhaltensweisen betrachtet. Dabei wurde untersucht, inwiefern Vereine als *Schulen der Demokratie* fungieren, soziales Vertrauen wie ein *Schmiermittel im Räderwerk des sozialen Systems* wirkt und kooperative Normen die *moralischen Grundlagen* des gesellschaftlichen Miteinanders bilden. Obwohl angenommen wird, dass Sozialkapital bereits im Jugendalter eine wichtige Ressource darstellt, standen im Mittelpunkt derartiger Studien allerdings Erwachsene. Daher wird hier der Frage nachgegangen, welche Rolle Sozialkapital für die politische Sozialisation in der Jugendphase spielt. Diese Forschungsarbeit wurde durch die Landesgraduiertenförderung Baden-Württemberg finanziert und im Juni 2005 von der Fakultät für Sozialwissenschaften der Universität Mannheim als Dissertation angenommen. Für die Veröffentlichung wurde das Manuskript geringfügig überarbeitet.

Sozialkapital macht uns *smarter, healthier, safer, richer*, so eine weitere, viel zitierte Annahme Robert Putnams. Während ich mich in meiner Dissertation mit dem Thema Sozialkapital beschäftigt habe, wurde mir besonders bewusst, wie hoch der Wahrheitsgehalt dieser Aussage ist. Ich möchte dies noch deutlicher formulieren und stelle die Behauptung auf, dass Sozialkapital in Form sozialer Beziehungen der Schlüssel zur erfolgreichen Durchführung eines solchen Projektes ist – und zwar in vielfacher Hinsicht. Gespräche mit Kollegen führen immer wieder zu neuen Ideen, Anregungen und unter Umständen auch zu der Erkenntnis, in einer Sackgasse gelandet zu sein. Zusammen mit Familie und Freunden können Tiefpunkte leichter überwunden und Erfolge schöner gefeiert werden. Sie helfen auch, die Arbeit von Zeit zu Zeit in den Hintergrund treten zu lassen und andere Dinge im Leben nicht zu sehr zu vernachlässigen. Jeder, der selbst schon einmal ein größeres Projekt in Angriff genommen hat, kennt diese Situationen und weiß um die Wichtigkeit des persönlichen ‚Netzwerks'.

Über diese allgemeinen Feststellungen hinausgehend möchte ich daher einigen Kollegen und Freunden sowie meiner Familie im Einzelnen danken. Zu nennen ist hier zunächst Prof. Dr. Jan W. van Deth, dem ich nicht nur einen großen Teil meiner wissenschaftlichen Ausbildung verdanke, sondern der in vielen konstruktiven und geduldigen Gesprächen auch maßgeblich an der Entwicklung meiner Dissertation mitgewirkt hat. Ohne seine Unterstützung wäre diese Arbeit wohl niemals in der nun vorliegenden Form zustande gekommen. Sehr gefreut habe ich mich außerdem darüber, dass Prof. Dr. Klaus Schönhoven sich als Zweitgutachter bereitwillig auf mein Thema eingelassen hat. Für die vielen anregenden Diskussionen und hilfreichen Ratschläge bin ich zudem meinen Kollegen Sigrid Roßteutscher, Martin Elff, Sonja Zmerli und Simone Abendschön zu Dank verpflichtet. Julia Jung, Holger Endrös, Bernd Schlipphak sowie Daniel Stegmüller danke ich für das sorgfältige Korrekturlesen und – wie vielen anderen Freunden – für die moralische Unterstützung. Insbesondere mein Lebensgefährte Daniel Rathke war für mich stets ein Fels in der Brandung. Er hat nicht nur die verschiedenen Versionen meiner Arbeit so oft gelesen wie kein anderer, sondern darüber hinaus geduldig Motivationseinbrüche, Freudentaumel und Stimmungsschwankungen durchgestanden. Vielen Dank für Alles! Am Ende genannt und dennoch am wichtigsten: meine Eltern, für deren uneingeschränkte Unterstützung ich ohnehin keine angemessenen Worte der tiefen Dankbarkeit finden kann und denen daher dieses Buch gewidmet ist.

Mannheim im Januar 2006 | Julia Schäfer

1 Einführung

1.1 Fragestellung

Die Wahl des Unwortes 2004 fiel auf ‚Humankapital', denn der *Begriff* „degradiert (...) Menschen (...) zu nur noch ökonomisch interessanten Größen", so die Begründung der Jury.[1] Dass es sich mit Humankapital zunächst um einen analytischen Begriff handelt, der also selbst keine „primär ökonomische Bewertung" fördern kann, wird von der Jury vollkommen ignoriert. Dabei sollte mit der Einführung des Humankapitalkonzepts gerade der wissenschaftlichen Reduzierung der Wirklichkeit auf finanzielles und physisches Kapital entgegengewirkt werden. Indem nämlich der Tatsache Rechnung getragen wird, dass "expenditures on education, training, medical care, (...) produce human, not physical or financial, capital because you cannot separate a person from his or her knowledge, skills, health, or values the way it is possible to move financial and physical assets while the owner stays put" (Becker 1993: 16). Aus ähnlichen Gründen hielt Pierre Bourdieu (1983) die Erweiterung des Kapitalbegriffs sowie dessen Etablierung in den modernen Sozialwissenschaften für notwendig, denn „es ist nur möglich, der Struktur und dem Funktionieren der gesellschaftlichen Welt gerecht zu werden, wenn man den Begriff des *Kapitals in allen seinen Erscheinungsformen einführt*" (Bourdieu 1983: 184; H.i.O.; vgl. Schuller, Baron und Field 2000). Daher sollten gerade die Ausbreitung des Kapitalbegriffs in „nichtfachliche Bereiche" sowie der Einbezug „aller denkbaren Lebensbezüge" – Folgen, die die Unwort-Jury laut Pressemitteilung fürchtet – ein wichtiges Ziel und Anliegen moderner Sozialwissenschaft sein. Denn es muss die Funktionslogik auch derjenigen Wirkungsmechanismen, „die zwar objektiv ökonomischen Charakter tragen, aber als solche im gesellschaftlichen Leben nicht erkannt werden und auch nicht erkennbar sind", verstanden werden (Bourdieu 1983: 190). So werden bestimmte kulturelle Fertigkeiten, wie zum Beispiel Tischmanieren, innerhalb der Familie weitergegeben, die als ‚feine Unterschiede' zum Abgrenzungskriterium werden können und so auch zur ‚Reproduktion sozialer Ungleichheiten' beitragen. Sie stellen in diesem Sinne ein kulturelles Kapital dar (vgl. Bourdieu 1982). Daneben diskutiert Bourdieu die Wichtigkeit von

1 Pressemitteilung der Jury http://unwortdesjahres.org/presse.htm (Stand: 1. März 2005).

sozialen Beziehungen und Ressourcen, die einzelnen Menschen aufgrund ihrer „Zugehörigkeit zu einer Gruppe“ zur Verfügung stehen und nennt dies Sozialkapital (Bourdieu 1983: 190). Auch andere Sozialforscher, wie zum Beispiel Loury (1977), Coleman (1988), Putnam (1993) oder Esser (2000), verwenden diesen Begriff. Allerdings nicht, um – wie die Unwort-Jury wohl vermuten würde – nun auch noch soziale Beziehungen zu ‚ökonomischen Größen zu degradieren', sondern vielmehr, um die Bedeutung derartiger Beziehungen für das Individuum sowie für die Gesellschaft zu entschlüsseln (vgl. Roberts 2004). So betont auch die OECD, dass es notwendig ist „to understand the impacts of developments in the human and social environments as well as physical and natural ones“ (OECD 2001: 10).

Für Politikwissenschaftler ist es dabei besonders wichtig zu verstehen, warum einige Menschen ihren Blick auf die politischen Alltagsgeschäfte richten, also politisch interessiert sind, und warum andere dies nicht tun, warum einige die Berücksichtigung ihrer Interessen im politischen Prozess einfordern und aktiv auf politische Entscheidungsprozesse einwirken wollen und andere nicht. Mit anderen Worten beschäftigt sich ein großer Teil der politikwissenschaftlichen Sozialforschung, insbesondere der Teilbereich der politischen Soziologie, mit der Frage, warum einige Bürger in diesem Sinne über politisches Kapital verfügen und andere nicht. Und um ein politisches ‚Kapital' muss es sich handeln, denn das Interesse und Wissen um aktuelle politische Geschehnisse sowie die Bereitschaft, sich aktiv zu beteiligen, stellen einerseits für die einzelnen Bürger wichtige individuelle Ressourcen dar und sind andererseits ein unverzichtbares kollektives Gut moderner Demokratien (vgl. Booth und Richard 1998). Dass vor allem die unterschiedliche Ressourcenausstattung, wie zum Beispiel finanzielles Kapital und Humankapital[2], einen wichtigen Erklärungsfaktor politischen Kapitals darstellt, ist sowohl auf der System- als auch auf der Individualebene unumstritten.

Mit Rückgriff auf die auf Alexis de Tocqueville ([1835] 1965) zurückgehende Idee einer Wechselwirkung zwischen sozialen, nicht-politischen Aktivitäten und politischen Verhaltensweisen wird in jüngster Zeit darüber hinaus davon ausgegangen, dass auch *Sozialkapital* sowohl für die einzelnen Bürger als auch für die Gesellschaft und damit für das Funktionieren moderner demokratischer Systeme positive Konsequenzen hat. In der Weiterführung der Beobachtungen von Tocqueville wurde in diesem Zusammenhang das Sozialkapitalkonzept von James S. Coleman (1990a) erweitert und in die politische Kulturforschung in-

2 Humankapital wird innerhalb dieser Arbeit mit der OECD definiert als „the knowledge, skills, competences and attributes embodied in individuals that facilitate the creation of personal, social and economic well-being“ (OECD 2001:18); dafür dient als wichtigster Indikator die Schulbildung.

tegriert. Diese Adaption des Sozialkapitalkonzepts innerhalb der Politikwissenschaft geschah in Folge der Arbeiten Robert D. Putnams, der soziales Kapital als Kombination struktureller und kultureller Aspekte konzeptualisiert. So führt Putnam (1993) in seinem Buch *Making Democracy Work* sowohl die wirtschaftlichen Differenzen als auch die unterschiedliche Leistung der italienischen Regionalregierungen auf die ungleiche Sozialkapitalausstattung in Süd- und Norditalien zurück, und seine Schlussfolgerung lautet „social capital is the key to making democracy work" (Putnam 1993: 183; vgl. 2000: 290). Denn Sozialkapital als Eigenschaft einer Gesellschaft senkt die Risiken von Kooperation und hilft so, Dilemmata kollektiven Handelns kostengünstig zu überwinden (vgl. Putnam 1993: 177). Außerdem wirkt sich soziales Kapital als individuelle Ressource positiv auf die politischen Orientierungen der Bürger aus (vgl. Putnam 2000: 338; van Deth 2002: 575).

In aktuellen Forschungsprojekten wird daher untersucht, inwieweit soziale Beteiligung, soziales Vertrauen sowie soziale Werte und Normen als zentrale strukturelle und kulturelle Bestandteile sozialen Kapitals politisches Interesse, politische Beteiligung oder politische Unterstützung bedingen (vgl. z.B. Gabriel et al. 2002).[3] Im Mittelpunkt derartiger Studien stehen in der Regel Erwachsene. Allerdings ist es aufgrund der Annahmen der Sozialkapitaltheorie äußerst plausibel anzunehmen, dass Sozialkapital bereits im Jugendalter eine wichtige Ressource darstellt. Denn es wird grundsätzlich davon ausgegangen, dass die verschiedenen Aspekte sozialen Kapitals einen wichtigen Faktor bei der Erklärung der politischen Involvierung und deren Konzentration in bestimmten Bevölkerungsgruppen darstellen. Gleichzeitig wird in Jugendstudien immer wieder festgestellt, dass rund die Hälfte der Jugendlichen politisch interessiert und zu aktiver politischer Teilhabe bereit ist (vgl. Deutsche Shell 2002 und 2000a; Gaiser et al. 2001; Gille und Krüger 2000; Jugendwerk der Deutschen Shell 1997; Vaskovics und Zinnecker 1996; Hoffmann-Lange 1995b; Friedrich und Förster 1994; Silbereisen; Veen 1994; Büchner und Krüger 1991). Wenn die (unterschiedliche) Sozialkapitalausstattung tatsächlich ein wichtiger Erklärungsfaktor der Verteilung politischer Einstellungen und Verhaltensweisen Erwachsener ist, sollte sich dieser Zusammenhang bereits im Jugendalter zeigen. Denn bei den Jugendlichen finden sich in Bezug auf viele politische Orientierungen zwar häufig andere Niveaus als bei den Erwachsenen, allerdings ähneln sich sowohl die Trendentwicklungen als auch der Einfluss zentraler Standardeinflussfaktoren meist stark. Aufgrund der Annahme, dass die politische Sozialisation besonders in der Jugendzeit wirksam ist, liegt die Vermutung nahe, dass sich gerade in dieser Phase grundlegende politische Einstellungen festigen und insofern Sozi-

3 Vgl. auch das Projekt ‚Citizenship, Involvement, Democracy' (CID) und die entsprechende Internetseite: http://www.mzes.uni-mannheim.de/projekte/cid/ (Stand: 5. März 2005).

alkapital besonders wichtig sein sollte. Trotzdem bleiben Sozialisationsansätze in der Sozialkapitalforschung ebenso weitgehend unberücksichtigt, wie umgekehrt die Sozialisationsforschung wenig unternimmt, um Erkenntnisse der politischen Kulturforschung fruchtbar zu nutzen. Sylvia Greiffenhagen (2002) vermutet aber, dass es nur eine Frage der Zeit ist, bis eine solche Integration vollzogen wird, denn die „Frage nach dem Zusammenhang zwischen der sozialen Situation von Individuen oder Gruppen und ihrem demokratischen Potential (...) in der ‚Zivilen Gesellschaft' trifft (...) ins Zentrum demokratischer Identität" (Greiffenhagen 2002: 417).

Allerdings wurde der Frage nach der Bedeutung sozialen Kapitals für die politische Sozialisation im Jugendalter in Deutschland bisher empirisch nicht nachgegangen. Denn wird das ‚Sozialkapital' Jugendlicher untersucht, steht als primäre Sozialisationsinstanz vor allem die Familie aber auch die Schule und Kontakte mit Gleichaltrigen sowie deren Einfluss auf individuelle Entwicklungsaspekte, wie zum Beispiel der schulische Erfolg, das psychische Befinden oder delinquentes Verhalten Jugendlicher im Vordergrund, so dass in diesem Zusammenhang von jugendlichem ‚Entwicklungskapital' gesprochen wird (vgl. Stecher 2001). Ob die in vielen empirischen Studien bei Erwachsenen gefundenen Zusammenhänge zwischen den kulturellen und strukturellen Aspekten sozialen Kapitals sowie deren Einfluss auf verschiedene politische Orientierungen sich bereits im Jugendalter zeigen, ist dagegen bisher nicht untersucht worden.

Jedoch kommen in jüngster Zeit Sozialforscher, wie zum Beispiel Stolle und Hooghe (2002) zu dem Ergebnis, "that it does make sense to study adolescence, and not only in selected contexts, such as schools, but also the social participation of youngsters" (Stolle und Hooghe 2002: 30; vgl. 2004). Allerdings beruht diese Feststellung auf Daten von Erwachsenen, die rückblickend ihre Jugend bewerten sollen. Diejenigen Befragten, die in ihrer Jugend in einer Jugendorganisation Mitglied waren, sind im Vergleich zu ehemaligen Nicht-Mitgliedern doppelt so häufig auch heute noch Mitglied in einer Organisation.[4] Andere Forschungsarbeiten weisen darauf hin, dass partizipatorische Erfahrungen im Jugendalter wichtig für politische Einstellungen und Verhaltensweisen im späteren Leben sind (vgl. z.B. Youniss 2000; Smith 1999a, 1999b; Yates und Youniss 1999; Youniss und Yates 1997). Die zugrunde liegende Hypothese dieser Studien lautet also, dass sich soziale Beteiligung, soziales Vertrauen und soziale Werte und Normen im Jugendalter positiv auf politische Orientierungen im *Erwachsenenalter* auswirken. Die zentrale Frage, inwieweit derartige Mechanismen bereits im *Jugendalter* wirksam sind, kann innerhalb solcher Studien allerdings nicht beantwortet werden. Daher wird im Rahmen dieser Arbeit für

4 Innerhalb dieser Arbeit werden die Begriffe ‚Verein', ‚Vereinigung', ‚Freiwilligenvereinigung' ‚Freiwilligenorganisation', ‚Organisation' und ‚Verband' synonym verwendet.

die Jugendlichen in Deutschland anhand von sieben seit 1990 erhobenen Jugendstudien untersucht, ob Sozialkapital einen substantiellen, zusätzlichen Erklärungsfaktor dafür bietet, warum einige Jugendliche in Deutschland politisch involviert sind und in diesem Sinne bereits in jungen Jahren über politisches Kapital verfügen und warum dies für andere Jugendliche nicht zutrifft.

1.2 Datengrundlage und Untersuchungsdesign

Mit ‚Jugend' werden teilweise sehr unterschiedliche Inhalte verbunden. So kann mit diesem Begriff eine Phase innerhalb des Lebenszyklus, eine Altersgruppe innerhalb der Gesellschaft, eine biologische Lebensphase, eine Subkultur und ein gesellschaftliches Ideal bezeichnet werden (vgl. Schäfers 2001: 17f.). Innerhalb dieser Arbeit wird Jugend mit Rückgriff auf den in der soziologischen Jugendforschung weit verbreiteten rollentheoretischen Ansatz konzeptioniert, der sich in erster Linie auf die Arbeiten von Schelsky (1957), Tenbruck (1965), Mannheim (1965) und Fend (1988) stützt und eine Weiterentwicklung dieser dargestellt. Danach kann Jugend als die Lebensphase einer Generation definiert werden, wobei von „einer jeweils vorherrschenden, durch die historischen und die wirtschaftlich-kulturellen Verhältnisse bestimmten Generationengestalt bei einer Mehrheit der Jugendlichen eines Jahrgangs gesprochen" wird (Hurrelmann 1994: 60). Dieser Ansatz ist deswegen interessant, da er Spielraum für die unterschiedliche, individuelle Ausgestaltung der Lebensphase ‚Jugend' lässt und damit der „Entstrukturierung der Jugendphase" (Olk 1985: 290) Rechnung trägt, gleichzeitig aber davon ausgeht, dass dies „innerhalb generationsspezifischer Ausdrucksformen" geschieht (Hurrelmann 1994: 60).

Einer zentralen Annahme rollentheoretischer Sozialisationsansätze zufolge orientiert sich das Verhalten eines Individuums an der Reaktion von (Kooperations-)Partnern. Im Sinne eng verwandter entwicklungstheoretischer Ansätze ist dabei zwar von lebenslangen Lernprozessen auszugehen, aber der Jugendphase wird eine besondere Bedeutung im Sozialisationsprozess zugesprochen (vgl. z.B. Kohlberg [1927] 1984). Je mehr ‚Rollen' ein Individuum demnach im Laufe seines Lebens übernimmt, desto stärker richtet sich sein Verhalten an „immer universalistischeren ‚generalized others'" aus (Greiffenhagen 2002: 414). Es wird deutlich, dass derartige Sozialisationsansätze Parallelen zu sozialkapitaltheoretischen Überlegungen aufweisen, denn Putnam (1993) vermutet, dass „repeated exchange of a period of time tends to encourage the development of a norm of generalized reciprocity" (Putnam 1993: 172).

Außerdem lassen sich rollentheoretische Ansätze sehr gut mit der innerhalb der empirischen Sozialforschung üblichen ‚Definition' von Jugend über das Alter verbinden. Danach interessiert ‚Jugend' unter dem Gesichtspunkt einer bestimmten Alters- bzw. gesellschaftlichen Subgruppe, wobei es keine einheitlichen Abgrenzungskriterien zu geben scheint. So legt das deutsche ,Gesetz zum Schutz der Jugend in der Öffentlichkeit' in Paragraph 2 Absatz 1 zwar eindeutig fest, dass „Kind im Sinne dieses Gesetzes ist, wer noch nicht vierzehn, Jugendlicher, wer vierzehn, aber noch nicht achtzehn Jahre alt ist". Allerdings wird ,Jugend' innerhalb sozialwissenschaftlicher Forschung „als postadoleszente Lebensphase bis zum Ende des dritten Lebensjahrzehnts ausgedehnt" (Bernart 1998: 352; vgl. Tippelt und Pietraß 2001). Als Jugendliche gelten danach Menschen, die nicht jünger als 14 und nicht älter als 29 Jahre sind.

Will man in diesem Sinne ,Jugendliche' empirisch betrachten, können unterschiedliche Forschungsstrategien angewendet werden, denn quantitative Daten über Angehörige dieser Altersgruppen können auf mindestens zweifache Weise gewonnen werden. So kann zum einen auf allgemeine Bevölkerungsumfragen zurückgegriffen werden, die Jugendliche als Teilpopulation miterfassen. Allerdings ist der Anteil der Jugendlichen in derartigen Studien meist so gering, dass Schlüsse aus komplexen kausalen Modellen für die Teilpopulation der Jugendlichen nur höchst unzuverlässig gezogen werden können. Daher werden innerhalb dieser Arbeit ausschließlich Jugendstudien verwendet. Denn Ziel dieser Arbeit ist es, auf einer möglichst breiten Datengrundlage, der Verteilung, den Zusammenhängen, den Bedingungen sowie den Konsequenzen jugendlichen Sozialkapitals in Deutschland nachzugehen.

Die Jugendstudien bewegen sich zwar in der Regel in den beschriebenen Altersgrenzen, allerdings setzen sie den Beginn und das Ende der Jugendzeit uneinheitlich fest. So beschränkt der Jugendsurvey des Deutschen Jugendinstituts (DJI) seine Untersuchung auf die 16- bis 29-Jährigen, die etwa 10 Millionen Bundesbürger ausmachen (vgl. Gille/Krüger 2000; Gaiser et al. 2001). Die aktuelle Shell Jugendstudie dagegen befragt 2.515 Jugendliche im Alter zwischen 12 und 25 Jahren (vgl. Deutsche Shell 2002). Zwei Jahre zuvor wurden als Grundgesamtheit noch Jugendliche im Alter von 15 bis 24 Jahren genommen (vgl. Deutsche Shell 2000a). Allein über das Zentralarchiv für Empirische Sozialforschung der Universität zu Köln (ZA) kann auf fast 200 seit 1950 in Deutschland durchgeführte Jugendstudien zurückgegriffen werden. Da innerhalb dieser Arbeit allerdings die Relevanz sozialen Kapitals für Jugendliche in Gesamtdeutschland untersucht wird, werden lediglich nach der Deutschen Einheit erhobene Daten berücksichtigt, was die (über das ZA) verfügbaren Jugendstudien auf etwa 60 reduziert. Diese Jugendstudien variieren nicht nur in Hinblick auf das Alter, sondern auch auf den Inhalt und die Konzeption, so dass die Auswahl der innerhalb dieser Arbeit verwendeten Jugendstudien nach diesen Gesichtspunkten erfolgt. Mit anderen Worten: Es werden Datensätze verwendet, die nach 1990 erhoben wurden, die für die Fragestellung zentralen Variablen enthalten und möglichst ähnlich konzipiert sind. Dabei wird auf die wohl bekanntesten Jugendstudien in Deutschland zurückgegriffen: die DJI Jugendsurveys und die Shell Jugendstudien (vgl. Tabelle 1.1).

Tabelle 1.1: Übersicht über die verwendeten Jugendstudien

Studienname *(Bezeichnung des Datensatzes)*	ZA-No.	N Gesamt	Feldphase	zentrale Veröffentlichungen
Shell Jugendstudie „Jugend ´92“: *Shell 1992*	2323	4005	Juni/Juli 1991	Jugendwerk der Deutschen Shell 1992a, 1992b, 1992c, 1992d.
DJI Jugendsurvey 1992: *DJI 1992*	2527	7090	Sept./Okt. 1992	Hoffmann-Lange 1995a; Gille und Krüger 2000.
Kindheit, Jugend und Erwachsenwerden 1991-1997 (Querschnitt 1996): *KJE 1996*	3434	3275	Febr.-Mai 1996	Zinnecker und Silbereisen 1996.
Shell Jugendstudie „Jugend 1997“: *Shell 1997*	2930	2102	Nov./Dez. 1996	Jugendwerk der Deutschen Shell 1997.
DJI Jugendsurvey 1997: *DJI 1997*	3298	6919	Sept./Nov. 1997	Gille und Krüger 2000.
Shell Jugendstudie „Jugend 2000“: *Shell 2000*	x*	4546	Juni-Sept. 1999	Deutsche Shell 2000a, 2000b.
Shell Jugendstudie „Jugend 2002“: *Shell 2002*	3694	2515	März/April 2002	Deutsche Shell 2002; Albert, Linssen und Hurrelmann 2003.

*Die 13. Shell Jugendstudie „Jugend 2000“ ist nicht über das ZA erhältlich, sondern kann nur über das Marktforschungsinstitut *psydata* käuflich erworben werden.

Da in dieser Arbeit Jugendstudien unterschiedlicher Forschungseinrichtungen gemeinsam betrachtet werden, findet in den folgenden Abschnitten zunächst eine kurze Zusammenfassung der Hintergründe der einzelnen Jugendstudien statt. Seit 1952 lässt die Deutsche Shell Jugendstudien durchführen, so dass mittlerweile 14 Shell Jugendstudien zur Verfügung stehen, von denen allein seit 1990 vier Jugendstudien erhoben wurden. Die Deutsche Shell beschränkt sich auf die Finanzierung und Veröffentlichung der Studien und nimmt weder auf die Konzeption noch auf die Auswertung Einfluss. Die Daten werden von Meinungsforschungsinstituten erhoben und – mit Ausnahme der 13. Shell Jugendstudie *Jugend 2000* – über das ZA der interessierten Öffentlichkeit zugänglich gemacht.[5] Die Shell Jugendstudie 1992 *Jugend '92* (im Folgenden: Shell 1992) stand ganz im Zeichen der Deutschen Einheit und wurde in vier Bänden veröffentlicht (vgl. Jugendwerk der Deutschen Shell 1992a-d). Im Juni und Juli 1991 wurden dazu 4.005 Jugendliche im Alter zwischen 13 und 29 Jahren zu ihren Orientierungen und Perspektiven im vereinigten Deutschland befragt. Im November und Dezember 1996 wurde die 12. Shell Jugendstudie *Jugend '97* (im Folgenden: Shell 1997) durchgeführt, wobei in mündlichen Befragungen die Meinungen und Einstellungen von 2.102 Jugendlichen in ganz Deutschland erfasst wurden (vgl. Jugendwerk der Deutschen Shell 1997). Diese Studie unterscheidet sich durch ihre Altersstruktur von der vorherigen, denn die Jugendlichen sind zwischen 12 und 24 Jahren alt. Die 13. Shell Jugendstudie *Jugend 2000* (im Folgenden: Shell 2000) wurde in zwei Bänden veröffentlicht und umfasst die bis dahin größte Fragebogenerhebung im Rahmen der Shell Jugendstudien. Die Datenerhebung erfolgte von Juni bis September 1999, und der Datensatz umfasst 4.546 Jugendliche zwischen 15 und 24 Jahren (vgl. Fritzsche 2000b; Deutsche Shell 2000a, 2000b). Die aktuelle Shell Jugendstudie *Jugend 2002* (im Folgenden: Shell 2002) umfasst eine Stichprobe von 2.515 Jugendlichen zwischen 12 und 25 Jahren. Sie wurde im März und April 2002 durchgeführt (vgl. Deutsche Shell 2002).

Der Datensatz *Kindheit, Jugend und Erwachsenwerden 1991-1997* stellt eine Panelerhebung mit drei Wellen dar und umfasst insgesamt 1.563 Befragte. Der Jugendlängsschnitt ist Teil des von der Deutschen Forschungsgemeinschaft (DFG) geförderten Forschungsprojektes *Kindheit und Jugend in Deutschland vor und nach der Vereinigung*. Die erste Welle wurde im Juni und September 1991 im Rahmen der Shell Jugendstudie *Jugend '92* erhoben, und die Ergebnisse sind insofern gut miteinander vergleichbar (vgl. Stecher 2001; Silbereisen, Vaskovics und Zinnecker 1996; Zinnecker und Silbereisen 1996). Im Rahmen dieser Untersuchung wird lediglich der Querschnittsdatensatz von 1996 (im Folgenden: KJE 1996) verwendet, da die für die Analysen wichtigen Variablen zu einem Großteil nicht im Längsschnitt erhoben worden sind.

Das Deutsche Jugendinstitut ist eine 1961 auf Beschluss des deutschen Bundestags gegründete außeruniversitäre Forschungseinrichtung mit Sitz in München. „Das DJI untersucht die Lebensverhältnisse von Kindern und Jugendlichen, Frauen, Männern und Familien und berät Politik und Praxis der Kinder-, Jugend- und Frauenhilfe."[6] Nach der deutschen Einheit 1990 wurde das Zentralinstitut für Jugendforschung der DDR (ZIJ) geschlossen und als Außenstelle des

5 Vgl. Internetseite der Deutschen Shell Jugendstudien: http://www.shell-jugendstudie.de/summary.htm (Stand 1. März 2005).

6 Siehe Homepage des DJI: http://cgi.dji.de/cgi-bin/projekte/output.php?projekt=293 (Stand: 1. März 2005); vgl. für die Geschichte des DJI auch Fuchs (1990).

DJI neu gegründet. Der DJI Jugendsurvey wurde erstmals 1992 durchgeführt und besteht aus bisher drei Wellen.[7] Befragt werden Jugendliche zwischen 16 und 29 Jahren. Die erste Welle wurde von September bis Dezember 1992 erhoben und umfasste 4.526 Jugendliche in Westdeutschland und 2.564 Jugendliche in Ostdeutschland (im Folgenden: DJI 1992). Ausländische Jugendliche wurden nicht erfasst. Im Zentrum dieser Studie steht das Verhältnis Jugendlicher zur Politik. Besonderes Interesse galt dem Einfluss von Wertewandel und unterschiedlicher Sozialisation auf die politischen Einstellungen und Verhaltensweisen der Jugendlichen in Ost- und Westdeutschland (vgl. Hoffmann-Lange 1995a, 1995b). Im Jahr 1997 wurden in einer zweiten Welle erneut 6.919 16- bis 29-jährige Jugendliche befragt, wobei es sich in Hinblick auf die beiden Landesteile um eine disproportionale Verteilung der Befragten handelt (im Folgenden: DJI 1997). Dieses „Oversample" der neuen Bundesländer findet sich auch in einigen der anderen Jugendstudien und muss bei der Datenanalyse beachtet werden, so dass Häufigkeitsverteilungen stets mit der entsprechenden Gewichtungsvariablen berechnet werden.

Es liegen in diesem Sinne zwar in großem Umfang Daten über Jugendliche in Deutschland vor, allerdings gibt es keine systematische Untersuchung der Wirkungszusammenhänge von Sozialkapital bei Jugendlichen in Deutschland. Um die Lücke zu schließen, werden im Folgenden die sieben genannten Jugendstudien unter diesem Gesichtspunkt reanalysiert. Insgesamt bietet sich so die Möglichkeit, auf die Daten von 33.094 zu verschiedenen Erhebungszeitpunkten befragten Jugendlichen zurückzugreifen, für die insgesamt 3.425 Variablen zur Verfügung stehen. Allerdings werden die einzelnen Jugendstudien nicht einfach als ein gepoolter Datensatz verwendet. Vielmehr werden die Analysen jeweils für die einzelnen Jugendstudien getrennt durchgeführt und die Ergebnisse einander gegenübergestellt. So kann das Risiko einer Überinterpretation der Daten[8] reduziert werden, da mit der Größe der Stichprobe die Wahrscheinlichkeit steigt, dass man zwar statistisch signifikante, allerdings inhaltlich irrelevante Effekte erhält. Außerdem werden die vorhanden Daten maximal ausgenutzt, da eine Erwartung in mehreren Studien überprüft werden kann. Gleichzeitig sind aufgrund der Verwendung von *Jugend*studien die Stichproben ausreichend groß, um Schlüsse aus komplexen kausalen Modellen für die Teilpopulation der Jugendlichen zuverlässig ziehen zu können (vgl. Bortz und Döring: 565ff.).

---

7 Die dritte Welle des DJI Jugendsurveys ging im Herbst 2003 ins Feld und kann daher im Rahmen dieser Untersuchung nicht mehr berücksichtigt werden.

8 Durch die in Kapitel 4.2.2 detailliert beschriebene Analysestrategie, für einige Aspekte zusätzlich den Anteil der aufgeklärten Varianz zu berücksichtigen, wird dieses Risiko nochmals minimiert.

Mit der Verwendung von Sekundärdaten sind dabei zwei Probleme verbunden. So ist es erstens – insbesondere dann, wenn eine neue Theorie anhand zu anderen Zwecken erhobener Daten geprüft werden soll – oftmals schwierig, geeignete Indikatoren und Variablen auszuwählen (vgl. Schnell, Hill und Esser 1999; van Deth 2003c). Dieses Problem ist in Bezug auf das häufig über seine Funktion definierte Sozialkapitalkonzept besonders relevant, denn die Versuchung ist groß, die Indikatoren nicht aufgrund von Plausibilitätsannahmen, sondern aufgrund signifikanter Korrelationen auszuwählen (vgl. van Deth 2003a). Daher wird der theoretischen Fundierung der verwendeten Sozialkapitalvariablen ein eigenes Kapitel gewidmet und erst anschließend anhand bivariater Korrelationen untersucht, inwiefern sich die vermuteten Zusammenhänge für die Jugendlichen in Deutschland auch tatsächlich empirisch als relevant erweisen.

Das zweite, mit dem gewählten Untersuchungsdesign verbundene Problem besteht aufgrund der unterschiedlichen Konzeptualisierung der verschiedenen Jugendstudien. Diese beschränkt die Möglichkeit, Aussagen über Trendentwicklungen sowie Vergleiche zwischen den Studien zu machen. Allerdings sind zum einen die verschiedenen Jugendstudien in vielerlei Hinsicht vergleichbar. Besonders gilt dies für die beiden DJI Jugendstudien, so dass sich Trendaussagen häufig auf diese beziehen. Zum anderen wird bei der Darstellung von Häufigkeitsverteilungen der Datensatz mittels einer Filtervariablen auf die allen Jugendstudien gemeinsame Altersgruppe der 16- bis 24-jährigen Jugendlichen begrenzt. Außerdem werden Variablen, die in mehreren Jugendstudien enthalten sind, so codiert, dass die Koeffizienten miteinander verglichen werden können. Schließlich birgt die unterschiedliche Konzeptualisierung der verschiedenen Jugendstudien nicht nur Nach-, sondern auch Vorteile, denn es ist möglich, die unterschiedlichsten Operationalisierungen zu verwenden. So erlauben Ergebnisse, die *trotz* der Konzeptualisierungsunterschiede konsistent sind, umso allgemeinere Schlussfolgerungen.

1.3 Vorgehensweise

Innerhalb dieser Arbeit werden die Wirkungszusammenhänge sozialen Kapitals Jugendlicher in Deutschland anhand sieben seit 1990 erhobener Jugendstudien empirisch analysiert. Bevor der Verteilung, den Bedingungen sowie den Konsequenzen sozialen Kapitals Jugendlicher empirisch nachgegangen wird, werden in Kapitel 2 die wesentlichen Aspekte des Sozialkapitalkonzepts innerhalb der politischen Kulturforschung sowie des Entwicklungskapitalkonzepts in der Jugendforschung vorgestellt.

Anschließend werden in Kapitel 2 die theoretischen Konzepte, die den verschiedenen Sozialkapitalaspekten zugrunde liegen sowie die verwendeten Indikatoren von Sozialkapital und deren prozentuale Verteilung dargestellt. Dabei werden für die Jugendlichen in Deutschland folgende Fragen beantwortet:

1. Inwiefern können die einzelnen Sozialkapitalaspekte auf Basis der vorliegenden Daten für die Jugendlichen in Deutschland sinnvoll operationalisiert werden?

2. Welche Aussagen können über den individuellen Sozialkapitalbestand Jugendlicher in Deutschland sowie über Trendentwicklungen gemacht werden?

3. Lassen sich die für die Erwachsenen vermuteten und teilweise auch empirisch bestätigten Zusammenhänge zwischen den einzelnen Sozialkapitalaspekten auch für die Jugendlichen empirisch nachweisen?

Es wird also zunächst geklärt, inwiefern die in Deutschland seit 1990 erhobenen Daten über Jugendliche geeignet sind, das Sozialkapitalkonzept so wie es in der politischen Kulturforschung verwendet wird, auf Jugendliche zu übertragen und damit die Wirkungszusammenhänge sozialen Kapitals für Jugendliche in Deutschland zu analysieren. Dabei wird auch die Entwicklung des Sozialkapitalbestandes Jugendlicher betrachtet. Anschließend wird empirisch untersucht, inwiefern sich die vermuteten Zusammenhänge zwischen den kulturellen und strukturellen Aspekten sozialen Kapitals für die Jugendlichen in Deutschland empirisch nachweisen lassen.

In Kapitel 4 werden die Bedingungen von Sozialkapital bei Jugendlichen untersucht, wobei die einzelnen Sozialkapitalaspekte getrennt voneinander betrachtet werden. In diesem Zusammenhang interessiert zum einen der Einfluss von Standarderklärungsfaktoren wie dem Alter, dem Geschlecht, der Bildung und dem Wohnort (Ost- oder Westdeutschland). Zum anderen wird anhand verschiedener Modellerweiterungen untersucht, inwieweit Formen des jugendspezifischen Entwicklungskapitals die Verfügbarkeit sozialen Kapitals beeinflussen. Es wird damit eine Antwort auf die vierte Forschungsfrage gesucht:

4. Was sind die Bedingungsfaktoren von Sozialkapital bei Jugendlichen in Deutschland? Welche Rolle spielen Standarderklärungsfaktoren im Vergleich zu jugendspezifischen Faktoren, wie dem Entwicklungskapital?

Zunächst werden dazu verschiedene Erwartungen über die möglichen Bedingungsfaktoren sozialen Kapitals Jugendlicher formuliert und die Zusammensetzung der Standardmodelle sowie der in den jeweiligen Studien unterschiedlich zusammengesetzten Modellerweiterungen vorgestellt. Anschließend wird in zwei Schritten empirisch der Frage nachgegangen, welche Faktoren die Verteilung von Sozialkapital bei Jugendlichen bedingen. Dazu wird zunächst der Einfluss der Standarderklärungsvariablen analysiert und anschließend mittels verschiedener Modellerweiterungen zum Entwicklungskapital Jugendlicher untersucht, welchen Einfluss derartige jugendspezifische Aspekte auf die Verfügbarkeit sozialen Kapitals Jugendlicher ausüben.

In Kapitel 5 werden die verschiedenen Sozialkapitalaspekte als unabhängige Variablen zur Erklärung politischer Orientierungen Jugendlicher verwendet und damit mögliche Konsequenzen sozialen Kapitals Jugendlicher betrachtet. Es stellt sich einerseits die Frage, ob die bei Erwachsenen vermuteten und zumindest teilweise auch beobachteten Zusammenhänge zwischen sozialem Kapital und politischen Einstellungen und Verhaltensweisen bereits im Jugendalter feststellbar sind. Zum anderen interessiert aber auch, wie die Relevanz jugendspezifischen Entwicklungskapitals einzuschätzen ist. Somit wird in diesem Kapitel die fünfte Forschungsfrage beantwortet:

5. Was sind die Konsequenzen von Sozialkapital bei Jugendlichen in Deutschland? Wie ist der Einfluss sozialen Kapitals auf die politischen Orientierungen Jugendlicher im Vergleich zu Standarderklärungsfaktoren und jugendspezifischen Entwicklungskapitalaspekten zu bewerten?

Dazu wird der Einfluss sozialen Kapitals auf verschiedene Aspekte der politischen Orientierungen Jugendlicher analysiert. Neben dem politischen Interesse, sind dies verschiedene Formen politischer Partizipation sowie die diffuse und spezifische Unterstützung politischer Institutionen und des politischen Systems. Ob sich Sozialkapital diesbezüglich als zusätzlicher Erklärungsfaktor im Vergleich zu den Standarderklärungsfaktoren und zu den verschiedenen Aspekten jugendlichen Entwicklungskapitals als relevant erweist, stellt – zumindest in politikwissenschaftlicher Hinsicht – die entscheidende Frage dar.

2 Sozialkapitalkonzepte in der politischen Kulturforschung und in der Jugendforschung

2.1 Einführung

In diesem Kapitel werden die wichtigsten Aspekte der in der politischen Kulturforschung und der Jugendforschung diskutierten Sozialkapitalkonzepte beschrieben. Zunächst steht dabei in Kapitel 2.2 der „doppelte Doppelcharakter" (Gabriel et al. 2002: 28) von Sozialkapital in der politikwissenschaftlichen Diskussion um moderne Zivilgesellschaften im Mittelpunkt. Denn Sozialkapital besitzt zum einen sowohl Eigenschaften einer individuell verfügbaren Ressource als auch Kollektivgutcharakter[9] (Kapitel 2.2.1). Zum anderen wird zwischen strukturellen und kulturellen Sozialkapitalaspekten unterschieden (Kapitel 2.2.2). Anschließend werden in Kapitel 2.3 Sozialkapitalkonzepte in der Jugendforschung vorgestellt, wobei in Anlehnung an Stecher (2001) vom ‚Entwicklungskapital' Jugendlicher gesprochen wird. Denn wird diese Form jugendspezifischen ‚Sozialkapitals' betrachtet, stehen als primäre Sozialisationsinstanzen die Familie (Kapitel 2.3.1), aber auch die Schule (Kapitel 2.3.2) und informelle soziale Kontakte mit Gleichaltrigen (Kapitel 2.3.3) sowie deren Einfluss auf individuelle Entwicklungsaspekte im Vordergrund. In Kapitel 2.4 schließlich wird die innerhalb dieser Arbeit gewählte Konzeptualisierung von Sozialkapital zusammenfassend dargelegt. Es wird deutlich gemacht, dass im Rahmen einer politikwissenschaftlichen Analyse das jugendliche Entwicklungskapital nicht außen vor gelassen werden darf. Allerdings liegt der Schwerpunkt der Analysen zum einen auf der Betrachtung von sozialer Beteiligung, sozialem Vertrauen, sozialen Werten und kooperativen Normen Jugendlicher und zum anderen auf der Untersuchung der Konsequenzen dieser Sozialkapitalaspekte für die politischen Orientierungen im Jugendalter.

---

9 Nach Olson (1992) sind Kollektivgüter (oder auch öffentliche Güter) Güter, von denen zum einen diejenigen, die keinen oder keinen angemessenen Beitrag zur Bereitstellung des Gutes geleistet haben, nicht von der Nutzung des Kollektivgutes ausgeschlossen werden können (Nichtausschlussprinzip). Zum anderen beeinflusst bzw. vermindert die Nutzung eines Kollektivguts nicht den Wert oder die Nutzungsmöglichkeit für andere Akteure (Nichtrivalitätsprinzip) (vgl. Olson 1992; Braun 1999: 55).

2.2 Sozialkapital und Zivilgesellschaft

Robert D. Putnam (1993) hat mit seinem Buch *Making Democracy Work*, in dem er die Ergebnisse seines mehr als zwanzigjährigen Studiums der italienischen Regionalverwaltungsreform präsentiert, eine breite öffentliche und politikwissenschaftliche Debatte ausgelöst.[10] Mit dieser Studie über die Leistungsabhängigkeit der italienischen Regionalverwaltungen von zivilgesellschaftlichen Strukturen gewann das Sozialkapitalkonzept innerhalb der aktuellen politischen Kulturforschung an Bedeutung.[11] Ausgehend von der Frage, warum einige der in den 70er Jahren zeitgleich eingeführten, identisch konstruierten Regionalverwaltungen erfolgreicher sind als andere, versucht Putnam dabei, zu allgemeinen Aussagen über Zusammenhänge zwischen politischen Institutionen und strukturellen sowie kulturellen Aspekten des sozialen Kontextes zu gelangen. Obwohl im Falle Italiens die ökonomischen Unterschiede zwischen dem Norden und dem Süden besonders deutlich sind (vgl. z.B. Drüke 2000), kann Putnam zeigen, dass es Leistungsunterschiede zwischen den Regionalverwaltungen *innerhalb* Nord- und Süditaliens gibt, die nicht auf eine unterschiedliche wirtschaftliche Entwicklung zurückgeführt werden können. Er stellt sich daher die Frage, ob der Erfolg demokratischer Regierungen mit bestimmten kulturellen und strukturellen Aspekten einer *civic community* in Zusammenhang stehen könnte.

Zur Untersuchung dieser Frage nutzt er die innerhalb der politischen Kulturforschung traditionsreiche These, wonach "voluntary associations do play a major role in a democratic political culture" (Almond und Verba 1965: 320; vgl. Babchuk und Edwards 1965; Verba und Nie 1972). Allerdings beschränkt er sich nicht auf deren Rolle als „Schulen der Demokratie“, sondern geht von rekursiven Zusammenhängen zwischen diesen Gesellschafts*strukturen* einerseits und kulturellen Aspekten der Gesellschaft wie sozialem Vertrauen, sozialen Werten und kooperativen Normen andererseits aus. Putnam (1993: 167) nennt diese „features of social organization“ *Sozialkapital* und verweist mit der Nutzung des Kapital-Begriffs auf die auf Coleman (1990a) zurückgehende soziologisch-ökonomische Sichtweise sozialen Handelns. Innerhalb seiner Handlungstheorie versucht Coleman grundsätzlich, soziale Strukturen und Gegebenheiten in die von ökonomischen Überlegungen geprägten rationalen Handlungsansätze zu integrieren. Während Soziologen von durch Normen, Regeln und Erwartungen gesteuerten sozialisierten Akteuren ausgehen, stehen für Ökonomen unab-

---

10 Auf die vielfältigen kritischen Beiträge soll im Folgenden nicht detailliert eingegangen werden; vgl. für die Debatte um *Making Democracy Work* z.B. Levi (1993, 1996); Goldberg (1996); Mouritsen (2001); Tarrow (1996); Sabetti (1996); Boix und Posner (1996); Edwards und Foley (1998).

11 Vgl. zur Darstellung der historischen Entwicklung des Sozialkapitalkonzeptes beispielsweise Farr (2004).

hängig voneinander agierende, individuelle Ziele verfolgende und nutzenmaximierende Akteure im Mittelpunkt. Auf die Defizite beider Ansätze ist schon häufig hingewiesen worden: erstere haben Schwierigkeiten, Handlungsimpulse zu benennen, und letztere scheitern häufig an der Realität, denn Normen, Vertrauen und Netzwerke stellen wichtige Bestandteile der Gesellschaft dar (vgl. Coleman 1988: 95ff.). Coleman modelliert soziales Handeln daher als ein Makro-Mikro-Makro-Verhältnis: Individuen handeln innerhalb bestimmter Strukturen, und dies wirkt sich auf die Strukturen aus (vgl. Coleman 1990a: 8; van Deth 2002: 576). Entsprechend kann Sozialkapital zwar eine individuelle Ressource darstellen, aber niemals Privateigentum sein (vgl. Coleman 1991: 392). Denn es ist in Beziehungen zu anderen Menschen eingebettet und hat als Bestandteil der Sozialstruktur auch Kollektivgutcharakter (vgl. Coleman 1991: 409). Infolgedessen hat Sozialkapital nicht nur positive Konsequenzen für den Einzelnen bzw. die direkt an den Interaktionen beteiligten Akteure, sondern als Kollektivgut auch für „bystanders" (Putnam 2000: 20).

Dieser kurze Abriss der Sozialkapitaldebatte macht deutlich, dass Sozialkapital zumindest einen „doppelten Doppelcharakter" aufweist. Denn zum einen wird auf die Unterscheidung zwischen Sozialkapital als individueller Ressource und als kollektivem Gut und zum anderen auf die differenzierte Betrachtung kultureller (Vertrauen, Werte, Normen) und struktureller Aspekte (Netzwerke) verwiesen (vgl. Gabriel et al. 2002: 28; van Deth 2003a; Esser 2000).

2.2.1 Sozialkapital als individuelle Ressource und als kollektives Gut

Dem Sozialkapitalkonzept liegt die Idee zugrunde, dass sich sowohl das Vermögen einer Gemeinschaft als auch das einer einzelnen Person nicht allein auf finanzielles Kapital reduzieren lässt. Denn „[e]s gibt sehr verschiedene Ressourcen, mit deren Hilfe interessante Güter hergestellt oder getauscht und zur Grundlage von Macht und Abhängigkeit werden können", und da ein „Netzwerk guter Bekannter" und eine „funktionierende Gemeinschaft" wichtige *Ressourcen* darstellen, wird von Sozial*kapital* gesprochen (Esser 2000: 209). Dieses ist zwar wie „andere Kapitalformen (...) produktiv, denn es ermöglicht die Verwirklichung bestimmter Ziele, die ohne es nicht zu verwirklichen wären" (Coleman 1991: 392). Im Unterschied zu anderen Kapitalformen ist es allerdings in Beziehungen zu anderen Menschen eingebettet, so dass es als sozialstrukturelle Komponente Kollektivgutcharakter und, obwohl es nie das Eigentum eines Einzelnen sein kann, als individuelle Ressource auch Privatgutcharakter hat:

> Social capital can thus be simultaneous a ‚private good' and a ‚public good'. Some of the benefit from an investment in social capital goes to bystanders, while some of the benefit redounds to the immediate interest of the person making the investment (Putnam 2000: 20).

Esser (2000) führt zur Unterscheidung dieser beiden wesentlichen Eigenschaften von Sozialkapital die Begriffe Beziehungskapital und Systemkapital ein. *Beziehungskapital* umfasst dabei Aspekte sozialen Kapitals, die als Individualgüter aus intentionalen Investitionen in Beziehungen zu anderen Menschen entstanden sind und so den Zugang zu Ressourcen ermöglichen. *Systemkapital* bezeichnet als „das, was das *gesamte* Netzwerk in seiner Struktur für *alle* darin eingeschlossenen Akteure leistet", den Kollektivgutcharakter von Sozialkapital (Esser 2000: 240; H.i.O.).

Die Betonung sozialen Kapitals als individuelle Ressource (Beziehungskapital) findet sich bei dem französischen Soziologen Pierre Bourdieu (1983), der nicht nur eine sehr systematische, sondern auch eine theoretisch sehr weit entwickelte Analyse von Sozialkapital bietet (vgl. Portes 1998). Bourdieu nutzt den Kapitalbegriff, „um zu erklären, wie gesellschaftliche Strukturen und Praktiken über die Zeit hinweg Bestand haben" (Albrecht 2002: 209). In einer „allgemeinen Wissenschaft von der ökonomischen Praxis" betont Bourdieu, dass nicht nur die Verteilung von ökonomischem Kapital, sondern auch die Verteilung von kulturellem und sozialem Kapital die Gesellschaftsstruktur widerspiegelt (Bourdieu 1983: 184), wobei der Aspekt der Ungleichheit im Mittelpunkt steht:

> Sozialkapital bezeichnet in Frankreich ein Netz von Beziehungen, die zur Produktion und Reproduktion sozialer Ungleichheit beitragen und dafür sorgen, dass Karrierechancen und Machtressourcen nicht nur auf Leistung und Qualifikation beruhen, sondern auch auf herkunftsbedingten Gruppenzugehörigkeiten und anderen vorteilhaften Verbindungen im Sinne des ‚Vitamin B' (Braun 2001b: 338).

Bourdieu sieht Sozialkapital, wie ökonomisches und kulturelles Kapital auch, als individuelle Ressource, allerdings betont er, dass Sozialkapital nur in zwischenmenschlichen Austauschbeziehungen existiert. Damit wird der „relationale" oder „überindividuelle" Charakter hervorgehoben (vgl. Albrecht 2002) und Sozialkapital definiert als:

> Gesamtheit aller aktuellen und potentiellen Ressourcen, die mit dem Besitz eines dauerhaften Netzes von mehr oder weniger institutionalisierten *Beziehungen* gegenseitigen Kennens oder Anerkennens verbunden sind; oder, anders ausgedrückt, es handelt sich dabei um Ressourcen, die auf der *Zugehörigkeit zu einer Gruppe* beruhen (Bourdieu 1983: 190f.; H.i.O.).

Der Ressourcencharakter impliziert, dass soziales Kapital mit Investitionen, also mit Kosten und Nutzen, verbunden ist. Die Kosten von notwendigen Investitionstätigkeiten in Beziehungen bemessen sich vor allem in Zeit und Geld (ökonomisches Kapital). Je höher das bereits akkumulierte Sozialkapital ist, desto niedriger sind die damit verbundenen Kosten und desto höher der Ertrag. Der Wert des sozialen Kapitals hängt einerseits von der Anzahl der Beziehungen und andererseits von dem durch die Beziehungen ermöglichten Zugriff auf andere Kapitalien ab. Somit kann „Sozialkapital einen Multiplikationseffekt auf das tatsächlich verfügbare Kapital" ausüben (Bourdieu 1983: 191; vgl. Haug

1997; Esser 2000). Durch Verpflichtungen und ständigen Austausch entstehen langfristige Beziehungsnetzwerke, „die früher oder später einen unmittelbaren Nutzen versprechen“ (Bourdieu 1983: 194). Bei Sozialkapital handelt es sich also um „langfristig nützliche Beziehungen“ (Bourdieu 1983: 197), die durch Austauschbeziehungen produziert und reproduziert werden, die allerdings keinerlei Garantien unterliegen, weil eine Gegenleistung ohne vertragliche Absicherung erwartet wird. Sozialkapital unterscheidet sich von den anderen Kapitalien im Wesentlichen durch seinen relationalen Charakter, also die Verankerung in persönlichen Beziehungen (vgl. Albrecht 2002).

Die Betonung der Relationalität sozialen Kapitals findet sich noch deutlicher in der Konzeption von James S. Coleman (1990a). Dieser geht davon aus, dass bei allen Entwicklungen hin zum Individualismus, Menschen nach wie vor innerhalb bestimmter Strukturen agieren, „denn Individuen handeln nicht unabhängig voneinander, Ziele werden nicht unabhängig erreicht und Interessen sind nicht völlig uneigennützig“ (Coleman 1991: 390). Coleman betont also, dass es sich bei Sozialkapital um einen Ansatz handelt, der die jeweils fehlenden Aspekte von Soziologie und Ökonomie ergänzen soll:

> It accepts the principle of rational or purposive action and attempts to show how that principle, in conjunction with particular social contexts, can account not only for the actions of individuals in particular contexts but also for the development of social organization (Coleman 1988: 96).

Den Begriff Sozialkapital übernimmt Coleman zunächst von Loury (1977; 1987), der Sozialkapital innerhalb wirtschaftswissenschaftlicher Überlegungen verwendet, „to represent the consequences of social position in facilitating acquisition of the standard human capital characteristics“ (Loury 1977: 176; vgl. Haug 1997). Coleman definiert Sozialkapital als „Kapitalvermögen für das Individuum“ über seine Funktion, d.h. den Wert, den es für einen Akteur hat, indem er durch die ihm zur Verfügung stehenden sozialen Beziehungen bestimmte Handlungen in seinem Interesse realisieren kann (Coleman 1991: 392). Das wichtigste Abgrenzungskriterium zu anderen Kapitalformen ist allerdings, dass Sozialkapital nur in den Beziehungen zwischen mehreren Menschen besteht, und da „soziales Kapital ein Merkmal der Sozialstruktur darstellt, in die eine Person eingebettet ist, kann keiner der Personen, die von ihm profitieren, es als Privateigentum betrachten“ (Coleman 1991: 409). Aufgrund dieses ‚Doppelcharakters' haben alle Sozialkapitalformen zwei Eigenschaften gemeinsam: „Sie alle bestehen (...) aus irgendeinem Aspekt einer Sozialstruktur, und sie begünstigen bestimmte Handlungen von Individuen, die sich innerhalb der Struktur befinden“ (Coleman 1991: 392; vgl. Gabriel et al. 2002; van Deth 2002). Dieses Zitat macht deutlich, was häufig als eine Schattenseite sozialen Kapitals kritisiert wird und bereits bei Bourdieu zu finden ist. Denn wie auf Sozialkapital als

Individualgut nur die Beteiligten zurückgreifen können, steht Sozialkapital als Kollektivgut nur den Mitgliedern der entsprechenden Gruppe zur Verfügung, so dass Sozialkapital nicht nur ungleich verteilt ist, sondern auch in den Bevölkerungsgruppen zu finden ist, die ohnehin über eine vergleichsweise gute Ressourcenausstattung verfügen (vgl. Braun 2002).

Indem Putnam von Generalisierungsprozessen ausgeht, nach denen Sozialkapital in einer Gesellschaft allen Mitgliedern zur Verfügung steht und soziale Netzwerke „sich auch auf nicht unmittelbar an ihnen Beteiligte" auswirken, geht er über die Konzeption Colemans hinaus (Putnam 2002a: 258; vgl. Portes und Landholt 1996). Diese Betrachtung sozialen Kapitals als kollektive Eigenschaft von Gruppen, Regionen und sogar ganzen Gesellschaften (Systemkapital) macht den Ansatz im Rahmen politikwissenschaftlicher Untersuchungen interessant. Denn vor allem als Kollektivgut scheint Sozialkapital vielfältige Konsequenzen für eine Gesellschaft und das politische System zu haben. So deuten die Ergebnisse Putnams (1993) in Italien darauf hin, dass die deutlichen Leistungsunterschiede der Regionalverwaltungen in Nord- und Süditalien zu einem großen Teil auf die unterschiedliche Ausstattung mit Sozialkapital zurückzuführen sind. Später vermutet Putnam (2000), dass die Sozialkapitalausstattung der amerikanischen Gesellschaft Einfluss auf die Entwicklung von Jugendlichen, die Sicherheit von Nachbarschaften, die wirtschaftliche Prosperität sowie auf die Gesundheit und die Lebenszufriedenheit hat. Dabei scheint insbesondere der Beitrag sozialen Kapitals zur kostengünstigen Überwindung von Kollektivgutproblematiken wichtig zu sein, da „[i]n all societies (...) dilemmas of collective action hamper attempts to cooperate for mutual benefit" (Putnam 1993: 177). Denn wenn niemand von der Nutzung von Kollektivgütern ausgeschlossen werden kann, stehen sie prinzipiell auch denjenigen Mitgliedern zur Verfügung, die keinen oder nur einen geringen Beitrag zur Schaffung und Erhaltung des Gutes beigetragen haben. Akteure, die ein Kollektivgut nutzen, ohne einen entsprechenden Beitrag zur Herstellung des Gutes geleistet zu haben, werden als ‚Trittbrettfahrer' (‚free rider') bezeichnet. Die Anreize zu einem solchen Verhalten sind groß, denn „[k]ann man jemanden von den Vorteilen, die andere geschaffen haben, nicht ausschließen, ist jeder für sich nicht motiviert, seinen Beitrag zur gemeinsamen Unternehmung zu leisten, sondern versucht, von den Anstrengungen der anderen zu profitieren" (Ostrom 1999: 8). Somit sind Kollektivgüter immer der Gefahr der Unterinvestition ausgesetzt. Die klassische Hobbessche Lösung derartiger Probleme über Dritt-Parteien-Kontrolle ist kostenintensiv und wird von Putnam als „inadequate solution to this problem" bewertet (Putnam 1993: 177). Eine Alternative sieht er dagegen in „soft solutions" wie Vereinen, Vertrauen, Normen und Werten, in denen er als *Sozialkapital* eine kostengünstigere Möglichkeit zur Überwindung von Kollektivgutproblematiken sieht (vgl.

Putnam 1993: 165). Da Sozialkapital allerdings nicht nur zur Überwindung von Kollektivgutproblematiken beiträgt, sondern selbst Kollektivgutcharakter hat, unterliegt es den gleichen Problemen, die es eigentlich lösen soll, so dass auch von einem ‚Kollektivgutproblem zweiter Ordnung' gesprochen wird (vgl. Diekmann 1993). Denn als Kollektivgut ist auch Sozialkapital ständig der Gefahr der ‚Unterinvestition' ausgesetzt, da keiner von der Nutzung ausgeschlossen werden kann, gibt es für den einzelnen rationalen Akteur keinen Anreiz in Sozialkapital zu investieren, obwohl eine Unterinvestition in Sozialkapital einen Verlust für alle beteiligten Akteure bedeutet (vgl. Coleman 1990a; Olson 1992; Haug 2000).

Putnam (1993) stellt die Pfadabhängigkeit derartiger Verhaltensweisen in den Vordergrund und vermutet, dass die Art und Weise wie kollektive und individuelle Probleme in der Vergangenheit gelöst wurden, zukünftigen Interaktionen als kulturelle Vorlage dient. Dabei handelt es sich jeweils um geschlossene Kreise und „[n]orms and networks of civic engagement contribute to ecnomic prosperty and are in turn reinforced by prosperty" (Putnam 1993: 180). Dementsprechend findet Putnam in Italien zwei historisch bedingte und stabile gesellschaftliche Gleichgewichte, wobei deutlich wird, dass „reciprocity/trust and dependence/exploitation can each hold a society together" (Putnam 1993: 179). So kooperieren in den ‚bürgerlichen' Regionen Norditaliens fremde Menschen eher miteinander und handeln nach dem Grundsatz, nicht der erste zu sein, der nicht mehr kooperiert. Umgekehrt wäre es für den einzelnen Bürger in den ‚unbürgerlichen' Regionen Süditaliens irrational, Fremden außerhalb der Familie zu vertrauen. Diese tradierte und für den einzelnen rationale Strategie, niemals mit anderen zu kooperieren, bringt gesamtgesellschaftliche Nachteile mit sich, die sich in einer modernen Industriegesellschaft besonders deutlich auswirken, so dass sich damit auch die immer größer werdenden Unterschiede zwischen Süd- und Norditalien erklären lassen (vgl. Putnam 1993: 177ff.).

2.2.2 Kulturelle und strukturelle Sozialkapitalaspekte

Neben diesem „Doppelcharakter" (van Deth 2002: 576) von Sozialkapital als individuelles Gut und als kollektive Ressource „ist in beiden Fällen die Verknüpfung struktureller und kultureller Aspekte sozialen Kapitals" von Bedeutung, so dass Gabriel et al. auch vom „doppelten Doppelcharakter" sprechen (Gabriel et al. 2002: 28f.). Denn Putnam (1993) definiert Sozialkapital als "features of social organization, such as trust, norms, and networks that can improve the efficiency of society by facilitating coordinated actions" (Putnam 1993: 167). Er geht davon aus, dass zwischen sozialen Beziehungen und sozialem Vertrauen sowie Werten und Normen ein reziproker Zusammenhang besteht.

Danach entwickelt sich soziales Vertrauen durch persönliche Kontakte und vielfältige, erfolgreiche Kooperationen mit anderen Menschen in den unterschiedlichsten Netzwerken nicht-politischer Art. Umgekehrt wird angenommen, dass das soziale Vertrauen die Bereitschaft zu Engagement und Kooperation beeinflusst. Gegenseitigkeitsnormen und soziale Werte spielen in diesem Kreislauf aus strukturellen und kulturellen Gegebenheiten ebenfalls eine wichtige Rolle, denn sie machen soziale Beteiligung und soziales Vertrauen einerseits wahrscheinlicher und werden andererseits durch diese verstärkt (vgl. Putnam 1993, 2000; Gabriel et al. 2002).

Auf die Wichtigkeit vielfältiger Freiwilligenvereinigungen hat bereits Alexis de Tocqueville ([1835] 1962) bei seiner Untersuchung *Über die Demokratie in Amerika* hingewiesen, denn seines Erachtens „verdient nichts eine größere Aufmerksamkeit als die zu geistigen und sittlichen Zwecken gegründeten Vereine Amerikas“ (Tocqueville [1835] 1962: 127). Entsprechend wird Tocqueville von Putnam auch als der “patron saint of contemporary social capitalists” bezeichnet (Putnam 2000: 292). Umgekehrt sieht beispielsweise die *Washington Post* in Putnam auch „the de Tocqueville of our generation“ (Washington Post, zit. n. Putnam 2000: cover). Insgesamt gilt Tocquevilles Analyse „auch heute noch als eine der treffendsten Beschreibungen des politischen und gesellschaftlichen Systems der Vereinigten Staaten und als Standardwerk der vergleichenden Politikwissenschaft“ (Zimmer 1996: 59). Warren (2001) führt die nachhaltige Wirkung von Tocquevilles Buch auf dessen innovative Betrachtung einer demokratischen Gesellschaft zurück, denn “he was the first to show in detail how the liberal-democratic constitutional government depends upon social mores, political culture, and habits of collective action cultivated by horizontal relations of association” (Warren 2001: 29).

Die Relevanz für die Sozialkapitaldebatte liegt dabei in der Beobachtung, dass die vielfältigen Vereine in den Vereinigten Staaten die „Grundpfeiler“ und „Schulen“ der Demokratie darstellen und damit wichtige Funktionen übernehmen. Sie ermöglichen dem Bürger die kollektive Erreichung von Zielen, durch sie kann in einer Demokratie die individuelle Freiheit gesichert werden, und die Bürger erlernen für die Demokratie wichtige Fähigkeiten, Verhaltensweisen und Werte. So wurde in den Vereinigten Staaten eine republikanische Demokratie geschaffen, die den Bürgern nicht nur das Wahlrecht auf der nationalen Ebene garantiert, sondern auch vielfältige Mitbestimmungsmöglichkeiten auf der lokalen Ebene bietet, wodurch sie direkt den Nutzen der Kooperation und den Wert der Freiheit erfahren. Auf diese Weise fühlen die Menschen sich nicht nur gemeinschaftlich verbunden, sondern sie erlernen und üben täglich auf praktische Weise Rechtssinn, Freiheitsliebe und Problemlösungsfähigkeit (vgl. Tocqueville [1835] 1962: 123-127; 132-137). Doch neben diesen politischen Vereinen gibt es eine Vielzahl anderer Vereinigungen. Denn weil die amerikanischen Bürger es gewohnt sind, lokale Probleme selbstverantwortlich zu lösen, und gelernt haben, dass dies in Kooperation mit anderen gut funktioniert, ist ein Kennzeichen der amerikanischen Gesellschaft die Vielfalt *unpolitischer* Organisationen und sekundärer Beziehungen:

> Die Amerikaner jeden Alters, jeden Standes, jeder Geistesrichtung, schließen sich fortwährend zusammen. (...) Überall, wo man in Frankreich die Regierung und in England einen großen Herrn an der Spitze eines neuen Unternehmens sieht, wird man in den Vereinigten Staaten mit Bestimmtheit eine Vereinigung finden. (...) So erweist sich das demokratischste Land der Erde als dasjenige, in dem die Menschen die Kunst, gemeinsam das Ziel ihres gemeinschaftlichen Begehrens zu erstreben, in unserer Zeit am vollkommensten entwickelt und diese neue Wissenschaft auf die größte Anzahl von Zwecken angewandt haben (Tocqueville [1835] 1962: 123f.).

Vereine haben als Vermittler zwischen den Mitgliedern und dem politischen System externe und, indem sie vielfältige Kontakte ihrer Mitglieder untereinander ermöglichen und als ‚Schulen der Demokratie' fungieren, auch interne Effekte. Daher wird das Leben in einer Gemeinschaft leichter, wenn es eine Vielzahl von Organisationen gibt. Entsprechend lässt sich die vielfältige Vereinsforschung danach strukturieren, ob die gesamtgesellschaftliche „Außenwirkung" oder die individuelle „Binnenwirkung" im Zentrum steht (Zimmer 1996: 58). Die *externen Effekte* von Vereinen beziehen sich auf ihre Funktion als intermediäre Instanzen und damit als Bindeglied zwischen Staat und Gesellschaft. Menschen unterschiedlicher Herkunft treffen in Vereinen aufeinander und gemeinsam werden Themen von öffentlichem Interesse diskutiert. Auf diese Weise fungieren Vereine als gesellschaftliche Mediatoren, in denen die politische Interessenvermittlung in Form von Aggregation und Artikulation stattfindet, was sich wiederum positiv auf die Effektivität einer demokratischen Regierung auswirken kann (vgl. Putnam 1993; von Alemann 1989). So fanden bereits Almond und Verba (1965) einen deutlichen Zusammenhang zwischen der Anzahl der Vereine bzw. Vereinsmitgliedschaften und dem vorherrschenden Vertrauensgrad in einer Gesellschaft einerseits und der Leistung der Demokratie andererseits (vgl. Almond und Verba 1965: 284ff.).

Neben diesen externen Effekten werden zivilgesellschaftlichen Vereinigungen *interne Effekte* auf ihre Mitglieder zugeschrieben, denn „[i]m Verein lernt man das ‚Einmaleins' demokratischen Verhaltens" (Zimmer 1996: 65). In Vereinen bieten sich den Mitgliedern die unterschiedlichsten Lernmöglichkeiten für so genannte „civic skills, the communications and organizational abilities that allow citizens to use time and money effectively in political life" (Verba, Schlozman und Brady 1995: 304). Dies umfasst Aspekte wie das Erlernen von Diskussionsverhalten, aber auch die Erfahrung der erfolgreichen Zusammenarbeit mit anderen Menschen. Da die Bürger außerdem häufig in mehreren Vereinigungen gleichzeitig aktiv sind, treffen ständig Menschen der verschiedensten gesellschaftlichen Gruppen und Schichten zusammen, so dass die Mitgliedschaft in mehreren Organisationen dazu führt, dass sich die Organisationen überlappen (vgl. Weßels 2001; Offe und Fuchs 2001). Putnam fasst die im Rahmen der Sozialkapitaltheorie besonders relevanten internen Effekte zusammen:

> Internally, associations and less formal networks of civic engagement instill in their members habits of cooperation and public-spiritedness, as well as the practical skills necessary to partake in public life. (...) Members learn how to run meetings, speak in public, write letters, organize projects, and debate public issues with civility (Putnam 2000: 338f.).

Innerhalb der Sozialkapitaldebatte werden zivilgesellschaftlichen Vereinigungen weitere Nebeneffekte zugeschrieben, die sich als *indirekte externe Effekte* sowohl auf die Mitglieder als auch auf die Gesellschaft positiv auswirken (vgl. Newton 2001a). Dieser Zusammenhang ergibt sich aufgrund der Wechselwirkungen zwischen Sozialkapital als individueller Ressource und als Kollektivgut. Denn das dem einzelnen engagierten Bürger zur Verfügung stehende Sozialkapital in Form von persönlichen Netzwerken, sozialem Vertrauen, verlässlichen Normen und Werten steht der Gesamtgesellschaft als kollektive Ressource zur Verfügung. So erhalten durch Interaktionen generalisierte Normen allgemeine Gültigkeit, so dass Kollektivgutprobleme leichter überwunden werden können (vgl. Putnam und Goss 2001). Soziales Vertrauen, das als Nebenprodukt von Kooperation entsteht, sowie die in Vereinen gültigen sozialen Werte und Normen weiten sich auf andere gesellschaftliche Bereiche aus, so dass eine allgemeine Vertrauensatmosphäre entsteht. Vereine erleichtern überdies Kooperation und Koordination, indem sie Reputationsmechanismen ermöglichen, wodurch Anreize zu Opportunismus verringert werden können. Aus dem innerhalb eines Netzwerks den Mitgliedern zur Verfügung stehenden Sozialkapital wird so ein der Gemeinschaft zur Verfügung stehendes Kollektivgut, das sowohl die Effizienz von Regierungsleistungen als auch die wirtschaftliche Entwicklung ganzer Regionen zu steigern vermag (vgl. Putnam 1993, 2000).

Dabei weist Putnam auf eine wichtige Differenzierung sozialer Beteiligung hin, denn zwar gibt es in jeder demokratischen Gesellschaft Vereinigungen, Zusammenschlüsse und gemeinschaftliche Aktivitäten, allerdings unterscheiden sich diese Netzwerke teilweise deutlich hinsichtlich ihrer Struktur und damit auch hinsichtlich ihrer möglichen Effekte. So macht Putnams (1993) Italienstudie deutlich, dass in den ‚unbürgerlichen' Regionen Süditaliens Familien, die katholische Kirche und enge Parteibindungen die wichtigsten Gesellschaftsstrukturen darstellen. In derartigen *vertikalen* Netzwerken sind Kosten und Gewinne von Interaktionen ungleich verteilt, so dass betrügerisches Verhalten nicht für alle Beteiligten die gleichen Konsequenzen hat. Auch allgemeine Gegenseitigkeitsnormen können in vertikalen Netzwerken kaum entstehen, weil die sozialen Beziehungen durch Abhängigkeiten bestimmt sind. Da kollektive Handlungen wenn überhaupt nur unter kostenintensiver Dritt-Parteien-Kontrolle zustande kommen, entsteht außerdem kein soziales Vertrauen, so dass in einer solchermaßen strukturierten Gesellschaft soziales Misstrauen vorherrscht.

In den 'bürgerlichen' Regionen Italiens stellen dagegen laut Putnam *horizontal* strukturierte Netzwerke bürgerschaftlichen Engagements „an essential form of social capital" dar (Putnam 1993: 173). Zwar weisen die meisten Netzwerke bürgerschaftlichen Engagements neben horizontalen auch vertikale Strukturen auf, doch überwiegen in ihnen symmetrische soziale Beziehungen, so dass in ihrer extremen Ausprägung vertikale Netzwerke den Gegenpol zu den vorwiegend horizontal strukturierten „networks of civic engagement" darstellen (Putnam 1993: 173). Netzwerke bürgerschaftlichen Engagements fördern erstens stabile Gegenseitigkeitsnormen, indem sie die Erwartung bekräftigen, dass ein zu einem bestimmten Zeitpunkt geleisteter Gefallen sich irgendwann einmal ‚auszahlen' wird. Zweitens ermöglichen derartige Netzwerke Koordination und Kommunikation. So sind Informationen über die Vertrauenswürdigkeit und Reputation möglicher Interaktionspartner kostengünstig und zuverlässig erhältlich. Drittens verkörpern Netzwerke bürgerschaftlichen Engagements den Erfolg bisheriger kollektiver Zusammenarbeit und dienen damit als kulturell definierte Vorlage für zukünftige soziale Interaktionen. Schließlich senken sie für die Beteiligten das Risiko kollektiver Handlungen, indem sie die Kosten für opportunistisches Verhalten erhöhen. So gefährdet ein innerhalb eines Netzwerks unehrlich handelnder Akteur nicht nur den Gewinn der unmittelbaren Interaktion, sondern auch die Gewinne zukünftiger bzw. anderer aktueller Interaktionen (vgl. Putnam 1993: 173f.; Ripperger 1998: 195).

Dies hat unterschiedliche Konsequenzen auch für die Regionalverwaltungen: während in Norditalien horizontale Netzwerke durch soziale Interaktion und die Erledigung organisatorischer Aufgaben die Fähigkeiten und Bereitschaft der Beteiligten zu politischer Partizipation verbessern und damit trotz unpolitischer Ziele wichtige politische Funktionen erfüllen, nutzen die Bürger der ‚unbürgerlichen' Regionen die öffentliche Sphäre in erster Linie zur Erreichung ihrer persönlichen Interessen (vgl. Putnam 1993: 88). Zwar sind auch die Bürger Norditaliens keine „selfless saints", sie agieren in einer solchen Gesellschaft allerdings als Gleichgestellte, so dass „[s]uch a community is bound together by horizontal relations of reciprocity and cooperation, not by vertical relations of authority and dependency" (Putnam 1993: 88). Da diese horizontale Struktur vor allem bei Sportvereinen, Freiwilligenorganisationen und kulturelle Vereinigungen zu finden sind, gehen von ihnen die für das Funktionieren von Demokratien wichtigen Nebeneffekte aus. Entsprechend lautet Putnams Fazit seiner

Italien-Studie: “Good government in Italy is a by-product of singing groups and soccer clubs” (Putnam 1993: 176).

Nachdem seine Veröffentlichung über die Zusammenhänge zwischen der Zivilgesellschaft und den demokratischen Strukturen in Italien eine breite Diskussion und auch Kritik hervorrief, konzentrierte sich Putnam in den folgenden Jahren auf die Untersuchung des sozialen Kapitals in den USA (vgl. Putnam 1995a; 1995b; 1995c; 1996a; 1996b; 1996c; 1996d; 1999; Pharr und Putnam 2000; Putnam 2000; 2001a[12]). Dabei betont er den individuellen Charakter von sozialem Kapital deutlicher, wenn er Sozialkapital als „connections among individuals – social networks and the norms of reciprocity and trustworthiness that arise from them“ definiert (Putnam 2000: 19).[13] Putnam nutzt Sozialkapital hier außerdem als eine gesellschaftliche Probleme beeinflussende *unabhängige* Variable und dreht die “tocquevilleanische Interpretation einfach um: Wenn soziale Beteiligung verschwindet, nimmt die zivile Tugend ab und die Demokratie ist ernsthaft gefährdet“ (van Deth 2002: 577, vgl. van Deth 2001a).

Gleichzeitig verwendet Putnam (2000) Sozialkapital nun aber auch als eine von sozialem Wandel *abhängige* Variable, obwohl er zuvor die Stabilität der beiden sozialen Gleichgewichte in Italien betont hat. Für die Entwicklung des Sozialkapitalbestandes in den USA kann er in einer umfangreichen Untersuchung einen Trend nachweisen, der sich in der Mitgliedschaft in verschiedensten Organisationen widerspiegelt: Bis 1930 ist ein allgemeiner Anstieg zu beobachten, der bis 1935 in Folge der Depression und verbreiteter Arbeitslosigkeit leicht zurückgeht, nach dem zweiten Weltkrieg aber steil ansteigt und sich bis in die Mitte der 60er Jahre hinein fast verdoppelt. Doch dann, ganz plötzlich und unerwartet, findet ein Rückgang der Organisationsmitgliedschaft in allen gesellschaftlichen Bereichen statt, der die Mitgliedschaftsraten bis in die 90er Jahre hinein auf das Niedrigniveau der Depressionszeit fallen lässt. Dieser allgemeine Trend umfasst neben verschiedensten Formen der politischen Beteiligung wie die Wahlbeteiligung, das politisches Wissen und Interesse, die Parteiarbeit oder lokalpolitische Aktivitäten auch die vielfältigen formellen, gemeinschaftlichen Aktivitäten der Amerikaner, ihre informelle Lebensweise und ihr Vertrauensniveau (vgl. Putnam 2000: 183f.).

Als Ursachen für diese – aus Putnams Sicht sehr bedrohliche – Entwicklung nennt er das kommerzielle Unterhaltungsfernsehen, die vermehrte Erwerbstätigkeit der Frauen, die Verstädterung bzw. die Verbreitung von Vorstäd-

---

12 Vgl. kritisch dazu: Norris (1996); Portes und Landhold (1996); Schudson (1996); Skocpol (1996); Vallely (1996); Wuthnow (1996); Galston (1996); Zengerle (1997); Ladd (1999; 1996); Shapiro (2000); Putnam (2001b); Braun (2001b); van Deth (2001a); Uslaner (2002); Schultz (2002); Fried (2002); Ehrenberg (2002); Brown (2003).

13 Zur Veränderung von Putnams Sozialkapitaldefinition vgl. Schultz (2002).

ten und vor allem Generationeneffekte (vgl. Putnam 2001a, 2002a; Jennings und Stoker 2002). Putnam betont die herausragende Beteiligungsbereitschaft der so genannten „long civic generation, born roughly between 1910 and 1940, a broad group of people substantially more engaged in community affairs and more trusting than those younger than they" (Putnam 2000: 254). Als Hauptursache für die hohe Beteiligungsbereitschaft dieser Generation vermutet Putnam die gemeinsame Erfahrung des Zweiten Weltkriegs, denn der Zeitgeist der Kriegszeit habe die nationale Einheit, den Patriotismus und damit auch die bürgerlichen Tugenden nach 1945 gestärkt und „brought shared adversity and shared enemy. The war ushered in a period of intense patriotism nationally and civic activism locally" (Putnam 2000: 269). In der Kriegszeit entstanden einerseits Netzwerke und Fähigkeiten zu gemeinsamer Aktivität, die auch in der Nachkriegszeit bestehen blieben, und es wurden andererseits vorhandene Netzwerke genutzt und ausgebaut. Als der Gewinn des Zweiten Weltkriegs immer wahrscheinlicher wurde, erübrigten sich viele der Organisationen, aber es hatte sich erwiesen, dass Zusammenarbeit sehr effektiv ist und funktioniert. Die nachfolgende Generation der *Baby Boomer* und noch deutlicher die so genannte *Generation X* haben derartige Erfahrungen nicht gemacht, so dass Putnam als Hauptursache für den Rückgang des Sozialkapitals in den USA den Generationenaustausch identifiziert (vgl. Jennings und Stoker 2002). Er vermutet daher, dass eine nationale Krise die ‚Produktion' neuen Sozialkapitals ‚anregen' könnte.

In einem aktuellen Aufsatz zeigt Putnam (2002b) nun, dass die Amerikaner in Folge des 11. September 2001 wieder stärker dem *Bowling together* nachgehen. Die Menschen vertrauen einander mehr, Nachbarschaften halten besser zusammen und weniger Menschen fühlen sich isoliert:

> As 2001 ended, Americans were more united, readier for collective sacrifice, and more attuned to public purpose than we have been for several decades. Indeed, we have a more capacious sense of 'we' than we have had in the adult experience of most Americans now alive. The images of shared suffering that followed the terrorist attacks on New York and Washington suggested a powerful idea of cross-class, cross-ethic solidarity. Americans also confronted a clear foreign enemy, an experience that both drew us closer to one another and provided an obvious rationale for public action (Putnam 2002b: 22).

Allerdings betrifft diese Entwicklung eine Bevölkerungsgruppe nicht, denn das Vertrauen gegenüber arabisch-stämmigen US-Bürgern liegt 10 Prozentpunkte unter dem gegenüber anderen Bevölkerungsgruppen (vgl. Putnam 2002b), womit eine Schattenseite (‚downside' oder ‚dark side') von sozialem Kapital angesprochen wird. Denn Gruppenzusammenhalt geht in der Regel auf Kosten des Ausschlusses von Nichtmitgliedern und kann so auch als ‚unsoziales Kapital' gesehen werden. Die Kritik an Putnam beschränkt sich daher nicht nur auf dessen Vorgehensweise, Erklärungsansätze oder theoretischen Fundamente, sondern es wird ihm vielmehr eine Idealisierung sozialen Kapitals vorgeworfen (vgl. z.B. Braun 2001b; Brown 2003; Swain 2003).[14] So kritisieren Portes und Landholt (1996) unter anderem, dass Putnams Betrachtung von Sozialkapital in seiner Italienstudie fast ausschließlich die positiven Aspekte sozialen Kapitals betont und die Schattenseiten außen vor lässt. Die Autoren nutzen für einen ihrer zentralen Kritikpunkte den Ausdruck „conspiracies against the public", den sie von Adam Smith übernehmen. Dieser kritisiert, dass Gruppenmitglieder ihren Status als Insider dazu benutzen, um sich gegenüber Außenstehenden ökonomische Vorteile zu verschaffen. Aber auch von der Einflussnahme auf öffentliche Entscheidungen können auf diese Weise bestimmte Gruppen ausgeschlossen werden (vgl. z.B. Elias und Scotson 2002). Putnam (1993) selbst nennt mit der Dominanz der italienischen Mafia in einigen süditalienischen Provinzen ein typisches Beispiel. Auch Gambetta (1988) zeigt, dass Karrieremöglichkeiten in Süditalien oftmals nur Mafiamitgliedern offen stehen. Ähnlich exklusive Gruppen gibt es auch innerhalb demokratischer Strukturen. In seinen späteren Arbeiten über die amerikanische Zivilgesellschaft führt Putnam (2000) daher auch „the distinction between *bridging* (or inclusive) and *bonding* (or exclusive)" ein, um diesen möglichen negativen Auswirkungen sozialen Kapitals Rechnung zu tragen (Putnam 2000: 22). Braun (2001b) sieht in dieser theoretischen Differenzierung einen wichtigen Ansatzpunkt, der allerdings einer empirischen Überprüfung bedarf. Zmerli (2002) versucht dies für Deutschland und kommt zu dem Ergebnis, „that the differentiation between bonding and bridging social capital (...) is vital for a better understanding of latent social as well as political processes in democratic societies" (Zmerli 2002: 30; vgl. Caulkins 2004).

Insgesamt wird innerhalb der Sozialkapitaltheorie davon ausgegangen, dass vorwiegend horizontal strukturierte Netzwerke bürgerschaftlichen Engagements dazu beitragen, Kollektivgutprobleme auf der Basis von Kooperation, Vertrauen und Gegenseitigkeitsnormen kostengünstig zu überwinden. So ermöglichen die verschiedenen Vereine Beziehungen zwischen unterschiedlichen Menschen. Diese Kontakte erleichtern den Informationsaustausch und fördern durch wirksame Reputationsmechanismen die Kooperationsbereitschaft der Menschen. Normen und Werte erhalten durch Netzwerke eine verstärkte Allgemeingültigkeit und können aufgrund geteilter moralischer Vorstellungen die Transaktionskosten senken. Außerdem kann, wenn innerhalb von Netzwerken Vertrauen gerechtfertigt wird und sich diese Information verbreitet, soziales Vertrauen entstehen, das Kooperation ohne die Kontrolle eines Dritten ermöglicht und sich so zusätzlich positiv auf die Transaktionskosten auswirkt (vgl. Esser 2000: 213; Ripperger 1998: 34).

---

14 Vgl. für eine Zusammenfassung der Kritikpunkte Haug (1997); Harper (2001); van Deth (2002).

2.3 Entwicklungskapital Jugendlicher

Im Rahmen der Jugend- und Sozialisationsforschung wird die Sozialkapitalkonzeption von Coleman (1990a) vor allem genutzt, um die Bedeutung sozialer Beziehungen für die Entwicklung von Kindern und Jugendlichen zu berücksichtigen (vgl. Coleman et al. 1965; Coleman 1995). Dabei wird in aktuellen empirischen Studien, ebenso wie in den Analysen Colemans (1990b), der Einfluss der familiären Eingebundenheit, der informellen sozialen Kontakte mit Gleichaltrigen und des Schulalltags auf verschiedene Aspekte der jugendlichen Entwicklung (Schulerfolg, Delinquenz, psychosoziales Befinden) untersucht. In einem späteren Aufsatz definiert Coleman (1995) Sozialkapital entsprechend als "the norms, the social networks, and the relationships between adults and children that are of value for the children's growing up" (Coleman 1995: 370; vgl. Stecher 2001). Nun betrachtet Coleman Sozialkapital weder als individuelle nutzenmaximierende Ressource noch als kollektive Eigenschaft einer Gruppe, sondern stellt die Entwicklung von Kindern und Jugendlichen in den Mittelpunkt. Allerdings handelt es sich, in der Sprache der Sozialkapitalforscher gesprochen, zumeist um informelle, exklusive und vertikale Formen der sozialen Integration, für die angenommen wird, dass sie sich auf die Zivilgesellschaft wenig positiv auswirken. Sie stellen in diesem Sinne weniger Sozialkapital, als vielmehr ‚Entwicklungskapital' Jugendlicher dar (vgl. Stecher 2001). Entsprechend wird diese begriffliche Differenzierung im Folgenden genutzt, um die unterschiedlichen Bereiche voneinander abzugrenzen.

2.3.1 Familiäres Entwicklungskapital

Obwohl Sozialkapital ein auf familiäre und private Strukturen zurückgehendes Konzept ist, spielt das familiäre Entwicklungskapital im Rahmen der politikwissenschaftlichen Debatte keine zentrale Rolle oder wird unter vollkommen anderen Gesichtspunkten betrachtet (vgl. Edwards 2004; Stolle 2003). So verdeutlicht Putnam (1993) bei seiner Untersuchung der italienischen Zivilgesellschaft nochmals die schädlichen Folgen des ‚amoralischen Familismus', bei dem bereits Banfield (1958) zufolge sich die Bürger vorwiegend an dem Prinzip „[m]aximiere den kurzfristigen materiellen Vorteil der Kernfamilie und gehe davon aus, dass alle anderen genauso handeln" orientieren (Banfield 1958: 107). Dieses Verhalten kann daher auch so interpretiert werden, dass das Problem Süditaliens nicht fehlendes, sondern zu viel Sozialkapital auf der familiären Ebene ist (vgl. Esser 2000: 259). Dagegen wird in der Kommunitarismus-

Debatte[15] mit der „kommunitären Familie“ ein traditionelles Familienbild propagiert (Etzioni 1995). Vertreter dieser Theorie sind sich der negativen Folgen von zu starken Familienbindungen zwar durchaus bewusst, sehen allerdings in modernen westlichen Gesellschaften die Gefahr eines anderen Extrems. Denn in „manchen Gesellschaften sind die Familienbande so stark, daß sie die Bildung von modernen wirtschaftlichen Organisationsformen behindern, in anderen Kulturen hingegen zu schwach, als daß sie zur Sozialisation beitragen könnten“ (Fukuyama 1995: 91). Die rückläufige Geburtenentwicklung, die gestiegene Zahl der Ehescheidungen bei gleichzeitig immer weniger Eheschließungen sowie die hohe Rate außerehelicher Geburten werden daher als Bedrohung der Kernfamilie und damit des Sozialkapitalbestandes interpretiert (vgl. Fukuyama 2002).

Familien werden zwar nicht als Teil der Zivilgesellschaft – definiert als Raum außerhalb von Staat-, Markt- und Privatsphäre – gesehen, allerdings kann daraus nicht der Schluss gezogen werden, dass sie für das soziale Kapital keine Rolle spielen. Im Gegenteil: den Eltern (später auch der Schule und in gewissem Maße den Gleichaltrigen) kommt die Aufgabe zu, Kinder auf das Leben in der Gesellschaft vorzubereiten. In dieser Hinsicht sind zwei Aspekte besonders wichtig: Kinder greifen zum einen – und dies in höchst unterschiedlichem Maße – auf die Ressourcen ihrer Eltern zurück und zum anderen findet innerhalb der Familie die Primärsozialisation statt. Insofern stellen Familien für Jugendliche in doppelter Hinsicht eine wichtige Form des Entwicklungskapitals dar. Daher räumen zum Beispiel auch Anheier und Kendall (2002) den Freiwilligenorganisationen zwar eine wichtige Rolle für die Erhaltung und Stärkung des sozialen Vertrauens ein, wichtiger noch als diese „second-order institutions“ sind ihrer Meinung nach aber die Familie und andere primäre Sozialisationsagenten (Anheier und Kendall 2002: 350). So ist in modernen Gesellschafen die Familie für Menschen mindestens in dreifacher Hinsicht wichtig: sie bietet erstens Solidarität und Hilfeleistung, sie ist zweitens ein wesentlicher Faktor der Lebenszufriedenheit und drittens eine wichtige Sozialisationsinstanz der Gesellschaft: „Über sie läuft die Einführung in wichtige gesellschaftliche Subsysteme, durch sie erfährt das Kind erste Orientierungen, gewinnt Weltbilder, entwickelt Werthaltungen und macht erste Erfahrungen von Mitarbeit und Solidarität“ (Greiffenhagen 1998: 257). Die Familie sichert damit nicht nur quantitativ, sondern auch qualitativ den Fortbestand einer Gesellschaft, wobei die Innovationsfähigkeit durch Humankapital ebenso wichtig ist wie die Sicherung kultureller Traditionen (vgl. Greiffenhagen 1998).

15 Vgl. zur Einführung bzw. einen Überblick über die Kommunitarismusdebatte z.B. Schmalz-Bruns (1992); Zahlmann (1997); Reese-Schäfer (2000); Haus (2003).

Sowohl für das Humankapital als auch für das finanzielle und kulturelle Kapital wird immer wieder deutlich, welch große Rolle die Familie bei der Weitergabe von Ressourcen spielt (vgl. Wößmann 2003: 33; Baumert und Schümer 2002: 174f.; Tillmann und Meier 2001: 500; Nauck 2000: 19). So ist die Weitergabe von Humankapital innerhalb der Familie ein wichtiger Bestanteil des jugendlichen Entwicklungskapitals. Denn wenn das in der Familie vorhandene Humankapital nicht durch Sozialkapital, von Coleman (1995) über die physische Präsenz der Eltern und ihre Aufmerksamkeit gegenüber ihren Kindern operationalisiert, weitergegeben wird, ist es für die Entwicklung der Kinder unwirksam. Umgekehrt scheint ein geringer Humankapitalbestand in der Familie durch cine erhöhte Investition in familiäres Sozialkapital ausgeglichen werden zu können, wie Coleman an einem Beispiel verdeutlicht:

> A school district where children purchase textbooks recently found that some Asian families were purchasing two. Investigation led to the discovery that one book was for the mother, to enable her to better help her children success in school. The mother, uneducated, had little human capital, but her intense concern with her child's school performance, and her willingness to devote effort to aiding that, shows a high level of social capital in the family (Coleman 1995: 370).

Zinnecker und Georg (1996) kommen für diese Form der Schulaufmerksamkeit zu dem Ergebnis, dass diese deutlich weniger von sonstigen familiären Ressourcen abhängig ist als die Weitergabe kulturellen Kapitals. Die Autoren führen diesen Unterschied darauf zurück, dass für gemeinsame kulturelle Aktivitäten „zeitliche, räumliche und finanzielle Ressourcen vonnöten" sind, während es sich bei Schulaufmerksamkeit „um eine Aufstiegsstrategie von Eltern qua Bildung" handeln könnte (Zinnecker und Georg 1996: 311). Dabei werden unter kulturellem Kapital – je nach Definition – die durch Eltern vermittelten kulturellen Fertigkeiten bzw. das über Eltern an die Kinder weitergegebene Humankapital verstanden. Nach Bourdieu (1983) kann kulturelles Kapital in objektivierter, institutionalisierter und inkorporierter Form wirksam werden und setzt in allen Fällen die Investition von ökonomischem Kapital voraus. Das objektivierte Kulturkapital ist in Form von materiellen Gütern (z.B. Bücher, Maschinen) auf andere übertragbar, und das institutionalisierte Kulturkapital objektiviert Kulturkapital unter anderem in Form von Titeln, was eine Anerkennung und damit eine zumindest teilweise garantierte Rückumwandlung in ökonomisches Kapital ermöglicht (vgl. Esser 2000). Anders verhält es sich mit dem inkorporierten oder verinnerlichten Kulturkapital. Dieses umfasst sämtliche Aspekte des Bildungserwerbs, womit das Kulturkapitalkonzept Bourdieus über Humankapitalkonzeptionen auf Basis von Schulbildung hinausgeht.

Ein großer Teil der Jugendforschung in der Tradition Colemans konzentriert sich auf die Untersuchung familiären Entwicklungskapitals und seine Konsequenzen für die Entwicklung von Jugendlichen. Dabei wird familiäres Entwicklungskapital mit Indikatoren wie der elterlichen Präsenz im Alltag der Kinder, die Anzahl der Geschwister, die Mobilität der Familie oder gemeinsame Aktivitäten gemessen. Darüber hinaus wird in manchen Fällen die gesellschaftliche Eingebundenheit der Eltern als Indikator verwendet (vgl. Winter 2003).[16] Im Zentrum dieser Untersuchungen stehen häufig individuelle Entwicklungsaspekte wie der schulische Erfolg, das psychische Befinden oder das delinquente Verhalten der Jugendlichen. Hagan, MacMillan und Wheaton (1996) können zum Beispiel zeigen, dass die Unterstützung der Jugendlichen durch die Eltern negative Effekte von familiären Umzügen auf die Schulleistung mindern kann. Entsprechend kann das Fehlen derartiger Formen von Entwicklungskapital die negativen Effekte von Migration noch verstärken. Auch deutsche Untersuchungen unterstreichen die Wichtigkeit familiären sozialen Kapitals für die schulische Entwicklung von Jugendlichen, wobei sich die kulturelle Interaktion als wichtiger Faktor erweist (vgl. Stecher und Dröge 1996). So geht Stecher (2001) in Kombination von Colemans Sozialkapitalkonzept und Zinneckers Konzept der Transferbeziehungen der Frage nach, welche Rolle soziale Beziehungen bei der unterschiedlichen Entwicklung von Kindern und Jugendlichen spielen. Auf Basis des Kindersurveys 1993, bei dem für 305 Kinder im Alter von 10 bis 16 Jahren und deren Eltern Paneldaten (1993, 1994, 1995) zur Verfügung stehen, untersucht er anhand von insgesamt 32 Entwicklungskapitalindikatoren, inwiefern „schulische Selbstwirksamkeitsüberzeugungen, Schulfreude, Delinquenz und Depressivität“ von sozialen Beziehungen abhängen (Stecher 2001: 312). Dabei betrachtet er nicht nur das soziale Kapital innerhalb der Familie, sondern auch Beziehungen der Jugendlichen zu Gleichaltrigen. Für das familiäre Sozialkapital erweisen sich Indikatoren der „sozioemotionalen Qualität der Eltern-Kind-Beziehung“ (Familienklima, Empathie der Eltern, Bereitschaft des Kindes, zu Hause von sich zu erzählen, Auseinandersetzungen zwischen Eltern und Kindern, Familienstruktur, Bildungsaspiration der Eltern) von Bedeutung (Stecher 2001: 312).

Doch im Rahmen der vorliegenden Untersuchung interessiert das familiäre Entwicklungskapital Jugendlicher nicht nur als möglicher zusätzlicher Bedingungsfaktor von sozialem Kapital, sondern auch von politischen Orientierungen Jugendlicher. Danach beeinflusst die Familie die Entwicklung politischer Orientierungen Jugendlicher nicht nur indirekt über die Weitergabe von kulturellem und Humankapital, sondern sie ist auch „der Ort, an dem politische Themen besprochen und entsprechende Fragen beantwortet werden, eine Tageszeitung vorhanden ist und ganz allgemein eine Auseinandersetzung mit gesellschaftlich relevanten Themen gefördert wird“ (Buhl und Kuhn 2003: 94). Dabei wird auch

16 Für einen ausführlichen Überblick über die bisherigen Forschungsergebnisse vgl. Stecher (2001).

an die aktuelle politische Sozialisationsforschung angeschlossen, die zum Beispiel im Familienklima einen wichtigen Bedingungsfaktor politischer Einstellungen und Verhaltensweisen Jugendlicher sieht (vgl. z.B. Klein-Allermann et al. 1995). Allerdings kommt Reinders (2001) zu dem Ergebnis, dass das Familienklima nur *indirekt* die politischen Orientierungen Jugendlicher positiv beeinflusst, denn „ein als positiv wahrgenommenes Familienklima wird eine bessere Ausstattung mit personalen Ressourcen begünstigen“ (Reinders 2001: 280). In eine ähnliche Richtung deuten bereits die Ergebnisse von Almond und Verba (1965), wonach Mitbestimmungsmöglichkeiten Jugendlicher in der Familie zwar einen Einfluss auf die Entwicklung politischer Orientierungen haben, dieser allerdings im Vergleich zu anderen Sozialisationsinstanzen gering ist, da die Familie wenig mit der politischen Sphäre gemein hat (vgl. Almond und Verba 1965: 372ff.).

2.3.2 Entwicklungskapital in der Schule

Die Verlagerung der Arbeitstätigkeit des Vaters außerhalb des Familienumfeldes ist eng mit der Entwicklung des öffentlichen Schulsystems verbunden. Denn in dem Grad, in dem Familienväter nicht mehr die Ausbildung ihrer Kinder (in erster Linie ihrer Söhne) übernehmen konnten, wurden alternative Institutionen notwendig (vgl. Coleman 1995). Neben dem familiären Umfeld nimmt daher im Leben moderner Jugendlicher die Schule einen besonderen Platz ein. Hier verbringen sie nicht nur einen großen Teil ihrer Zeit, sondern lernen auch die grundlegenden Fähigkeiten, die zur Beteiligung am öffentlichen Leben notwendig sind, wie zum Beispiel Lesen, Schreiben und Rechnen, aber auch freies Sprechen, Zusammenarbeit in der Gruppe und Koordination von gemeinsamen Aktivitäten. Darüber hinaus lernen die Schüler in speziellen Fächern das politische und gesellschaftliche System ihres Landes kennen. Indem sie mit Gleichaltrigen und Erwachsenen einen längeren Zeitraum verbringen, erfahren sie außerdem die grundlegenden Regeln, die in zwischenmenschlichen Beziehungen wichtig sind. Zudem treffen sie täglich mit älteren Schülern und Lehrern zusammen und müssen lernen, auch mit diesen zurechtzukommen (vgl. z.B. Reinders 2001: 121).

Der Schule kommt in Bezug auf die verschiedenen Differenzierungen von Sozialkapital in vielerlei Hinsicht eine Sonderstellung zu. So kann die Institution Schule weder eindeutig den informellen noch den formellen sozialen Kontakten zugeordnet werden. Der formelle Charakter wird zum einen über den Akt der Anmeldung an einer Schule deutlich. Außerdem ist der Besuch der Schule nicht freiwillig, sondern unterliegt bis zur 9. bzw. 10. Klasse der allgemeinen

Schulpflicht und danach der Berufsschulpflicht (Teilzeitschulpflicht).[17] Gleichzeitig ist klar, dass die meisten Kinder und Jugendlichen die Schule tatsächlich ‚freiwillig' besuchen und nur selten dazu gezwungen werden müssen. So geben beispielsweise rund 80 Prozent der Jugendlichen 2002 an, gerne zur Schule zu gehen, 15 Prozent besuchen die Schule ‚nicht so gerne' und nur etwa 5 Prozent geben an, ‚sehr ungern' zur Schule zu gehen (eigene Berechnung; Quelle: Shell 2002). Dies liegt sicherlich auch daran, dass vielfältige informelle Kontakte das Schulleben der Jugendlichen prägen. Sie treffen – stärker als im Freundeskreis und in der Clique – mit Menschen unterschiedlicher sozialer Herkunft, Altersklassen sowie Interessen zusammen, und es werden direkte soziale Kontakte ermöglicht. So ist Schule zwar auf den ersten Blick aufgrund der allgemeinen Schulpflicht als inklusive Form sozialer Integration zu betrachten. Denn *alle* jungen Menschen müssen bis zu einem bestimmten Alter die Schule, (zunächst) unabhängig von dem sozialen Status ihrer Eltern, ihrer Nationalität, dem Geschlecht oder ähnlichen Faktoren, besuchen. Da allerdings das deutsche Schulsystem junge Menschen aufgrund ihrer Leistung in unterschiedliche Schularten aufteilt, ist die soeben getroffene Charakterisierung von Schule zu relativieren.[18] Denn nur zu deutlich zeigt sich immer wieder, dass die einzelnen Schularten die soziale Struktur der Gesellschaft widerspiegeln und der soziale Status der Eltern mit der wichtigste Vorhersagefaktor für die Bildung der Kinder ist. So wird auch in der PISA-Studie deutlich, dass in Deutschland „im Vergleich zu allen anderen OECD-Staaten die soziale Lage der Herkunftsfamilie den stärksten Effekt auf die gegen Ende der Vollzeitschulpflichtigkeit erreichte Lesekompetenz" hat (Baumert und Schümer 2001: 389). Die einzige Schule, die alle Schüler unabhängig von ihren individuellen Fähigkeiten besuchen, ist die Grundschule. Allerdings kann auch hier in den meisten Fällen nicht von ‚brückenbildenden' Kontakten zwischen jungen Menschen unterschiedlicher Herkunft gesprochen werden, da diese in der Regel von Kindern derselben Nachbarschaft besucht werden. Zudem stehen natürlich innerhalb der Institution Schule die Gleichaltrigengruppen und Freundeskreise im Vordergrund, die sich in den meisten Fällen an Herkunft, Interessen und Geschlecht orientieren. Daher ist es

17 Vgl. zur allgemeinen Schulpflicht bzw. zur Berufsschulpflicht das Dossier „Grundstruktur des Bildungswesens in der Bundesrepublik Deutschland", herausgegeben vom Sekretariat der ständigen Konferenz der Kultusminister der Länder in der Bundesrepublik Deutschland, 2002; zu finden unter folgender Internetadresse: http://www.kmk.org/doku/dt-2002.pdf (Stand: 1. März 2005) und zum Beispiel die Homepage des Landes Baden-Württemberg: http://www.leu.bw.schule.de/bild/schu-pfl.html#Schulpflicht-allg (Stand: 5. März 2005).

18 Diese Relativierung betrifft in erster Linie die weiterführenden Schulen und nicht die Grundschule; allerdings wird auch im Bereich der Grundschulen immer deutlicher, dass aufgrund der Zugehörigkeit zu einem bestimmten Stadtbezirk ebenfalls soziale Differenzierungen, vor allem aufgrund von Status und Nationalität vorhanden sind.

fraglich, ob die Schule soziale Integration fördert und durch schichtübergreifende Kontakte Hemmschwellen ab- und damit Toleranz und Respekt aufbaut. Auch hinsichtlich der internen Struktur ist die Schule nicht eindeutig einer der beiden vorgestellten Kategorien zuzuordnen. So gibt es neben horizontalen Beziehungen zwischen den (gleichaltrigen) Jugendlichen auch vertikale Beziehungen zu den Lehrern oder zu älteren Schülern. Autorität, Abhängigkeit und erzieherische Aspekte charakterisieren dabei wohl eher das Zusammenleben als Gleichberechtigung (vgl. Kandzora 1996).

Neben der formalen Bildung innerhalb der Institution Schule bieten Schulen unterschiedliche Möglichkeiten zu freiwilliger, sozialer und bis zu einem gewissen Grad auch zu bürgerschaftlicher oder politischer Aktivität. So wird in manchen Schulen die aktive Teilnahme an sozialen Aktivitäten gefördert, indem den Schülern Arbeitsgemeinschaften und Projekte angeboten werden. Diese Engagementformen haben zwar einen schulischen Bezug, werden aber außerhalb der Schule und des Schulalltags unternommen. Putnam (2000) betont in seiner *Agenda for Social Capitalists* die zentrale Rolle der Schule für die Wiederbelebung des amerikanischen Sozialkapitalbestandes und hebt die Wichtigkeit von so genannten *Community Service Programs*, *Service Learning Programs* und intergenerationeller Zusammenarbeit hervor, denn „improved civics education in school should be part of our strategy" (Putnam 2000: 405). Die Grundidee des *Service Learning* in diesem Zusammenhang ist, dass die Schüler durch aktive Arbeit in der Gemeinde lernen und sich entwickeln sollen. Derartige Projekte verlaufen meist ähnlich: Die Aufgabe der Schüler umfasst von der Recherche über die Entwicklung und Umsetzung von Lösungsvorschlägen vielfältige Aspekte ehrenamtlicher Tätigkeiten. Im Anschluss an das Projekt finden Feedback- und Evaluationstreffen statt. Die Schüler sollen in derartigen Projekten Verantwortungsübernahme und den „Grundgedanken der Reziprozität in Dingen des Gemeinwohls" lernen (Sliwka 2002: 4). Dabei handelt es sich um eine interessante Frage, ob sich ein solches Engagement auf das außerschulische Sozialkapital der aktiven Jugendlichen auswirken kann.

Auf einen positiven Zusammenhang zwischen jugendlichem Engagement in verschiedenen Schulprojekten und sozialem Kapital deuten verschiedene US-amerikanische Studien hin. Sie bestätigen, dass der Einfluss von schulischen Aktivitäten auf die Wahrscheinlichkeit weiterer freiwilliger Aktivitäten im Erwachsenenalter signifikant ist. „Schools can provide training grounds for civic involvement, offer opportunities for open discussions, and create avenues for service work – all of which lead to higher levels of youth involvement" (Andolina et al. 2003: 270; vgl. Kirlin 2002; Conway und Damico 2001; Flanagan und Faison 2001). Youniss (2000) konnte bei der Untersuchung von amerikanischen Schülern, die zur Erreichung ihres Abschlusses mindestens 75 Stunden ehrenamtliche Arbeiten leisten müssen, feststellen, „dass gemeinnützige Tätigkeit ein effektives Mittel zur Förderung der politischen Entwicklung der Jugendlichen" sein kann (Youniss 2000: 282; vgl. Yates und Youniss 1999; Youniss und Yates 1997; Galston 2001). Adloff (2001) fasst die Effekte des *Service Learning* basierend auf einer umfassenden Sekundäranalyse der vorhandenen Forschungsarbeiten durch Andersen (1998) zusammen. Insgesamt bestätigen die Ergebnisse, dass die Selbstwirksamkeitsüberzeugung der Jugendlichen gestärkt wird, denn sie merken, dass sie durch ihr Engagement etwas bewirken können. Damit wird der Wert der freiwilligen Tätigkeit höher eingeschätzt und der Sinn für soziale Beteiligung gestärkt. Es wird deutlich, dass nicht nur so genannte ‚civic attitudes' gefördert werden, sondern auch Werte wie Toleranz und Akzeptanz als wichtig erachtet werden. Außerdem steigt das Selbstvertrauen der Schüler, und die Schul- und Studienleistungen verbessern sich. Kritiker wenden ein, dass ein derartiges, durch die Schule ‚erzwungenes' Engagement der Idee freiwilliger Beteiligung zuwiderläuft und Jugendlichen eher die Lust an weiterem Engagement nimmt, als ihr Interesse zu wecken.[19] Doch die meisten Untersuchungen der Zusammenhänge zwischen *Service Learning* in der Schulzeit und späterem sozialen Engagement finden „no evidence that the requirement turned students off to service, but quite a bit of support for the notion that required service was a positive motivating force" (Metz und Youniss 2003: 286). Besonders interessant ist dabei, dass sich positive Effekte jugendlichen Engagements im Schulkontext häufig für Jugendliche mit niedrigem sozialem Status zeigen. So untersuchten bereits Almond und Verba (1965), inwiefern sich Beteiligungsmöglichkeiten im Schulalltag auf die politischen Einstellungen im Erwachsenenalter auswirken. In allen fünf Untersuchungsländern zeigten sich dabei positive Zusammenhänge zwischen Beteiligungsmöglichkeiten und tatsächlicher Beteiligung in der Schule und den bürgerlichen Kompetenzen im Erwachsenalter. Die Tatsache, dass dieser Zusammenhang für die Befragten mit niedrigem Bildungsniveau besteht, die wenig andere Gelegenheiten zu Partizipation haben, hebt die wichtige ausgleichende Funktion der Institution Schule hervor (Almond und Verba 1965: 332). Auch die Ergebnisse von Andolina et al. (2003) zeigen, dass „[f]or some young people, schools can open the doors to civic and political life as well as teach specific civic skills" (Andolina et al. 2003: 271).

Die Schule und durch die Schule gefördertes soziales Engagement scheint also eine Chance für diejenigen Schüler darzustellen, denen aufgrund ihres Status zunächst weniger Entwicklungskapital zur Verfügung steht als anderen Gleichaltrigen. Im Gegensatz zu den USA, wo *Service Learning* zu den Lern-

19 Vgl. für einen Überblick über die Debatte und eine Zusammenfassung der bisherigen Forschung Andersen (1998) und Adloff (2001).

plänen der meisten Schulen und Universitäten gehört, ist diese Form der sozialen Beteiligung in Deutschland, bis auf wenige staatliche Pilotprojekte und private Schulen und Universitäten, auch in der Praxis weitgehend unbekannt. Entsprechend ist dieser Bereich zwar ein zentraler Bestandteil der amerikanischen Kommunitarismusdebatte, wird aber in der deutschen Diskussion um bürgerschaftliches Engagement und soziales Kapital deutlich vernachlässigt (vgl. Schneider 2002). Sliwka (2002) untersucht anhand eines Pilotprojektes in Deutschland, wie sich die Einführung des in den USA in den meisten Schulen obligatorischen *Service Learning* auf deutsche Schüler auswirkt. Es wird erwartet, dass die Motivation der Schüler gefördert wird und sich auch auf die anderen Schulleistungen positiv auswirkt. Den Gemeinden stehen die Schüler als zusätzliche Ressourcen für soziales Engagement zur Verfügung und sie erhoffen sich eine stärkere Identifikation der Schüler mit ihrer Gemeinde. Entsprechend deutet die Auswertung des Pilotprojekts darauf hin, dass Schüler, Lehrer, Schule, Gemeinde und Eltern auch in Deutschland mehrheitlich positive Erfahrungen gesammelt haben, und die Erwartungen für die Effekte des jugendlichen Engagements wurden sogar weit übertroffen. Denn nicht nur die soziale Kompetenz, sondern auch die kognitiven Leistungen der Schüler wurden gefördert (vgl. Sliwka 2002).

Doch bietet die Schule in Deutschland auch in ihrem engen institutionellen Rahmen den Jugendlichen häufig vielfältige Möglichkeiten der Beteiligung, wie zum Beispiel in Schülervertretungen. Über die Gesamtkonferenz haben die Schüler die Möglichkeit, das Schulleben bis zu einem gewissen Grade mitzugestalten (vgl. Schmidt 2001). „Die Bedeutung dieser Aktivitäten liegt darin, dass im Sinne von antizipatorischer Sozialisation Rollen eingeübt, Kompetenzen angeeignet und Selbstwirksamkeit erfahren werden, welche erfolgreich auf andere soziale Felder übertragen werden können“ (Buhl und Kuhn 2001: 89). Zu denken ist an Mitarbeit in der Schülervertretung, in Schülerzeitungen, AGs oder Veranstaltungsorganisationen (vgl. Kreft 2000: 205). Schüler lernen hier nicht nur wichtige Fähigkeiten (*civic skills*), sondern erfahren auch, wie wichtig und effektiv die Zusammenarbeit mit anderen Menschen ist.

2.3.3 Informelle soziale Kontakte

Neben der Schule sind soziale Kontakte mit Gleichaltrigen eine wichtige außerfamiliäre Sozialisationsinstanz und Bezugsgruppe für Jugendliche. Jugendliche mit Cliquenanbindung haben insgesamt einen größeren Freundeskreis, fühlen sich weniger einsam und erfahren mehr Unterstützung (vgl. Uhlendorff und Oswald 2003). Auch Stecher (2001) sieht in der „Einbindung in die Welt der Gleichaltrigen“ eine wichtige Entwicklungsressource für Jugendliche (Stecher

2001: 312). Verschiedene Untersuchungen zeigen außerdem, dass dieser Aspekt des sozialen Umfelds für Jugendliche immer wichtiger zu werden scheint. So kommen Zinnecker und Strzoda (1996) bei Durchsicht der entsprechenden Forschungsarbeiten zu dem Schluss, „daß sich ein hochmodernes Kinderleben nicht zuletzt dadurch auszeichnet, daß dessen Grad der Familienorientierung vergleichsweise gering, der Grad der kindlichen Peerorientierung demgegenüber vergleichsweise hoch geworden ist“ (Zinnecker und Strzoda 1996: 81). Auch die Autoren der PISA-Studie stellen fest, dass der Einfluss von Familie und Schule bei 14- bis 16-Jährigen zugunsten von Gleichaltrigen und der Clique immer mehr schwindet (vgl. Tillmann und Meier 2001; vgl. Liebau 1993). Ergebnisse im Bereich der politikwissenschaftlichen Jugendforschung deuten außerdem daraufhin, dass der Freundeskreis der Gleichaltrigen angesichts der Auflösung der traditionellen soziokulturellen Milieus einen immer größeren Einfluss auf die politischen Orientierungen der Jugendlichen gewinnt (vgl. Hoffmann-Lange, Gille und Krüger 1994).

Doch findet sich diese Aufwertung informeller Kontakte nicht nur zu Lasten primärer, familiärer Strukturen, sondern scheinbar auch zu Lasten des formellen Engagements in Freiwilligenorganisationen. So ist zunächst klar, dass die Menschen den größten Teil ihrer Zeit nicht in formellen Vereinigungsformen, sondern eben im Kreis ihrer Freunde (und natürlich der Familie) verbringen (vgl. Newton 2001b und 1999b). Dies gilt in besonderem Maße für Jugendliche. Denn Ergebnissen der jüngsten Shell Jugendstudie zu Folge treffen sich zwar rund zwei Drittel der Jugendlichen im Alter zwischen 12 und 19 Jahren mindestens einmal die Woche mit anderen ‚Leuten', allerdings betreibt nur etwa ein Viertel der Jugendlichen regelmäßig Vereinssport. Auch die sonstigen Freizeitaktivitäten von Jugendlichen sind eher informellen Kontexten zuzurechnen (vgl. Linssen, Leven und Hurrelmann 2002: 78).

Welchen Stellenwert informelle soziale Kontakte mit Gleichaltrigen als jugendliches Entwicklungskapital haben, ist umstritten. So befassen sich Portes und Landholt (1996) mit „downward leveling pressures“ in sozialen Gruppen, was in Hinblick auf die Entwicklungschancen von Jugendlichen besonders interessant erscheint. Danach läge das Problem vieler „Ghettos“ nicht unbedingt in einem geringen Sozialkapitalbestand. Vielmehr erlaubt das in diesen Stadtvierteln vorhandene Sozialkapital den Betroffenen kaum „to rise above their poverty“. Dabei spielen Jugendgangs eine wichtige Rolle, denn „the pressures from these groups may hold him down rather than raise him up“ (Portes und Lanholt 1996: 3). Uhlendorff und Oswald (2003) kommen ebenfalls zu dem Schluss, dass Jugendliche, die problematischen Cliquen angehören, eher zu deviantem Verhalten neigen als Jugendliche, die keiner Clique bzw. einer unproblematischen Clique angehören. Möller (2003) untersucht anhand qualitativer Daten, inwieweit Gewalt und Rechtsextremismus ein Phänomen in Jugendcliquen ist. Er kommt zu dem Ergebnis, dass Jugendliche dann gegenüber rechtsextremen Gruppen resistent sind, wenn sie Unterstützung im Elternhaus finden, wenn sie in der Schule Erfolgserlebnisse aufweisen können und wenn „Freundschaftsbeziehungen unter Gleichaltrigen vorliegen, in denen diskursiv-kommunikative Strukturen die Oberhand haben" (Möller 2003: 265).

Allerdings scheint nicht die Mitgliedschaft in einer Freundesgruppe an sich von Bedeutung zu sein, sondern die in der Clique wichtigen Normen. So kann Stecher (2001) zeigen, dass delinquente Jugendliche zwar eher in Cliquen eingebunden sind, allerdings ist die Gewaltbereitschaft bei den Jugendlichen umso höher, je stärker deren Normen mit denen der der Erwachsenenwelt in Konflikt stehen:

> Billigen die (anderen) Cliquenmitglieder, dass man sich richtig betrinkt, die Schule schwänzt oder andere verprügelt, so ist die Wahrscheinlichkeit, dass die Kinder und Jugendlichen selbst delinquentes Verhalten zeigen deutlich höher als bei Kindern und Jugendlichen, die weniger Normverstöße billigenden Cliquen angehören (Stecher 2001: 224)

Normen können überdies miteinander kollidieren, wie Coleman (1991) an dem ganz ähnlichen Beispiel einer Marihuanarauchenden Schülerin zeigt. Der Normenkonflikt besteht in diesem Zusammenhang zwischen den normativen Erwartungen der Eltern und denen der Gleichaltrigen (vgl. Coleman 1991: 318).

2.4 Zusammenfassung

Wie die kurze Darstellung der in der politischen Kulturforschung und der modernen Jugendforschung verwendeten Sozialkapitalkonzepte deutlich macht, ist für die Untersuchung der Wirkungszusammenhänge jugendlichen Sozialkapitals zunächst die Unterscheidung zwischen Entwicklungs- und Sozialkapital sinnvoll. Daher wird der Begriff *Entwicklungskapital* von Stecher (2001) übernommen, um familiäre, schulische, freundschaftliche und in diesem Sinne *jugendspezifische* Entwicklungsressourcen von den außerhalb dieses persönlichen Umfeldes relevanten zivilgesellschaftlichen Ressourcen – dem *Sozialkapital* – deutlich abgrenzen zu können. Grundsätzlich wird dabei von einer positiven Wechselwirkung der beiden Kapitalformen ausgegangen. Denn die Familie legt als primäre Sozialisationsinstanz die Grundlagen der Entwicklung Jugendlicher, so dass das innerhalb der Familie vorhandene und weitergegebene Entwicklungskapital eine Art ‚Grundausstattung' darstellt. Mit dem Engagement im schulischen Kontext handelt es sich um eine jugendspezifische Form sozialer Beteiligung, die insofern als eine einflussreiche Entwicklungsressource fungieren sollte. Schließlich werden Cliquen und Freundschaften als weitere relevante Sozialisationsinstanzen in der Jugendphase betrachtet. Da informelle soziale

Kontakte im Rahmen der vorliegenden Arbeit allerdings nicht im Mittelpunkt stehen, wird auch dieser Aspekt der jugendlichen Alltagswelt dem jugendspezifischen Entwicklungskapital zugerechnet. Somit ist die begriffliche Differenzierung vor allem deswegen notwendig, weil es sich mit Familie, Schule und Gleichaltrigen um wichtige jugendspezifische Sozialisationsinstanzen handelt, die insofern nicht unberücksichtigt bleiben sollten.

Im Zentrum dieser Arbeit stehen allerdings die Wirkungszusammenhänge von Sozialkapital bei Jugendlichen, was der Definition Putnams (1993) folgend als "features of social organization, such as trust, norms, and networks" konzipiert (Putnam 1993: 167) wird. Damit wird die Aufmerksamkeit auf verschiedene kulturelle und strukturelle Aspekte sozialen Kapitals gelenkt, die als kollektive Eigenschaften einer Gesellschaft einen *virtuous circle* bilden (vgl. Putnam 1993: 171). Dieses Sozialkapitalkonzept wird auf Jugendliche übertragen und dabei anders als das Entwicklungskapital nicht jugend*spezifisch* konzipiert. Daher bezieht sich das soziale Kapital von Jugendlichen einerseits auf zivilgesellschaftliche Ressourcen, und es wird andererseits davon ausgegangen, dass es für die politischen Orientierungen von Jugendlichen relevant ist. Das heißt zunächst, dass nicht die familiäre Integration, das schulische Engagement oder die informellen sozialen Kontakte zu Gleichaltrigen, sondern soziale Beteiligung, soziales Vertrauen sowie soziale Werte und Normen im Mittelpunkt stehen (vgl. van Deth 2003a). Jugendliches Sozialkapital wird somit als Kombination über das private Umfeld hinausgehender, kultureller und struktureller zivilgesellschaftlicher Aspekte konzipiert. Während das jugendspezifische Entwicklungskapital außerdem als Entwicklungsressource Individualgutcharakter hat und insofern Beziehungskapital darstellt, lassen sich sowohl die strukturellen als auch die kulturellen Aspekte sozialen Kapitals jeweils als *Kollektivgut* (Systemkapital) bzw. als *individuelle* Ressource (Beziehungskapital) betrachten, was als der „doppelte Doppelcharakter" von Sozialkapital bezeichnet wird (Gabriel et al. 2002: 28).

Sozialkapital hat dabei vor allem zwei wichtige Konsequenzen: Erstens wird aufgrund rekursiver Beziehungen der verschiedenen Sozialkapitalaspekte von kumulativen Effekten auf der Ebene der Gesamtgesellschaft ausgegangen: *Systemkapital* führt zur Generierung von mehr Systemkapital, wobei es sich weitgehend individuellen Investitionsmöglichkeiten entzieht, so dass „‚individuelle' Intentionen alleine (...) nicht ausreichend [sind]" (Esser 2000: 261). Allerdings wird vermutet, dass Systemkapital als Nebenprodukt individueller Interaktionen entsteht und den Makrozusammenhängen dabei ähnliche Wirkungszusammenhänge auch auf der *Mikroebene* zugrunde liegen: Persönliche Kontakte führen zur Entwicklung von sozialem Vertrauen und bewirken, dass soziale Werte und kooperative Normen als wichtig erachtet werden. Werte und

Normen machen Vertrauen weniger risikoreich und führen so zu mehr Kontakten, usw. (vgl. Putnam 1993: 159ff; 2000: 20ff.). Inwiefern dies tatsächlich zutrifft, ist aber eine empirische Frage, die für die Jugendlichen in Deutschland innerhalb dieser Arbeit beantwortet werden soll. Daher werden die einzelnen kulturellen und strukturellen Beziehungskapitalaspekte getrennt voneinander betrachtet. Außerdem wird der Frage nachgegangen, welche Rolle jugendspezifische Ressourcen in diesem *virtuous circle* spielen, inwiefern also familiäres, schulisches und persönliches Entwicklungskapital zur Akkumulation von Beziehungskapital beiträgt.

Diese rekursiven Zusammenhänge zwischen den einzelnen Sozialkapitalaspekten und der kumulative Charakter sozialen Kapitals sind aus politikwissenschaftlicher Sicht deshalb relevant, weil zweitens *Systemkapital* nicht nur positive Konsequenzen für die Leistung und den Erfolg politischer Systeme zu haben scheint, sondern laut Putnam (1993) „the key to making democracy work" ist. Denn „the performance of representative government is facilitated by the social infrastructure of civic communities *and by the democratic values of both officials and citizens*" (Putnam 1993: 182, 185; H.J.S.). Neben diesem Zusammenhang auf der Mikroebene wird davon ausgegangen, dass *Systemkapital* als Nebenprodukt individueller Handlungen entsteht. Daher interessieren auch die auf der Mikroebene wirksamen Mechanismen des persönlichen *Beziehungskapitals*. Letzteres steht im Mittelpunkt dieser Untersuchung der Wirkungszusammenhänge des sozialen Kapitals von Jugendlichen, so dass individuelle Aspekte wie die soziale Beteiligung, soziales Vertrauen, soziale Werte und kooperative Normen betrachtet werden.

Innerhalb dieser Arbeit wird deshalb der Frage nachgegangen, welchen Einfluss *Beziehungskapital* bereits im Jugendalter auf die Entwicklung politischer Orientierungen hat. Allerdings werden nicht nur mögliche Einflüsse von sozialer Beteiligung, sozialem Vertrauen, sozialen Werten und kooperativen Normen auf verschiedene politische Einstellungen und Verhaltensweisen Jugendlicher untersucht, sondern auch deren Relevanz im Vergleich zu Aspekten des jugendspezifischen Entwicklungskapitals betrachtet. Da im Rahmen dieser Arbeit ausschließlich das jugendliche Beziehungskapital untersucht wird, ist eine begriffliche Differenzierung zwischen System- und Beziehungskapital nicht notwendig, und es wird im Folgenden nur noch von Sozialkapital gesprochen. Da sowohl die Bedingungen als auch die Konsequenzen von *Sozialkapital* (als *Beziehungskapital*) bei Jugendlichen im Mittelpunkt des Interesses stehen, ist die Unterscheidung zwischen Sozialkapital als abhängiger und als unabhängiger Variablen wichtig. Denn werden die Bedingungen der verschiedenen kulturellen und strukturellen Sozialkapitalaspekte in Kapitel 4 untersucht, wird Sozialkapital als *abhängige Variable* betrachtet (Pfeile 1 in Abbildung 2.1).

Sind dagegen in Kapitel 5 die Konsequenzen von Sozialkapital von Interesse, wird Sozialkapital als *unabhängige Variable* zur Erklärung politischer Orientierungen Jugendlicher verwendet (Pfeile 2 in Abbildung 2.1). Allerdings wird auch die mögliche Relevanz der verschiedenen Aspekte des jugendspezifischen Entwicklungskapitals – zum einen als mögliche Bedingungsfaktoren des jugendlichen Sozialkapitals und zum anderen als mögliche alternative Erklärungsfaktoren bzw. Kontrollvariablen der politischen Orientierungen Jugendlicher – berücksichtigt. Da außerdem für die Jugendlichen in Deutschland untersucht werden soll, ob ein *virtuous circle* der einzelnen Sozialkapitalaspekte (vgl. Kreis in Abbildung 2.1) auf der Individualebene empirisch nachweisbar ist, werden die verschiedenen strukturellen und kulturellen Aspekte getrennt voneinander betrachtet. In Kapitel 3 werden daher zunächst die verschiedenen Konzepte und Indikatoren von sozialer Beteiligung, sozialem Vertrauen, sozialen Werten und kooperativen Normen dargestellt.

Abbildung 2.1. Systematik der Untersuchung der Wirkungszusammenhänge von Sozialkapital bei Jugendlichen

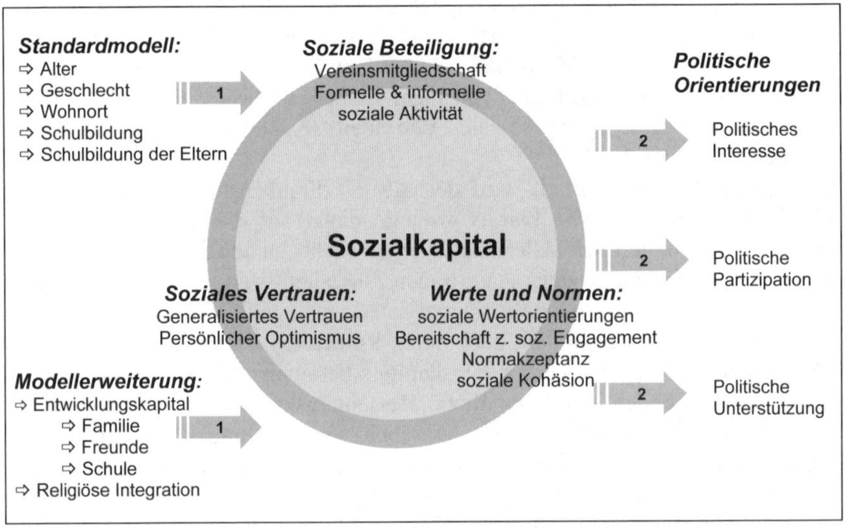

3 Sozialkapital bei Jugendlichen

3.1 Einführung

Bevor die Bedingungen und Konsequenzen des jugendlichen Sozialkapitals analysiert werden, beschäftigen sich die folgenden Abschnitte mit den Konzepten, die den einzelnen Sozialkapitalaspekten zugrunde liegen. Im Anschluss an die Darstellung dieser theoretischen Grundlagen wird dann den ersten beiden zentralen Fragen dieser Arbeit nachgegangen:

1. Inwiefern können die einzelnen Sozialkapitalaspekte auf Basis der vorliegenden Daten für die Jugendlichen in Deutschland operationalisiert werden?
2. Welche Aussagen können über den individuellen Sozialkapitalbestand Jugendlicher in Deutschland sowie über Trendentwicklungen gemacht werden?

Zur Beantwortung dieser Fragen werden für die soziale Beteiligung (Kapitel 3.2), das soziale Vertrauen (Kapitel 3.3) und für soziale Werte und kooperative Normen (Kapitel 3.4) zunächst die in den verschiedenen Jugendstudien möglichen Operationalisierungen der Sozialkapitalindikatoren dargestellt und jeweils gezeigt, wie groß der Anteil derjenigen Jugendlichen in Deutschland ist, die auf die verschiedenen Sozialkapitalaspekte zurückgreifen können.

Kapitel 3.5 befasst sich schließlich mit der empirischen Relevanz des vermuteten *virtuous circle* aus den verschiedenen kulturellen und strukturellen Sozialkapitalaspekten für die Jugendlichen in Deutschland, wobei die dritte Frage beantwortet wird:

3. Lassen sich die für die Erwachsenen vermuteten und teilweise auch empirisch bestätigten Zusammenhänge zwischen den einzelnen Sozialkapitalaspekten auch für die Jugendlichen empirisch nachweisen?

Es wird dabei mittels bivariater Korrelationen untersucht, inwieweit die ausgewählten Indikatoren in den einzelnen Studien tatsächlich miteinander zusammenhängen und ob insofern von Sozialkapital bei Jugendlichen gesprochen werden kann.

3.2 Soziale Beteiligung als struktureller Aspekt sozialen Kapitals

Soziale Beteiligung stellt als struktureller Aspekt sozialen Kapitals den Ausgangspunkt der Betrachtung dar. Robert Putnam (1993) spricht dabei allgemein von ‚civic engagement' und versteht darunter verschiedene politische Partizipationsformen ebenso wie soziale Beteiligung (Putnam 2000 und 1994). Auch der deutsche Begriff ‚bürgerschaftliches Engagement' umfasst sowohl politisches als auch soziales Engagement (vgl. Roth 2003). Diese Konzeptualisierung eignet sich allerdings wenig dafür, das Verhältnis zwischen sozialem und politischem Engagement der Bürger empirisch zu untersuchen. Im Folgenden wird daher allgemein von sozialer Beteiligung gesprochen und mit Gabriel et al. (2002) in Analogie zu politischer Partizipation als „alle Tätigkeiten, die Bürger freiwillig innerhalb von Vereinen und Verbänden unternehmen", definiert (Gabriel et al. 2002: 39). Im Rahmen der Sozialkapitaldebatte werden solche sozialen Beteiligungsformen als relevant angesehen, die nicht vollkommen staatlichen, privaten oder wirtschaftlichen Aktivitäten zugeordnet werden können, sondern in einem Bereich dazwischen stattfinden. Dieser Bereich wird häufig als ‚Zivilgesellschaft' bezeichnet, wobei „Civil society means here the ensemble of organized social activities, formal and informal, that are not directly grounded in family and kinship, economic production and exchange, or the state (...)" (Rueschemeyer 1998: 18).

In Kapitel 3.2.1 werden zunächst die innerhalb der Sozialkapitalforschung relevanten Konzepte sowie wichtige konzeptionelle Differenzierungen sozialer Beteiligung dargestellt. Anschließend wird in Kapitel 3.2.2 die Entwicklung der sozialen Beteiligung auf Basis aktueller empirischer Sozialforschung betrachtet. In Kapitel 3.2.3 werden schließlich die innerhalb dieser Arbeit verwendeten Operationalisierungen sozialer Beteiligung Jugendlicher sowie deren prozentuale Verteilung vorgestellt.

3.2.1 Soziale Beteiligung

Innerhalb der Sozialkapitaldebatte wird insbesondere auf Tocquevilles ([1835] 1962) Schlussfolgerungen über die wichtige Rolle von Vereinen für demokratische Systeme, die er aufgrund seiner Analyse der amerikanischen Gesellschaft im 19. Jahrhundert zieht, verwiesen. Er stellt fest, dass Vereine zum einen *interne Effekte* auf ihre Mitglieder haben, da sie ihnen deutlich machen, dass sie von anderen Menschen abhängen und es ihnen ermöglichen, Aufgaben gemeinsam zu bewältigen, die sie alleine nicht schaffen würden. Zum anderen fließen durch multiple, überlappende Gruppenmitgliedschaften Informationen innerhalb der Gesellschaft, und es wird die Erreichung von Kompromissen erleichtert, so dass

Vereine auch *externe Effekte* haben (vgl. Kapitel 2.2.2). Offe und Fuchs (2001) fassen diese beiden zentralen Funktionen von Freiwilligenvereinigungen zusammen:

> Insgesamt lautet die ,Tocqueville'sche' Grundannahme, dass die Mitgliedschaft in Vereinigungen (fast) jeglicher Art nicht nur zu einem gewissen Maß an Aufmerksamkeit gegenüber den öffentlichen Angelegenheiten führen wird, sondern auch aus den Bürgern ein wenig ,bessere' Bürger macht, weil sie ihnen die Möglichkeit verschafft, die Routine der zivilisierten Konfliktlösung zu erlernen und zu einem kompetenten Urteil in öffentlichen Angelegenheiten zu gelangen (Offe und Fuchs 2001: 490).

Außerdem fördern Vereine Gegenseitigkeitsnormen, soziale Werte und soziales Vertrauen unter ihren Mitgliedern, was sich den Überlegungen der Sozialkapitaltheorie zufolge als *indirekte externe Effekte* sowohl auf die Mitglieder als auch auf die Gesellschaft positiv auswirkt (vgl. Newton 2001a). Grundsätzlich stellt Putnam (2000) daher fest, dass „(...) the core idea of social capital is that social networks have value" (Putnam 2000: 18f.).

In Deutschland wird damit zunächst die Aufmerksamkeit auf Vereine gelenkt, deren Status im Bürgerlichen Gesetzbuch genau festgelegt ist. Damit eine Organisation den Status eines Vereins erhält, muss es sich um eine „formale Organisationen mit geregelter Mitgliedschaft, Mindestmitgliederzahl, festgeschriebenem Ziel und Satzung, organisatorisch geregelter Willensbildung, Vorstand und Vereinsvorsitz" handeln (Wegmann 2001: 412). Zimmer (1996) schätzt, dass es in diesem Sinne etwa 300.000 eingetragene Vereine (e.V.) in Deutschland gibt, wobei es sich allerdings um einen „Annäherungswert" handelt, da die „Gesamtzahl der Vereine in der Bundesrepublik nicht bekannt ist" (Zimmer 1996: 94). Dies liegt zum einen daran, dass es kein zentrales Vereinsregister gibt und dass zum anderen die Streichung aus den rund 600 örtlichen Vereinsregistern sowie etwaige Änderungen freiwillig sind. Eine 2001 durchgeführte Auswertung dieser Vereinsregister kam zu dem Ergebnis, dass es sogar 544.701 e.V. in Deutschland gibt, was „6,6 Vereinen pro 1.000 Einwohner" entspricht (Roßteutscher 2002: 615). Wird daher im Rahmen allgemeiner Bevölkerungsumfragen der soziale Beteiligungsgrad erhoben, steht in der Regel die Vereinsmitgliedschaft im Mittelpunkt. Allerdings ist die enge Definition von Vereinen im Rechtssinne wenig hilfreich, da zum einen die wenigsten Befragten über derartiges Detailwissen über ihre Organisation verfügen dürften und zum anderen diese Information auch wenig relevant ist. Vielmehr sollten in den Organisationen die zivilgesellschaftlich relevanten Wirkungszusammenhänge von sozialer Beteiligung auftreten, unabhängig davon, ob es sich um einen ,e.V.' handelt oder nicht. In diesem Sinne sollten relevante Organisationen mindestens vier Charakteristika aufweisen: Neben einer mehr oder weniger formalen Struktur, sollten sie in erster Linie Ziele nicht-kommerzieller Art verfolgen, nicht Teil des öffentlichen Sektors sein und nicht einem bestimmten Personenkreis vorenthalten sein, sondern prinzipiell der gesamten Gesellschaft offen stehen (vgl. van Deth 1996b). Neben dem Aspekt der Freiwilligkeit wird von anderen Autoren die Zuordnung der Organisation zum so genannten Dritten Sektor bzw. zur Zivilgesellschaft betont (vgl. Wegmann 2001). „Voluntary associations are a special kind of social institution because they are neither family, nor work, nor state: we are born in families; we cannot avoid the state; and most of us have to work“ (Newton 1999b: 206). Im Mittelpunkt stehen dementsprechend Vereine, die auf freiwilliger Mitgliedschaft beruhen, jedem offen stehen und weder vollkommen dem staatlichen, noch dem wirtschaftlichen Sektor oder der Privatsphäre angehören (vgl. Zimmer 2002; van Deth 2003a).[20]

Allerdings wird in der aktuellen Diskussion um bürgerschaftliches Engagement, Zivilgesellschaft und soziale Beteiligung darauf hingewiesen, dass „[n]ot all forms of social participation are equally effective in supporting democracy, and some have directly negative effects“ (Rueschemeyer 1998: 12). Inwieweit die Wechselwirkung zwischen strukturellen und kulturellen Aspekten sozialen Kapitals tatsächlich besteht, ist daher nicht nur eine empirische Frage, sondern auch eine konzeptionelle. Denn entsprechend den verschiedenen Differenzierungsmöglichkeiten von sozialer Beteiligung werden auch unterschiedliche Effekte erwartet. Heinze und Strünck (2000) weisen daher darauf hin, dass die „Struktur der Assoziationen (...) ein eigener Untersuchungsgegenstand der Sozialkapital-Forschung sein [muss]“ (Heinze und Strünck 2000: 179; vgl. Warren 2001). Putnam (2000) hält dabei die Differenzierung von inklusivem und exklusivem Sozialkapital für besonders wichtig. In seiner Untersuchung der italienischen Zivilgesellschaften wird außerdem deutlich, dass für das Sozialkapital und die Demokratie die interne Netzwerkstruktur wichtig ist. So werden horizontal strukturierten Netzwerken bürgerschaftlichen Engagements vollkommen andere Konsequenzen zugeschrieben als vertikal strukturierten Patron-Klient-Netzwerken (vgl. Putnam 1993: 172ff.). In Bezug auf die Sozialkapitaldebatte stehen zudem weniger die direkten externen Effekte von Organisationen, wie die Interessenaggregation und -artikulation, im Mittelpunkt, sondern vor allem die indirekten externen und internen Effekte in Form der Förderung von sozialen Werten, kooperativen Normen sowie sozialem Vertrauen (vgl. Kapitel 2.2.2). Boix und Posner (1996) stellen außerdem Überlegungen zu der Art der Güter an, die eine Organisation zur Verfügung stellt. Sie gehen davon aus, dass in Sportvereinen, die in erster Linie Privatgüter bereitstellen, die Voraussetzungen für die Förderung sozialen Vertrauens schlechter sind als in Vereinen, die Kollektivgü-

20 Obwohl in Umfragen also meist nicht eindeutig festgestellt werden kann, ob es sich bei einer bestimmten Organisation tatsächlich um einen Verein im Rechtssinn handelt und dies im Rahmen dieser Untersuchung auch von wenig Relevanz ist, wird im Folgenden der Ausdruck der Vereinsmitgliedschaft verwendet.

ter produzieren. So stellt sich zum Beispiel die Frage, warum sich die Mitglieder eines Sportvereins vertrauen sollten, wenn sie sich lediglich zu gemeinsamen sportlichen Aktivitäten und nicht zu kooperativen Handlungen treffen. Außerdem weisen die Autoren auf die, auf Tocqueville zurückgehende und auch von Putnam als wichtig erachtete, multiple Gruppenmitgliedschaft hin. Da es fraglich ist, ob sich soziale Beteiligung in voneinander getrennten Netzwerken überhaupt positiv auf die Leistung der politischen Institutionen auswirken kann, ist die Vernachlässigung dieses Aspekts in den meisten empirischen Studien problematisch (vgl. Bois und Posner 1996). Eine systematische Typologisierung von Vereinen bietet Warren (2001), indem er drei Analyseeinheiten zugrunde legt, die jeweils wiederum in verschiedene Untergruppen aufgeteilt sind. Da jede Kategorie andere Effekte auf die Demokratie zu haben scheint, hebt auch er die Wichtigkeit einer Differenzierung von Vereinen hervor:

> Associations play key roles at numerous points in what are now complex and multifaceted political systems, but it is prima facie unlikely, given this complexity, that any single kind of association could contribute at every point in the system. Nor does it make sense to expect associations to display similar democratic capacities and virtues (Warren 2001: 27).

Datenrestriktionen führen in der Regel dazu, dass sich die Mehrzahl der empirischen Sozialkapitalstudien allerdings wenig mit diesen konzeptionellen Differenzierungen befasst und sich auf die Betrachtung der Vereinsmitgliedschaft konzentriert (vgl. van Deth 2003a).

Newton (1999b) weist darauf hin, dass aufgrund dieser Konzentration auf formelle Engagementformen wichtige Aspekte sozialer Beteiligung außer Acht gelassen werden. Entsprechend hält er die getrennte Untersuchung von informellen und formellen Formen sozialer Beteiligung für wichtig. Ähnlich wie Putnam gründet er seine Kritik auf der Überlegung, dass die großen, formellen ‚Scheckbuchorganisationen' (vgl. Maloney 1999; Jordan und Maloney 1997) oder ‚tertiären Organisationen' (Putnam 2000: 52) aufgrund fehlender direkter Kontakte und Kooperationen zwischen den Mitgliedern kaum Effekte auf den Sozialkapitalbestand haben können. Während Putnam davon ausgeht, dass soziale Kontakte zwar für den Aufbau größerer sozialer Netzwerke, nicht aber für die Entwicklung von bürgerschaftlichen Fähigkeiten wichtig sind (Putnam 2000: 95; vgl. Albrecht 2002), vermutet Newton, dass auch in kleinen informellen Netzwerken die Entwicklung von ‚civic skills' gefördert wird. Dabei ist ihm die zusätzliche Unterscheidung im Hinblick auf die Stärke bzw. Schwäche der internen und externen Effekte einer Organisation wichtig. Einige informelle Gruppen haben demnach zwar keine starken externen Effekte, aber sie haben starke interne Effekte, die sich positiv auf die Kooperations- und Vertrauensfähigkeit sowie die Werte und Normen ihrer Mitglieder auswirken. Zudem vermutet Newton, dass auch sie indirekte externe Effekte auf die soziale Integration und das Sozialkapital ihrer

Mitglieder haben können. Insgesamt kritisiert Newton, dass sich die Sozialkapitalforschung aufgrund der besseren Datenlage auf die Untersuchung formeller Organisationen konzentriert und daher informelle Gruppen, die in Bezug auf Sozialkapital wichtige Funktionen haben könnten, zu wenig beachtet werden (Newton 2001a: 232; vgl. 1999b).

Die Unterscheidung zwischen informellen und formellem Engagement bietet sich insbesondere in Hinblick auf das Sozialkapital Jugendlicher an, denn scheinbar finden aufgrund gesellschaftlicher Veränderungen die traditionellen und formellen Engagementformen besonders bei jüngeren Generationen immer weniger Zuspruch. Wurde dies häufig als ein genereller Rückgang von Sozialkapital interpretiert, setzt sich in den letzten Jahren immer mehr die Interpretation eines „Strukturwandel des Ehrenamts" durch (Beher et al. 2000: 1). Denn das „dauerhaft institutionalisierte Ehrenamt ist in vielen Bereichen einem punktuellen, eher unregelmäßigen Engagement gewichen" (Heinze und Strünck 2000: 192; vgl. Backhaus-Maul, Jakob und Olk 2003; Buchstein 2002). Dabei „taucht die Frage auf, ob sich mit dem geringen Grad an persönlicher Verpflichtung und Bindung auch die Qualität des sozialen Kapitals verringert bzw. ändert" (Heinze und Strünck 2000: 180). So können Brömme und Strasser (2001) beispielsweise zeigen, dass sich traditionelle, formelle und neue, stärker informelle Organisationsformen auch im Hinblick auf ihre sozialstrukturelle Zusammensetzung unterscheiden. Aufgrund wegfallender Rekrutierungs- und damit Integrationsmechanismen und größerer Bildungsselektivität sind Hauptschulabsolventen von dieser Entwicklung besonders nachteilig betroffen, denn nicht „die Zugehörigkeit zu einem besonderen moralischen Milieu, sondern kommunikative Kompetenz, Organisations- und Verhandlungsgeschick sowie die Fähigkeit, seine eigenen Interessen aktiv einzubringen, sind wichtige Determinanten des Engagements" (Brömme und Strasser 2001: 990).

Die Relevanz der Differenzierung zwischen formellen und informellen Engagementformen spiegelt sich auch in der aktuellen Sozialkapitaldebatte wider. Konzentrierte sich Putnam in seiner Italien-Studie (1993) noch auf die formelle Vereinigungsmitgliedschaft, unterscheidet er bei seiner Untersuchung der amerikanischen Zivilgesellschaft (2000) zwischen informellen und formellen sozialen Kontakten. Er nutzt dazu die aus der jüdischen Kultur stammenden Bezeichnungen Matchers und Schmoothers. *Matchers* sind sowohl in formellen als auch in informellen Bereichen aktiv. Sie sind beispielsweise Mitglieder in Sportvereinen, engagieren sich in ihrer religiösen Gemeinde und laden ihre Freunde zu gemeinsamen Abendessen ein. *Schmoothers* haben zwar ebenfalls ein aktives soziales Leben, aber ihre Geselligkeit ist nicht formell organisiert und geplant, sondern durch Spontaneität gekennzeichnet. Putnam hält diese Unterscheidung vor allem für die USA für unverzichtbar, da „[t]his distinction mirrors an important reality in American social life“ (Putnam 2000: 93ff). Seine Diagnose des massiven Rückgangs des sozialen Kapitals in den USA gründet er entsprechend nicht einzig auf einen Rückgang der formellen Engagementraten, sondern auch auf den Rückgang vieler informeller Geselligkeitsformen. Insgesamt wird allerdings deutlich, dass „[n]ot all networks have atrophied. Thin, single-stranded, surf-by interactions are gradually replacing dense, multistranded, well-exercised bonds” (Putnam 2000: 184).

Allerdings können diese neuen und immer stärker informell organisierten sozialen Kontakte den Sozialkapitalverlust aufgrund des Mitgliederrückgangs traditioneller formeller Engagementformen nicht ausgleichen, wobei insbesondere die von Putnam (2000) als besonders wichtig erachteten „distinction between *bridging* (or inclusive) and *bonding* (or exclusive)“ an dieser Stelle von Bedeutung ist (Putnam 2000: 22). So stellen informelle soziale Beteiligungsformen zunächst eine relativ *exklusive* Form sozialen Kapitals dar. In solchen kleinen, eng definierten Gruppen sind starke Gruppenidentitäten und hohe Zugangsbarrieren vorhanden, was einerseits zu sozialer Abgrenzung zu anderen Gruppen führt, anderseits den Zusammenhalt innerhalb der Gruppe festigt und sich so unter Umständen robuste spezifische Gegenseitigkeitsnormen, persönliches Vertrauen und Solidarität entwickeln. Dabei erfüllt ein exklusives Beziehungsnetz wichtige Funktionen und stellt damit einen wichtigen Bestandteil des individuellen Sozialkapitals dar (vgl. Esser 2000: 248). Allerdings profitieren von exklusivem Sozialkapital lediglich die Mitglieder des meist sehr eng definierten Kreises (vgl. Putnam 2000: 21). Die Mitgliedschaft in sekundären Freiwilligenorganisationen dagegen fällt in der Regel unter den Begriff der *inklusiven* Engagementformen. Da hier grundsätzlich jeder Mitglied werden kann, sind Verbindungen in andere Gesellschaftsschichten und Informationsdiffusion wichtig. Dies führt zu losen Verbindungen und zu erweiterten Identitäten. Sie sind klassenübergreifend und integrieren so Menschen unterschiedlichster Herkunft, so dass „keine der beteiligten Personen viele gemeinsame Freunde hat“ (Putnam und Goss 2001: 27). Wie bereits Granovetter (1973) deutlich macht, erfüllen derartige ‚weak ties’ auch für den Einzelnen wichtige Funktionen, denn auf diese Weise lernt man Menschen aus vollkommen anderen Lebensbereichen kennen, was die Reichweite von Informationen erhöht. So finden Jobvermittlungen meist nicht durch Mitglieder des engsten Freundes- oder Verwandtenkreises, sondern durch entfernte Bekannte statt. „Weak ties are more likely to link members of *different* small groups than are strong ties, which tend to be concentrated within particular groups” (Granovetter 1973: 1376). Inklusive Vereine scheinen es aber auch zu sein, die die Entstehung sozialen Vertrauens fördern, was Zmerli zumindest für Westdeutschland auch empirisch nachweisen kann (Zmerli 2002; Putnam 2000). Aus dieser Perspektive sollten generelle Gegenseitigkeitsnormen weniger durch informelle soziale Kontakte, als durch die Mitgliedschaft in inklusiven Netzwerken, wie formellen Vereinen, entstehen.[21]

Um diesen und ähnlichen Fragen für die Jugendlichen in Deutschland empirisch nachgehen zu können, sind innerhalb dieser Arbeit neben formellen auch informelle Formen sozialer Beteiligung von Interesse. Dazu werden einerseits informelle soziale Kontakte (Freundschaften, Cliquenzugehörigkeit) als mögliche Bedingungsfaktoren sozialen Kapitals betrachtet und andererseits informelle und formelle gesellschaftliche Aktivitäten als zwei voneinander getrennt zu untersuchende strukturelle Sozialkapitalaspekte konzipiert. Bevor die Operationalisierung der entsprechenden Indikatoren und deren Verteilung bei den Jugendlichen in Deutschland dargestellt werden, findet sich im folgenden Abschnitt eine kurze Präsentation der aktuellen Ergebnisse über die Entwicklung der sozialen Beteiligung.

3.2.2 Soziale Beteiligung im Spiegel aktueller empirischer Studien

Nicht nur in der wissenschaftlichen Debatte um Sozialkapital und die demokratische Beteiligung der Bürger, sondern auch in der Diskussion um die Zukunft des Wohlfahrtstaats wird die Wichtigkeit sozialer Beteiligung in den letzten Jahren auch in Deutschland immer stärker betont. So steht zum einen die aktuelle Krise des Sozialstaats, die durch einen aktiven Bürger leichter überwunden werden soll, im Mittelpunkt. „Vom ‚schlanken' zum ‚aktivierenden Staat' lautet das Motto, das eine neue Verantwortungsgestaltung zwischen Staat und Gesellschaft vorsieht" (Braun 2001a: 3; vgl. Backhaus-Maul, Jakob und Olk 2003). Auch die Entwicklung des Arbeitsmarktes wird teilweise mit Bürgerengagement und Ehrenamtlichkeit in Verbindung gebracht, und vor allem für Ostdeutschland wird ein Strukturwandel zur „Tätigkeitsgesellschaft" und das Konzept der „Bürgerarbeit" diskutiert (vgl. Mutz und Kühnlein 2003; Beck 2000). Insgesamt wird da-

---

21 Uslaner (2002) widerspricht grundsätzlich der Sozialkapitalhypothese, wonach Menschen in Vereinen und Verbänden soziales Vertrauen entwickeln und stärken können, denn seiner Meinung nach „(...) most of the time social networks, both informal and formal, are moral dead ends. They neither consume nor produce trust. They just happen" (Uslaner 2002: 116). Entsprechend sieht er in der Unterscheidung zwischen informellen und formellen Engagementformen keinen Gewinn für die Diskussion. Bezüglich der formellen Organisationen argumentiert Uslaner, dass Menschen einen zu geringen Teil ihrer Freizeit in Organisationen verbringen, dass sie zu spät Mitglied in einem Verein werden, dass es Vereine gibt, die kein generalisiertes Vertrauen stärken können und dass man in den meisten Vereinen mit „people like ourselves" (Uslaner 2002: 5) zusammen ist, so dass sich Vertrauen in Fremde nicht entwickeln kann. Für informelle Geselligkeitsformen gelten prinzipiell die gleichen Argumente, wobei allerdings die Tatsache, dass man sich in erster Linie mit Bekannten trifft, besonders hervorgehoben wird, so dass seiner Meinung nach sogar „[s]ome forms of smoothing may foster distrust rather than trust" (Uslaner 2002: 122).

von ausgegangen, dass sowohl im Bereich der demokratischen Mitgestaltung als auch im Bereich des Sozialstaats und des Arbeitsmarktes „der engagierte Bürger durch Selbstorganisation, Partizipation, gemeinwohlorientiertes Handeln und Zivilcourage die Problemlösung sein“ soll (Braun 2001c: 91). Daher wurde das Jahr 2001 zum *Internationalen Jahr der Freiwilligen* erklärt, anlässlich dessen verschiedene Projekte initiiert wurden. Dabei wurden sowohl praktische Anregungen besonders für die Förderung des Engagements junger und alter Menschen und der kommunalen Beteiligung geboten als auch im Vorfeld eine *Repräsentativerhebung zu Ehrenamt, Freiwilligenarbeit und bürgerschaftlichem Engagement* (der so genannte Freiwilligensurvey 1999) durchgeführt (vgl. Rosenbladt 2001; Picot 2001; Braun und Klages 2001).[22] Auch eine Enquete-Kommission des deutschen Bundestages widmete sich dem Thema und veröffentlichte bisher insgesamt elf Bände über die verschiedenen Facetten ehrenamtlichen Engagements in Deutschland (Enquete-Kommission „Zukunft des Bürgerschaftlichen Engagements“ des Deutschen Bundestages: 2002a-e; 2003a-f).[23] Dabei ist „[e]hrenamtliche Tätigkeit (...) zwar Teil des sozialen Kapitals, aber nicht alles soziale Kapital stützt sich auf Ehrenamtlichkeit“ (Putnam 2002a: 260).

Entsprechend dem gewachsenen wissenschaftlichen und öffentlichen Interesse liegen verschiedene Studien zur sozialen Beteiligung vor. So engagieren sich laut der EUROVOL-Studie des Jahres 1994 nur 24 Prozent der Deutschen, laut Speyerer-Werte-Survey von 1997 trifft dies auf rund 35 Prozent der Befragten in Deutschland zu, und der Freiwilligensurvey 1999 des Bundesministeriums für Familie, Senioren, Frauen und Jugend gelangte zu dem Ergebnis, dass 34 Prozent der Deutschen freiwillig engagiert sind (vgl. Gensicke 2003; Buchstein 2002; Gaskin, Smith und Paulwitz 1996). Obwohl sich die Studien häufig aufgrund ihrer Konzeptualisierung von sozialer Beteiligung unterscheiden, deuten die Ergebnisse fast ausschließlich auf eine Zunahme bürgerschaftlichen Engagements. Der von Putnam (2000) für die USA diagnostizierte Rückgang des bürgerschaftlichen Engagements lässt sich also nicht ohne weiteres auf die deutschen Verhältnisse übertragen. So kommt beispielsweise Roßteutscher zu dem Schluss, dass „[e]ntgegen Putnams Beobachtungen zum Verschwinden des Sozialkapitals (...) das deutsche Vereinswesen in jüngerer Zeit eher Zuwachs zu verzeichnen [hat]“ (Roßteutscher 2002: 616). Für eine Zunahme der sozialen Beteiligung sprechen auch die Daten des Sozioökonomischen Panels (SOEP), nach

22 Vgl. deutsche Homepage zum Internationalen Jahr der Freiwilligen: http://www.ijf2001.de/ (Stand: 1. März 2005).

23 Vgl. Homepage der Enquete-Kommission "Zukunft des Bürgerschaftlichen Engagements" des Deutschen Bundestages: http://www.bundestag.de/parlament/kommissionen/archiv/enga/engakga1.html (Stand: 1. März 2005).

denen 1994 ein Drittel der Westdeutschen ehrenamtlich aktiv war, was im Vergleich zu 1985 eine Steigerung von fünf Prozent bedeutet. Umfragen, die eine vergleichbare Fragestellung beinhalten, zeigen zudem, dass das Engagement 1980 bei nur 13 Prozent lag (vgl. Heinze und Strünck 2000). Auf eine zumindest stabile Beteiligungsrate deuten die Ergebnisse des Freiwilligensurveys 1999, der Zeitbudgetstudie des Statistischen Bundesamts 1992 und der Mitgliedschaftsentwicklung von Parteien, Verbänden und Gewerkschaften, die zeigen, dass „keine eindeutige Evidenz für eine Abnahme der Vereinsmitgliedschaft [zu] erkennen" ist (Jungbauer-Gans 2002). Schließlich kommt auch Keupp zu dem Schluss, dass es für „einen wachsenden ‚bowling-alone'-Effekt (...) in Deutschland keine beweiskräftigen Belege [gibt]" (Keupp 2000: 53).

Dabei scheint die soziale Beteiligung Jugendlicher weiter verbreitet zu sein als bei den Erwachsenen. So kommt eine im Herbst 1997 durchgeführte Befragung zu dem Ergebnis, dass „die 17 bis 24jährigen die höchste Quote an Vereins- und Verbandsmitgliedschaft" aufweisen (Gabriel und Kunz 1998: 24). In dieser Altersgruppe sind 46 Prozent der Befragten in mindestens einem Verein Mitglied. Der Freiwilligensurvey 1999 hebt sogar hervor, dass „Jugendliche im Alter von 14 bis 24 Jahren (...) die aktivste Altersgruppe in der Gesellschaft" sind (Picot 2001: 126). Die Autoren gehen weiter davon aus, dass das Potential ungenutzter Engagementbereitschaft unter Jugendlichen enorm ist, denn zwei Drittel der Nicht-Engagierten haben Interesse an einem Engagement. Lediglich in wirtschaftlichen, sozialen und politischen Vereinen sind junge Menschen unter 24 Jahren zum Teil deutlich unterrepräsentiert (vgl. Gabriel und Kunz 1998). Denn das Engagement Jugendlicher findet in Deutschland in erster Linie in Sport- und Freizeitvereinen statt, und obwohl Jugendliche den größten Teil ihrer Freizeit mit informellen Geselligkeiten verbringen und sich insgesamt immer stärker so genannten ‚Fun-Sportarten' (z.B. Inlineskaten) zuwenden, sind sie nach wie vor stark in Sportvereinen integriert. So waren den Daten des DJI Jugendsurvey aus dem Jahr 1992 zufolge 38 Prozent der westdeutschen und 22 Prozent der ostdeutschen Jugendlichen Mitglied in einem Sportverein (vgl. Schneider 1995; Baur und Burrmann 2003). Laut einer Studie über 14- bis 15-jährige Jugendliche im Stadt-Land-Vergleich im Raum Trier verbringt „die Mehrzahl der Jugendlichen (63 Prozent) (...) immer noch einen nicht unerheblichen Teil ihrer Freizeit in Sportvereinen, Hilfsorganisationen oder anderen vereinsähnlichen Institutionen" (Eisenbürger und Vogelgesang 2002: 33). Rund 25 Prozent der Jugendlichen sind sogar in mehreren Organisationen aktiv. Eine andere Studie über das Vereins- und Sportengagement Jugendlicher, die 1998 in Nordrhein-Westfalen durchgeführt wurde, zeigt, dass 52 Prozent der Jugendlichen in einem Sportverein Mitglied sind, weitere 29 Prozent waren schon einmal Sportvereinsmitglied und 6 Prozent könnten sich eine zukünftige Mitgliedschaft vorstellen (vgl. Brettschneider und Kleine 2002). In Bezug auf die Entwicklung des jugendlichen Engagements weisen Heinze und Strünck (2000), die Trendentwicklungen des bürgerschaftlichen Engagements anhand des SOEP untersuchen, darauf hin, dass die für Westdeutschland festgestellte Zunahme seit 1985 für alle Alterklassen zutrifft. „Dies gilt auch für die jüngere Bevölkerung bis 25 Jahre. Die These von einer zunehmenden ‚Egozentriertheit' der jüngeren Bevölkerung kann damit nicht gestützt werden" (Heinze und Strünck 2000: 191). Auch Brettschneider und Kleine (2002) finden zwischen 1994 und 1998 eine leichte Zunahme des jugendlichen Sportvereinsengagements in Nordrhein-Westfalen. Andere Studien deuten dagegen daraufhin, dass vor allem speziell auf Jugendliche zugeschnittene Organisationen immer mehr Mitglieder verlieren (vgl. Wiesendahl 2001; Palentien und Hurrelmann 1997).

3.2.3 Operationalisierung und Verteilung sozialer Beteiligung Jugendlicher

Variablen zur Vereinsmitgliedschaft Jugendlicher finden sich in allen innerhalb dieser Arbeit verwendeten Jugendstudien, wobei teilweise unterschiedliche Konzeptualisierungen verwendet wurden. Da sich die Fragenkonzeption in Shell 2002 von allen anderen Studien stark unterscheidet, wird dieser Aspekt jugendlichen Engagements getrennt betrachtet. Die Operationalisierung der sozialen Beteiligung als struktureller Aspekt des sozialen Kapitals Jugendlicher in Deutschland erfolgt daher im Folgenden über zwei unterschiedliche Indikatoren. Zum einen wird in Kapitel 3.2.3.1 die formelle soziale Beteiligung über die Vereinsmitgliedschaft operationalisiert. Zum anderen wird in Kapitel 3.2.3.2 ein für die 14. Shell Jugendstudie aus dem Jahr 2002 neu entwickeltes Frageinstrument zur ‚gesellschaftlichen Aktivität' Jugendlicher verwendet, das die Möglichkeit bietet, zwischen sozialer Beteiligung in formellen bzw. informellen Kontexten zu unterscheiden. Für beide Operationalisierungen werden jeweils die originalen Frageformulierungen sowie die prozentualen Verteilungen der Mitgliedschaft für die 16- bis 24-jährigen Jugendlichen dargestellt.

3.2.3.1 Vereinsmitgliedschaft

Die soziale Beteiligung Jugendlicher wird – mit Ausnahme der Shell Jugendstudie 2002 – über die Vereinsmitgliedschaft operationalisiert. Eine entsprechende Fragestellung ist zwar in jeder der anderen sechs Jugendstudien enthalten, allerdings unterscheiden sich die verwendeten Erhebungsinstrumente voneinander. So ist in den Shell Jugendstudien von 1992, 1997 und 2000 sowie in KJE 1996 eine allgemeine Frage nach der Vereinsmitgliedschaft enthalten:

Shell 1992/Shell 1997/Shell 2000/KJE 1996: Gehörst Du zur Zeit einem Verein oder einer Organisation an? Ja (1) – Nein (0) – keine Angabe (0)

Für die Vereinsmitgliedschaft wird eine einfache dichotome Variable gebildet, wobei die Codierung ‚0' für die Abwesenheit und ‚1' für das Vorhandensein des entsprechenden Merkmals benutzt wird (Wert in Klammern). Jugendliche, die die Frage mit ‚ja' beantworten, werden im Folgenden als ‚Vereinsmitglieder' bezeichnet, während Jugendliche, die angeben, zur Zeit keinem Verein anzugehören bzw. bei dieser Frage keine Angabe machen, als ‚Nicht-Vereinsmitglieder' codiert werden. Durch diese konservative Codierung wird eine Reduktion der Fallzahlen durch fehlende Werte vermieden (vgl. Gabriel et al. 2002: 44).

Anders als in den verschiedenen Shell Jugendstudien wird die Vereinsmitgliedschaft in den DJI Jugendsurveys aus den Jahren 1992 und 1997 spezifischer über die Frage nach der Mitgliedschaft in bestimmten Organisationen erhoben, wobei die exakte Fragestellung lautet:

DJI 1992/DJI 1997: Es gibt ja viele Möglichkeiten, sich in der Freizeit zu engagieren. Auf dieser Liste finden Sie verschiedene Organisationen, Verbände und Vereine. Sehen Sie bitte diese Liste durch und sagen Sie mir zu jeder Organisation, jedem Verband, jedem Verein, ob Sie dort gegenwärtig Mitglied sind (1), früher Mitglied waren (0) oder noch nie Mitglied gewesen sind (0).

(1) Heimat- und Bürgerverein
(2) Jugendverband/Studentenverband
(3) Sportverein
(4) sonstige gesellige Vereinigung
(5) andere Vereine oder Verbände
(6) Gewerkschaft
(7) Berufsverband
(8) politische Partei
(9) Wohlfahrtsverband
(10) Bürgerinitiative
(11) Kirchlicher/religiöser Verein oder Verband

Damit diese in den DJI Jugendstudien verwendete Frage mit der in den Shell Jugendstudien enthaltenen Frage nach der allgemeinen Mitgliedschaft in Vereinen besser verglichen werden kann, wird mittels einer Hauptkomponentenanalyse versucht, eine Dimension ‚Vereinsmitgliedschaft' zu finden. Dazu wird für jede Mitgliedschaftsform zunächst eine einfache dichotome Variable gebildet, bei der gegenwärtige Mitglieder (Codierung 1), Jugendlichen gegenübergestellt werden, die noch nie bzw. früher Mitglied waren (Codierung 0). Mit diesen dichotomisierten Variablen wird eine erste explorative Hauptkomponentenanalyse durchgeführt, die zunächst deutlich macht, dass in den beiden DJI Jugendstudien keine äquivalenten Mitgliedschaftsstrukturen feststellbar sind.[24] Um dennoch zu einer gemeinsamen Struktur zu gelangen, werden die beiden Datensätze integ-

24 Vgl. zu Problemen bei der Dimensionierung sozialer Beteiligung auch Roßteutscher und van Deth (2002); van Deth und Kreuter (1998); Weßels (1997).

riert und eine erneute explorative Hauptkomponentenanalyse durchgeführt. Diese führt zu einer vierdimensionalen Lösung. Dabei bilden erstens Gewerkschaften (6) und Berufsverbände (7) eine Dimension, die als ,Interessengruppen' bezeichnet werden können. Zweitens laden die Mitgliedschaft in Bürgerinitiativen (10) und in politischen Parteien (8) auf einen Faktor, der daher als ,Politische Gruppen' beschrieben werden kann. Einer dritten Dimension können kirchliche Gruppen (11) und Wohlfahrtsverbände (9) zugeordnet werden. Schließlich erweisen sich die restlichen Organisationen – Heimat- und Bürgerverein (1), Jugendverband/Studentenverband (2), Sportverein (3), sonstige gesellige Vereinigung (4) sowie andere Vereine und Verbände (5) – in einer vierten Dimension ,Vereine' als zusammengehörig.

Da innerhalb dieser Arbeit die soziale Beteiligung im Mittelpunkt steht, werden sowohl ,politische Gruppen' als auch ,Interessengruppen' nicht in die weiteren Analysen einbezogen. Auch ,kirchliche Gruppen' werden von sozialer Beteiligung getrennt betrachtet (vgl. Kapitel 4.2.3.2). Daher werden die entsprechenden Organisationen bei einer weiteren Hauptkomponentenanalyse nicht betrachtet. Diese mit den fünf verbleibenden Organisationen (Heimatverein, Jugendverband, Sportverein, sonstige gesellige Vereinigung, andere Vereine) durchgeführte Analyse führt sowohl auf Basis des integrierten Datensatzes als auch für die einzelnen Jugendstudien zu einer eindimensionalen Lösung, so dass sie zu einem additiven Index zusammengefasst werden.[25] Um zudem eine Variable zu erhalten, die mit der in den Shell Jugendstudien enthaltenen vergleichbar ist, wird eine dichotome Variable gebildet, die Jugendliche, die angeben, in mindestens einem der vier Vereine Mitglied zu sein (Codierung ,1'), Jugendlichen gegenübergestellt, die in keinem dieser Vereine (gegenwärtig) Mitglied sind (Codierung ,0'). In Tabelle 3.1 ist der prozentuale Anteil der Jugendlichen aufgeführt, die in mindestens einem Verein Mitglied sind. Der rechten Spalte der Tabelle kann zunächst entnommen werden, dass die für die beiden DJI Jugendstudien konstruierten dichotomen Variablen zur Vereinsmitgliedschaft offensichtlich tatsächlich gut mit den in den Shell Jugendstudien genutzten Messinstrumenten vergleichbar sind. Denn sowohl für Gesamtdeutschland als auch jeweils für Ost- und Westdeutschland sowie für die beiden Geschlechter ergeben sich in allen Studien ähnliche Ergebnisse. Deutlich fallen dagegen die Unterschiede zwischen den ähnlich konzipierten Shell Jugendstudien und der KJE Jugendstudie aus. So deuten die Shell Jugendstudien 1992, 1997 und 2000 auf eine relativ konstante Engagementquote bei den 16- bis 24-jährigen Jugendlichen hin, allerdings wird dieser Trend nicht durch die im Jahr 1996 erhobene KJE

25 Die Faktorscores (Maximum Likelihood) korrelieren nahezu perfekt mit dem entsprechenden additiven Index (Pearson's R = DJI 1992: .966**, N: 6926; DJI 1997: .972**, N: 6607), so dass dieser den folgenden Analysen zugrunde gelegt wird.

Jugendstudie bestätigt. Geschlechterdifferenzen sind dagegen ebenso konsistent wie die Differenzen zwischen den alten und neuen Bundesländern. Demnach zeigt sich in allen Studien und zu allen Erhebungszeitpunkten, dass die männlichen und westdeutschen Jugendlichen häufiger in Vereinen Mitglied sind als weibliche und ostdeutsche Jugendliche.

Tabelle 3.1: Anteil der Jugendlichen, die in mindestens einem Verein Mitglied sind (in Prozent)

Studie (N: Gesamt)	**WD**	**OD**	**Diff.**	**männl.**	**weibl.**	**Diff.**	**Gesamt**
Shell 1992 (N: 2413)	43	26	-17	44	33	-11	39
DJI 1992 (N: 4112)	47	28	-19	52	34	-18	43
KJE 1996 (N: 1881)	37	23	-14	41	24	-17	32
Shell 1997 (N: 1463)	42	27	-15	44	34	-10	39
DJI 1997 (N: 4822)	44	31	-13	47	35	-12	41
Shell 2000 (N: 4023)	44	29	-15	48	33	-15	40

Anmerkung: Daten gewichtet; Analysen beschränkt auf gemeinsame Altersgruppe der 16- bis 24-jährigen Jugendlichen.

Zwar könnten Differenzen zwischen den einzelnen Bundesländern wichtiger als zwischen Ost- und West-Deutschland sein, aber die in Tabelle 3.1 dargestellten Unterschiede zwischen ost- und westdeutschen Jugendlichen spiegeln sich – mit Ausnahme von Hamburg, das aufgrund seiner Engagementquote eher den neuen Bundesländern zugeordnet werden könnte – in Abbildung 3.1 deutlich wider.

Abbildung 3.1: Anteil der Jugendlichen in den einzelnen Bundesländern, die in mindestens einem Verein Mitglied sind (in Prozent)

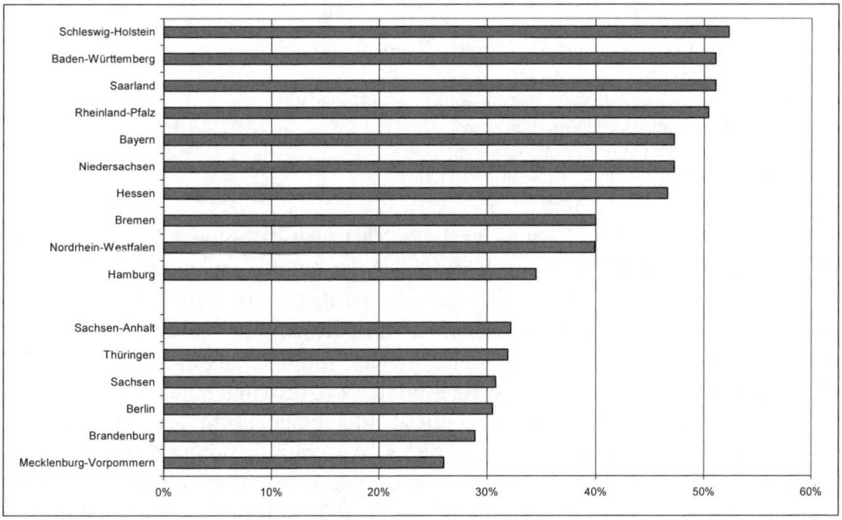

Anmerkung: die einzelnen Studien sind gewichtet, auf die gemeinsame Altersgruppe der 16- bis 24-jährigen Jugendlichen beschränkt und in einem Datensatz integriert worden; Datengrundlage ist der integrierte Datensatz (N: 20.382).

3.2.3.2 Formelle und informelle soziale Aktivität

Eine zweite Fragenvariante zur sozialen Beteiligung Jugendlicher wird in Shell 2002 erhoben. Es handelt sich um ein neu entwickeltes „jugendgemäßes" Frageinstrument, das die soziale Beteiligung Jugendlicher nicht über eine eng gefasste Mitgliedschaft in Vereinen messen will (vgl. Deutsche Shell 2002: 26). Vielmehr soll allgemein jugendliche Beteiligung erhoben werden, „die in der *Freizeit* ausgeübt wird, die sich auf *soziale* oder *politische* Ziele hin ausrichtet bzw. anderen Menschen zugute kommt" (Gensicke 2002: 194, H.i.O.). Diese Form der Beteiligung Jugendlicher wird von den Autoren der Shell Jugendstudie 2002 als ‚gesellschaftliche Aktivität' bezeichnet, wobei „mehr Raum für individuelle Aktivität und für Aktivitäten in Familie, Verwandtschaft, Freundeskreis und Nachbarschaft" geschaffen werden soll (Gensicke 2002: 195). Dazu wurde innerhalb der 14. Shell Jugendstudie 2002 folgende Frage gestellt:

Shell 2002: Sind Sie in ihrer Freizeit für soziale und politische Ziele oder ganz einfach für andere Menschen aktiv? Bitte gehen Sie die folgende Liste durch und sagen Sie, ob Sie sich persönlich für folgende Dinge einsetzen. Ich bin oft (1) – gelegentlich (1) – nie (0) …aktiv für…
(1) ... die Interessen von Jugendlichen und jungen Leuten

(2) ... eine sinnvolle Freizeitgestaltung Jugendlicher, junger Leute
(3) ... ein besseres Zusammenleben in meinem Wohnort
(4) ... den Umwelt- und Tierschutz
(5) ... die Verbesserung der Situation von Behinderten
(6) ... ein besseres Zusammenleben mit Ausländern
(7) ... die Sicherheit und Ordnung an meinem Wohnort
(8) ... arme, sozial schwache Menschen
(9) ... soziale und politische Veränderungen in Deutschland
(10) ... hilfsbedürftige ältere Menschen
(11) ... Menschen in den armen Ländern
(12) ... die Pflege deutscher Kultur und Tradition
(13) ... andere Ziele, Gruppen

Auf Basis der Frageformulierung wird zunächst eine dichotome Variable gebildet, die alle Jugendlichen, die in irgendeiner der zwölf erhobenen Formen (sowohl ‚gelegentlich' als auch ‚oft') ‚gesellschaftlich aktiv' sind, Jugendlichen gegenübergestellt werden, die in keiner Form in diesem Sinne aktiv sind. Danach geben 76 Prozent der befragten Jugendlichen an, zumindest ‚gelegentlich' gesellschaftlich aktiv zu sein, wobei die Bandbreite der Aktivitäten äußerst groß ist.[26] Allerdings wird im Folgenden nicht diese allgemeine Form gesellschaftlicher Aktivität betrachtet, sondern vielmehr die im Anschluss an diese Frage gestellte Zusatzfrage zum Kontext der sozialen Aktivität verwendet, um eine Variable ‚Formelle soziale Aktivität' zu bilden, die insofern mit der in den anderen Jugendstudien erhobenen ‚Vereinsmitgliedschaft' vergleichbar ist. So werden die Jugendlichen, die mindestens einmal ‚oft' oder ‚gelegentlich' gesellschaftlich aktiv sind, gebeten zu spezifizieren, *wo*, d.h. in welchem Kontext, sie dies tun. Die exakte Frageformulierung in der Shell Jugendstudie 2002 lautet dabei:

Shell 2002: Wo bzw. wie tun Sie das? Ich bin aktiv...
(1) in einem Verein (z.B. Sportverein oder Kultur-/Musikverein)
(2) bei einem Rettungsdienst, bei der Freiwilligen Feuerwehr
(3) in einer Jugendorganisation, Jugendgruppe
(4) in einem Projekt, einer selbstorganisierten Gruppe
(5) allein, durch meine persönliche Aktivität
(6) in anderer Weise
(7) in der Schule, der Hochschule oder Universität
(8) in der Kirchengemeinde, einer kirchlichen Gruppe
(9) in einer Bürgerinitiative, einem Bürgerverein
(10) bei Greenpeace, Amnesty International, einer Hilfsorganisation
(11) in einer Partei
(12) in einer Gewerkschaft

Auch die Struktur der sozialen Aktivität Jugendlicher wird zunächst in einer explorativen Hauptkomponentenanalyse untersucht, um eine mit den anderen Jugendstudien vergleichbare (dichotome) Variable ‚Vereinsmitgliedschaft' zu

26 Die gesellschaftliche Aktivität Jugendlicher wurde von den Autoren der Shell Jugendstudie 2002 ausführlich analysiert und übersichtlich dargestellt; vgl. dazu Gensicke (2002).

erhalten. Eindeutig eine eigene Dimension bilden zunächst schulische Aktivitäten (7). Außerdem lassen sich im weitsteten Sinne politische Aktivitätsbereiche ausmachen (Bürgerinitiative (9), Greenpeace etc. (10), Partei (11), Gewerkschaft (11)), die entsprechend der zugrunde liegenden Definition von sozialer Beteiligung für die folgenden Analysen nicht weiter betrachtet werden. Die Bereiche Verein (1), Rettungsdienst (2), Jugendorganisation (3) und Kirche (8) laden hoch auf einen weiteren Faktor, der als ‚Formelle soziale Aktivität' bezeichnet werden kann. Allerdings wird die kirchliche Aktivität zur besseren Vergleichbarkeit mit der Vereinsmitgliedschaft in den anderen Jugendstudien auch in Shell 2002 getrennt von den anderen Formen formeller Aktivität betrachtet.[27] So wird lediglich auf Basis der ersten drei Kontexte eine mit der in den anderen Jugendstudien enthaltenen Variablen ‚Vereinsmitgliedschaft' vergleichbare, dichotome Variable ‚*Formelle* soziale Aktivität' gebildet.

Eine weitere Dimension jugendlicher sozialer Aktivität bilden die restlichen Kontexte ((4), (5) und (6)), die ebenfalls zu einem additiven Index[28] zusammengefasst werden, der anschließend dichotomisiert wird, so dass eine Variable ‚*Informelle* soziale Aktivität' entsteht. Dabei stehen Aktivitätsformen im Mittelpunkt, die weder der Familie, der Schule oder politischen Organisationen zuzurechnen, noch durch Vereine oder Kirchen organisiert sind. Entsprechend werden Jugendliche, die ‚in einem Projekt, einer selbstorganisierten Gruppe', ‚allein, durch meine persönliche Aktivität' oder ‚in anderer Weise' aktiv sind, zu einer Gruppe zusammengefasst, die Jugendlichen gegenübergestellt werden, die entweder überhaupt nicht gesellschaftlich aktiv sind oder deren Aktivität nicht in einer der drei als informell bezeichneten Kontexte stattfindet. Auf diese Weise ist ein Vergleich informeller und formeller sozialer Beteiligung ermöglicht (tabellarisch nicht ausgewiesen). Dabei wird zunächst deutlich, dass die für die Vereinsmitgliedschaft beobachteten Geschlechts- und Wohnortunterschiede scheinbar nicht für die gesellschaftliche Aktivität im Allgemeinen zutreffen, denn sowohl weibliche als auch männliche Jugendliche im Osten wie im Westen Deutschlands sind zu rund zwei Dritteln in irgendeiner Form ‚gesellschaftlich aktiv' (vgl. Gensicke 2002). Die gesellschaftliche Aktivität Jugendlicher 2002 findet etwas häufiger in informellen als in formellen Kontexten statt. Für die ‚Formelle soziale Aktivität' bestätigen sich außerdem die für die ‚Vereinsmitgliedschaft' in Kapitel 3.2.3.1 für die anderen Jugendstudien festgestellten Un-

27 Die Mitgliedschaft bzw. Aktivität in kirchlichen Gruppen wird im Folgenden – ebenso wie die schulische Aktivität – lediglich als jugendliches Entwicklungskapital und damit als Bedingungsfaktoren sozialen Kapitals betrachtet (vgl. Kapitel 4.2.3.2).

28 Die Faktorscores (Maximum Likelihood) korrelieren jeweils hoch mit den entsprechenden additiven Indizes zur formellen (Pearson's R = .942** N: 1875) bzw. informellen sozialen Aktivität (Pearson's R = .943** N: 1775), so dass die Indizes den folgenden Analysen zugrunde gelegt werden.

terschiede zwischen den männlichen und den weiblichen Jugendlichen einerseits und zwischen den Jugendlichen in Ost- und Westdeutschland andererseits. Dagegen zeigen sich für die informellen Kontexte weder deutliche Geschlechts- noch Wohnortdifferenzen.

3.3 Soziales Vertrauen als kultureller Aspekt sozialen Kapitals

Soziales Vertrauen bildet in der Sozialkapitalkonzeption Putnams (1993) einen zentralen kulturellen Aspekt sozialen Kapitals und bildet mit sozialer Beteiligung, Gegenseitigkeitsnormen und sozialen Werte einen *virtuous circle*. Soziales Vertrauen ist dabei zunächst als eine Form interpersonellen Vertrauens von politischem Vertrauen abzugrenzen. Politisches Vertrauen kann mit Offe (2000) als „vertikales" Vertrauen der Bürger in die politischen Eliten definiert werden und stellt eine wichtige Dimension innerhalb des auf Easton (1975) zurückgehenden Konzepts der politischen Unterstützung dar (vgl. Fuchs, Gabriel und Völkl 2002: 445).[29]

Interpersonelles Vertrauen dagegen umfasst als Überbegriff sämtliche Formen zwischenmenschlichen Vertrauens und wird als „horizontales" Vertrauen der Menschen ineinander verstanden (vgl. Newton 1999b). Dabei kann hinsichtlich der Reichweite des Vertrauens zwischen persönlichem und sozialem Vertrauen unterschieden werden. Während persönliches Vertrauen auf konkreten Erfahrungen mit bestimmten Personen beruht, entwickelt sich soziales Vertrauen aufgrund einer Vielzahl von unterschiedlichen Erfahrungen zu einer allgemeinen vertrauensvollen Einstellung gegenüber anderen Menschen und damit zu einem Persönlichkeitsmerkmal, das „(a) positive Konsequenzen für die Gesellschaft und (b) positive Konsequenzen für das Individuum" hat (Koller 1997: 16). Grundsätzlich werden also mindestens drei Formen von Vertrauen unterschieden: Erstens persönliches Vertrauen als Vertrauen in Freunde, Bekannte und Verwandte, zweitens soziales Vertrauen als positive Erwartungshaltung gegenüber fremden Menschen und drittens politisches Vertrauen als Vertrauen in verschiedene Institutionen (vgl. OECD 2001).

Während das Konzept des politischen Vertrauens als Institutionenvertrauen erst in Kapitel 5.5 von Interesse sein wird, kommt dem interpersonellen – und dabei vor allem dem sozialen –Vertrauen im Rahmen der Sozialkapitalforschung eine zentrale Rolle zu. Daher konzentriert sich Kapitel 3.3.1 auf die Darstellung

29 Meist wird davon ausgegangen, dass soziales und politisches Vertrauen miteinander zusammenhängen, allerdings findet diese Annahme bisher empirisch nur wenig Bestätigung (vgl. Gabriel und Kunz 2002). Ob sich für die Jugendlichen in Deutschland ein derartiger Zusammenhang zeigt, wird in Kapitel 5.4 untersucht.

der Konzepte sozialen Vertrauens. Es werden zunächst die beiden Haupterklärungsansätze für die Entstehung von sozialem Vertrauen diskutiert und dann die konzeptionellen Unterschiede sowie möglichen Zusammenhänge zwischen persönlichem und sozialem Vertrauen präzisiert. Anschließend werden in Kapitel 3.3.2 die Operationalisierung sowie die Struktur sozialen Vertrauens in den verwendeten Jugendstudien dargestellt, wobei nicht nur das generalisierte Vertrauen, sondern auch der persönliche Zukunftsoptimismus als Indikatoren kulturellen Sozialkapitals betrachtet werden.

3.3.1 Soziales Vertrauen

Innerhalb der Sozialkapitaldebatte stehen sich zunächst zwei verschiedene Erklärungsansätze für die Entstehung bzw. Grundlage sozialen Vertrauens gegenüber. Während auf der einen Seite Vertreter so genannter ‚Rational-Choice'-Ansätze vermuten, dass soziales Vertrauen eine kognitive Kategorie darstellt, die durch Informationen Transaktionskosten senkt und aufgrund rationaler Abwägungen geschenkt wird (vgl. z.B. Ripperger 1998; Hardin 2002), gehen alternative Ansätze davon aus, dass soziales Vertrauen eine kulturell bedingte, moralische Grundlage hat (vgl. Uslaner 2002; Fukuyama 1995). Zur Unterscheidung dieser beiden Arten der Vertrauensgrundlagen wird im Folgenden Uslaners (2002) Differenzierung zwischen strategischem Vertrauen (strategic trust) einerseits und moralischem Vertrauen (moralistic trust) andererseits verwendet.

Uslaners (2002) Definition und Verwendung des Begriffs ‚strategisches Vertrauen' bezieht sich dabei auf Hardins (2001, 2002) Ansatz der ‚eingeschlossenen Interessen' (*encapsulated interests*). Dieser will Vertrauen als einen „moralfreien Begriff" verstanden wissen und konzeptualisiert Vertrauen als „essentionally rational expectations about the self-interested behavior of the trusted" (Hardin 2001: 307; 2002: 6). Nach diesem Konzept ist Vertrauen auf bestimmte Handlungsbereiche begrenzt und liegt in der Erwartung begründet, dass der andere Akteur zwar eigene Interessen verfolgt, gleichzeitig aber auch gemeinsame Interessen existieren:

> To say that I trust you with respect to some matter means that I have reason to expect *you to act in my interest* with respect to that matter because you have good reasons to do so, *reasons that are grounded in my interest*. In other words, to say that I trust you means I have reason to expect you to act, for your own reasons, *as my agent* with respect to the relevant matter. Your interest encapsulates my interest (Hardin 1999a: 26; H.i.O.).

Es wird deutlich, dass in dieser Konzeption Vertrauen zwei Interaktionspartner erfordert, die sich der Vertrauenssituation bewusst sind und ein gemeinsames Interesse am Zustandekommen der Kooperation haben. Zudem ist ein derartig konzeptualisiertes Vertrauen nicht nur auf eine bestimmte Person, sondern auch auf bestimmte Situationen begrenzt, denn strategisches Vertrauen „ist eine dreistellige Relation: A vertraut darauf, dass B X tun wird“ (Hardin 2001: 297; vgl. 1999a). Allerdings handelt es sich nicht um Erwartungen bezüglich konkreter Handlungen. Vielmehr entsteht Vertrauen, weil man annimmt, dass *bestimmte* Menschen in Bezug auf *bestimmte* Aspekte die Interessen ihres Interaktionspartners berücksichtigen und sich entsprechend vertrauenswürdig verhalten werden. Gemeinsame Interessen können dabei in rein ökonomischen Überlegungen, aber auch lediglich in einem Interesse an der Aufrechterhaltung der Beziehung selbst bestehen. Dazwischen gibt es darüber hinaus viele Kombinationsmöglichkeiten, in denen das gemeinsame Interesse zu Vertrauen führt (vgl. Hardin 2002).

Eine ähnliche Vertrauenskonzeption findet sich bei Ripperger (1998), die Vertrauen in Anlehnung an Luhmann (1989) als einen „Mechanismus zur Stabilisierung unsicherer Erwartungen und zur Verringerung der damit einhergehenden Komplexität menschlichen Handelns“ definiert (Ripperger 1998: 13). Vertrauen stellt dabei in vierfacher Hinsicht einen wichtigen Bedingungsfaktor von sozialem Kapital dar. Erstens entstehen wechselseitige Interaktionsbeziehungen häufig erst auf der Basis von Vertrauen, zweitens erwirbt sich der Vertrauensnehmer nur durch die Erfüllung der Vertrauenserwartung einen Anspruch auf Sozialkapital. Drittens überbrückt Vertrauen den Zeitraum zwischen Anspruch und Erfüllung einer ausstehenden Verpflichtung und viertens hängt der Wert des individuellen Sozialkapitals von Vertrauen ab, denn eine soziale Beziehung erhält erst dann einen Wert für beide Beteiligten, wenn sich auch *beide* als vertrauenswürdig erwiesen haben. Der Sozialkapitalbestand innerhalb eines Systems ist somit sowohl von der Vertrauensbereitschaft als auch von der Vertrauenswürdigkeit der Interaktionspartner abhängig (vgl. Ripperger 1998: 168).

Uslaner (2002) kritisiert an der Konzeption des strategischen Vertrauens vor allem, dass für die Lösung von Interaktionsproblemen Kommunikation vorausgesetzt wird, diese aber in Bezug auf Kollektivgutprobleme gerade schwer oder überhaupt nicht herzustellen ist. Da Kollektivgüter in modernen Gesellschaften dennoch zustande kommen, stellt sich die Frage, welche Mechanismen sich hinter den verschiedenen Formen spontaner Interaktion verbergen. Denn in der Realität kommt es häufiger zu Kooperation, als aufgrund spieltheoretischer Überlegungen anzunehmen wäre (vgl. Uslaner 2002; Knack und Keefer 1997). Während Hardin (2002) davon ausgeht, dass die Lösung von Kollektivgutproblemen anders als über den Vertrauensmechanismus erreicht werden kann, da dieser nicht die einzige Grundlage von kooperativem Verhalten darstellt, sehen andere Autoren in sozialem Vertrauen, das auf gemeinsamen Normen und Werten basiert, die effektivste Form der Erreichung von kollektiven Zielen durch spontane Kooperation (vgl. Uslaner 2002; Fukuyama 1995).

Derartiges *moralisches Vertrauen* entsteht nicht aufgrund kalkulierender Überlegungen, sondern dann, „wenn eine Gemeinschaft eine Reihe gemeinsamer moralischer Wertvorstellungen hat, die regelgerechtes Verhalten berechenbar machen“ (Fukuyama 1995: 190). Da die Intentionen und Überlegungen der anderen Akteure meist wenig transparent sind, wird Vertrauen zum Beispiel als „some sort of belief in the goodwill of the other“ definiert (Seligman 2000: 43). Uslaner (2002) definiert moralisches Vertrauen ähnlich als einen „general outlook on human nature“, was sich in der einfachen Vertrauensstruktur: ‚Akteur A vertraut' ausdrücken lässt (Uslaner 2002: 17). Die Menschen vertrauen einander, weil gemeinsame Normen und Werte existieren. In Gesellschaften, in denen moralisches Vertrauen vorherrscht, gehen die Menschen davon aus, dass sich die Mitmenschen aufgrund geteilter Wertvorstellungen grundsätzlich vertrauenswürdig verhalten und „behave *as if they could be trusted*“ (Uslaner 2002: 19; H.i.O.). In der Konzeption Uslaners basiert moralisches Vertrauen auf einer stabilen, in früher Kindheit von den Eltern auf die Kinder übertragenen, moralischen Grundüberzeugung von der Vertrauenswürdigkeit fremder Menschen, und nur derartiges Vertrauen ermöglicht seiner Meinung nach spontane Kooperation und die Lösung von großflächigen Kollektivgutproblemen (vgl. Uslaner 2002: 14ff.).

Während Hardin (2002) es für äußert unrealistisch hält, dass es viele Menschen gibt, die *allen* anderen Menschen *immer* und in Bezug auf *sämtliche* Aspekte vertrauen, wie es die von Uslaner (2002) als zentral erachtete Vertrauensstruktur ‚A vertraut' impliziert, kritisiert Uslaner umgekehrt den begrenzten Beitrag strategischen Vertrauens zur Lösung von Kollektivgutproblemen. Eine Art Zwischenposition nimmt Gambetta (2001) ein, indem er davon ausgeht, dass es ein auf moralischen Überzeugungen und religiösen Werten basierendes Vertrauen gibt. Daneben kann Vertrauen aber auch „als Nebenprodukt von Vertrautheit und Freundschaft entstehen, die beide beinhalten, dass die Beteiligten über ein gewisses Maß an Wissen übereinander verfügen (...)“ (Gambetta 2001: 230). Auch Offe (2001) macht deutlich, dass Vertrauen aufgrund moralischer Überzeugungen und Vertrauen aufgrund strategischer Überlegungen „zwei Wege [sind], auf denen Vertrauen sich verstärkt und bestätigt“ (Offe 2001: 255). In beiden Fällen spielt Gegenseitigkeit eine wichtige Rolle. So führen zum einen moralische Verpflichtung und zum anderen strategische „Klugheitsregeln“ dazu, dass gewährtes Vertrauen nicht zu häufig enttäuscht, sondern langfristig erwidert wird (Offe 2001: 256f.). Vertrauen kann dabei positive Funktionen erfüllen, denn „Vertrauen eröffnet dem Vertrauenden einen Spielraum an Optionen und Handlungen über das hinaus, was erzwungen, erkauft oder sicher gewusst werden kann“ (Offe 2001: 157).

Entsprechend kombiniert auch Putnam (1994, 2000) in seiner Konzeption von Vertrauen verschiedene Aspekte der beiden Diskussionsstränge. Vergleicht man zunächst Putnams und Uslaners Vertrauenskonzeption, wird deutlich, dass beide Autoren auf moralische Kategorien als Grundlage von Vertrauen zurückgreifen. Uslaner nennt diese Grundlage zwar „moralistic trust“ und Putnam spricht von „norms of generalized reciprocity“; beide beziehen sich aber auf die „Golden Rule“ (Putnam 2000: 135; Uslaner 2002: 18) und Tocquevilles „self-interest rightly understood“ (Putnam 2000: 135; Uslaner 2002: 20). Putnams Vertrauenskonzeption unterscheidet sich vor allem im Hinblick auf die Entstehung des Vertrauens von der Uslaners. Denn im Gegensatz zu Uslaner, der davon ausgeht, dass soziales Vertrauen sich der Wirkung persönlicher Erfahrungen weitgehend entzieht, betont Putnam die wichtige Rolle sozialer Kontakte. Er nimmt an, dass Vertrauen in dichten horizontalen Netzwerken entsteht, weil Kommunikation erleichtert und Information über die Vertrauenswürdigkeit der beteiligten Personen zur Verfügung gestellt wird (vgl. Putnam 1993: 173 ff.). Insgesamt umfasst Putnams Vertrauenskonzeption neben der moralischen Grundlage von Vertrauen in Form genereller Reziprozitätsnormen demzufolge auch kognitive Aspekte.

Die Diskussion um die Grundlagen von sozialem Vertrauen steht allerdings weniger im Mittelpunkt aktueller Sozialkapitalforschung als vielmehr die Abgrenzung zu persönlichem Vertrauen aufgrund der unterschiedlichen Reichweite der beiden Formen interpersonellen Vertrauens. Entsprechend findet sich diese Unterscheidung in nahezu allen Diskussionen um Vertrauen als kultureller Komponente sozialen Kapitals. Dabei werden allerdings unterschiedliche Begriffe verwendet. Während beispielsweise Uslaner zwischen ‚particularized' und ‚generalized trust' unterscheidet, stellt Putnam ‚social trust' (oder ‚thin trust') und ‚personal trust' (oder: ‚thick trust') einander gegenüber (Uslaner 2002; Putnam 1993: 243, Endnote 45; 2000: 136). Um begriffliche Inkonsistenzen zu vermeiden, werden im Folgenden die Begriffe ‚soziales' und ‚persönliches' Vertrauen zur konzeptionellen Differenzierung der beiden Formen interpersonellen Vertrauens verwendet.

Persönliches Vertrauen wird als die grundlegendste Form interpersonellen Vertrauens verstanden und bezieht sich auf Einstellungen gegenüber Familienangehörigen, Bekannten und Freunden. In diesem Sinne ist davon auszugehen, dass jeder Mensch einer bestimmten Anzahl von Menschen vertrauensvoll gegenübersteht und somit Vertrauenspersonen in seinem Umfeld benennen kann. Da persönliches Vertrauen also ein wesentliches Charakteristikum jeder engeren Beziehung darstellt, werden auch Menschen mit sozialem Vertrauen bestimmten Familienangehörigen, Freunden und Bekannten vertrauen. Allerdings stehen Menschen, deren Handlungen ausschließlich auf persönlichem Vertrauen beruhen, Außenstehenden und Unbekannten mit einer generellen Skepsis gegenüber, während Menschen, die soziales Vertrauen haben, ihren eigenen Kreis vertrauter Menschen nicht wesentlich positiver bewerten als fremde Menschen (vgl. Gambetta 2001; Uslaner 2002). *Soziales Vertrauen* „extends the radius of trust beyond the roster of people whom we can know personally“ (Putnam 2000: 136). Das entscheidende Abgrenzungskriterium ist folglich, inwiefern jemand fremden Menschen über den Bekanntenkreis hinaus Vertrauen entgegenbringt. Uslaner sieht in persönlichem und sozialem Vertrauen daher die beiden Endpunkte eines Vertrauenskontinuums, wobei „[g]eneralized trusters place confidence in everyone, particularized trusters only in people they know well“ (Uslaner 2002: 54) und entsprechend ist bei ihm das Gegenteil von sozialem Vertrauen nicht Misstrauen, sondern persönliches Vertrauen (vgl. Uslaner 2002: 111). Doch innerhalb der Sozialkapitaldebatte ist äußerst umstritten, ob und inwieweit persönliches Vertrauen in bekannte Menschen zu generalisiertem Vertrauen gegenüber fremden Menschen führen kann (vgl. z.B. Levi 1996: 48ff.). Dabei wird zum einen argumentiert, dass nicht alle Formen des Engagements gleichermaßen wünschenswerte Effekte haben (vgl. Putnam 1993). Zum anderen wird aber auch generell bezweifelt, dass Menschen, die in Vereinen Mitglied sind und dort bestimmen Menschen vertrauen, aufgrund ihrer Mitgliedschaft soziales Vertrauen entwickeln (vgl. Uslaner 2002). Soziales Vertrauen, Gegenseitigkeitsnormen, Kooperation und bürgerschaftliches Engagement werden demnach nicht als einander verstärkenden Aspekte von Sozialkapital gesehen, sondern vielmehr wird soziales Vertrauen als eine davon unabhängige, individuelle und grundsätzliche Weltsicht betrachtet, die die Aktivität beziehungsweise Mitgliedschaft in bestimmten Vereinigungen wahrscheinlicher macht. Denn „[t]here is simply no ready mechanism from moving trust in people we do know to people we don’t know“ (Uslaner und Dekker 2001: 180).

Dabei sind, ähnlich wie bei den verschiedenen konzeptionellen Differenzierungen von sozialer Beteiligung, auch bei der Betrachtung interpersonellen Vertrauens die unterschiedlichen Effekte auf die Gesamtgesellschaft von Interesse. So wird davon ausgegangen, dass persönliches Vertrauen als Vertrauen gegenüber Mitgliedern der eigenen Familie sowie Freunden und Bekannten auf der einen Seite weit verbreitet ist, da es natürlich ist, den Menschen, die man persönlich kennt, zu vertrauen. Auf der anderen Seite erscheint gerade diese ‚natürliche’ Form interpersonellen Vertrauens wenig positive Außeneffekte zu haben. Soziales Vertrauen dagegen ermöglicht dem Einzelnen, offen auf andere Menschen zu zugehen, ohne Vertragsabsicherungen mit fremden Menschen zu kooperieren oder sich in der Gesellschaft sicher zu fühlen. Damit sinken nicht nur die Transaktionskosten für die direkten Beteiligten, sondern auch gesamtgesellschaftlich wirken sich derartige Verhaltensweisen positiv aus. Denn es wird vermutet, dass sich soziales Vertrauen über die Gruppengrenzen hinaus in der Gesellschaft ausbreitet, so dass auf der Ebene der Gesamtgesellschaft Vertrauen in Form einer Vertrauensatmosphäre bzw. Systemvertrauen als Kollektivgut allen Mitgliedern der Gesellschaft zur Verfügung steht (vgl. Esser 2000; Haug 1997: 19).

Wie deutlich sich Gesellschaften, in denen persönliches Vertrauen vorherrscht, von Gesellschaften mit weit verbreitetem sozialem Vertrauen unterscheiden, zeigt sich zum Beispiel in Italien:

> The greater the level of trust within a community, the greater the likelihood of cooperation. And cooperation itself breeds trust. The steady accumulation of social capital is a crucial part of the story behind the virtuous circles of civic Italy (Putnam 1993: 171).

Persönliches Vertrauen kann zwar in kleinen, eng verbundenen Gemeinschaften, in denen der Großteil der Interaktionen mit bestimmten, individuell als vertrauenswürdig wahrgenommenen Personen stattfindet, wichtig und sinnvoll sein. In einer modernen Industriegesellschaft, in der man seine Interaktionspartner für persönliches Vertrauen nicht oder nicht gut genug kennt, führt diese Verhaltensweise allerdings zu deutlichen Nachteilen. Erst soziales Vertrauen ermöglicht hier großflächige Kooperation und die effektive Überwindung von Kollektivgutproblemen. Es zeigt sich entsprechend, dass das Fehlen von sozialem Vertrauen besonders in einer modernen Industriegesellschaft negative Folgen hat, denn die Unterschiede zwischen Nord- und Süditalien haben sich in den letzten hundert Jahren insgesamt vertieft. Putnam führt diese Entwicklung auf die Tatsache zurück, dass „[f]orce and family provide a primitive substitute for the civic community" (Putnam 1993: 178). Dass es sich um zwei relativ stabile Gleichgewichte handelt, aus denen Gesellschaften nur äußert schwierig ausbrechen können, betont Putnam als ein Fazit seiner Italienstudie. Auch Fukuyama (1995) demonstriert, wie stark das vorherrschende Vertrauensklima von historisch und kulturell bedingten Faktoren abhängt und welche Konsequenzen diese Pfadabhängigkeiten für die jeweiligen Gesellschaften haben. Er findet in einem internationalen Vergleich einen engen Zusammenhang zwischen dem Vertrauensgrad bzw. -radius einer Kultur und ihrem wirtschaftlichen Erfolg, so „(...) daß sowohl die Wohlfahrt einer Nation als auch ihre Wettbewerbsfähigkeit von einem die gesamte Gesellschaft prägenden kulturellen Merkmal bestimmt werden: dem einer Gesellschaft innewohnenden Grad des Vertrauens" (Fukuyama 1995: 21f.).

Es wird deutlich, dass es einerseits nicht sinnvoll ist, Vertrauen einzig auf moralische Kategorien oder auf strategische Überlegungen zu reduzieren, und dass andererseits das soziale Vertrauen innerhalb der Sozialkapitaldebatte eine wichtige Rolle spielt. Denn es gilt als „Schmiermittel im Räderwerk des sozialen Systems" (Arrow 1980: 20) und ist eine wichtige Grundlage moderner Gesellschaften (vgl. Offe 2001; Uslaner 2002; Koller 1997). Innerhalb der Sozialkapitaldebatte wird von einander verstärkenden Zusammenhängen zwischen sozialer Beteiligung und sozialem Vertrauen ausgegangen, wobei „civic engagement (...) and social trust are mutually reinforcing“ (Putnam 2000: 137). Denn Menschen mit sozialem Vertrauen vertreten die Grundeinstellung, dass man den meisten anderen Menschen vertrauen kann und diese Einstellung bringt die Menschen dazu, sich zu Gruppen zusammenzuschließen, sich in Vereinen zu engagieren oder mit anderen Menschen zu kooperieren. Dementsprechend sind sie häufiger freiwillig und gemeinschaftlich aktiv, sie partizipieren außerdem eher politisch und sie sind selbst weniger dazu bereit zu betrügen als andere. Umgekehrt wird außerdem vermutet, dass soziale Beteiligung und vielfältige Kontakte mit anderen Menschen soziales Vertrauens fördert und stärkt. Denn je länger, regelmäßiger und häufiger das Engagement in verschiedenen Vereinen stattfindet, desto wahrscheinlicher werden neue Kontakte mit anderen Menschen. Dies bewirkt nicht nur, dass sich der Kreis derer, denen man vertraut, erweitert, sondern auch, dass die Vereinsmitglieder insgesamt offener gegenüber Fremden eingestellt sind. Dadurch erweitert sich ihr ‚Vertrauensradius’ sukzessive. Diese Einstellung wiederum führt zu mehr sozialen Kontakten und breitet sich außerdem innerhalb der Gesellschaft aus. „In short, people who trust others are all-around good citizens, and those more engaged in community life are both more trusting and more trustworthy“ (Putnam 2000: 137).

3.3.2 Operationalisierung und Verteilung des sozialen Vertrauens Jugendlicher

Die Operationalisierung sozialen Vertrauens erfolgt innerhalb dieser Arbeit über zwei Indikatoren. In Kapitel 3.3.2.1 wird zunächst die lediglich in der Shell Jugendstudien 2002 enthaltene Standardfrage zum *generalisierten Vertrauen* sowie der Anteil der Jugendlichen, die in diesem Sinne soziales Vertrauen äußern, vorgestellt. Anschließend wird in Kapitel 3.3.2.2 auf das Vertrauenskonzept von Uslaner (2002) Bezug genommen und mit dem persönlichen Optimismus eine alternative Operationalisierungsmöglichkeit für soziales Vertrauen diskutiert. Das politische Vertrauen sowie dessen Operationalisierung als Vertrauen in verschiedene politische Institutionen wird als eine Dimension des Unterstützungskonzepts nach Easton erst in Kapitel 5.5.2 bei der Untersuchung der Relevanz sozialen Kapitals zur Erklärung politischer Unterstützung näher betrachtet (vgl. Fuchs, Gabriel und Völkl 2002: 445).

3.3.2.1 Generalisiertes Vertrauen

Hardin (2002) geht davon aus, dass eine Unterscheidung zwischen persönlichem und sozialem Vertrauen wenig sinnvoll ist, weil es sich bei Vertrauen immer um eine kognitive Kategorie mit drei Bestandteilen handelt: ‚A vertraut B in Bezug auf X. Persönliches Vertrauen (‚A vertraut B') impliziert jedoch, dass zwei Akteure einander in jeder Hinsicht vertrauen, wie beispielsweise ein Kind seiner Mutter. Allerdings ist er der Meinung, dass „[s]uch unfounded faith is not relevant to the trust that most of us sometimes have in others" (Hardin 2002: 60). Moralisches Vertrauen, wonach die meisten Menschen jedem, in Bezug auf alles, immer vertrauen, hält er für noch unwahrscheinlicher und weist darauf hin, dass auch die Standard-Vertrauensfrage diese Form des Vertrauens einschränkt, indem sie fragt, ob man den *meisten* Menschen im *Allgemeinen* vertrauen kann (vgl. Uslaner 2002: 68ff.). Ob diese Form des generalisierten Vertrauens, wie innerhalb der Sozialkapitalkonzeption angenommen, tatsächlich mit den anderen Sozialkapitalaspekten kausal zusammenhängt, wird innerhalb dieser Arbeit für die Jugendlichen in Deutschland untersucht. Allerdings steht eine entsprechende Frage nur in Shell 2002 zur Verfügung:

> Shell 2002: Würden Sie sagen, dass man den meisten Menschen vertrauen kann, oder dass man im Umgang mit anderen Menschen nicht vorsichtig genug sein kann? (man kann den meisten Menschen vertrauen (1), man kann nicht vorsichtig genug sein (0), weiß nicht (0))

Da es um die Äußerung generalisierten Vertrauens geht, wird neben der Antwortkategorie ‚man kann nicht vorsichtig genug sein' sowohl die Option ‚weiß nicht' als auch die Jugendlichen, die bei dieser Frage keine Angabe machen, als nicht vorhandenes generalisiertes Vertrauen codiert. Auf diese Weise wird eine dichotome Variable gebildet, die Jugendliche mit generalisiertem Vertrauen Jugendlichen gegenüberstellt, die kein generalisiertes Vertrauen äußern. Danach ist nur rund ein Viertel der 16- bis 24-jährigen Jugendlichen in Deutschland der Meinung, dass man den meisten Menschen vertrauen kann, und es gibt weder gravierende Geschlechts- noch Wohnortunterschiede.

3.3.2.2 Persönlicher Optimismus

In der Konzeption Uslaners (2002) wird generalisiertes Vertrauen als eine auf moralischen Grundüberzeugungen, kollektiven Erfahrungen und optimistischen Einstellungen beruhende allgemeine Aufgeschlossenheit gegenüber vollkommen fremden Menschen charakterisiert. Danach basiert soziales Vertrauen auf Optimismus, also einer grundsätzlich optimistischen Beurteilung der Zukunft, und bildet mit diesem einen *virtuous circle* in dem Sinne, dass Optimismus Vertrauen bewirkt, und dieses Vertrauen den vorhandenen Optimismus verstärkt. Zudem vermutet Uslaner, dass beide Einstellungen einen positiven Einfluss sowohl auf das Funktionieren von politischen, gesellschaftlichen und wirtschaftlichen Systemen als auch auf das persönliche Leben haben. Nach Uslaner handelt es sich bei sozialem Vertrauen um eine in früher Kindheit erworbene, sich nur selten verändernde, grundsätzliche Einstellung gegenüber Fremden, die auf einer generellen optimistischen Weltsicht beruht. Eine grundlegende optimistische Weltsicht wiederum hat zwei Quellen: Einerseits wird sie durch die Erziehung weitergegeben, indem Eltern sowohl Werte vermitteln als auch ihren Kindern als Beispiel dienen. Andererseits ist das gesellschaftliche Umfeld wichtig. So begünstigen individualistische Gesellschaften die Gleichheit ihrer Mitglieder und bilden damit eine wichtige Voraussetzung für das Entstehen von Optimismus.

Uslaner weist in diesem Zusammenhang ausdrücklich daraufhin, dass „Optimism and trust are strongly related, but they are not the same thing" (Uslaner 2002: 95). Dies bestätigt sich auch in einer entsprechenden Analyse des Zusammenhangs zwischen dem generalisierten Vertrauen und dem persönlichen Optimismus in der Shell Jugendstudie 2002. Denn die beiden Indikatoren sozialen Vertrauens korrelieren zwar hoch signifikant und positiv miteinander, allerdings kann dieser Zusammenhang keineswegs als ‚strong' bezeichnet werden (r = .150**; N: 2209). Dennoch wird persönlicher Optimismus als ein möglicher Indikator für soziales Vertrauen verwendet. Dies hat zwei Gründe: Zum handelt es sich mit der Betrachtung des Zusammenhangs zwischen generalisiertem Vertrauen und persönlichen Optimismus nur um eine Relation innerhalb des Sozialkapitalkonzeptes. Inwiefern also eine optimistische Zukunftssicht für die anderen Aspekten sozialen Kapitals relevant ist, muss folglich noch empirisch untersucht werden (Kapitel 3.5). Zum anderen steht in sechs der sieben verwendeten Jugendstudien die allgemeine Vertrauensfrage nicht zur Verfügung, so dass die Operationalisierung sozialen Vertrauens über den persönlichen Optimismus die einzige Möglichkeit bietet, diesen kulturellen Aspekt sozialen Kapitals empirisch zu betrachten. Dieser Indikator wurde zudem in allen Shell Jugendstudien sowie in KJE 1996 identisch erhoben:

> Shell 1992/Shell1997/Shell 2000/Shell 2002/KJE 1996: Man kann ja die eigene Zukunft, wie das eigene Leben weitergehen wird, eher düster oder eher zuversichtlich sehen. Wie ist das bei dir? (düster (1), gemischt, mal so mal so (2), zuversichtlich (3))

Eine deskriptive Betrachtung (tabellarisch nicht ausgewiesen) macht zunächst deutlich, dass über den ganzen Zeitraum hinweg und zwar im Osten wie im Westen Deutschlands, mindestens die Hälfte der Jugendlichen die persönliche Zukunft ‚eher zuversichtlich' sieht. Lediglich 1997 sinkt der Optimismus der westdeutschen Jugendlichen unter 50 Prozent. Gleichzeitig ist dies der einzige Zeitpunkt, zu dem ostdeutsche Jugendliche der persönlichen Zukunft tendenziell optimistischer entgegensehen als westdeutsche. Dagegen zeigen sich keine konsistenten Geschlechtsunterschiede.

3.4 Soziale Werte und kooperative Normen als kulturelle Aspekte sozialen Kapitals

Soziale Werte und Normen sind neben dem sozialen Vertrauen wichtige Aspekte kulturellen Kapitals und sie sollten – ganz ähnlich wie soziale Beteiligung und soziales Vertrauen – konzeptionell differenziert betrachtet werden. Denn nicht alle Werte und Normen können gleichermaßen positive Effekte haben. Wenn Werte und Normen als Aspekte sozialen Kapitals betrachtet werden, stehen demokratische bzw. demokratieförderliche Werte und Normen im Mittelpunkt und dabei solche, „die den Kern des Sozialkapital-Begriffs berühren: Werte der Gemeinschaft und Normen der Reziprozität; Werte und Normen also, die – theoretisch zumindest – unmittelbar aus dem sozialen Engagement in Vereinen resultieren" (Gabriel et al. 2002: 72). Doch erscheint es nicht nur sinnvoll, Normen und Werte differenziert, sondern auch Werte getrennt von Normen zu betrachten. Auf die Notwendigkeit einer solchen Differenzierung deuten auch die Ergebnisse von Gabriel et al. (2002), die im Rahmen einer international vergleichenden Studie über Sozialkapital und Demokratie sowohl soziale Werte als auch die Akzeptanz von Normen untersuchen. Bei der Analyse der Zusammenhänge wird deutlich, dass es sich um „zwei analytisch und empirisch zu trennende Aspekte" handelt (Gabriel et al. 2002: 78). Zum einen sind die Akzeptanz bestimmter kooperativer Normen (Respekt vor Gesetzen, Toleranz, Gegenseitigkeitsnormen) und zum anderen die persönliche Wichtigkeit bestimmter sozialer Werte (Rücksichtnahme, Verantwortungsbewusstsein, Hilfsbereitschaft) von Bedeutung. Welche Konzepte dabei sozialen Werten und kooperativen Normen innerhalb der Sozialkapitaldebatte zugrunde liegen, wird in Kapitel 3.4.1 für soziale Werte und in Kapitel 3.4.3 für kooperative Normen kurz dargestellt. Inwiefern die innerhalb dieser Untersuchung verwendeten Jugendstudien Möglichkeiten der empirischen Umsetzung der Konzepte bieten und wie es um die Verteilung dieser kulturellen Sozialkapitalaspekte bei Jugendlichen in Deutschland steht, wird in den Kapiteln 3.4.2 und 3.4.4 – also jeweils im Anschluss an die Präsentation der zugrunde liegenden Konzepte – diskutiert. Anders als bei den bisher betrachteten Sozialkapitalaspekten sind in den meisten Jugendstudien die innerhalb der Erwachsenensozialforschung verwendeten Frageinstrumente nicht enthalten, so dass die Untersuchung sozialkapitalrelevanter Werte und Normen Jugendlicher einen stark explorativen Charakter hat. Hinzu kommt, dass sich die verwendeten Jugendstudien teilweise deutlich hinsichtlich der möglichen Operationalisierungen unterscheiden und daher nur wenige Ergebnisse vergleichbar sind.

3.4.1 Soziale Werte

Werte sind heuristische Konstrukte zur Erklärung von menschlichem Verhalten und werden allgemein als „grundlegende bewusste oder unbewusste Vorstellungen vom Wünschenswerten, die die Wahl von Handlungen und Handlungszielen beeinflussen" definiert (Peuckert 2001b: 435). Bei einer derartigen Konzeptualisierung wird darüber hinaus davon ausgegangen, dass Werte zwar nicht direkt beobachtbar sind, aber bestimmten Einstellungen zugrunde liegen. Diese Einstellungen wiederum sind beobachtbar und werden in Abgrenzung zu ‚Werten' als ‚Wertorientierungen' bezeichnet. So wird innerhalb der empirischen Sozialforschung von Einstellungsmustern (Wertorientierungen) auf nicht-beobachtbare Phänomene (Werte) geschlossen. „In other words, we use a non-observable concept in order to understand a non-empirical phenomenon" (van Deth und Scarbrough 1995: 40). In diesem Sinne wird im Folgenden auf konzeptueller Ebene von Werten und bei den empirischen Analysen von Wertorientierungen gesprochen.

Innerhalb der Sozialkapitaldebatte wird davon ausgegangen, dass soziales Vertrauen auch die Entstehung verschiedener sozialer Werte, wie zum Beispiel der Respekt gegenüber der abweichenden Meinung eines anderen, fördert (vgl. Uslaner 2002). Die Existenz einer entsprechenden, unter anderem auf Werten wie Toleranz, Respekt und Verantwortungsbewusstsein basierenden Wertebasis ist insbesondere in Vereinen wahrscheinlich. Es wird außerdem vermutet, dass gemeinsame soziale Werte die Wahrscheinlichkeit der Kooperation mit anderen Menschen begünstigen. So kann Inglehart (1989) beispielsweise zeigen, welch wichtige Rolle postmaterialistische Wertpräferenzen für die Beteiligung in neuen sozialen Bewegungen spielen, denn „die Tatsache allein, dass Probleme oder Organisationen existieren, hätte keinerlei Konsequenzen, wenn nicht ein Wertsystem (...) die Menschen zum Handeln motivierte" (Inglehart 1989: 461). Auch Gabriel et al. (2002) können, zumindest für Westdeutschland, signifikante, wenn auch relativ geringe Korrelationen zwischen der Mitgliedschaft in verschiedenen Organisationen und sozialem Vertrauen einerseits und der Befürwortung sozialer Erziehungsziele andererseits feststellen. Für Ostdeutschland gilt dies allerdings in viel geringerem Maße (vgl. Gabriel et al. 2002: 89).

Wenn im Rahmen der Sozialkapitaldebatte von zivilgesellschaftlich relevanten Werten die Rede ist, dann wird keineswegs von einem alles umfassenden Wertesystem gesprochen. Denn eine moderne Gesellschaft zeichnet sich gerade durch die Vielfalt verschiedenster Werte aus, die zum Teil nicht miteinander vereinbar sind und auch nicht sein müssen. Daher ist es „für Demokratien vor allem notwendig, dass sich die Bürger gemeinsam auf Verfahren verständigen können, die Konflikte lösen, ohne Wertfragen thematisieren zu müssen" (Speth und Klein 2000: 30; vgl. Etzioni 2000). Allerdings beruht die Konfliktlösungsfähigkeit einer Demokratie auf bestimmten *grundlegenden* Werten, die in der Gesellschaft anerkannt und unterstützt werden müssen, denn nur „mit einem gewissen Maß an Wertekonsens kann die freiheitlich demokratische Grundordnung funktionieren" (Speth und Klein 2000: 38). Doch welche Werte sind der Demokratie förderlich, welche als Bedingung für die demokratische Konfliktregulierung notwendig?

Zwar betonen Sozialkapitalkonzeptionen, die davon ausgehen, dass Vertrauen eine moralische Basis hat, die Wichtigkeit gemeinsamer Werte, allerdings wird diesen kulturellen Aspekten sozialen Kapitals weit weniger Aufmerksamkeit geschenkt als angenommen. So geht beispielsweise Uslaner (1999) davon aus, dass „values are the core elements of social capital" (Uslaner 1999: 215), denn erst gemeinsame Werte ermöglichen soziales Vertrauen und den ersten Schritt innerhalb einer Kooperationsbeziehung. Allerdings lässt er offen, welche Werte gemeint sind. Auch der Frage, wie eine derartige gemeinsame Basis in einer Gesellschaft entsteht, gefestigt oder auch verändert wird, geht Uslaner nicht nach. Laut Fukuyama (1995) entsteht Vertrauen ebenfalls dann, „wenn eine Gemeinschaft eine Reihe gemeinsamer moralischer Wertvorstellungen hat". Seiner Meinung nach ist es „im Grunde weniger wichtig, um welche Werte es sich im einzelnen handelt, in erster Linie kommt es darauf an, dass sie von allen Mitgliedern geteilt werden" (Fukuyama 1995: 190).

Zunächst resultieren sämtliche demokratische Grundrechte aus der Anerkennung der grundsätzlichen Gleichheit aller und sind damit Ausdruck von Toleranz gegenüber Andersdenkenden, so dass Toleranzwerte dementsprechend stark betont werden:

> Toleranz – die ‚Duldung', die der Stärkere (der einzelne, die Gruppe, der Staat) gegen den in Religion, Weltanschauung, Abstammung, Nationalität, Hautfarbe und Geschichte andersartigen Schwächeren übt – stellt einen unverzichtbaren Grundwert in einer demokratischen politischen Gesellschaft dar (Bubis 1995: 63).

Auch Gabriel et al. (2002) operationalisieren soziale Werte als kulturelle Aspekte sozialen Kapitals über die Befürwortung von Toleranz als wichtiges Erziehungsziel. Grundsätzlich nutzen die Autoren den Begriff der ‚Pro-sozialen Orientierungen' und verwenden dazu die Definition Staubs (1989), wonach „(a) a positive evaluation of human beings, (b) a concern about their welfare, and (c) feelings of personal responsibility for people's welfare" von zentraler Bedeutung sind (Staub 1989: 50; vgl. Gabriel et al. 2002: 68ff). Da sich der erste Definitionsaspekt gut auf das in Kapitel 3.3 dargestellte soziale Vertrauen übertragen lässt, sind insbesondere die beiden anderen Eigenschaften als für die Sozialkapitalforschung relevante, zentrale Merkmale sozialer Werte und Wertorientierungen geeignet. In diesem Sinne umfassen soziale Werte in ihrer grundlegendsten

Form einerseits das Interesse für die Belange der Mitmenschen und andererseits ein gewisses Verantwortungsgefühl für gesellschaftliche Entwicklungen.

Neben der Betrachtung bestimmter (pro-)sozialer Wertorientierungen könnte damit auch die Bereitschaft zu sozialem Engagement für andere Menschen als Indikator sozialer Werte interpretiert werden. So kommt Uslaner (2002) bei seinen Datenanalysen zu dem Ergebnis, dass nur sehr wenige Engagementformen mit generalisiertem Vertrauen in einem positiven, reziproken Zusammenhang stehen. Wenn es Effekte gibt, dann meist von Vertrauen auf Engagement, und handelt es sich um reziproke Effekte, dann ist der Effekt von Vertrauen auf Engagement deutlich größer als der umgekehrte Effekt. Allerdings gibt es zwei Ausnahmen, denn „[t]rust matters most for those activities that signify the greatest commitment to your community: donating money and especially giving time" (Uslaner 2002: 133). Besonders auffallend ist der Einfluss von Geldspenden auf Vertrauen, der um das Zweieinhalbfache größer ist, als der umgekehrte Einfluss von Vertrauen auf Geldspenden. Außerdem ist Vertrauen der wichtigste Einflussfaktor in Bezug auf diese beiden Formen der Wohltätigkeit. Uslaner steht zunächst vor einem Rätsel: obwohl Freiwilligenarbeit den größeren persönlichen Aufwand bedeutet, scheint das Spenden von Geld für einen guten Zweck einen größeren Einfluss auf das generalisierte Vertrauen zu haben als persönliche Wohltätigkeitsarbeit. Er interpretiert dieses Ergebnis damit, dass man Freiwilligenarbeit zu einem großen Teil mit bekannten Menschen macht, während Geldspenden fast ausschließlich fremden Menschen hilft und eine grundsätzliche optimistische Einstellung gegenüber fremden Menschen widerspiegelt. Da innerhalb der Sozialkapitaldebatte Gemeinschaftsaktivitäten betont werden, spielen Geldspenden und Freiwilligenarbeit *für* andere Menschen gegenüber Freiwilligenarbeit *mit* anderen Menschen in der Regel eine nachgeordnete Rolle. So betont Putnam, dass „[d]oing good for other people, however laudable, is not part of the definition of social capital" (Putnam 2000: 117). Allerdings stehen bei Putnam die regelmäßigen sozialen Kontakte im Vordergrund, womit er diese Form der Wohltätigkeit zu den strukturellen Sozialkapitalaspekten rechnet. Geht man dagegen davon aus, dass Geldspenden und Hilfeleistungen für Menschen als Ausdruck sozialer Orientierungen eher den kulturellen Sozialkapitalaspekten zuzurechnen sind, könnte sich dies daher als geeignete Operationalisierung von sozialen Werten erweisen. Somit lässt sich auch das Werteverständnis von Gabriel et al. (2002) auf diesen Bereich anwenden, denn auch bei ihnen haben „Werte als Teil einer Sozialkapitalkonzeption (...) etwas mit der generellen Bereitschaft von Individuen zu tun, für andere zu denken und zu handeln" (Gabriel et al. 2002: 70).

3.4.2 Operationalisierung und Verteilung sozialer Werte Jugendlicher

Ein wesentlicher Aspekt der Jugendphase ist es zu erlernen, auf welchen Werten die Gesellschaft, innerhalb derer die Jugendlichen erwachsen werden, basiert. Denn eine gemeinsame, grundlegende Wertebasis sichert die Freiheit des einzelnen Menschen in der Gesellschaft und ermöglicht damit das Zusammenleben ansonsten unabhängiger Individuen. Daher stellt die Betrachtung sozialer Werte Jugendlicher in Deutschland einen wichtigen, allerdings auch schwierigen Arbeitsschritt dar. Denn anders als Normen sind Werte nicht vorwiegend „*zwischen* den Menschen" wirksam, sondern „*in* den Menschen" (Fritzsche 2000a: 97). Wie sich soziale Werte operationalisieren lassen, ist innerhalb der empirischen Sozialkapitalforschung daher umstritten, und es liegen nur wenige entsprechende Analysen vor.

In den folgenden Abschnitten werden die verschiedenen Operationalisierungsmöglichkeiten sozialer Werte sowie deren Befürwortung durch die Jugendlichen in Deutschland präsentiert. Dazu werden insgesamt drei verschiedene Arten von Indikatoren genutzt. In Kapitel 3.4.2.1 wird zunächst die in einigen Shell Jugendstudien verwendete Skala ‚Ablehnung privatistischer Wertorientierungen' übernommen. Während diese Operationalisierung die Entwicklung einer in drei Jugendstudien identischen Variablen erlaubt, werden für die in Kapitel 3.4.2.2 vorgestellte Operationalisierungsmöglichkeit sozialer Werte über die ‚Wichtigkeit sozialer Wertorientierungen' teilweise unterschiedliche Antwortitems genutzt. Schließlich wird in Kapitel 3.4.2.3 mit der ‚Bereitschaft zu sozialem Engagement' eine Gruppe von Variablen vorgestellt, die nicht zu einem Index zusammengefasst, sondern getrennt voneinander betrachtet werden. Damit wird untersucht, inwieweit der Geltungsradius sozialer Werte relevant ist.

3.4.2.1 Ablehnung privatistischer Wertorientierungen

Bereits 1985 wurden innerhalb der 10. Shell Jugendstudie sechs Skalen zur Erfassung unterschiedlicher sozialer Orientierungen Jugendlicher entwickelt, wobei es grundsätzlich um die empirische Umsetzung der Überzeugung ging, dass „wie man sich selbst wahrnimmt und wie die Gesellschaft, (...) mehr miteinander zu tun hat" als bis dahin angenommen (Fuchs 1985: 134). Eine dieser Skalen wird als ‚Privatisierung' bezeichnet und diese Dimension sozialer Orientierung soll das „Verhältnis von Individuum und sozialer Welt" abdecken (Fuchs 1985: 141). Für die Operationalisierung sozialer Werte innerhalb dieser Arbeit wird diese von den Autoren der Shell Jugendstudien entwickelte und bis zur Shell Jugendstudie 2000 verwendete Skala unverändert übernommen. So werden die Jugendlichen in den drei Shell Jugendstudien von 1992, 1997 und 2000 gebeten, verschiedenen Aussagen über die persönliche Einstellung zur Gesellschaft und zum Leben im Allgemeinen zu bewerten, und einige dieser Aussagen betreffen privatistische Orientierungen:

> Shell 1992/Shell 1997/Shell 2000: Auf diesen Kärtchen stehen einige Aussagen dazu, wie sich der Einzelne im Leben und in der Gesellschaft verstehen kann. Bitte sage Du mir, ob eine Aussage Dein Lebensgefühl sehr gut (1), gut (2), weniger gut (3) oder gar nicht trifft (4).
> (1) Ich bin zufrieden, wenn ich mein Privatleben und geordnete Verhältnisse habe.
> (2) Man sollte sein Leben leben und froh sein, wenn man nicht von außen belästigt wird.
> (3) Ich will in Frieden für mich leben und komme gar nicht auf die Idee, mich gegen alles aufzulehnen.
> (4) Ich kümmere wenig um die Dinge außerhalb meiner privaten Welt.
> (5) Ich will machen, was ich will und die anderen sollen machen, was sie wollen.

Damit die Aussagen im Sinne der Sozialkapitaltheorie als Ausdruck sozialer Werte interpretiert werden können, werden die einzelnen Items so codiert, dass hohe Werte Ablehnung und niedrige Werte Zustimmung ausdrücken (vgl. Werte in Klammern). Denn der „Rückzug ins Private lässt sich als – gegenpoliger – Gradmesser für die Bereitschaft der Jugendlichen interpretieren, ‚etwas für die Welt zu tun' und mitbürgerliche Verantwortung zu übernehmen" (Stecker und Zinnecker 2000: 137). Da entsprechende Hauptkomponentenanalysen in allen Studien zu einer eindimensionalen Lösung führen, wird ein additiver Index gebildet, der im Folgenden ‚Ablehnung privatistischer Wertorientierungen' genannt wird.[30] Eine erste deskriptive Betrachtung dieser Indizes macht deutlich, dass sich die Verteilung der Ablehnung privatistischer Äußerungen zwischen 1992 und 2000 zwar nicht gravierend verändert hat, allerdings ein negativer Trend zu beobachten ist (tabellarisch nicht ausgewiesen). Dieses Ergebnis spiegeln auch die Mittelwerte wider, denn diese sinken von 12.34 in Shell 1992 auf 11.40 in Shell 2000 (vgl. Stecher und Zinnecker 2000: 140).[31]

3.4.2.2 Wichtigkeit sozialer Wertorientierungen

Eine weitere Möglichkeit, soziale Werte innerhalb der verwendeten Jugendstudien zu operationalisieren, besteht in den Shell Jugendstudien aus den Jahren 1997 und 2000 sowie in den beiden DJI Jugendsurveys. Es handelt sich dabei um ein innerhalb des DJI Jugendsurveys 1992 entwickeltes Frageinstrument, das für

---

30 Die entsprechenden Faktorscores (Maximum Likelihood) korrelieren nahezu perfekt mit dem additiven Index (Pearson's R = Shell 1992: .975**, N: 3992; Shell 1997: .983**, N: 2094; Shell 2000: .983, N: 4545), so dass dieser bei den folgenden Analysen ohne Nachteile benutzt werden kann.

31 Analysen beschränkt auf gemeinsame Altersgruppe der 16- bis 24-jährigen Jugendlichen; N(Shell 1992): 1405; N(Shell 2000): 4023; t-test auf 1%-Niveau statistisch signifikant; Daten gewichtet (ohne Gewichtung bestätigen sich die Signifikanzniveaus).

die Shell Jugendstudie 1997 zunächst (weitgehend) unverändert übernommen, im Rahmen der Shell Jugendstudie 2000 allerdings neu konzipiert wurde. Dabei sollten mit dem „Wertebereich Prosozialität und Verantwortungsbereitschaft (...) Werte im Sinne der öffentlichen Tugenden (...) erfasst werden, die in Richtung von Hilfs- und Verantwortungsbereitschaft, Kontaktfreudigkeit und Einfühlungsvermögen verweisen“ (vgl. Gille 1995: 116.; vgl. 2000: 148ff). Anders als bei der zuvor dargestellten Operationalisierung sozialer Werte über die *Ablehnung* privatistischer Wertorientierungen, geht es bei diesem zweiten um die *Zustimmung* zu bestimmten sozialen Wertorientierungen. So wird in drei der vier Studien ein identisches Frageinstrument zur Erfassung der Wichtigkeitseinschätzung bestimmter Wertorientierungen verwendet:

Shell 1997/DJI 1992/DJI 1997: In jeder Gesellschaft gibt es unterschiedliche Vorstellungen darüber, welche Eigenschaften und Verhaltensweisen von Menschen wünschenswert sind und welche nicht. Sage mir doch bitte zu jedem dieser Kärtchen, wie wichtig das für Dich persönlich ist. (sehr wichtig (Shell: 7/DJI:10) – überhaupt nicht wichtig (1))

(1) anderen Menschen helfen
(2) Verantwortung für andere übernehmen
(3) Rücksicht auf andere nehmen

Auch die Analyse der Struktur dieser Antwortitems führt in Hauptkomponentenanalysen in allen drei Jugendstudien zu einer eindimensionalen Lösung, so dass sich entsprechende additive Indizes zur ‚Wichtigkeit sozialer Wertorientierungen’ bilden lassen. Allerdings unterscheiden sich die Jugendstudien hinsichtlich der Anzahl der Wichtigkeitskategorien, denn in Shell 1997 wird eine siebenstufige und in den beiden DJI Jugendsurveys eine zehnstufige Ratingskala verwendet. Daher lassen sich zwar *inhaltlich* identische Indizes bilden, die allerdings eine unterschiedliche Skalenlänge aufweisen (Shell 1997: 3-21, DJI 1992/DJI 1997: 3-21).

Innerhalb der Shell Jugendstudie 2000 wird ein abgewandeltes Instrument verwendet, auf Basis dessen die Autoren einen Index konstruieren, den sie „Menschlichkeit – Toleranz und Hilfsbereitschaft“ nennen. „Diese Wertedimension zeigt, wie stark bei den Jugendlichen der *Wunsch nach sozialer Integration des Individuums* ausgebildet ist“ (Fritzsche 2000a: 99, H.i.O.; vgl. Fischer 2000c: 396). Dabei wird in Shell 2000 zwar die Frageformulierung aus Shell 1997 übernommen, allerdings werden eine fünfstufige Ratingskala sowie andere und mehr Antwortitems benutzt:

Shell 2000: In jeder Gesellschaft gibt es unterschiedliche Vorstellungen darüber, welche Eigenschaften und Verhaltensweisen von Menschen wünschenswert sind und welche nicht. Sage mir doch bitte zu jedem dieser Kärtchen, wie wichtig das für Dich persönlich ist. (ist mir ausgesprochen wichtig (5) – ist mir überhaupt nicht wichtig (1))

(1) hilfsbereit gegenüber anderen Menschen sein
(2) mit anderen teilen, etwas abgeben zu können
(3) Menschen, die anders sind, zu akzeptieren
(4) jeden Menschen so zu akzeptieren, wie er ist

(5) andere Kulturen kennenlernen

Die eindimensionale Struktur dieses Antwortitems bestätigt sich in einer Hauptkomponentenanalyse, so dass auch dieser additive Index unverändert übernommen und im Folgenden ebenfalls ‚Wichtigkeit sozialer Orientierungen' genannt wird (Wertebereich 5-25).[32] Eine deskriptive Betrachtung (tabellarisch nicht ausgewiesen)führt für alle vier Indizes zu einem ähnlichen Ergebnis: weniger als ein Viertel der Jugendlichen zwischen 16 und 24 Jahren schätzt die persönliche Wichtigkeit von sozialen Wertorientierungen vergleichsweise gering ein, während die Hälfte der Jugendlichen eng um einen (hohen) Mittelwert streut und sogar ein weiteres Viertel die Wichtigkeit sozialer Wertorientierungen ausgesprochen hoch einschätzt. Aufgrund der unterschiedlichen Zusammensetzung und Skalenlänge der verschiedenen Indizes, sind Trendaussagen lediglich für die beiden DJI Jugendstudien möglich. Diese deuten daraufhin, dass es sich um eine relativ stabile Verteilung handelt, da es – anders als bei der Ablehnung privatistischer Wertorientierungen – zwischen 1992 und 1997 so gut wie keine Veränderungen in Hinblick auf die Wichtigkeit sozialer Wertorientierungen gibt. Für die Ähnlichkeit der vier Indizes spricht auch die differenzierte Betrachtung sozialer Wertorientierungen für die beiden Geschlechter. Denn die weiblichen Jugendlichen halten soziale Wertorientierungen durchschnittlich für wichtiger als die männlichen. Entsprechend liegt der Anteil der weiblichen Jugendlichen in den fünf höchsten Skalenkategorien teilweise zehn Prozentpunkte über dem der männlichen. Der zusammenfassende Vergleich der beiden Operationalisierungen von sozialen Werten, macht deutlich, dass es sich offensichtlich um sehr unterschiedliche Indikatoren sozialen Kapitals handelt. Zwar zeigt sich ein verstärkter Rückzug der Jugendlichen ins Private, gleichzeitig erweist sich aber die Wichtigkeitseinschätzung sozialer Wertorientierungen vergleichsweise als stabil.

3.4.2.3 Bereitschaft zu sozialem Engagement

Die Bereitschaft zu sozialem Engagement kann als pro-soziale Einstellung gewertet werden und stellt daher die dritte Operationalisierung sozialer Wertorientierungen als kulturelle Aspekte sozialen Kapitals Jugendlicher innerhalb dieser Arbeit dar. Dabei steht zwar die Bereitschaft zu Engagement für vollkommen fremde Menschen im Mittelpunkt, allerdings wird in der DJI Jugendstudie 1997

32 Die Faktorscores (Maximum Likelihood) korrelieren nahezu perfekt mit den entsprechenden additiven Indizes ‚Wichtigkeit sozialer Wertorientierungen' (Pearson's R = DJI 1992: .999**, N: 6940; Shell 1997: .999**, N: 2097; Shell 2000: .994**, N: 4543; DJI 1997: .999**, N: 6734), so dass die Indizes bei den folgenden Analysen ohne Nachteile benutzt werden können.

auch die Bereitschaft zu Hilfeleistungen im Familien- und Bekanntenkreis erhoben:

> DJI 1997: Auf dieser Liste stehen einige Aussagen. Inwieweit treffen diese auf Sie zu? (trifft überhaupt nicht zu (1) – trifft voll und ganz zu (6))
> (1) Wenn jemand in der Familie oder im Freundeskreis Hilfe braucht, setze ich mich für ihn ein.
> (2) Ich setze mich für Menschen ein, die in Not geraten sind, auch wenn sie nicht zu meinem Freundes- oder Bekanntenkreis gehören.
> (3) Ich bin bereit, mich in sozialen Organisationen für andere zu engagieren.

Da die Gegenüberstellung dieser drei Items die Untersuchung von informellen Hilfeleistungen gegenüber Freunden einerseits und gegenüber Fremden sowie zu formellem Engagement andererseits ermöglicht, werden die drei Antwortitems nicht zu einem Index zusammengefasst, sondern im Folgenden getrennt voneinander betrachtet (vgl. Uslaner 2002). Auf diese Weise lässt sich die Reichweite der Hilfsbereitschaft operationalisieren. Auch innerhalb der Shell Jugendstudie 2002 besteht eine ähnliche Operationalisierungsmöglichkeit der Hilfsbereitschaft gegenüber anderen Menschen. Denn die Jugendlichen wurden gebeten die Wichtigkeit bestimmter Ziele für ihr persönliches Leben anzugeben:

> Shell 2002: Jeder Mensch hat ja ganz bestimmte Vorstellungen, die sein Leben und Verhalten bestimmen. Wenn Sie einmal daran denken, was Sie in Ihrem Leben eigentlich anstreben: Wie wichtig sind dann die folgenden Dinge für sie persönlich? (unwichtig (1) – außerordentlich wichtig (7))
> sozial Benachteiligten und gesellschaftlichen Randgruppen helfen

In Tabelle 3.2 ist jeweils der Anteil der Jugendlichen dargestellt, der sich in den höchsten drei Skalenkategorien befindet und somit zu den verschiedenen Formen sozialen Engagements bereit ist. Wie der Tabelle zunächst entnommen werden kann, zeigt sich für die drei verschiedenen Formen der Bereitschaft zu sozialem Engagement in DJI 1997 ein deutliches Gefälle. So sind nahezu alle befragten Jugendlichen zwischen 16 und 24 Jahren dazu bereit, Freunden zu helfen, fast zwei Drittel sind sogar zu Hilfeleistungen für in Not geratene fremde Menschen bereit und etwas weniger als die Hälfte zu einem Engagement in sozialen Organisationen. Die innerhalb der Shell Jugendstudie 2002 verwendete Operationalisierung befindet sich in dieser Hinsicht ziemlich genau zwischen den beiden Formen sozialen Engagements in DJI 1997.

Tabelle 3.2: Anteil der Jugendlichen, die zu verschiedenen Formen sozialen Engagements bereit sind (in Prozent)

Studie (N: Gesamt)	**WD**	**OD**	**Diff.**	**männl.**	**weibl.**	**Diff.**	**Gesamt**
Shell 2002							
Hilfe für sozial Benachteiligte (N: 1649)	56	45	-11	49	60	+11	54
DJI 1997							
Hilfe für Freunde (N: 4809)	93	96	+3	92	95	+3	93
Hilfe für Fremde (N: 4812)	62	66	+4	60	67	+7	63
Engagement in soz. Org. (N: 4809)	47	44	-3	41	53	+12	47

Anmerkung: Daten gewichtet; Analysen beschränkt auf gemeinsame Altersgruppe der 16- bis 24-jährigen Jugendlichen, eingetragen ist der Anteil der Jugendlichen, die sich jeweils in den höchsten drei Antwortkategorien wieder finden (in Shell 2002: Wichtigkeitseinstufung 7,6,5 und in DJI 1997: zutreffend 6,5,4).

Besonders deutlich unterscheiden sich die Jugendlichen in Ost- und Westdeutschland zunächst im Hinblick auf ihre Bereitschaft, sozial Benachteiligten helfen zu wollen. Deutlich geringere Unterschiede zeigen sich dagegen für die anderen Formen sozialer Hilfsbereitschaft. Während in den neuen Bundesländern die Bereitschaft zu konkreten Hilfeleistungen für Freunde und Fremde tendenziell größer ist als in den alten, ist das Verhältnis bezüglich der Bereitschaft zu Engagement in Organisationen genau umgekehrt. Geschlechterunterschiede lassen sich einfacher zusammenfassen: weibliche Jugendliche zeigen generell eine höhere Bereitschaft zu Engagement als männliche, wobei diese Differenz mit dem Radius und dem Formalitätsgrad steigt. Besonders der deutliche Unterschied bei der Bereitschaft zu formalem Engagement in Organisationen ist angesichts der bei der tatsächlichen Vereinsmitgliedschaft festgestellten männlichen Dominanz überraschend (vgl. Tabelle 3.1).

3.4.3 Kooperative Normen

Normen geben Auskunft darüber, was in einer Gesellschaft als gut und richtig und was als schlecht und falsch gilt. Damit bilden Normen einen Rahmen, innerhalb dessen Individuen in einer Gesellschaft ihre Handlungen gestalten können. Anders als Werte sind Normen „mehr oder weniger verbindliche, allgemein geltende Vorschrift[en] für menschliches Handeln“ (Peuckert 2001a: 255), die zudem einen gewissen „Verpflichtungscharakter besitzen, deren Nichtbefolgung also sanktionierbar ist“ (Greiffenhagen 1998: 290). Nach Coleman (1991) spezifizieren Normen, „welche Handlungen von einer Menge von Personen als angemessen oder korrekt oder als unangemessen oder inkorrekt angesehen werden" (Coleman 1991: 313). Normen schränken dabei den Handlungsspielraum von Menschen oder Gruppen ein, indem „das sozial definierte Recht auf Kontrolle der Handlung nicht vom Akteur, sondern von anderen behauptet wird" (Coleman 1991: 313). Normen stellen eine sehr wichtige Form sozialen Kapitals dar, denn indem sie die Handlungen anderer Kooperationspartner einschränken, schaffen sie eine gewisse Handlungssicherheit und senken die Transaktionskosten. Dies macht Coleman an einer Gegenüberstellung von Jerusalem, einem kleinen Vorort von Detroit, und typischen amerikanischen Großstädten deutlich:

> In Jerusalem stellt die normative Struktur sicher, daß Kinder, die ohne Begleitung sind, von Erwachsenen der engeren Umgebung beaufsichtigt werden, wogegen eine solche normative Struktur in den meisten großstädtischen Bereichen der Vereinigten Staaten nicht existiert. Man kann sagen, daß Familien in Jerusalem ein soziales Kapital zur Verfügung steht, daß man in großstädtischen Gebieten der Vereinigten Staaten nicht vorfindet (Coleman 1991: 393).

Dabei geht es zum einen darum, dass Jugendliche sicher und frei aufwachsen können. Zum anderen müssen die Eltern weniger Zeit und Geld in die Aufsicht ihrer Kinder investieren, da dies ohne finanzielle Entlohnung durch andere Erwachsene der Gesellschaft geschieht. An einem anderen von Coleman verwendeten Beispiel geht es noch deutlicher darum, inwieweit die Gesellschaft an der Erziehung der Kinder beteiligt ist, indem außer den Eltern auch fremde Erwachsene zu der Internalisierung von bestimmten Normen beitragen:

> Ein dreijähriges Kind, das mit seiner Mutter in Berlin über einen Bürgersteig geht, wickelt ein kleines Bonbon aus und wirft das Bonbonpapier auf den Boden. Eine ältere Frau, die vorbeigeht, schimpft das Kind aus, weil es das Papier hingeworfen hat. Ein dreijähriges Kind, das mit seiner Mutter in New York über einen Bürgersteig geht, wickelt ein Bonbon aus und wirft das Papier auf den Boden. Eine ältere Frau geht vorbei, sagt aber nichts, ja bemerkt nicht einmal, was das Kind tut (Coleman 1991: 316).

Dieses Beispiel verdeutlicht, dass die, sicherlich in den beiden Großstädten grundsätzlich als wichtig erachtete Norm, keinen Müll auf die Straße zu werfen, unterschiedlich starke Geltung besitzt und entsprechend unterschiedlich stark sanktioniert wird. In Berlin obliegt die Durchsetzung und Internalisierung der Norm nicht alleine den Eltern, sondern wird auch von der ‚Gesellschaft' (die ältere Frau) gefördert, während in New York weder die Eltern noch die ‚Gesellschaft' auf die Einhaltung der Norm achten. Kommt eine derartige Situation häufiger vor, verliert die Norm immer mehr ihre Gültigkeit, immer mehr Müll wird auf der Straße und nicht in einem Mülleimer landen und kostenintensiv beseitigt werden müssen. Dies ist also auch ein sehr konkretes Beispiel dafür, wie durch Normen Kosten gespart werden.

Darüber hinaus macht Colemans Beispiel deutlich, dass Normen für die Mitglieder einer Gruppe, nicht nur größere Handlungs*sicherheit* bedeuten, sondern per definitionem auch die Handlungs*freiheit* anderer Individuen einschränken (vgl. Coleman 1987). Dass Handlungseinschränkungen ein notwendiger Bestandteil gesellschaftlichen Zusammenlebens sein müssen, wird an Beispielen wie dem Inzesttabu, dem Tötungsverbot oder den Eigentumsrechten noch deutlicher. Allerdings hat, überspitzt formuliert, selbst die universelle Norm, dass man nicht töten darf, für einen Mörder ‚negative' Folgen. Außerdem ist klar, dass es genug Beispiele gibt, bei denen die Entscheidung, ob es sich um eine positiv oder negativ zu bewertende Handlungseinschränkung handelt, schwerer zu treffen ist. Die restriktive Einschränkung der Handlungsfreiheit von Frauen zum Erhalt traditioneller, patriarchaler Machtstrukturen in vielen arabischen Ländern ist hierfür ein Beispiel. Außerdem gibt es Normen, die gemeinschaftsschädigendes Verhalten *fördern*, wie beispielsweise die Blutrache (vgl. Hechter und Opp 2001) oder der Konformitätsdruck in Gruppen (vgl. Portes und Landholt 1996). Setzt man sich mit dieser Kehrseite sozialen Kapitals auseinander, sind zwei Aspekte von Interesse: die Sanktionierbarkeit von Normen und deren Art. So haben Normen erst dann einen restriktiven Charakter, wenn sie durchsetzbar sind, und dies geschieht in der Regel durch Sanktionen. Beispielsweise können exklusive Netzwerke, die Vorteile für Mitglieder bieten, mit Ausschluss drohen, falls die Mitglieder sich nicht normkonform verhalten. Aber auch die Machtstrukturen innerhalb der Netzwerke sind wichtig, wobei die Unterscheidung zwischen vertikalen und horizontalen Netzwerken in den Vordergrund rückt (vgl. Putnam 1993 sowie Kapitel 2.2). Allerdings basiert diese Differenzierung Putnams wiederum einzig auf theoretischen Überlegungen, die empirisch nur schwer zu überprüfen sind, da die interne Struktur einer Organisation kaum operationalisierbar ist. Selle und Strømsnes (2001) kritisieren darüber hinaus, dass „[v]ertical communication does not automatically have the consequences of the Italian *clientelismo* system, in spite of the impression one could get from Putnam's writing" (Selle und Strømsnes 2001: 144).

Damit kommt man zum zweiten Aspekt: der Art der Normen. Wie oben dargestellt gibt es Normen, auf deren Durchsetzung und Sanktionierung eine demokratische Gesellschaft beruht, wie etwa die gewaltfreie Lösung von Konflikten. Entsprechend weist Coleman daraufhin, dass der vollkommene Verzicht auf Normen nicht zu mehr Freiheit führt, da Akteure dann unter den ungezähmten Handlungen der anderen leiden (vgl. Coleman 1987). Als kulturelle Aspekte sozialen Kapitals stehen dabei Normen im Mittelpunkt, die opportunistisches Verhalten verhindern. Derartige Normen erhöhen die Wahrscheinlichkeit, dass Menschen sich kooperativ verhalten werden und schaffen damit für alle Beteiligten eine gewisse Handlungssicherheit, so dass auf kostenintensive Drittparteienkontrolle verzichtet werden kann. Dabei kommt innerhalb der Sozialkapitaldebatte Gegenseitigkeitsnormen (oder auch Reziprozitätsnormen) eine besonders wichtige Rolle zu (vgl. Putnam 1993: 172). Ähnlich wie bei Vertrauen wird zwischen spezifischer und generalisierter Gegenseitigkeit unterschieden:

> Sometimes (...) reciprocity is specific: I'll do this for you if you do that for me. Even more valuable, however, is a norm of generalized reciprocity: I'll do this for you without expecting anything specific back from you, in the confident expectation that someone else will do something for me down the road (Putnam 2000: 20f.).

Ob und wie aus spezifischer Gegenseitigkeit entsprechend der ‚Tit-for-Tat'-Strategie („wie du mir, so ich dir") eine generelle Gegenseitigkeitsnorm mit Gültigkeitsanspruch außerhalb der Gruppe werden kann, ist ähnlich wie in Bezug auf die Diskussion um soziales Vertrauen, umstritten (vgl. Haug 1997: 23). Spezifische Gegenseitigkeit entspricht Gouldners (1960) universaler Reziprozitätsnorm, wonach „(1) people should help those who helped them, and (2) people should not injure those who have helped them" (Gouldner 1960: 171). Diese Form der Gegenseitigkeit steht allerdings im Rahmen der Sozialkapitaldebatte eher im Hintergrund. Wichtiger sind vielmehr generalisierte Gegenseitigkeitsnormen bzw. kooperative Normen im Allgemeinen, denn diese stellen die Grundlage von sozialem Vertrauen dar und „[a] society characterized by generalized reciprocity is more efficient than a distrustful society" (Putnam 2000: 21). Im Gegensatz zur spezifischen Gegenseitigkeitsnorm findet kein sofortiger und gleichwertiger Schuldausgleich statt und es besteht keine entsprechende Erwartung, sondern „good turns will be repaid, as necessary, at some unspecific time, and by some unspecific person (quite possibly a complete stranger) at some unspecific time in the future" (Newton 1999b: 4). Generelle Gegenseitigkeitsnormen führen dazu, dass Akteure nicht nur aktuelle sondern auch zukünftige Interaktionen berücksichtigen und entsprechend nicht nur kurzfristige Kosten-Nutzenkalkulationen anstellen. „Reciprocity is made up of a series of acts of which short-run altruistic (benefiting others at a cost of the altruist) but which together *typically* make every participant better off" (Taylor 1989: 28f.; vgl. Gouldner 1960: 173; Putnam 1993: 172).

Dabei wird insbesondere die Rolle von Gegenseitigkeitsnormen, die zur Überwindung von Kollektivgutproblematiken beitragen, diskutiert. Denn auch wenn kollektive Güter für die Mitglieder einer Gruppe positive Konsequenzen haben, stehen sie meist nicht oder nicht im optimalen Umfang zur Verfügung, weil individuelle Anreize zum Trittbrettfahren bestehen. Nach Borgstede (2002) sind derartige Dilemma-Situationen durch mindestens zwei zentrale Aspekte charakterisiert:

> (a) participants in a group must choose between maximising own interest or collective interest, and (b) for everyone it is more profitable to maximise self-interest, but if everyone chooses this option, then the group is worse off than if everyone maximises collective interest (Borgstede 2002: 14f.).

Da sich in verschiedenen Studien zeigt, dass Trittbrettfahren weitaus seltener vorkommt als es bei strikter Verfolgung der Eigeninteressen der Fall wäre, konzentriert sich die jüngere Forschung zur Überwindung von Kollektivgutproblematiken verstärkt auf andere Faktoren, die das Handeln von Individuen bestimmen. Zu den Faktoren, die die Wahrscheinlichkeit von erfolgreicher Kooperation beeinflussen, gehören neben der Gruppengröße, der Möglichkeit zu Kommunikation, dem Gefühl, dass der eigene Beitrag für die Erreichung des Ziels relevant ist und Informationen über die Verteilung und den Bestand der betreffenden Ressource auch die Einschätzung des Verhaltens der anderen Beteiligten (vgl. Borgstede 2002: 15).[33] Besonders bei der Einschätzung des Verhaltens fremder Menschen können kooperative Normen dazu beitragen, die Transaktionskosten einer Kooperationshandlung niedrig zu halten. Denn die Überzeugung, dass mögliche Interaktionspartner nicht nur den kurzfristigen sondern auch den langfristigen Nutzen einer Handlung berücksichtigen, macht Kooperation weniger risikoreich, vermindert so die Notwendigkeit von kostenintensiver Drittparteienkontrolle und führt damit zu einer erhöhten Kooperationswahrscheinlichkeit (vgl. Gabriel 2002: 27).

3.4.4 Operationalisierung und Verteilung kooperativer Normen Jugendlicher

Kooperative Normen als kulturelle Aspekte jugendlichen Sozialkapitals werden innerhalb dieser Arbeit über zwei verschiedene Indikatorgruppen operationalisiert. Zunächst werden in Kapitel 3.4.4.1 in den verschiedenen Jugendstudien zur Verfügung stehende Fragen zur Normakzeptanz Jugendlicher vorgestellt. Anschließend werden in Kapitel 3.4.4.2 Aussagen zur Wahrnehmung einer zunehmenden Delegitimierung kooperativer Normen in der Gesellschaft (Anomie) verwendet, deren Ablehnung als Gefühl sozialen Zusammenhalts (soziale Kohäsion) interpretiert wird.

3.4.4.1 Normakzeptanz

Gabriel et al. (2002) operationalisieren Normen als kulturellen Sozialkapitalaspekt über die so genannte ‚Normakzeptanz', wobei die Einstellungen gegenüber Trittbrettfahrerverhalten, wie die „unberechtigte Inanspruchnahme von Sozialleistungen, Schwarzfahren, Steuerhinterziehung, Kauf gestohlener Güter, Bestechung im Amt" untersucht wird (Gabriel et al. 2002: 73f.; vgl. Whiteley 1999). Dahinter steht die Überlegung, dass Toleranz gegenüber verschiedenen Ausprä-

33 Vgl. für eine Übersicht der verschiedenen Konzepte und Studien Borgstede (2002).

gungen des Trittbrettfahrens Ausdruck fehlender Normakzeptanz ist. Werden derartige Normen von breiten Bevölkerungsteilen nicht freiwillig akzeptiert, müssen kostenintensive Lösungen für die Vermeidung von Trittbrettfahren gefunden werden, wie beispielsweise der Einsatz von mehr Fahrkartenkontrolleuren oder Steuerfahndern. Dies bedeutet nicht nur, dass die finanziellen Mehrkosten von allen getragen werden, sondern auch mehr Kontrolle und weniger Freiheit. Zwar kann in Bezug auf die Kontrolle von Fahrkarten oder schärfere Steuerprüfungen nicht direkt von persönlichen Einschränkungen gesprochen werden. Eine Übertragung dieser Überlegungen auf Gesetze im Allgemeinen macht jedoch deutlich, dass eine liberal-demokratische Gesellschaft darauf angewiesen ist, dass eine große Mehrheit diese Gesetze freiwillig befolgt, denn der staatlichen Durchsetzung von Gesetzen sind enge Grenzen gesetzt (vgl. Reese-Schäfer 2000).

Die Operationalisierung sozialer Normakzeptanz über die Ablehnung bestimmter Formen des Trittbrettfahrens bietet sich für Jugendliche grundsätzlich auch an, ist allerdings aufgrund fehlender Fragestellungen nur in zwei der sieben Jugendstudien möglich. So wurde den Jugendlichen in Shell 1992 und KJE 1996 folgende Frage gestellt:

Shell 1992/KJE 1996: Junge Leute haben oft an Dingen Spaß, die „vernünftige Erwachsene" eher ablehnen. 15- bis 19-Jährige: Machst Du das auch? / 20- bis 29-Jährige: Hast du das gemacht, als Du so zwischen 15 und 19 Jahren warst? (nie (2) – gelegentlich (1) – öfters (0))

(1) Spaß daran haben, mal schwarzzufahren (Bahn, Straßenbahn)
(2) in einem Kaufhaus oder in einem Geschäft etwas mitgehen lassen, ohne zu zahlen
(3) Auto, Motorrad oder Moped fahren, ohne bereits einen Führerschein zu besitzen
(4) mal lange an einem Glücksspielautomaten spielen
(5) ältere Leute provozieren und ihnen Angst machen
(6) einmal eine Nacht fortbleiben, ohne dass die Familie weiß, wo man ist
(7) sich mit anderen Leuten ernsthaft prügeln
(8) mit anderen die Nacht bis zum Morgen durchmachen
(9) Musik irrsinnig laut hören
(10) ganz verrückte Sachen anziehen

Eine Hauptkomponentenanalyse macht zunächst deutlich, dass die verschiedenen Normverstöße differenziert betrachtet werden müssen. Zunächst erweisen sich die letzten drei Aspekte (Nächte durchmachen, Musik laut hören, verrückte Sachen anziehen) als einem gemeinsamen Faktor zugehörig, den man wohl am besten als ‚Jugendstreiche' bezeichnet. Wichtiger als diese eher alltäglichen ‚Streiche', sind im Rahmen dieser Untersuchung dagegen die restlichen Aussagen zu Normverstößen in Form von Gesetzesverstößen, die gemeinsame eine zweite Dimension bilden. Diese Items (1-7) werden daher zu einem additiven Index ‚Keine Gesetzesverstöße' zusammengefasst, der so codiert wird, dass hohe

Werte als starke Normakzeptanz interpretiert werden können.[34] Da bei jedem Item drei verschiedene Antwortmöglichkeiten zur Verfügung stehen (nie – gelegentlich – öfters), umfasst dieser Index Werte von ‚0' (bisher keinen der sieben Gesetzesverstöße begangen) bis ‚14' (schon oft alle sieben Gesetzesverstöße begangen).

Gambetta (2001) betont, dass die „grundlegendste Form menschlicher Kooperation (...) die Enthaltung von gegenseitiger Verletzung" ist (Gambetta 2001: 207; vgl. Fukuyama 2002). Dazu gehört auch, dass man in Konfliktsituationen seine eigene Meinung nicht um jeden Preis gegen den Willen Dritter durchsetzt und Gewalttätigkeit vermeidet. Diese Überlegung liegt der nächsten innerhalb dieser Arbeit verwendeten Operationalisierung von kooperativen Normen zugrunde. So wurden innerhalb der Shell Jugendstudie 2002 die Jugendlichen auch gefragt, ob sie in den letzten zwölf Monaten in gewaltsame Auseinandersetzungen verwickelt waren:

> Shell 2002: Manchmal kann man ja im Alltag in heftige Streitereien geraten, die dann auch in gewaltsame Auseinandersetzungen münden können. Wie ist das bei Ihnen? Waren Sie *in den letzten 12 Monaten* in den folgenden Situationen in gewaltsame Auseinandersetzungen verwickelt? (ja – nein)
> (1) bei Streitigkeiten unter Jugendlichen
> (2) bei Streitigkeiten in einer Kneipe, einer Disco oder auf Partys
> (3) bei Streitigkeiten in der Schule
> (4) in sonstigen Situationen
> (5) bei Schlägereien zwischen Deutschen und Ausländern
> (6) bei Schlägereien auf dem Fußballplatz oder bei anderen entsprechenden Ereignissen
> (7) bei Schlägereien mit Rechtsradikalen
> (8) bei Schlägereien mit Linksradikalen
> (9) bei Auseinandersetzungen mit der Polizei, z.B. auf Demonstrationen

Eine Hauptkomponentenanalyse trennt die verschiedenen Formen der gewaltsamen Auseinandersetzungen zunächst klar in zwei Gruppen. Die ersten vier Antwortitems laden auf einen Faktor und die Items (5) bis (9) auf einen zweiten, was die Formulierung der Antworten (Streitigkeiten vs. Schlägereien) deutlich widerspiegelt. Für die folgenden Analysen erscheinen dabei vor allem die Items (1) bis (4) interessant, da es dabei um die Akzeptanz der Norm, Konflikte („Streitigkeiten") gewaltfrei zu lösen, geht. Während daher die Antwortitems (5) bis (9) nicht weiter betrachtet werden, werden die Antwortitems (1) bis (4) genutzt, um einen additiven Index ‚Keine gewaltsamen Auseinandersetzung' zu bilden.[35] Dieser

---

34 Die Faktorscores (Maximum Likelihood) korrelieren nahezu perfekt mit den entsprechenden additiven Indizes ‚Keine Gesetzesverstöße' (Pearson's R = Shell 1992: .944**, N: 3898, KJE 1996: .995**, N: 3224), so dass die Indizes bei den folgenden Analysen ohne Nachteile benutzt werden können.

35 Die Faktorscores (Maximum Likelihood) korrelieren nahezu perfekt mit dem entsprechenden additiven Index ‚Keine gewaltsamen Auseinandersetzungen' (Pearson's R = Shell 2002:

wird ebenfalls so codiert, dass hohe Werte auch auf eine höhere Bereitschaft zu gewaltfreier Konfliktlösung schließen lassen. Ein Indexwert ‚5' bedeutet demnach, dass die Jugendlichen in den letzten zwölf Monaten in keine derartigen gewaltsamen Auseinandersetzung verwickelt gewesen sind, während ein Indexwert ‚1' bedeutet, dass die Befragten angeben, bisher schon in allen fünf Situationen Gewalt angewendet zu haben. Eine Verwicklung in derartige Auseinandersetzungen deutet auf ein Einstellungsmuster hin, das als mangelnder Respekt gegenüber anderen Menschen interpretiert werden kann. Die Tatsache, an keinerlei gewaltsame Streitigkeiten beteiligt gewesen zu sein, wird umgekehrt als Bereitschaft, Konflikte kooperativ zu lösen, gewertet.

Eine weitere Möglichkeit, Normakzeptanz bei Jugendlichen zu operationalisieren, besteht in DJI 1992. Dort sollten die Jugendlichen angeben, inwiefern sie bestimmten Aussagen zu Gesetzen und Normen zustimmen:

DJI 1992: Wie stark stimmen Sie den Aussagen auf dieser Liste zu? (stimme voll und ganz zu (1) – stimme überhaupt nicht zu (4))

(1) Es ist in Ordnung, alles zu tun, was man will, solange man sich damit keine Schwierigkeiten einhandelt.
(2) Es ist in Ordnung, die Gesetze zu umgehen, solange man sie nicht tatsächlich bricht.
(3) Wenn etwas klappt, ist es egal, ob es erlaubt ist oder nicht.
(4) Man kann alles tun, solange es nur im Rahmen der Gesetze ist.
(5) Es gibt Dinge, die falsch sind, auch wenn sie vom Gesetz erlaubt sind. (invertiert)

Zwar beinhalten grundsätzlich alle Aussagen das Verhältnis von Normen und Gesetzen, allerdings wird in einer Hauptkomponentenanalyse deutlich, dass es sich bei dem letzten Antwortitem (5) um einen eigenen Faktor handelt, während alle anderen Antworten hoch auf einem Faktor laden. Daher wird dieses Item in den folgenden Analysen nicht berücksichtigt. Auf Basis der restlichen vier Antwortitems wird ein additiver Index ‚Normen & Gesetze' gebildet, der Werte von ‚4' (allen vier Aussagen wird voll und ganz zugestimmt) bis ‚16' (allen vier Aussagen wird überhaupt nicht zugestimmt) annimmt.[36] Wiederum können hohe Werte als eine höhere Normakzeptanz interpretiert werden. Dahinter steht die Überlegung, dass eine Ablehnung bedeutet, dass Jugendliche Normen *internalisiert* haben, sie also auch dann für wichtig halten, wenn sie nicht unmittelbar mit Sanktionen belegt sind bzw. dass es Dinge gibt, die ohne Festschreibung in Gesetzen gegen Regeln verstoßen. In Tabelle 3.3 ist jeweils der Anteil der Jugendlichen dargestellt, die Normen eindeutig akzeptieren, also bisher keine Gesetzesverstöße begangen haben (Shell 1992, KJE 1996), in den letzten 12 Monaten in

.918**, N: 2515), so dass dieser Index bei den folgenden Analysen ohne Nachteil genutzt werden kann.

36 Die Faktorscores (Maximum Likelihood) korrelieren nahezu perfekt mit dem entsprechenden additiven Index ‚Normen & Gesetze' (Pearson's R = DJI 1992: .986**, N: 7071), so dass dieser Index bei den folgenden Analysen ohne Nachteile benutzt werden kann.

keine gewaltsamen Auseinandersetzungen verwickelt waren (Shell 2002) bzw. eine hohe Zustimmung zu Aussagen über Normen und Gesetzen äußern (mind. Skalenkategorie 12).

Tabelle 3.3: Anteil der Jugendlichen mit hoher Normakzeptanz (in Prozent)

Studie (N: Gesamt)	**WD**	**OD**	**Diff.**	**männl.**	**weibl.**	**Diff.**	**Gesamt**
Shell 1992							
Keine Gesetzesverstöße (N: 2380)	27	14	-13	15	33	+18	24
DJI 1992							
Normen & Gesetze (N: 4103)	13	7	-6	10	12	+2	11
KJE 1996							
Keine Gesetzesverstöße (N: 1851)	34	28	-6	22	39	+17	31
Shell 2002							
keine gewaltsamen Auseinandersetzung (N: 1667)	68	66	-2	63	73	+10	68

Anmerkung: Daten gewichtet; Analysen beschränkt auf gemeinsame Altersgruppe der 16- bis 24-jährigen Jugendlichen. Eingetragen: Shell 1997/KJE 1996: bisher keine Gesetzesverstöße; DJI 1992: Indexwert mind. 12; Shell 2002: keine gewaltsamen Auseinandersetzungen in den letzten 12 Monaten.

Aussagen über Trendentwicklungen können lediglich auf Basis der in Shell 1992 und KJE 1996 verwendeten Operationalisierung von Normakzeptanz gemacht werden. Danach hat erstens die Normakzeptanz insgesamt zugenommen, zweitens haben sich die für alle Formen der Normakzeptanz deutlichen Unterschiede zwischen Ost- und Westdeutschland kaum verändert und drittens sind die deutlichen Diskrepanzen zwischen den beiden Geschlechtern stabil. Insgesamt zeigt sich für alle vier Formen der Normakzeptanz, dass zum einen westdeutsche und zum anderen weibliche Jugendliche Normen durchschnittlich stärker akzeptieren als ostdeutsche bzw. männliche Jugendliche.

3.4.4.2 Soziale Kohäsion

Kooperative Normen sind ein wichtiger Bestandteil von Putnams (1993) Sozialkapitaldefinition, wobei er in generellen Gegenseitigkeitsnormen eine „highly productive component of social capital" sieht (Putnam 1993: 172). Denn Menschen, deren Handeln an Gegenseitigkeitsnormen ausgerichtet ist, helfen ihren Mitmenschen ohne direkte Gegenleistung, weil sie davon ausgehen, dass auch ihnen irgendwann einmal geholfen werden wird. Sie folgen also der ‚Goldenen

Regel', wonach man seine Ansprüche an andere zum Maßstab seiner eigenen Handlungen machen sollte. In diesem Zusammenhang spielt auch die Einschätzung des Verhaltens anderer eine wichtige Rolle, denn wenn eine Person davon ausgeht, dass sich andere nicht an Regeln halten, sinkt die Bereitschaft zu Kooperation und somit auch die Möglichkeit, in der Zukunft Gegenleistungen zu erhalten. Auf diese Weise erklärt Putnam (1993) das in Süditalien relativ stabile Verhalten, mit keinem außerhalb der Familie und des Bekanntenkreises zu kooperieren. Denn auch wenn jedem klar ist, dass kooperative Verhaltensweisen nutzenbringender sind, lohnt es sich für den einzelnen nicht, aus dem ‚Teufelskreis' auszubrechen und sich kooperativ zu verhalten.

Der von Emile Durkheim in die Soziologie eingeführte Begriff ‚Anomie', der sich zunächst auf den Rückgang religiöser Normen und Werte beschränkte, stammt aus dem griechischen und bedeutet ‚Gesetzlosigkeit'. In der aktuellen sozialwissenschaftlichen Debatte und Forschung wird Anomie im Zusammenhang mit der Orientierungs- und Verhaltensunsicherheit, der Individualisierung und gesellschaftlichen Desintegration diskutiert. Während Klages (1984) unter Anomie ‚Normenlosigkeit' und Gensicke (2002: 139) darunter die „Tendenz zum sozialen Durcheinander" versteht, präzisiert Friedrichs (1999), dass man von ‚Normenwandel' bzw. ‚Normenpluralität' sprechen sollte, wobei es sich um einen Zustand handelt, „in dem zahlreiche Normen der Gesellschaft nur von einem Teil ihrer Mitglieder voll unterstützt werden, von einem Teil sogar abgelehnt werden" (Friedrichs 1999: 271). Friedrichs befasst sich mit dem Prozess der Delegitimierung sozialer Normen und entwickelt ein entsprechendes Phasenmodell. Danach kommt es zu einer Delegitimierung von Normen, wenn die Zahl der ‚Abweichler' steigt und die Normbrüche öffentlich bekannt gemacht werden, so dass in der Bevölkerung ein Bewusstsein dafür entsteht, dass eine Norm von immer mehr Menschen als illegitim angesehen wird. Da Massenmedien in erster Linie über Normabweichungen berichten, wird die Zahl der Normabweichler wahrscheinlich überschätzt und der Prozess der Delegitimierung von Normen beschleunigt. Als Beispiel führt Friedrichs das massenhafte ‚coming out' prominenter Homosexueller in der Zeitschrift STERN im Jahr 1978 an, das zur Abschaffung des Paragraphen 175 StGB beitrug (Friedrichs 1999). Auch Nunner-Winkler (1999) geht davon aus, dass „[i]n dem Maße, in dem Personen glauben, es gäbe keine für alle verbindlichen Normen mehr, (...) ihre eigene Bereitschaft zur Normbefolgung sinken [wird]" (Nunner-Winkler 1999: 316; vgl. Putnam 1993).

Auf Grundlage dieser Überlegungen wird als weitere Operationalisierung kooperativer Normen die Ablehnung bestimmter Aussagen zu anomischen Tendenzen in der Gesellschaft verwendet. Diese Ablehnung wird als Gefühl sozialen Zusammenhalts bzw. ‚Soziale Kohäsion' interpretiert. Es wird angenommen, dass Jugendliche, die davon ausgehen, dass allgemeingültige Normen existieren, sich erstens eher selbst an diese halten und zweitens eher zu Kooperation bereit sind, da sie nicht davon ausgehen, dass andere sich opportunistisch verhalten werden. Entsprechende Fragen stehen in den beiden Shell Jugendstudien aus den Jahren 1997 und 2000 sowie in den DJI Jugendsurveys aus den Jahren 1992 und 1997 zur Verfügung:

> Shell 1997/Shell 2000: Ich habe hier eine Reihe von Kärtchen, auf denen Aussagen stehen, die wir von jungen Leuten gehört haben. Uns würde nun interessieren, wie Deine Meinung dazu ist. (trifft sehr zu (1) – trifft überhaupt nicht zu (4))
> (1) Heute ändert sich alles so schnell, daß man oft nicht mehr weiß, woran man sich halten soll.
> (2) Es ist heute alles so in Unordnung geraten, daß niemand mehr weiß, wo er eigentlich steht.
> (3) Die Dinge sind heute so schwierig geworden, daß man nicht mehr weiß, was los ist.
> (4) Den meisten Menschen fehlt ein richtiger Halt.
>
> DJI 1992/DJI 1997: In welchem Maße treffen die folgenden Aussagen Ihrer Meinung nach zu oder nicht zu? (trifft sehr zu (1) – trifft überhaupt nicht zu (4))
> (1) Heute ändert sich alles so schnell, daß man oft nicht mehr weiß, woran man sich halten soll.
> (2) Heute ist alles so unsicher geworden, daß man auf alles gefaßt sein muss.
> (3) Früher waren die Leute besser dran, weil jeder wusste, was er zu tun hatte.

Jeweils mit den Antwortitems durchgeführte Hauptkomponentenanalysen bestätigen deren Eindimensionalität, so dass sowohl die vier Antwortitems in den beiden Shell Jugendstudien als auch die drei Antwortitems in den beiden DJI Jugendsurveys jeweils zu einem additiven Index zusammengefügt werden.[37] Die so gebildeten additiven Indizes ‚Soziale Kohäsion' nehmen Werte von ‚3' bzw. ‚4' (alle Aussagen treffen sehr zu = Anomie) bis ‚12' bzw. ‚16' (alle Aussagen treffen überhaupt nicht zu = soziale Kohäsion) an. Aussagen über Trendentwicklungen beschränken sich aufgrund der unterschiedlichen Fragenkonzeption auf Vergleiche zwischen den beiden Shell bzw. DJI Jugendstudien. Vergleicht man dabei die Indexmittelwerte (tabellarisch nicht ausgewiesen), ist bei den 16- bis 24-jährigen Jugendlichen die Wahrnehmung eines sozialen Zusammenhalts leicht rückläufig, wobei die weiblichen Befragten eher anomische Tendenzen in der Gesellschaft wahrnehmen als die männlichen. Für die beiden DJI Jugendstudien zeigen sich außerdem konsistente und signifikante Unterschiede zwischen den Jugendlichen in Ost- und Westdeutschland.

---

37 Die Faktorscores (Maximum Likelihood) korrelieren nahezu perfekt mit den entsprechenden additiven Indizes ‚Soziale Kohäsion' (Pearson's R = DJI 1992: .985**, N: 7077; Shell 1997: .973**, N: 2091; DJI 1997: .967**; 6872; Shell 2000: .965**; N: 4545), so dass diese Indizes bei den folgenden Analysen ohne Nachteile benutzt werden können.

3.5 Soziale Beteiligung, Vertrauen, Werte und Normen

Putnam (1993) vermutet in Weiterführung der Ideen von James Coleman einander verstärkende Einflüsse zwischen den strukturellen und kulturellen Aspekten einer Gesellschaft und fasst dies in seiner Sozialkapitalkonzeption zusammen:

> Stocks of social capital, such as trust, norms, and networks, tend to be self-reinforcing and cumulative. Virtuous circles result in social equilibria with high levels of cooperation, trust, reciprocity, civic engagement, and collective well-being (Putnam 1993: 177).

Regelmäßige Kontakte führen dazu, dass sich Informationen verbreiten und Reputationsmechanismen wirksam werden. Dies macht erfolgreiche Kooperation wahrscheinlicher, es entwickelt sich soziales Vertrauen und das Sozialkapital der Akteure vermehrt sich. Da angenommen wird, dass die engagierten Bürger ihr Vertrauen auch auf Menschen, mit denen sie keine direkten Beziehungen pflegen, generalisieren, wirkt sich dieser Prozess auch auf die Gesamtgesellschaft aus, und in der Gesellschaft entsteht eine allgemeine Vertrauensatmosphäre. Das soziale Vertrauen kann sowohl auf der Individual- als auch auf der Kollektivebene Kontrolle und Regulationen ersetzen und damit Transaktionskosten reduzieren. So wird Kooperation wahrscheinlicher, und Dilemmata kollektiven Handelns können leichter überwunden werden. Gemeinschaftsbezogene Werte und generelle Gegenseitigkeitsnormen entstehen und festigen sich durch dichte Netzwerke und vielfältige Kontakte. Außerdem machen sie Kooperation weniger risikoreich und damit wahrscheinlicher und fördern dadurch die Entstehung von sozialem Vertrauen (vgl. Putnam 1993: 170ff.; 2000: 20ff.; van Deth 2002: 575f.; Haug 1997 und Kapitel 2.2.2).

In Kapitel 3.5.1 werden zunächst verschiedene Konzepte sozialen Kapitals vorgestellt, wobei der Fokus auf den vermuteten und nachgewiesenen Zusammenhängen zwischen sozialer Beteiligung, sozialem Vertrauen sowie den sozialen Werten und kooperativen Normen liegt. Anschließend wird in Kapitel 3.5.2 empirisch untersucht, inwieweit sich diese Zusammenhänge für die Jugendlichen in Deutschland auf Basis der bisher dargestellten Operationalisierungen empirisch nachweisen lassen.

3.5.1 Sozialkapital – ein virtuous circle?

Putnam (1993) geht in seiner Sozialkapitalkonzeption davon aus, dass soziales Vertrauen in modernen Gesellschaften aus zwei miteinander zusammenhängenden Quellen entsteht: soziale Werte bzw. kooperative Normen sowie soziale Beteiligung. Denn beide Aspekte sozialen Kapitals „reduce incentives to defect, reduce uncertainty, and provide models for future cooperation" (Putnam 1993: 177; vgl. 171).

Dabei führen die konzeptionellen Differenzierungen sozialer Beteiligung zu unterschiedlichen Überlegungen über den Zusammenhang zwischen Engagement und Vertrauen. So wird innerhalb der Sozialkapitaldebatte beispielsweise häufig davon ausgegangen, dass in großen Scheckbuch-Organisationen kein soziales Vertrauen entstehen kann, da die Mitglieder keine persönlichen Kontakte entwickeln können (z.B. Putnam 2000: 52). Fukuyama dagegen sieht in den kleinen, speziellen Gruppen und Vereinen in den USA eine Gefahr für den Sozialkapitalbestand, insbesondere für das Vertrauen (vgl. Fukuyama 1995: 361; 2002: 126). Innerhalb der Sozialkapitaltheorie stehen daher insbesondere die formellen, horizontalen und inklusiven Netzwerke, deren Möglichkeit zu aktiver und persönlicher Beteiligung nicht nur zur Ausbildung bestimmter ‚civic skills' führt, sondern auch Auswirkungen auf das Sozialkapital ihrer Mitglieder hat. Zu derartigen bürgerschaftlichen Organisationen zählen „sports clubs, cooperatives, mutual aid societies, cultural associations, and voluntary unions" (Putnam 1993: 175). Denn hier treffen gleichberechtigte Individuen unterschiedlicher sozialer Herkunft aufeinander und lernen, erfolgreich zu kooperieren und einander zu vertrauen. Außerdem ist in solchen Freiwilligenorganisationen das Entstehen robuster Gegenseitigkeitsnormen wahrscheinlicher, von denen angenommen wird, dass sie für soziales Vertrauen grundlegend sind, und dass umgekehrt soziales Vertrauen die Wahrscheinlichkeit einer Vereinsmitgliedschaft erhöht. Uslaner (2002) vermutet dagegen, dass es zwischen bürgerschaftlichem Engagement und sozialem Vertrauen anstelle des von Putnam postulierten *virtuous circle* (Putnam 1993: 171) allerhöchstens einen *virtuous arrow* von Vertrauen in Richtung Engagement gibt (Uslaner 2002: 128; vgl. Brehm und Rahn 1997; Jennings und Stoker 2004). Dahinter steht die Überlegung, dass Menschen, die vertrauensvoll und offen gegenüber fremden Menschen eingestellt sind, eher zu sozialer Beteiligung bereit sind als misstrauische Menschen, so dass „[i]t seems at least as likely that trusting people tend to join organizations as the other way around" (Newton 2001b: 207). Stolle (2001a) kommt zu dem Ergebnis, dass "voluntary associations indeed accommodate more trusting people, as the theory of social capital states. This phenomenon is primarily an outcome of the self-selection of trusting people into associations" (Stolle 2001a: 131; vgl. Stolle 2003).

Hardin (2002) ist dagegen davon überzeug, dass soziale Beteiligung höchstens zu Vertrauen führen kann und nicht auf Vertrauen basiert. Seiner Meinung nach bestehen in Netzwerken zu Beginn lediglich Anreize zu vertrauenswürdigem Verhalten, weil ein gemeinsames Interesse an der Aufrechterhaltung der Beziehungen besteht. Je häufiger die Menschen jedoch miteinander kooperieren und sich als vertrauenswürdig erweisen, desto eher kann mit der Zeit soziales Vertrauen entstehen:

> I cooperate with you, discover your trustworthiness, and therefore cooperate even more or on even more important matters with you. If I trust most of the people with whom I interact, I might also begin to take the risk of cooperating with almost anyone I meet, at least if they are likely to remain my ambit (Hardin 2002: 84).

Dieses soziale Vertrauen entsteht allerdings nicht aufgrund des Vertrauenslevels innerhalb eines Netzwerkes, sondern aufgrund eines hohen Niveaus an *Vertrauenswürdigkeit*. Diese Vertrauenswürdigkeit, und nicht Vertrauen, stellt für Hardin daher den Hintergrund von Sozialkapital dar, denn „[i]f there were no trustworthiness, trust would not constitute any bit of social capital because it would enable no larger social purposes (...)" (Hardin 2002: 82f.). Im Mittelpunkt von sozialem Kapital stehen dementsprechend bei Hardin die Netzwerke und Beziehungen und nicht das Vertrauen.

Einige Autoren bezweifeln darüber hinaus jeglichen Zusammenhang zwischen sozialem Vertrauen und sozialer Beteiligung. Uslaner (2002) ist beispielsweise auch davon überzeugt, dass soziale Beteiligung allerhöchstens zu mehr persönlichem und nicht zu mehr sozialem Vertrauen führen kann und dass „[f]or most types of both formal and informal social contacts, trust is neither a cause nor an effect" (Uslaner 2002: 135). Er begründet dies mit der Argumentation, dass in Vereinen kein soziales Vertrauen entstehen kann, weil man zu einem Zeitpunkt Vereinsmitglied wird, zu dem die grundsätzliche Disposition zu sozialem Vertrauen bereits durch die Eltern weitgehend verankert ist. Außerdem verbringen die Menschen vergleichsweise so wenig Zeit mit organisierten Aktivitäten, dass ein solcher Zusammenhang wenig plausibel erscheint (vgl. Newton 2001b). Zudem trifft man in derartigen Organisationen vorwiegend Menschen, die ähnliche Interessen und einen ähnlichen sozialen Hintergrund haben, so dass allerhöchstens persönliches Vertrauen, als Vertrauen in „people like ourselves", gestärkt werden könne (Uslaner 2002: 5). Stolle (1998) versucht der Frage, ob persönliches Vertrauen durch Vereinsmitgliedschaften zu sozialem Vertrauen führt, empirisch nachzugehen. Da sich zeigt, dass Menschen, die Vereinen mit hohem persönlichem Vertrauensniveau angehören, seltener generalisiertes Vertrauen äußern, als Mitglieder von Vereinen, die durch schwache Bindungen und hohe Heterogenität gekennzeichnet sind, bezweifelt die Autorin allerdings einen derartigen Zusammenhang. Auch Heinze und Strünck (2000) vermuten, dass die soziale Zusammensetzung bestimmter Vereine dazu führt, dass „die innerorganisatorische Vertrauensbildung zugleich als eine Barriere des Misstrauens nach außen" wirkt (Heinze und Strünck 2000: 179). Haug (2000) weist ebenfalls auf diesen Schwachpunkt des Zusammenhangs zwischen Netzwerken bürgerschaftlichen Engagements und sozialem Vertrauen hin. Denn wenn man argumentiert, dass einerseits positive Interaktionserfahrungen zu einer ‚Vertrauensgeneralisierung' und andererseits diese positiven Erfahrungen in exklusiven Netzwerken mit einer höheren Wahrscheinlichkeit auftreten, „bleibt die postulierte vertrauensfördernde Wirkung von freiwilligen Netzwerken zivilen Engagements in modernen Gesellschaften schleierhaft" (Haug 2000: 334).

Insgesamt erweisen sich die entsprechenden empirischen Zusammenhänge, wenn überhaupt, meist als schwach und inkonsistent. So findet Newton (2001b) in der Literatur wenig empirische Befunde, die für einen konsistenten Zusammenhang zwischen sozialem Vertrauen und sozialer Beteiligung auf der Mikroebene sprechen:

> (...) survey research shows no more than a weak and intermittent association between membership of voluntary associations and a willingness to express trust. (...) Membership of voluntary associations sometimes does a little for social trust, but usually does nothing for it (Newton 2001b: 204).

Gabriel und Kunz (2002) gehen ebenfalls der Frage nach, inwiefern Vertrauen ein Produkt sozialer Interaktion ist und finden schwache Zusammenhänge zwischen sozialem Vertrauen und der Mitgliedschaft in Freiwilligenorganisationen. Dekker, Koopsmans und van den Broek (1997) können sowohl auf der Makroals auch auf Mikroebene empirisch nachweisen, dass es einen positiven Zusammenhang zwischen sozialem Vertrauen und sozialer Beteiligung gibt. In den verschiedenen Studien zeigt sich demzufolge immer wieder, dass Menschen, die in Vereinen Mitglied sind, zwar fremden Menschen eher vertrauen als Menschen, die keine Mitgliedschaft aufweisen. Allerdings sagt ein solcher Zusammenhang nichts über die Kausalität aus, so dass zwischen Ursache und Wirkung nicht unterschieden werden kann.

Dies gilt prinzipiell auch für die Rolle von sozialen Werten und kooperativen Normen innerhalb des *virtuous circle* aus kulturellen und strukturellen Sozialkapitalaspekten. Hinzu kommt, dass zur Relevanz von Werten und Normen nur wenige theoretische wie empirische Arbeiten vorliegen, so dass deren Wichtigkeit zwar immer wieder betont, allerdings weitaus seltener überprüft wird als dies für soziale Beteiligung und das soziale Vertrauen der Fall ist (vgl. Gabriel et al. 2002). Whiteley (1999) findet in seiner Untersuchung über die Ursprünge von Vertrauen, dass Werte und Normen wichtige Bedingungsfaktoren von Vertrauen sind, denn „individuals with strong moral values are more trusting than individuals without such values" (Whiteley 1999: 39). In eine ähnliche Richtung weist die Argumentation Fukuyamas (2002). Er nimmt an, dass die gemeinsame Wertebasis als Grundlage sozialen Vertrauens in den USA immer mehr schwindet, weil sich immer mehr Menschen ihre Werte selbst ‚zusammensuchen'. Zu „einer Gemeinschaft gehören gemeinsame Werte: Je verbindlicher und je respektierter die gemeinsamen Werte sind, desto stärker ist die Gemeinschaft und desto höher ist der Grad des sozialen Vertrauens" (Fukuyama 2002: 126). Seiner Meinung nach kommt es aufgrund dieser „moralischen Miniaturisierung" und des „moralischen Individualismus und Relativismus" in den USA dazu, dass es zwar immer mehr Vereinsmitgliedschaften gibt, der Vertrauensradius aber gleichzeitig geringer wird (vgl. Fukuyama 2002).

In der Sozialkapitalkonzeption Putnams (1993) wird insbesondere die zentrale Funktion genereller Gegenseitigkeitsnormen betont. Diese senken die Transaktionskosten und fördern damit die Zusammenarbeit mit anderen Menschen. „General reciprocity refers to a continuing relationship of exchange that is at any given time unrequited or imbalanced, but that involves mutual expectations that a benefit granted now should be repaid in future“ (Putnam 1993: 172). So entstehen laut Coleman (1988) ‚credit slips' (Schuldscheine) und diese führen zu einer Akkumulation von Sozial*kapital*, denn der Gewinn aus einem geleisteten Gefallen übersteigt für *beide* Kooperationspartner langfristig die Kosten, da die „Schaffung einer Verpflichtung (...) auf der Seite dessen, der die Vorleistung anbietet, im allgemeinen mit geringerem Aufwand verbunden [ist] als der zu erwartende Nutzen aus der Gegenleistung zum geeigneten Zeitpunkt“ (Haug 1997: 3; vgl. Coleman 1991; van Deth 2002). Die Wahrscheinlichkeit, dass Menschen solchermaßen kooperativ handeln, steigt, wenn in einem Netzwerk Beziehungen langfristig bestehen, soziale Werte und kooperative Normen von allen Beteiligten akzeptiert werden und soziales Vertrauen vorherrscht. Umgekehrt führt Kooperation dazu, dass langfristige Beziehungsnetzwerke entstehen, dass soziale Werte und kooperative Normen als gewinnbringend wahrgenommen werden und dass sich soziales Vertrauen verbreitet. Oder mit den Worten Putnams (1993) zusammengefasst: „Social trust, norms of reciprocity, networks of civic engagement, and successful cooperation are mutually reinforcing“ (Putnam 1993: 180).

Während innerhalb der Sozialkapitaltheorie davon ausgegangen wird, dass zwischen Normen und sozialem Vertrauen ein reziproker Zusammenhang besteht, vermuten Cook und Hardin (2001; vgl. Hardin 2002), dass soziales Vertrauen und Normen komplementäre Grundlagen für menschliche Kooperation darstellen: in kleineren, engen Gemeinschaften sorgen Reziprozitätsnormen dafür, dass Menschen einander beistehen und miteinander kooperieren, während in modernen Gesellschaften soziales Vertrauen diese Funktion übernimmt. So “[w]e may motivate cooperation either through norms of cooperativeness or through relationships of trust and trustworthiness“ (Cook und Hardin 2001: 327). In beiden Fällen wird opportunistisches Verhalten durch Sanktionen bestraft, wobei dies mit unterschiedlichen Konsequenzen geschieht. Im Falle der Enttäuschung von Vertrauen in einer Dreierbeziehung (‚A vertraut B in Bezug auf X'; vgl. Kapitel 3.2.2) gefährdet B lediglich zukünftige Kooperationen mit einem bestimmten Akteur (A) bzw. in Bezug auf einen bestimmten Aspekt (X). Wird allerdings in engverbundenen Gemeinschaften gegen vorhandene Kooperationsnormen verstoßen, kann die entsprechende Sanktionierung unter Umständen einen Ausschluss von jeglichen zukünftigen Transaktionen bedeuten. „The sanctions for communal norm violation can therefore be substantially more severe than those for failure of trustworthiness in network interactions" (Cook und Hardin 2001: 327). In beiden Fällen steht das Interesse an zukünftigen Kooperationen im Mittelpunkt. Moderne Gesellschaften bestehen allerdings nicht nur aus vertrauensvollen Zweierbeziehungen, sondern es existieren einander mehr oder weniger überlappende Netzwerke. Vertrauen innerhalb dieser Netzwerke bedeutet, dass A den Mitgliedern von Netzwerk B in Bezug auf X vertraut. Wirksame Reputationsmechanismen können dann dazu führen, dass opportunistisches Verhalten nicht nur die Kooperation mit einem bestimmten Akteur gefährdet, sondern auch andere zukünftige Transaktionen innerhalb des Netzwerkes. Die Norm der Vertrauenswürdigkeit spielt sowohl in engverbundenen Gemeinschaften als auch in losen Netzwerken eine, wenn auch unterschiedlich wichtige Rolle. Denn da Normen in kleineren Gruppen effektiver sanktioniert werden können, scheint eine universelle Vertrauenswürdigkeitsnorm für soziales Vertrauen in modernen Gesellschaften nicht so wichtig zu sein wie für Kooperationsnormen in kleineren Gemeinschaften (vgl. Hardin 1995: 91-100; Hardin 2002; Cook und Hardin 2001).

3.5.2 Zusammenhänge zwischen den Aspekten sozialen Kapitals – empirische Befunde

In den folgenden Abschnitten wird untersucht, ob sich der vermutete *virtuous circle* der bisher betrachteten Sozialkapitalaspekte für die Jugendlichen in Deutschland empirisch nachweisen lässt. Da in den verschiedenen Jugendstudien die kulturellen und strukturellen Aspekte sozialen Kapitals sehr unterschiedlich operationalisiert wurden, werden diese Zusammenhänge für jede Studie einzelnen dargestellt und betrachtet, wobei die soeben beschriebenen ‚Henne-Ei'-Diskussionen im Rahmen dieser Arbeit nicht beantwortet werden können. Vielmehr geht es um die Überprüfung der allgemeinen These einer positiven Wechselwirkung zwischen den verschiedenen Sozialkapitalaspekten bei Jugendlichen, so dass sich die Darstellung auf bivariate Korrelationskoeffizienten beschränkt. Dabei wird auf Basis der im vorangegangen Abschnitt beschriebenen zirkulären Zusammenhänge zwischen den kulturellen und strukturellen Aspekten sozialen Kapitals angenommen, dass die verschiedenen Indikatoren von sozialer Beteiligung, sozialem Vertrauen, sozialen Werten und kooperativen Normen signifikant positiv miteinander korrelieren.

Tabelle 3.4: Zusammenhänge zwischen den kulturellen und strukturellen Sozialkapitalaspekten in Shell 1992

Sozialkapital SHELL 1992 (N: 3885)	Vereinsmitgliedschaft	Persönlicher Optimismus	Ablehnung privatistischer Wertorientierungen	Keine Gesetzesverstöße
Vereinsmitgliedschaft	-			
Persönlicher Optimismus	.066**	-		
Ablehnung privatistischer Wertorientierungen	.050*	.026	-	
Keine Gesetzesverstöße	.035*	.088**	.017	-

Anmerkung: Pearson's Korrelationskoeffizient r; Listenweise N; Signifikanzniveau (2-seitig): * < .005 ** < .001; Daten nicht gewichtet und nicht auf gemeinsame Altersgruppe beschränkt.

In Tabelle 3.4 sind die Korrelationskoeffizienten der verschiedenen Aspekte sozialen Kapitals in Shell 1992 dargestellt. Der Tabelle kann entnommen werden, dass sich vier der sechs möglichen Zusammenhänge als signifikant erweisen, wobei die Wirkungsrichtung der signifikanten Koeffizienten stets den theoretischen Erwartungen entspricht. Insgesamt lässt sich aus den Ergebnissen der Analysen mit den Daten der Shell Jugendstudie von 1992 der Schluss ziehen, dass ein Zusammenhang zwischen den einzelnen Sozialkapitalaspekten tendenziell nachweisbar ist. Dieser ist allerdings erstens nicht in allen Fällen signifikant und zweitens sind die signifikanten Koeffizienten sehr klein.

Tabelle 3.5: Zusammenhänge zwischen den kulturellen und strukturellen Sozialkapitalaspekten in DJI 1992

Sozialkapital DJI 1992 (N: 6914)	Vereinsmitgliedschaft	Wichtigkeit sozialer Wertorientierungen	Normen & Gesetze	Soziale Kohäsion
Vereinsmitgliedschaft	-			
Wichtigkeit sozialer Wertorientierungen	-.021	-		
Normen & Gesetze	.040*	.147**	-	
Soziale Kohäsion	.153**	.014	.251**	-

Anmerkung: Pearson's Korrelationskoeffizient r; Listenweise N; Signifikanzniveau (2-seitig): * < .005 ** < .001; Daten nicht gewichtet und nicht auf gemeinsame Altersgruppe beschränkt.

Die Ergebnisse für die DJI Jugendstudie 1992 sind in Tabelle 3.5 dargestellt. Wiederum erweisen sich vier der insgesamt sechs möglichen Zusammenhänge als signifikant. Dabei zeigt sich, dass die Wichtigkeit sozialer Wertorientierungen weder mit der Vereinsmitgliedschaft, noch mit sozialer Kohäsion signifikant korreliert und sich insofern nur höchst unbefriedigend integrieren lässt. Allerdings findet sich ein relativ starker Zusammenhang zwischen dieser Variablen und der Variablen ‚Normen & Gesetze'. Auch für die anderen signifikanten Zusammenhänge entspricht die Wirkungsrichtung den Erwartungen gemäß der Sozialkapitaltheorie, wobei die entsprechenden Koeffizienten im Vergleich zu den in Shell 1992 enthaltenen teilweise deutlich stärker sind.

Tabelle 3.6: Zusammenhänge zwischen den kulturellen und strukturellen Sozialkapitalaspekten in KJE 1996

Sozialkapital KJE 1996 (N: 3218)	Vereinsmitgliedschaft	Persönlicher Optimismus	Keine Gesetzesverstöße
Vereinsmitgliedschaft	-		
Persönlicher Optimismus	.052*	-	
Keine Gesetzesverstöße	.002	.145**	-

Anmerkung: Pearson's Korrelationskoeffizient r; Listenweise N; Signifikanzniveau (2-seitig): * < .005 ** < .001; Daten nicht gewichtet und nicht auf gemeinsame Altersgruppe beschränkt.

Im Vergleich zu den beiden zuvor betrachteten Jugendstudien, ist aus Tabelle 3.6 zunächst ersichtlich, dass für KJE 1996 nur wenige Aspekte sozialen Kapitals operationalisiert werden konnten. Da zudem einer der drei möglichen Zusammenhänge nicht signifikant ist, findet das Sozialkapitalmodell in KJE 1996 nur wenig Bestätigung. Anders als in Shell 1992, hängt die Tatsache, bisher keine Gesetzesverstöße begangen zu haben, nicht mit der Vereinsmitgliedschaft zusammen. Die beiden anderen Koeffizienten korrelieren zwar signifikant positiv – also in der erwartungsgemäßen Richtung – allerdings ist die Stärke der beobachteten Zusammenhänge gering.

Tabelle 3.7: Zusammenhänge zwischen den kulturellen und strukturellen Sozialkapitalaspekten in Shell 1997

Sozialkapital SHELL 1997 (N: 2084)	Vereinsmitgliedschaft	Persönlicher Optimismus	Ablehnung privatistischer Wert-orientierungen	Wichtigkeit sozialer Wertorientierungen	Soziale Kohäsion
Vereinsmitgliedschaft	-				
Persönlicher Optimismus	.013	-			
Ablehnung privatistischer Wertorientierungen	.113**	-.008	-		
Wichtigkeit sozialer Wertorientierungen	.068*	.060*	.152**	-	
Soziale Kohäsion	.108**	-.006	.260**	-.025	-

Anmerkung: Pearson's Korrelationskoeffizient r; Listenweise N; Signifikanzniveau (2-seitig): * < .005 ** < .001; Daten nicht gewichtet und nicht auf gemeinsame Altersgruppe beschränkt.

Tabelle 3.7 kann entnommen werden, dass sechs der zehn möglichen Koeffizienten in Shell 1997 signifikant sind, wobei wiederum alle eine positive Korrelation zeigen. Anders als in Shell 1992 und KJE 1996 lässt sich in Shell 1997 der persönliche Optimismus weniger gut in ein Sozialkapitalmodell integrieren, denn es findet sich nur ein signifikanter Koeffizient zur Wichtigkeit sozialer Wertorientierungen. Wie auch schon in DJI 1992 ist auch in Shell 1997 außerdem die Verknüpfung zwischen der Wichtigkeit sozialer Wertorientierungen und der sozialen Kohäsion empirisch insignifikant. Allerdings zeigt sich im Unterschied zu DJI 1992 eine signifikant positive Beziehung zwischen den sozialen Wertorientierungen und der sozialen Beteiligung.

Tabelle 3.8: Zusammenhänge zwischen den kulturellen und strukturellen Sozialkapitalaspekten in DJI 1997

Sozialkapital DJI 1997 (N: 6715)	Vereinsmitgliedschaft	Wichtigkeit sozialer Wertorientierungen	Bereitschaft zu Hilfe im Freundeskreis	Bereitschaft zu Hilfe für Fremde	Bereitschaft zu Engagement in soz. Organisationen	Soziale Kohäsion
Vereinsmitgliedschaft	-					
Wichtigkeit sozialer Wertorientierungen	.058**	-				
Bereitschaft zu Hilfe im Freundeskreis	.051**	.344**	-			
Bereitschaft zu Hilfe für Fremde	-.004	.365**	.280**	-		
Bereitschaft zu Engagement in soz. Organisationen	.073**	.315**	.194**	.516**	-	.
Soziale Kohäsion	.125**	-.026*	-.047*	-.078**	.003	-

Anmerkung: Pearson's Korrelationskoeffizient r; Listenweise N; Signifikanzniveau (2-seitig): * < .005 ** < .001; Daten nicht gewichtet und nicht auf gemeinsame Altersgruppe beschränkt.

Tabelle 3.8 ist zu entnehmen, dass in DJI 1997 von den insgesamt 15 möglichen Zusammenhängen nur zwei insignifikant sind. Insgesamt drei Koeffizienten erweisen sich außerdem als signifikant negativ. Diese betreffen alle Zusammenhänge zwischen der Wahrnehmung sozialer Kohäsion einerseits und den verschiedenen Operationalisierungen sozialer Werte andererseits. Jugendliche, die einen sozialen Zusammenhalt in der Gesellschaft wahrnehmen, sind tendenziell eher nicht zu Hilfeleistungen – sowohl für Fremde als auch für Freunde – bereit. Eine mögliche Erklärung dieser nicht erwarteten Wirkungsrichtung wäre, dass Jugendliche, die anomische Tendenzen innerhalb der Gesellschaft wahrnehmen, Hilfeleistungen umso wichtiger finden, um einer solchen Entwicklung entgegenzutreten.[38]

38 Durch die zusätzliche Erhebung der ‚Bereitschaft zu Hilfe für Freunde' kann in DJI 1997 eine Überprüfung der These Uslaners (2002), wonach soziale Beteiligung zwar zu Solidarität innerhalb des betreffenden Netzwerkes, nicht aber darüber hinaus animiert, erfolgen. So sollte sich gemäß der Sozialkapitaltheorie das Vereinsengagement nicht nur auf die Hilfeleistung für Freunde, sondern auch auf die für fremde Menschen auswirken, da sich die in Vereinen geleis-

Tabelle 3.9: Zusammenhänge zwischen den kulturellen und strukturellen Sozialkapitalaspekten in Shell 2000

Sozialkapital SHELL 2000 (N: 4543)	Vereinsmitgliedschaft	Persönlicher Optimismus	Ablehnung privatistischer Wertorientierungen	Wichtigkeit sozialer Wertorientierungen	Soziale Kohäsion
Vereinsmitgliedschaft	-				
Persönlicher Optimismus	.059**	-			
Ablehnung privatistischer Wertorientierungen	.172**	.066**	-		
Wichtigkeit sozialer Wertorientierungen	.072**	.086**	.180**	-	
Soziale Kohäsion	.140**	.149**	.390**	-.029*	-

Anmerkung: Pearson's Korrelationskoeffizient r; Listenweise N; Signifikanzniveau (2-seitig): * < .005 ** < .001; Daten nicht gewichtet und nicht auf gemeinsame Altersgruppe beschränkt.

Die in Tabelle 3.9 dargestellten Korrelationskoeffizienten für die einzelnen Sozialkapitalaspekte in Shell 2000 bestätigen deutlicher als bei den bisherigen Jugendstudien die erwarteten Zusammenhänge. So erweisen sich zunächst sämtliche Koeffizienten als signifikant, und lediglich der Zusammenhang zwischen der Wahrnehmung sozialer Kohäsion und der Wichtigkeit sozialer Wertorientierungen ist negativ, also nicht gemäß den Erwartungen. Dieser deutet erneut daraufhin, dass Jugendliche, die sozialen Zusammenhalt wahrnehmen, die Betonung sozialer Wertorientierungen scheinbar für weniger wichtig halten, weil sie in dieser Hinsicht geringere Defizite wahrnehmen. Auf der anderen Seite ist der

tete und geübte Solidarität auch auf Menschen außerhalb dieses Kreise auswirken sollte. Uslaner bezweifelt dies, da er glaubt, dass in Vereinen vor allem persönliches Vertrauen, also eine positive Grundeinstellung gegenüber Menschen aus dem eigenen Umfeld entsteht. Die vorliegenden Daten deuten in eine ähnliche Richtung, denn während die Bereitschaft zu Hilfe im Freundeskreis positiv mit der Vereinsmitgliedschaft korreliert, ist der Zusammenhang zur Bereitschaft zu Hilfe für Fremde insignifikant.

Korrelationskoeffizient für den Zusammenhang zwischen der Wahrnehmung sozialer Kohäsion und der Ablehnung privatistischer Wertorientierungen vergleichsweise groß, so dass nicht von einem generell negativen Zusammenhang zwischen sozialen Werten und kooperativen Normen gesprochen werden kann.

Tabelle 3.10: Zusammenhänge zwischen den kulturellen und strukturellen Sozialkapitalaspekten in Shell 2002

Sozialkapital SHELL 2002 (N: 2469)	Formelle soziale Aktivität	Informelle soziale Aktivität	Generalisiertes Vertrauen	Persönlicher Optimismus	Bereitschaft zu Hilfe für sozial Benachteiligte	Keine gewaltsamen Auseinandersetzung
Formelle soziale Aktivität	-					
Informelle soziale Aktivität	.243**	-				
Generalisiertes Vertrauen	.086**	.034	-			
Persönlicher Optimismus	.111**	.044*	.159**	-		
Bereitschaft zu Hilfe für sozial Benachteiligte	.104**	.121**	.049*	.107**	-	
Keine gewaltsamen Auseinandersetzung	-.096**	-.118**	.083*	.131**	.080**	-

Anmerkung: Pearson's Korrelationskoeffizient r; Listenweise N; Signifikanzniveau (2-seitig): * < .005 ** < .001; Daten nicht gewichtet und nicht auf gemeinsame Altersgruppe beschränkt.

Tabelle 3.10 sind schließlich die Korrelationskoeffizienten für die Zusammenhänge zwischen den Sozialkapitalaspekte in Shell 2002 zu entnehmen: von 15 möglichen Zusammenhängen sind 14 signifikant, wobei zwei nicht in die erwartete Richtung weisen. Während sich zunächst der vermutete positive Zusammenhang zwischen formellen sozialen Aktivitäten und generalisiertem Vertrauen als signifikant erweist, bestätigt sich dies für informelle soziale Aktivitäten nicht. Allerdings bestätigt sich der von Putnam (2000) vermutete Zusammenhang zwischen informellen und formellen Formen bürgerschaftlichen Engagements, wonach „[v]olunteering fosters more volunteering, in both formal and informal settings“ (Putnam 2000: 121). Eine mögliche Erklärung dafür ist, dass die Wahrscheinlichkeit, zu weiteren gemeinschaftlichen Aktivitäten aufgefordert zu werden, steigt je mehr man sich beteiligt. Putnam (2000) vermutet zudem, dass Menschen, die sich beteiligen eher bereit sind, einer entsprechenden Aufforderung auch nachzukommen (vgl. Putnam 2000: 120ff.). Dagegen erweist sich der Zusammenhang zwischen gewaltsamen Auseinandersetzungen für beide Formen sozialer Beteiligung als signifikant negativ. So waren Jugendliche, die im formellen (und auch im informellen) Kontext sozial aktiv sind, in den letzten zwölf Monaten tendenziell eher in gewaltsame Auseinandersetzungen verwickelt.[39] Für das generalisierte Vertrauen, das einzig in der Shell Jugendstudie 2002 erhoben wurde, zeigen sich signifikant positive (aber geringe) Zusammenhänge. Mit anderen Worten: Jugendliche 2002, die der Meinung sind, dass man den meisten Menschen vertrauen kann, beurteilen auch ihre eigene Zukunft optimistisch, sind eher formell sozial engagiert und waren in den letzten zwölf Monaten eher nicht in gewaltsame Auseinandersetzungen verwickelt.

3.6 Zusammenfassung

Die in diesem Kapital dargestellten Konzepte, Operationalisierungen und Zusammenhänge von Sozialkapital bei Jugendlichen in Deutschland bilden die Grundlage für die in den folgenden Kapiteln zu beantwortenden Fragen nach den Bedingungen und Konsequenzen des jugendlichen Sozialkapitals. Bevor in den nächsten Kapiteln die Wirkungszusammenhänge von Sozialkapital bei Jugendlichen in Deutschland empirisch untersucht werden, werden daher abschließend zusammenfassende Antworten auf die zu Beginn dieses Kapitels vorgestellten Fragen gegeben:

1. Inwiefern können die einzelnen Sozialkapitalaspekte auf Basis der vorliegenden Daten für die Jugendlichen in Deutschland operationalisiert werden?

---

39 Dieses Ergebnis widerspricht zwar den Überlegungen der Sozialkapitaltheorie, wonach soziales Engagement zu einer verstärkten Normakzeptanz führen sollte, bestätigt allerdings die Überlegungen Brettschneiders und Kleines (2002) bezüglich der jugendlichen Sportvereinsmitgliedschaft. So bilanzieren die Autoren den Zusammenhang zwischen der Sportvereinsmitgliedschaft und dem devianten Verhalten Jugendlicher vorsichtig, denn „hinsichtlich des vermuteten Sozialisationspotentials muss festgehalten werden, dass die soziale Integration durch den Sportverein sowohl funktional als auch dysfunktional verlaufen kann“ (Brettschneider und Kleine 2002: 343). Mit anderen Worten: die Vereinsmitgliedschaft kann bei Jugendlichen zwar dazu führen, dass sie lernen, sich an Regeln zu halten, umgekehrt ist es aber auch denkbar, dass es gerade in diesem Kontext zum Beispiel zu Schlägereien mit Anhängern gegnerischer Mannschaften kommen kann.

Innerhalb dieser Arbeit werden insgesamt sieben verschiedenen Jugendstudien verwendet, die sich teilweise deutlich hinsichtlich ihrer Konzeption unterscheiden. Dies stellt für die Operationalisierung sozialer Beteiligung zunächst kein großes Problem dar. Lediglich die in der 14. Shell Jugendstudie 2002 verwendete Fragestellung zur ‚Gesellschaftlichen Aktivität' lässt sich nicht ohne weiteres mit den anderen Operationalisierungen sozialer Beteiligung über die Vereinsmitgliedschaft vergleichen. Allerdings bietet sich so die Möglichkeit, zwischen informeller und formeller sozialer Aktivität zu differenzieren. Als besonders problematisch erweist sich dagegen die Operationalisierung sozialen Vertrauens über das generalisierte Vertrauen, denn die entsprechende Variable wurde nur in einer der sieben Jugendstudien erhoben. Mit Rückgriff auf die Überlegungen von Uslaner (2002) werden allerdings optimistische Einstellungen als wichtige moralische Grundlage sozialen Vertrauens interpretiert, so dass der in fünf der sieben Jugendstudien erhobene persönliche Optimismus als Alternativoperationalisierung für soziales Vertrauen genutzt wird. Die empirische Untersuchung für die Sozialkapitaltheorie relevanter sozialer Werte und kooperativer Normen hat einen stark explorativen Charakter, was sich in der Wahl der entsprechenden Operationalisierungen widerspiegelt. Die unterschiedliche Konzeptualisierung der verwendeten Jugendstudien erweist sich in dieser Hinsicht durchaus als Vorteil, denn es bestehen viele unterschiedliche Operationalisierungsmöglichkeiten. Insgesamt lässt sich also die erste Fragestellung zusammenfassend folgendermaßen beantworten: Auf Basis der seit 1990 in Deutschland durchgeführten Jugendstudien lassen sich die verschiedenen Aspekte sozialen Kapitals Jugendlicher, mit Ausnahme des sozialen Vertrauens, gut operationalisieren und entsprechend empirisch untersuchen. Unter anderem ist damit auch eine Antwort auf die zweite Frage möglich:

2. Welche Aussagen können über den individuellen Sozialkapitalbestand Jugendlicher in Deutschland sowie über Trendentwicklungen gemacht werden?

Aufgrund der teilweise unterschiedlichen Konzeptualisierung der verschiedenen Jugendstudien können Aussagen über Trendentwicklungen nur bedingt gemacht werden. Zunächst lässt sich für die soziale Beteiligung der 16- bis 24-jährigen Jugendlichen in Deutschland feststellen, dass diese erstens relativ stabil um die 40-Prozent-Marke schwankt, es also weder einen deutlichen Anstieg noch einen deutlichen Rückgang der jugendlichen Vereinsmitgliedschaft gibt. Zweitens geben deutlich mehr westdeutsche und männliche Jugendliche an, Mitglied in einem Verein zu sein, als ostdeutsche und weibliche Jugendliche. Für das generalisierte Vertrauen lassen sich dagegen weder Geschlechter- noch Wohnortdifferenzen feststellen, rund ein Viertel der Jugendlichen 2002 ist der Meinung, dass man den meisten Menschen vertrauen kann. Im Hinblick auf die Einschränkungen bei der Operationalisierung von sozialem Vertrauen ist klar, dass Aussagen über die Entwicklung des generalisierten Vertrauens Jugendlicher in Deutschland auf Basis der verwendeten Daten nicht möglich sind und sich daher auf die Entwicklung des persönlichen Optimismus beschränken müssen. So sinkt der Anteil der Jugendlichen, die zuversichtlich in die Zukunft blicken zunächst, steigt dann aber in den letzten Jahren wieder deutlich an. Auch die Unterschiede, die sich zwischen ost- und westdeutschen Jugendlichen zeigen, verschwinden mit der Zeit. Schließlich lässt sich für die Entwicklung sozialer Wertorientierungen sowie kooperativer Normen zusammenfassen, dass sich mit Ausnahme der ‚Ablehnung privatistischer Wertorientierungen' kein negativer Trend feststellen lässt. Geschlechterunterschiede zeigen sich zwar nicht für die Ablehnung privatistischer Orientierungen, allerdings für alle anderen Indikatoren sozialer Werte. Danach halten die weiblichen Befragten soziale Wertorientierungen für wichtiger und akzeptieren Normen eher. Lediglich in Bezug auf die Wahrnehmung sozialer Kohäsion dreht sich das Geschlechterverhältnis um. Weitaus inkonsistenter sind dagegen die Unterschiede zwischen Jugendlichen in Ost- und Westdeutschland. Insgesamt lässt sich als Antwort auf die zweite Frage zusammenfassend formulieren: Ein beträchtlicher Anteil der 16- bis 24-jährigen Jugendlichen beteiligt sich sozial, äußert soziales Vertrauen, erachtet soziale Werte und kooperative Normen für wichtig, und es zeigen sich in dem beobachteten Zeitraum zwischen 1991 und 2002 keine gravierenden Veränderungen.

Schließlich wurde der empirischen Relevanz der innerhalb des Sozialkapitalkonzepts vermuteten Zusammenhänge zwischen den verschiedenen kulturellen und strukturellen Sozialkapitalaspekten für die Jugendlichen in Deutschland nachgegangen und eine Antwort auf die dritte Frage gesucht:

3. Lassen sich die für die Erwachsenen vermuteten und teilweise auch empirisch bestätigten Zusammenhänge zwischen den einzelnen Sozialkapitalaspekten für die Jugendlichen empirisch nachweisen?

Zusammenfassend lässt sich sagen, dass die erwarteten Zusammenhänge zwischen den verschiedenen strukturellen und kulturellen Sozialkapitalaspekten bei Jugendlichen zwar statistisch nachweisbar sind. Allerdings sind die einzelnen Koeffizienten relativ gering, was weniger als jugendliche Besonderheit zu bewerten ist, sondern vielmehr die empirischen Befunde für die Allgemeinbevölkerung widerspiegelt (vgl. z.B. Gabriel et al. 2002). In Tabelle 3.11 sind die in Tabelle 3.4 bis Tabelle 3.10 für die einzelnen Jugendstudien dargestellten bivariaten Korrelationskoeffizienten nochmals zusammengefasst.

Tabelle 3.11: Zusammenhänge zwischen den kulturellen und strukturellen Sozialkapitalaspekten in den verschiedenen Jugendstudien

	Vereinsmitgliedschaft	Informelle soziale Aktivität	Generalisiertes Vertrauen	Persönlicher Optimismus	Ablehnung privatistischer Wertorientierungen	Wichtigkeit sozialer Wertorientierungen	Bereitschaft zu Hilfe im Freundeskreis	Bereitschaft zu Hilfe für Fremde	Bereitschaft zu Hilfe für sozial Benachteilige	Bereitschaft zu Engagement in sozialen Organisationen	Keine Gesetzesverstöße	Keine gewaltsamen Auseinandersetzungen	Normen & Gesetze
Informelle soziale Aktivität	+												
Generalisiertes Vertrauen	+	(+)											
Persönlicher Optimismus	+++ + (+)	(+)	+										
Ablehnung privatistischer Wertorientierungen	+++			+ (+) (-)									
Wichtigkeit soz. Wertorientierungen	+++ (-)			+ +	+ +								
Bereitschaft zu Hilfe im Freundeskreis	+					+							
Bereitschaft zu Hilfe für Fremde	(-)					+	+						
Bereitschaft zu Hilfe für soz. Benacht.	+	+	+	+									
Bereitschaft zu Engagement in soz. Org.	+					+	+	+					
Keine Gesetzesverstöße	+ (+)			+ +	(+)								
Keine gew. Auseinanders.	-	-	+	+					+				
Normen & Gesetze	+					+							
Soziale Kohäsion	+++ +			+ (-)	+ +	-- (+) (-)	-	-		(+)			+

Anmerkung: + positive signifikante Korrelation; - negative signifikante Korrelation; (+) nicht signifikante, aber positive Korrelation; (-) nicht signifikante, aber negative Korrelation.

Von den insgesamt 65 untersuchten Zusammenhängen erweisen sich 52 als signifikant. Davon haben insgesamt 46 Koeffizienten die erwartete Wirkungsrichtung, korrelieren also positiv (und signifikant) miteinander. Damit bestätigt sich für 71 Prozent der untersuchen Indikatoren sozialen Kapitals die Erwartung, dass soziale Beteiligung, soziales Vertrauen, soziale Werte und kooperative Normen im Sinne der Sozialkapitaltheorie bereits bei Jugendlichen positiv miteinander zusammenhängen. Allerdings sind die gefundenen Korrelationskoeffizienten zum Teil sehr klein. Gleichzeitig wird außerdem klar, dass es im Sinne der Sozialkapitaltheorie inkonsistente Ergebnisse gibt, denn insgesamt korrelieren elf Sozialkapitalaspekte negativ miteinander, bei sechs von ihnen ist dieser Zusammenhang auch signifikant.

Dieses Ergebnis spricht für eine getrennte Untersuchung der einzelnen Sozialkapitalaspekte bei den weiteren Analysen. Auch aus theoretischer Sicht erscheint diese Vorgehensweise angemessen. Denn innerhalb der Sozialkapitaltheorie wird zwar von positiven Wechselwirkungen zwischen den verschiedenen kulturellen und strukturellen Aspekte sozialen Kapitals ausgegangen, allerdings werden ihnen gleichzeitig unterschiedliche Funktionen zugeschrieben: Vereine gelten als ‚Schulen der Demokratie' (vgl. Tocqueville [1835] 1965); soziales Vertrauen wird als ‚Schmiermittel im Räderwerk des sozialen Systems' (vgl. Arrow 1980) gesehen; und soziale Werte bzw. kooperative Normen werden als ‚moral foundations' (vgl. Uslaner 2002) des gesellschaftlichen Miteinanders betrachtet. So ist es sowohl aus empirischer als auch aus konzeptioneller Sicht sinnvoll und notwendig, die verschiedenen Aspekte sozialen Kapitals auch bei den weiteren Analysen getrennt voneinander zu betrachten.

4 Bedingungen von Sozialkapital bei Jugendlichen

4.1 Einführung

Bei der Analyse der Wirkungszusammenhänge von Sozialkapital bei Jugendlichen in Deutschland werden die einzelnen Sozialkapitalaspekte zum einen als unabhängige und zum anderen als abhängige Variablen betrachtet. So fungieren die verschiedenen kulturellen und strukturellen Aspekte bei den in Kapitel 5 betrachteten Konsequenzen von Sozialkapital als mögliche Erklärungsfaktoren für die politischen Orientierungen von Jugendlichen. In diesem Kapitel jedoch werden die Bedingungsfaktoren von sozialer Beteiligung, sozialem Vertrauen, sozialen Werten und kooperativen Normen untersucht und Sozialkapital folglich als abhängige Variable betrachtet.

In Kapitel 4.2 werden dafür zunächst mögliche Bedingungsfaktoren der einzelnen Sozialkapitalaspekte diskutiert und Erwartungen formuliert sowie die Operationalisierungen der entsprechenden Variablen in den einzelnen Jugendstudien vorgestellt. Anschließend findet in Kapitel 4.3 die empirische Überprüfung der formulierten Erwartungen statt, wobei die vierte innerhalb dieser Arbeit relevante Fragestellung im Mittelpunkt steht:

4. Was sind die Bedingungen von Sozialkapital bei Jugendlichen in Deutschland? Welche Rolle spielen Standarderklärungsfaktoren im Vergleich zu jugendspezifischen Faktoren, wie dem Entwicklungskapital?

Bei den entsprechenden Analysen werden die verschiedenen kulturellen und strukturellen Sozialkapitalaspekte getrennt voneinander betrachtet. Dabei wird jeweils zunächst mit einem Standardmodell untersucht, inwiefern der Wohnort, das Alter, das Geschlecht und die formale Schulbildung der befragten Jugendlichen bzw. ihrer Eltern die verschiedenen Sozialkapitalaspekte bei Jugendlichen erklären. Anschließend wird mittels verschiedener Modellerweiterungen gezeigt, welchen zusätzlichen Erklärungsbeitrag jugendspezifische Entwicklungskapitalaspekte leisten.

4.2 Bedingungsfaktoren: Erwartungen und Operationalisierung

Bevor den Bedingungsfaktoren der verschiedenen strukturellen und kulturellen Sozialkapitalaspekte empirisch nachgegangen wird, beschäftigt sich dieses Kapitel zunächst mit einigen wichtigen Vorüberlegungen und Vorarbeiten. So werden in Kapitel 4.2.1 Erwartungen über die möglichen Bedingungen von Sozialkapital bei Jugendlichen in Deutschland formuliert und in Kapitel 4.2.2 die Analysestrategie beschrieben. Den Abschluss dieser Vorüberlegungen bildet Kapitel 4.2.3, wo die Operationalisierung der möglichen Bedingungsfaktoren und die Zusammensetzung der verschiedenen Modellerweiterungen kurz dargestellt werden.

4.2.1 Erwartungen

Der Aufbau der folgenden Kapitel über den Einfluss der möglichen Bedingungsfaktoren sozialen Kapitals folgt der Analysestrategie, die in Kapitel 4.2.2 ausführlich beschrieben wird: Erstens werden die möglichen Bedingungsfaktoren für soziale Beteiligung (Kapitel 4.2.1.1), soziales Vertrauen (Kapitel 4.2.1.2) sowie soziale Werte und kooperative Normen (Kapitel 4.2.1.3) getrennt betrachtet. Zweitens werden jeweils zunächst Erwartungen über den Einfluss von Standardfaktoren formuliert und anschließend Vermutungen über die Relevanz jugendspezifischen Entwicklungskapitals bzw. der religiösen Integration angestellt.

4.2.1.1 Soziale Beteiligung

Welche Faktoren soziale Beteiligung bedingen, ist ein häufig aufgegriffenes Thema in der empirischen Sozialforschung. Dies gilt nicht nur für allgemeine Bevölkerungsumfragen. Auch in Jugendstudien wird unter anderem häufig untersucht, warum junge Menschen Mitglied in einem Verein werden (vgl. z.B. Fischer 1997; Gaiser und de Rijke 2000; Albert, Hurrelmann und Linssen 2002). Allerdings beziehen sich die Schlussfolgerungen – zumindest in den meisten Jugendstudien – häufig auf bivariate Analysen. Außerdem beschränken sich die Untersuchungen in der Regel auf die Verwendung von Standarderklärungsfaktoren, wie dem Geschlecht, dem Alter, der Bildung und der Unterschiede zwischen west- und ostdeutschen Jugendlichen. Diese Faktoren werden innerhalb dieser Arbeit zwar ebenfalls betrachtet, allerdings geschieht dies erstens auf der Basis multivariater Analysen. Zweitens erfolgt die Überprüfung der Erwartungen anhand von sieben verschiedenen Jugendstudien und drittens werden mit jugendlichem Entwicklungskapitel mögliche zusätzliche Erklärungsfaktoren betrachtet.

Standarderklärungsfaktoren

Seit der Deutschen Einheit beschäftigt sich die empirische Sozialforschung immer wieder mit Unterschieden zwischen *ost- und westdeutschen* Bürgern, bietet doch die deutsche Vereinigung „ein neues Experimentierfeld für die politische Kulturforschung“ (Greiffenhagen und Greiffenhagen 2002: 12). Bedingt durch den bis zur Deutschen Einheit unterschiedlichen Verlauf des politischen und wirtschaftlichen Geschehens in beiden Teilen Deutschlands, wird dabei von teilweise deutlichen Differenzen zwischen den Bürgern in Ost- und Westdeutschland ausgegangen.[40] Allerdings zeigt sich, dass eine differenzierte Betrachtung der Unterschiede notwendig ist, denn während in einigen Bereichen Unterschiede nach wie vor deutlich sind oder sich sogar vertiefen, sind in anderen Bereichen Angleichungen oder zumindest in diese Richtung weisende Tendenzen zu beobachten. Daraus resultiert eine unterschiedliche Bewertung der Forschungsergebnisse, wie Brunner und Walz (1998) am Beispiel der in der FAZ geführten Diskussion zwischen Noelle-Neumann (1996) und Veen (1997) zusammenfassen: „Für die einen ist bereits zu einem Gutteil zusammengewachsen, was zusammengehört; für die anderen trennen West und Ost noch Welten“ (Brunner und Walz 1998: 229).

Ein ähnliches Bild zeichnen die aktuellen Jugendstudien. Denn auch hier finden sich sowohl Angleichungstendenzen als auch immer wieder deutliche Unterschiede zwischen den Jugendlichen in den beiden Teilen Deutschlands (vgl. Pickel 2002). Entsprechend fällt das Gesamtergebnis der vergleichende Analyse von Jugendlichen in Ost- und Westdeutschland auch bei den Autoren der Shell Jugendstudie 2000 wenig optimistisch aus, denn „(...) von einer Vereinheitlichung der Jugenden in Ost und West sind wir noch weit entfernt, die Fortschritte seit 1991 auf dem Weg dorthin scheinen eher geringfügig“ (Fischer 2000b: 303). Folgt man der *Sozialisationshypothese*, wonach das Aufwachsen in zwei grundverschiedenen politischen und gesellschaftlichen Systemen zu unterschiedlichen Einstellungen und Verhaltensweisen führt, ist dieses Ergebnis überraschend, da die Mehrheit der befragten Jugendlichen mittlerweile in einer durch westliche, liberale Werte geprägten und demokratischen Gesellschaft aufge-

40 Zapf (2000) identifiziert mindestens fünf grundsätzlich bestehende Ungleichheiten zwischen Ost- und Westdeutschland. Zum einen stellen die ostdeutschen Bürger eine gesellschaftliche Minderheit in Deutschland dar, da sie nur 20 Prozent der deutschen Bevölkerung ausmachen. Zum zweiten war vor 1990 die Wirtschaftskraft der BRD zehnmal und das Pro-Kopfeinkommen zweimal so groß wie das der DDR. Drittens überwiegt die Ost-West-Wanderung deutlich die West-Ost-Wanderung. Außerdem widmeten die Ostdeutschen zu DDR-Zeiten, vermittelt durch die Medien, den Westdeutschen weit mehr Aufmerksamkeit als umgekehrt. Schließlich findet sich für die ostdeutsche Massenflucht und für den Massenprotest im Jahr 1989 keine Entsprechung im Westen (vgl. Zapf 2000).

wachsen ist. Allerdings ist davon auszugehen, dass die Sozialisation der Elterngeneration einen Einfluss ausübt. So könnte „[f]ür Differenzen bei den jungen Erwachsenen (...) insbesondere die *indirekte Sozialisation* mit ihrer Vermittlung über das Elternhaus weit nach dem gesellschaftlichen Umbruch verantwortlich" sein (Pickel 2002: 393, H.i.O.; vgl. Fuchs 1996, 1999; Gensicke 1999). In dieser Hinsicht ist vor allem an die kulturellen Aspekte von Sozialkapital – Werte, Normen und Vertrauen – zu denken.

Für die strukturellen Sozialkapitalaspekte hingegen scheinen Argumente von Vertretern der *Situationshypothese* wirksam zu sein, die die (mitunter wachsenden) Unterschiede zwischen den west- und ostdeutschen Bürgern mit „situativen Erfahrungen während des Vereinigungsprozesses selbst" erklären (Greiffenhagen und Greiffenhagen 1997: 26).[41] So ist offensichtlich, dass viele ostdeutsche Jugendliche auch 2002 noch immer täglich mit den Folgen der jahrzehntelangen Systemunterschiede konfrontiert sind. Ein Faktor, der auch die Jugendlichen beschäftigt, ist insbesondere die unterschiedliche wirtschaftliche Entwicklung in beiden Teilen Deutschlands (vgl. Ragnitz 2002; Kemper 2004). Jugendliche sind nicht nur durch Erfahrungen der Eltern von der Wirtschaftslage betroffen, sondern auch ihre persönlichen Zukunftsaussichten werden tangiert, denn „bis 2002 [wurden] rund drei Viertel dieser jungen Ostdeutschen mit den Auswirkungen von Arbeitslosigkeit konfrontiert" (Förster 2003: 15; vgl. Sturm 1995). Greiffenhagen (1998) sieht dabei besonders in der Jugendarbeitslosigkeit einen der „bedrohlichsten delegitimierenden Faktoren":

> Wer gleich zu Beginn seines Erwachsenlebens in der Gesellschaft keinen Platz findet, nachdem diese selbst ihn in langen Ausbildungszeiten auf Mitarbeit im umfänglichsten Sinn des Wortes vorbereitet hat, wird leicht zu ihrem Feind (Greiffenhagen 1998: 240f.).

Im Hinblick auf die soziale Beteiligung kann daher davon ausgegangen werden, dass zum einen die schwierige wirtschaftliche Lage in Ostdeutschland die Bereitschaft der Bürger zu sozialer Beteiligung negativ beeinflusst (vgl. Roßteutscher 2002). Zum anderen unterscheiden sich aber auch die Vereinssektoren in beiden Teilen Deutschlands zum Teil deutlich voneinander. Denn eine gleichermaßen ausgebaute Zivilgesellschaft wie sie nach mehr als 50 Jahren demokratischer Erfahrung im Westen des Landes entstanden ist, steht in den neuen Bundesländern noch am Beginn ihrer Entwicklung. Der Großteil der sozialistischen Massenorganisationen wurde nach 1989 aufgelöst, und die aus der Bundesrepublik transferierten Institutionen hatten für viele der ehemaligen Mitglieder nicht die gleiche Anziehungskraft, so dass es einen „starken, bis heute nicht zum Stillstand

---

41 Grix (2000) weist daraufhin, dass Situation und Sozialisation keine voneinander trennbaren Erklärungsansätze sind und insofern nur zusammen betrachtet werden sollten. So werden Einstellungen und Verhaltensweisen ostdeutscher Bürger sowohl von der Vergangenheit als auch von der Gegenwart beeinflusst (vgl. Grix 2000: 109).

gekommenen Mitgliederschwund" in den neuen Bundesländern gibt (Kunz und Gabriel 2000: 51). Welche Folgen dieser Zusammenbruch der Organisationslandschaft und der anschließende Neuaufbau bzw. westdeutsche Transfer für die Beteilungsmöglichkeiten der ostdeutschen Bevölkerung heute hat, ist allerdings umstritten. So gehen Vertreter der *Defizithypothese* davon aus, dass die Vorfeldorganisationen der SED zwar schnell zusammengebrochen seien, sich aber das intermediäre System der Bundesrepublik noch nicht etabliert habe (vgl. Gabriel und Kunz 2002). Gensicke (2001a) stellt in seiner Untersuchung zur Engagementstruktur in Ost- und Westdeutschland daher fest:

> In den neuen Ländern ist jene längerfristig gewachsene *Organisations- und Vereinsstruktur bzw. -kultur*, die in den alten Ländern blüht und die durch die Eigenart einer von den alten Ländern her bestimmten Transformation ‚Vorbildcharakter' hat, auch längere Zeit nach der staatlichen Vereinigung nicht entsprechend entwickelt (Gensicke 2001a: 25; H.i.O.).

Neben dieser Defizithypothese, wonach „(...) die bürgergesellschaftlichen Lücken (...) deutlich sichtbar und (...) gesellschaftspolitisch folgenreich" sein könnten, wird in der Debatte um das Engagement in Ostdeutschland auch die *Differenzhypothese* vertreten (Backhaus-Maul et al. 2003: 7). Diese beruht auf der Feststellung, dass in Bezug auf die Engagement*bereitschaft* weniger Ost-West-Unterschiede vorhanden sind. Vielmehr überlagern sich einerseits moderne, westliche und andererseits durch das System der DDR geprägte Formen der sozialen Beteiligung (vgl. Backhaus-Maul et al. 2003). Derartige strukturelle Unterschiede zwischen Ost- und Westdeutschland zeigen sich auf vielfältige Weise. So waren die so genannten ‚Sportgemeinschaften' in der DDR von der Förderung durch Trägereinrichtungen abhängig. Nach der Wende fand jedoch auch im Bereich des Sports eine ‚Vereinigung' statt, was vor allem bedeutete, dass die westdeutschen Organisationsstrukturen in Ostdeutschland implementiert wurden. Allerdings ergaben sich daraus aufgrund schlechterer Grundausstattungen, weniger Geldspenden und Mitgliederbeiträgen sowie mangelnder Qualifikation der Engagierten deutliche Organisationsprobleme (vgl. Braun und Baur 2003).

Insgesamt wird daher davon ausgegangen, dass Jugendliche in den neuen Bundesländern seltener Vereinsmitglied sind als Jugendliche in den alten Bundesländern. Darauf deuten sowohl die bisher in dieser Arbeit dargestellten unterschiedlichen prozentualen Verteilungen für die Jugendlichen in Deutschland (Kapitel 3.2.2) als auch die Ergebnisse allgemeiner Bevölkerungsumfragen. So sprechen – mit Ausnahme der EUROVOL-Studie – Studien über Engagement, Ehrenamt und Freiwilligenarbeit für ein teilweise deutliches West-Ost-Gefälle (vgl. Meier 1996; Zimmer 1996; Roth 2001; Braun und Klages 2001; Rosenbladt 2001; Gensicke 2001a; Buchstein 2002). Laut Freiwilligensurvey 1999 gilt dies auch für die Jugendlichen, denn es haben sich nur 31 Prozent der ostdeutschen, aber 39 Prozent der westdeutschen Jugendlichen zwischen 14 und 24 Jahren freiwillig engagiert (vgl. Picot 2001: 175).

Über den möglichen Einfluss des Wohnortes auf die *informelle soziale Aktivität* Jugendlicher kann eine andere Erwartung formuliert werden. So stellten informelle soziale Beziehungen einige der wenigen Möglichkeiten freiwilliger Kontaktaufnahme innerhalb des weitgehend verstaatlichten Organisationssystems der DDR dar. Danach kann die ehemalige DDR mit Backhaus-Maul et al. (2003) als „Organisationsgesellschaft" bezeichnet werden, denn 95 Prozent der Bürger waren Mitglieder in mindestens einer Organisation, allerdings unterstanden diese weitestgehend der SED. Entsprechend ist das ehrenamtliche Engagement in der DDR als „staatlich organisiert" zu charakterisieren, so dass nicht von einer „Bürgergesellschaft" mit „freiwilliger Beteiligung" gesprochen werden kann (Kunz 2003: 237). Ausnahmen stellten zum einen Kirchenorganisationen und zum anderen die vielfältigen informellen Nischenkulturen dar (vgl. Backhaus-Maul et al. 2003; Diewald 1995). Damit könnte informelles soziales Engagement entsprechend der Differenzhypothese eine alternative Form sozialer Beteiligung in Ostdeutschland und damit Ausdruck einer anderen Organisationsstruktur sein. Wenn daher davon ausgegangen wird, dass das in Ostdeutschland niedrigere bürgerschaftliche Engagement vor allem auf Strukturdefizite bzw. -differenzen zurückzuführen ist, kann vermutet werden, dass sich Ost-West-Unterschiede zumindest in Bezug auf die informelle soziale Beteiligung als nicht signifikant erweisen.

Ein weiterer wichtiger Einflussfaktor sozialer Beteiligung stellt der soziale Status dar, denn „Personen mit einem hohen sozialen Status verfügen eher über Mitgliedschaften als anderen soziale Gruppen" (Brömme und Strasser 2001: 987). Dabei scheint besonders die *formale Bildung* eine zentrale Rolle zu spielen, wobei zum einen angenommen wird, dass durch die mit der höheren Bildung verbundene längere Ausbildungszeit in der Schule, die „moralischen und kognitiven, die Kooperation begünstigenden Fähigkeiten" stärker und nachhaltiger gefördert werden (Offe und Fuchs 2001: 447). Zum anderen weisen Gabriel et al. (2002) darauf hin, dass Vereine ihrerseits bestimmte Bevölkerungsgruppen stärker umwerben als andere, da sie in erster Linie an Mitgliedern interessiert sind, „welche die zur ehrenamtlichen Tätigkeiten und den im Verein anfallenden Ämtern nötigen Kenntnisse und Ressourcen bereits besitzen" (Gabriel et. al 2002: 100). Die Autoren verweisen auf den von Verba, Schlozman und Brady (1995) beschriebenen Zusammenhang zwischen dem sozioökonomischen Status und der Häufigkeit, mit der Menschen zu politischer Partizipation aufgefordert werden. Außerdem könnte in Bezug auf schulpflichtige Jugendliche ein weiterer Aspekt relevant sein. Vergleicht man nämlich einen Gymnasiasten mit einem gleichaltrigen Jugendlichen, der nach seinem Realschulabschluss nun eine Ausbildung macht, so wird klar, dass ersterer über ein höheres Freizeitbudget verfügt. Insofern hat er eher die Zeit, sich – sowohl formell als auch informell – zu beteiligen (vgl. Brady, Verba und Schlozman 1995).

Der Zusammenhang zwischen dem sozialen Status und der Wahrscheinlichkeit einer Vereinsmitgliedschaft bestätigt sich in vielen empirischen Untersuchungen (vgl. z.B. de Hart und Dekker 1999; Wilson 2000). „Wer angesichts seiner Ausbildung und seiner Erwerbssituation bereits ein ressourcenreiches Profil aufweisen kann, verfügt auch über ein höheres soziales Vermögen in Form von Vereinsmitgliedschaften“ (Bühlmann und Freitag 2004: 335). Entsprechend wird angenommen, dass auch die Vereinsmitgliedschaft Jugendlicher deutlich von der Schulbildung abhängig ist, also Jugendliche mit hoher Bildung häufiger Vereinsmitglied sind als Jugendliche mit niedrigerer Bildung. Ob der Einfluss der *Schulbildung der Eltern* sich in gleicher Weise und *direkt* auf das Engagement der Jugendlichen auswirkt oder ob dies vorwiegend indirekt über die ‚Vererbung' von Bildungsabschlüssen geschieht, wird empirisch zu prüfen sein.

Im Hinblick auf *informelles soziales Engagement* sind unter Umständen noch deutlichere Bildungseffekte zu erwarten. So kommen Brömme und Strasser (2001) in ihrer Untersuchung der Bürgergesellschaft zu dem Schluss, dass sich die Mitgliedschaft weg von den etablierten Organisationen hin zu Organisationen mit eher instrumentellem Charakter verlagert, wobei sich „selbstorganisierte, kleinräumige, eher informelle und situative Organisationsformen von traditionellen freiwilligen Vereinigungen vor allem durch ihre sozialstrukturelle Verankerung unterscheiden“ (Brömmer und Strasser 2001: 989). Denn der Wegfall traditioneller Rekrutierungswege und Kontaktnetzwerke führt zu einer immer deutlicheren Ungleichverteilung von sozialem Kapital zwischen den gesellschaftlichen Gruppen (vgl. Brömme und Strasser 2001). Da außerdem immer weniger Jugendliche einen Hauptschulabschluss machen, findet eine Homogenisierung dieser Bildungsgruppe statt, so dass Hauptschulabsolventen als „Verlierer der Bildungsexpansion (...) auch von der Beteiligung an freiwilligen Vereinigungen weitgehend abgekoppelt sind“ (Brömme und Strasser 2001: 991). Daher ist davon auszugehen, dass aufgrund fehlender traditioneller Rekrutierungswege Bildungseffekte bei informeller sozialer Beteiligung eine noch wichtigere Rolle spielen als bei traditioneller Vereinsmitgliedschaft.

Der dritte Aspekt des Standardmodells ist das *Geschlecht*, und auch für diesen Standarderklärungsfaktor sind Effekte auf die soziale Beteiligungsrate zu erwarten. Dabei kann die von Burns, Schlozman und Verba (2001) formulierte Erklärung für die geringere politische Partizipation von Frauen durchaus auf die soziale Beteiligung übertragen werden:

> (...) the cumulative result of experiences in every day life is that women lag somewhat in participation because their stockpiles of participatory factors – education, family, income, institu-

> tionally based civic skills, and recruitment – are smaller than men's (...) (Burns, Schlozman und Verba 2001: 365).

Eine gängige Erklärung für diese Geschlechterdifferenzen wird häufig in der allgemein geringeren sozialen Integration der Frauen gesucht. Danach sind Frauen aufgrund traditioneller Geschlechterrollenzuweisung häufig weniger sowohl im beruflichen als auch im gesellschaftlichen Leben integriert und gelten daher als „doppelt benachteiligt" (Zimmer 1996: 110; vgl. Burns, Schlozman und Verba 2001). Derartige Geschlechterdifferenzen sollten sich zwar entsprechend auch in multivariaten Analysen bestätigen, allerdings ist auch klar, dass sich die sozialen Integrationsgrade bei den Jugendlichen noch nicht so deutlich unterscheiden dürften wie bei den Erwachsenen. Doch scheinen Frauen nicht nur hinsichtlich der Gelegenheitsstrukturen benachteiligt, sondern auch aufgrund geschlechtsspezifischer „Verhaltensanforderungen", die sich bereits im Jugendalter manifestieren. So wird bei Männern eher die Bildung sozialer Kontakte außerhalb der Familie gefördert, während die Pflege verwandtschaftlicher Beziehungen noch immer als typisch weiblicher Bereich gewertet wird (vgl. Bruckner und Knaup 1990). Daher verfügen Frauen „mit größerer Wahrscheinlichkeit über weniger schwache Bindungen, mit deren Hilfe sie in weit entfernte sozialkulturelle Kontexte vordringen könnten" (Mayr-Kleffel 2002: 73; vgl. Granovetter 1973; Burt 1998). Diese Vermutungen lassen sich durch empirische Daten untermauern: laut Freiwilligensurvey 1999 engagieren sich zwar rund 38 Prozent der Männer, aber nur 30 Prozent der Frauen (Zierau 2001a: 138; vgl. Eisenbürger und Vogelgesang 2002), und ähnliche Unterschiede zeigen sich bei den Jugendlichen. So kommen die Autoren der Freiwilligensurvey 1999 bei der Analyse des Engagements der 14- bis 24-Jährigen zu dem Ergebnis, dass sich „im freiwilligen Engagement geschlechtsspezifische Stereotype auch in der jungen Generation" zeigen (Picot 2001: 174; vgl. Brettschneider und Kleine 2002). Auch die in Kapitel 3.2.3.1 dargestellten prozentualen Verteilungen deuten daraufhin, dass männliche Jugendliche häufiger Vereinsmitglied sind als weibliche. Dementsprechend ist zu erwarten, dass sich auch in multivariaten Analysen bereits bei den Jugendlichen Geschlechterunterschiede feststellen lassen, und dass männliche Jugendliche eher Vereinsmitglied sind als weibliche.

Für den vierten Aspekt des Standarderklärungsmodells, das *Alter,* scheint es – zumindest für die jugendliche Vereinsmitgliedschaft – einen negativen Zusammenhang zu geben. Denn Vereine sind für Jugendliche unter anderem eine Möglichkeit, ihre Selbständigkeit und ihr Selbstbewusstsein zu stärken und den Umgang mit anderen Menschen in einer Gesellschaft zu erlernen. Dies geschieht zwar im geschützten Raum, allerdings meist ohne den direkten Einfluss ihrer Eltern. Mit dem Älterwerden sind geschützte Räume immer weniger notwendig, und es bieten sich den Jugendlichen verstärkt alternative soziale Räume. Aufgrund der größeren Anforderungen in Schule und Ausbildung wird sich mit dem Alter die Verteilung des Zeitbudgets vermutlich auch zu Lasten der Vereinsaktivität verschieben. Es ist daher davon auszugehen, dass ältere Jugendliche tendenziell seltener in Vereinen Mitglied sind als jüngere.

Entwicklungskapitalaspekte als jugendspezifische Erklärungsfaktoren

Inwieweit diese Standarderklärungsfaktoren jugendlicher Beteiligung ergänzungswürdig sind bzw. ob sich hinter ihnen andere Wirkungsmechanismen verbergen, wird anhand verschiedener Aspekte des jugendspezifischen Entwicklungskapitals untersucht (vgl. Kapitel 2.3). Grundsätzlich ist zu vermuten, dass sich auch für die Jugendlichen die empirischen Befunde der allgemeinen Sozialforschung bestätigen, wonach „soziale Beteiligung in Vereinen als ein Resultat bereits gelungener Integration in der Familie und in der Nachbarschaft oder in der Kirche und am Arbeitsplatz zu werten ist" (Bühlmann und Freitag 2004: 335; vgl. Gabriel et al. 2002; de Hart und Dekker 1999; Wilson 2000). Dabei sind verschiedene Mechanismen wichtig. Zunächst kommen viele Mitgliedschaften aufgrund der Aufforderung durch Freunde und Bekannte überhaupt erst zustande. So wurden laut Freiwilligensurvey 1999 rund 58 Prozent der Engagierten von anderen, davon 35 Prozent von „aktiven Freunden oder Bekannten" zur Aktivität animiert (Abt und Braun 2001: 187; vgl. Brömme und Strasser 2001: 991). Uhlendorff und Oswald (2003) untersuchen den Einfluss von *Cliquenzugehörigkeit* bei 111 Jugendlichen im Alter von 14 Jahren in Brandenburg, wobei unter Cliquen „[i]nformelle Zusammenschlüsse, die mehr als zwei Kinder oder Jugendliche umfassen", verstanden werden (Uhlendorff und Oswald 2003: 197). Die Autoren können zeigen, dass Jugendliche mit Cliquenanbindung insgesamt mehr Freunde haben, sich seltener einsam fühlen und mehr Unterstützung erfahren. Enge Freunde sind nicht nur Bestandteil des eigenen Beziehungs- und Unterstützungsnetzwerkes, sondern ermöglichen zudem auch eine Ausweitung des Netzwerkes (vgl. Esser 2000: 248). Außerdem kann man davon ausgehen, dass Jugendliche mit vielen Freunden kontaktfreudiger sind bzw. werden und daher auch eher zu einer Vereinsmitgliedschaft bereit sind. Aber auch ein gegenteiliger Effekt wäre vorstellbar: Jugendliche, die Freunde haben, sind unter Umständen weniger auf eine Vereinsmitgliedschaft ‚angewiesen' bzw. nutzen ihre freie Zeit lieber für ihre Freunde als für Vereinsaktivitäten. Ob und inwiefern informelle soziale Kontakte die soziale Beteiligung Jugendlicher beeinflussen, wird daher erst durch die empirischen Analysen beantwortet werden können.

Neben verschiedenen Integrationsaspekten ist außerdem davon auszugehen, dass jugendspezifische Entwicklungskapitalsaspekte wichtige Ressourcen darstellen, auf die Jugendliche zurückgreifen können und über die sie unterschiedliche Kapitalformen akkumulieren können. So kann vermutet werden, dass sich zunächst das Sozialkapital der Eltern, zum Beispiel deren Vereinsmitgliedschaft, positiv auf den Sozialkapitalbestand der Jugendlichen auswirkt. Denn wie bereits für das Alter festgestellt wurde, wachsen Jugendliche in der Regel über ihre Eltern in Vereine hinein, so dass hier ein wichtiger Einflussfaktor für die jugendliche Vereinsmitgliedschaft vermutet werden kann. Als weiterer Aspekt des elterlichen Sozialkapitals wäre außerdem deren soziales Vertrauen interessant. Folgt man der Argumentation Uslaners (2002), wonach das soziale Vertrauen schon in früher Kindheit entsteht, sollte sich das elterliche Vertrauen in die Kinder zunächst positiv auf das soziale Vertrauen der Kinder auswirken (vgl. Kapitel 2.2.2).[42] Da innerhalb der Sozialkapitaltheorie allerdings zudem vermutet wird, dass das soziale Vertrauen unter anderem Hemmschwellen zu sozialer Beteiligung senkt, kann ein (indirekter) positiver Zusammenhang zwischen dem Vertrauen der Eltern und der Vereinsmitgliedschaft der Jugendlichen angenommen werden.

Ähnliche Wirkungsmechanismen sind für das über die Eltern vermittelte kulturelle und Humankapital denkbar. Denn nach Bourdieu (1983) trägt die „Transmission kulturellen Kapitals in der Familie" auch zur Akkumulation von Sozialkapital bei (Bourdieu 1983: 186). Ähnlich lässt sich eine Erwartung über die Weitergabe von Humankapital durch die Eltern formulieren. Dabei ist zunächst an die Schulbildung der Eltern zu denken: je höher die Bildung der Eltern ist, desto eher können sie überhaupt Humankapital an ihre Kinder weitergeben. Für die folgenden Analysen wird die Schulbildung der Eltern allerdings vor allem als Ausdruck des sozialen Status interpretiert und daher im Rahmen des Standardmodells betrachtet. Als *Entwicklungsressource* dagegen kann familiäres Humankapital nur dann fungieren, wenn es über persönliche Kontakte an die Kinder auch tatsächlich vermittelt wird (vgl. Kapitel 2.3.1). So sollten in diesem Zusammenhang Hilfestellungen der Eltern bei Hausaufgaben, gemeinsam verbrachte Zeit und Unterstützung durch die Eltern wichtig sein.

Ein geschütztes Familienumfeld sollte ebenfalls die Wahrscheinlichkeit einer Vereinsmitgliedschaft erhöhen, weil es den Jugendlichen sowohl das Selbstbewusstsein als auch die nötige Kompetenz für Aktivitäten im gesellschaftlichen Rahmen vermittelt. Gespräche mit den Eltern haben beispielsweise auch die Funktion, auf Diskussionen im späteren Leben vorzubereiten. Generell kann das Familienleben als ‚Übungsplatz' für das Zusammenleben mit anderen Gesellschaftsmitgliedern gesehen werden. Dabei sind in der Sozialforschung der Einfluss von Geschwisterkindern und der Unterschied zwischen diesen und Einzelkindern umstritten. Kasten (1995) findet beispielsweise unter anderem höchst

42 Eine solche direkte Analyse ist allerdings mit den verwendeten Jugendstudien nicht möglich, da in keinem Datensatz beide Variablen enthalten sind.

widersprüchliche Ergebnisse über die Kontaktfreudigkeit und soziale Integration von Einzelkindern und Geschwisterkindern. Einerseits zeigen verschiedene Studien, dass Einzelkinder ihre Zeit häufiger alleine verbringen, während Geschwisterkinder mehr soziale Kontakte mit Gleichaltrigen pflegen und in stärkerem Maß in Gruppenaktivitäten involviert sind. Entsprechend kann davon ausgegangen werden, dass Jugendliche mit Geschwistern auch eher in Vereinen aktiv sind als Einzelkinder. Andererseits ist auch grundsätzlich eine umgekehrte Wirkungsweise vorstellbar, denn Jugendliche, die familiär eingebunden sind und innerhalb ihrer Familie mit Gleichaltrigen Kontakt haben können, haben eventuell weniger das Bedürfnis nach weiterer sozialer Integration. Während Einzelkinder außerhalb ihrer Familie Kontakt zu anderen Kindern suchen müssen, ist dies für Jugendliche aus kinderreichen Familien keine Notwendigkeit. So findet Kasten (1995) auch Hinweise darauf, dass Einzelkinder an sozialen Kontakten mitunter interessierter sind als Geschwisterkinder (vgl. Kasten 1995: 85).

Ein weiterer Aspekt des Entwicklungskapitals stellt das *schulische Engagement* dar. Da es sich dabei um eine jugendspezifische Form sozialer Beteiligung handelt, sollten Jugendliche, die im schulischen Kontext engagiert sind, auch eher in anderen Bereichen aktiv sein. In Bezug auf das Engagement stehen dabei ‚civic skills' im Vordergrund, also in der Schule vermittelte Fähigkeiten, die eine Beteiligung erleichtern und wahrscheinlicher machen, da „[g]erade im schulischen Erfahrungsraum (...) eine starke Steigerung des faktischen Engagements" erwartet wird (Fend 1991: 177). Allerdings ist auf die in Deutschland bisher wenig beachtete Rolle des praktischen Erlernens sozialer Beteiligung im Schulkontext hinzuweisen. Außerdem ist vorstellbar, dass soziale Beteiligung in der Schule *anstelle* eines sonstigen Engagements stattfindet und sich so unter Umständen zwar positiv auf das soziale Vertrauen sowie soziale Werte und kooperative Normen auswirkt, nicht aber auf die sonstige soziale Beteiligung.

Religiöses Engagement wird innerhalb dieser Arbeit deswegen nicht dem bürgerschaftlichem Engagement zugerechnet, weil es sich, ähnlich wie bei der Familie, um „nicht freiwillig zustande gekommene" Mitgliedschaften handelt, so dass ein „Ein- und Austritt damit so gut wie unmöglich" ist (Offe und Fuchs 2001: 420). Auf der anderen Seite können diese Formen der gesellschaftlichen Aktivität auch nicht außen vor gelassen werden, da religiöse Kontexte für einige Jugendliche besonders wichtige Sozialisationsinstanzen darstellen. In Bezug auf die Relevanz für soziale Partizipation findet de Hart (2001) in den Niederlanden Hinweise darauf, dass regelmäßige Kirchgänger sich häufiger freiwillig engagieren als Menschen, die lediglich offizielles Kirchenmitglied sind oder überhaupt keine kirchliche Anbindung besitzen. Dies gilt seinen Ergebnissen zufolge sowohl für Katholiken als auch für Protestanten. Offe und Fuchs (2001) vertreten neben der allgemeinen Annahme, „Kirchen fungieren als Katalysatoren der Aktivität in Vereinigungen", auch die These, dass es besonders der Gemeinschaftswerte betonende Katholizismus ist, der der Produktion von Sozialkapital förderlich ist (Offe und Fuchs 2001: 445). Fenkl und Speck (2003) dagegen verweisen auf die unterschiedliche Rolle Ehrenamtlicher in den beiden christlichen Kirchen. Denn aufgrund der strikteren Trennung von Laien und Priestern in der katholischen Kirche haben freiwillig engagierte Katholiken scheinbar weniger Mitgestaltungsmöglichkeiten als es in der protestantischen Kirche der Fall ist. Auch Putnams (1994, 2000) Ergebnisse für Italien und die USA deuten eher darauf hin, dass die hierarchischen Strukturen der katholischen Kirche für die Bildung von Sozialkapital weniger förderlich sind. Daher wird zwar insgesamt ein positiver Effekt der religiösen Integration auf die soziale Beteiligung erwartet, allerdings ist mit unterschiedlichen Effekten der verschiedenen Konfessionszugehörigkeiten zu rechnen (vgl. Bühlmann und Freitag 2004).

4.2.1.2 Soziales Vertrauen

Die häufigste Operationalisierung sozialen Vertrauens stellt das generalisierte Vertrauen dar. Doch macht schon die Tatsache, dass diese Variable nur in einer von sieben Jugendstudien überhaupt erhoben wurde, deutlich, dass es sich – insbesondere für die Jugendlichen in Deutschland – um einen bisher wenig untersuchten Aspekt handelt. In Folge der durch Putnams (1993) Studie über die italienische Zivilgesellschaft in Gang gesetzten Diskussion um die Relevanz sozialen Kapitals, findet das generalisierte Vertrauen in jüngster Zeit allerdings in einigen allgemeinen Bevölkerungsstudien großes Interesse. So untersuchen beispielsweise Gabriel et al. (2002) die Bedingungsfaktoren generalisierten Vertrauens in 13 verschiedenen Ländern und kommen dabei zu dem Ergebnis, dass Statusfaktoren (Einkommen, Bildung, Schichtzugehörigkeit) einen dominanten Einfluss auf die Produktion sozialen Vertrauens haben (vgl. Petermann 1996). Allerdings sind die Ergebnisse insgesamt inkonsistent und „[w]as in einem Land zur Produktion sozialen Vertrauens beiträgt, ist im nächsten Land ein Produktionshindernis und im dritten Land völlig unerheblich" (Gabriel et al. 2002: 123). Für die vorliegende Untersuchung ist dabei weniger die Inkonsistenz der Ergebnisse ein Problem, sondern vielmehr die Tatsache, dass bisher so gut wie keine theoretisch fundierte und systematische Betrachtung des sozialen Vertrauens Jugendlicher vorliegt. Daher beschränken sich die im Folgenden präsentierten Erwartungen auf Plausibilitätsannahmen, die zudem teilweise kaum jugendspezifisch formuliert werden können. Es wird außerdem davon ausgegangen, dass persönlicher Optimismus eine wichtige Grundlage sozialen Vertrauens ist und daher eng mit generalisiertem Vertrauen verwandt ist, so dass sich ähnliche Einflussfaktoren als wichtig erweisen sollten.

Standarderklärungsfaktoren

Relativ eindeutig fallen zunächst die Vermutungen über den Einfluss des *Wohnortes* auf das soziale Vertrauen aus. Denn die auf allgemeinen Bevölkerungsumfragen basierenden Ergebnisse und Schlussfolgerungen deuten mehrheitlich darauf hin, dass soziales Vertrauen in postkommunistischen Gesellschaften weniger verbreitet ist, als in etablierten Demokratien. Erklärt werden kann dieses niedrige Vertrauensniveau mit einem typischen Sozialkapitalargument: Diktaturen versuchen, Kontakte zwischen den Bürgern zu unterbinden bzw. durch Hierarchien zu kontrollieren und zerstören so mit der Zeit die zivilgesellschaftlichen Strukturen und damit die Grundlage sozialen Vertrauens. Meulemann (1996) stellt beispielsweise fest, dass die „Kollektivorientierung der DDR (...) nicht auf dem Vertrauen gleicher Bürger zueinander, sondern auf der Gleichheit von Untergebenen“ beruht (Meulemann 1996: 424). Indem Überwachung, Kontrolle und Bespitzelung wesentliche Bestandteile des Machterhalts sind, wird außerdem Misstrauen zwischen den Bürgern geschürt. So stellt Sztompka (1995) für die ehemals kommunistischen Gesellschaften aufgrund der Folgen des Sozialismus und der gegenwärtigen sozialen Situation ein „tiefsitzendes Syndrom des Misstrauens“ fest (Sztompka 1995: 254). Entsprechend befindet sich Polen auf dem letzten Platz einer Rangliste, bei der die Durchschnittswerte des sozialen (generalisierten) Vertrauens zwischen 1959 und 1997 von zwölf Ländern auf Basis der Daten des World Value Surveys einander gegenübergestellt wurden. Während Westdeutschland hier einen mittleren Platz einnimmt, findet sich Ostdeutschland ebenfalls auf einem der hinteren Plätze (vgl. Gabriel et al. 2002: 59).[43] Inwieweit sich diese „Kultur des Misstrauens“ (Sztompka 1995: 268) auch nach einem Systemwechsel bei den Jugendlichen durchsetzt, ist innerhalb der vorliegenden Arbeit von besonderem Interesse: Lässt sich ein allmählicher Angleichungsprozess beobachten? Handelt es sich mit sozialem Vertrauen um eine so stabile Einstellung, dass sich in dem beobachteten Zeitraum von etwa zehn Jahren keine Veränderungen zeigen?

---

43 Neben Bevölkerungsumfragen nennt Sztompka (1995) weitere Indikatoren sozialen Misstrauens in postkommunistischen Gesellschaften. So deutet er den Entschluss auszuwandern als „Misstrauen in die Überlebensfähigkeit der eigenen Gesellschaft“. Die Nichtteilnahme an Wahlen kann als Indikator für den „Rückzug aus der öffentlichen Sphäre verstanden werden“. Und auch im Spar- und Konsumverhalten drückt sich das Misstrauen der Bürger aus, wenn „ausländische Waren (...) durchweg den einheimischen vorgezogen“ werden. Die in den meisten postkommunistischen Gesellschaften weit verbreiteten Glücksspiele deuten daraufhin, dass die Menschen eher dem Schicksal als der eigenen Leistungsfähigkeit vertrauen. Außerdem werden private Dienstleistungsanbieter in der Regel staatlichen vorgezogen (Sztompka 1995: 263ff.).

Fremden Menschen Vertrauen entgegen zu bringen, scheint – zumindest bei Erwachsenen – sehr stark vom Einkommen und der *Bildung* der Befragten abzuhängen. Dies wird in der Regel damit erklärt, dass es sich Menschen mit guter Ressourcenausstattung eher ‚leisten' können, anderen zu vertrauen, da sie etwaige Verluste leichter ausgleichen können (vgl. z.B. Offe 2001). Ergebnisse empirischer Untersuchungen deuten entsprechend daraufhin, dass soziales Vertrauen ebenso mit einer höheren Schulbildung einhergeht, wie soziale Beteiligung. So weisen Newtons (1999a) internationale Analysen darauf hin, dass "social trust is the prerogative for the winners in the world" (Newton 1999a: 185; vgl. Gabriel et al. 2002). Inwieweit derartige Zusammenhänge bereits im Jugendalter empirisch nachweisbar sind, stellt eine interessante Frage dar, der innerhalb dieser Arbeit nachgegangen wird.

Schließlich lassen sich auch Vermutungen über den Einfluss des *Alters* auf das soziale Vertrauen Jugendlicher aufstellen. So sollte sich den Überlegungen Uslaners (2002) folgend kein signifikanter Alterseffekt zeigen, denn seiner Meinung nach handelt es sich mit generalisiertem Vertrauen und persönlichem Optimismus um eine in *früher Kindheit* erworbene und *stabile* Grundeinstellung gegenüber anderen Menschen. Insofern sollte bei den befragten Jugendlichen, die ja alle älter als 12 Jahre sind, das Alter keinerlei Einfluss auf das soziale Vertrauen ausüben. Allerdings wird innerhalb der Sozialkapitaldebatte davon ausgegangen, dass Erfahrungen mit anderen Menschen zur Entwicklung von generalisiertem Vertrauen führen. Da mit dem Lebensalter die Anzahl derartiger Erfahrungen steigt, sollten sich signifikante Alterseffekte zeigen. Allerdings ist dann wiederum nicht von vornherein klar, ob sich generalisiertes Vertrauen und persönlicher Optimismus bei älteren oder bei jüngeren Jugendlichen eher finden. Denn so wie positive Kooperationserfahrungen zum Aufbau von sozialem Vertrauen beitragen können, könnten negative Erfahrungen mit anderen Menschen auch zur Entwicklung einer misstrauischen Einstellung gegenüber anderen Menschen führen. Allerdings stellen Jennings und Stoker (2002) hinsichtlich des sozialen Vertrauens in den USA *positive* Lebenszykluseffekte fest. Demnach nimmt das Vertrauen in den zwanziger Lebensjahren immer mehr zu (Jennings und Stoker 2002: 18f.).

Entwicklungskapitalaspekte als jugendspezifische Erklärungsfaktoren

Die verschiedenen Aspekte jugendspezifischen Entwicklungskapitals sollten sich deutlich positiv auf das soziale Vertrauen der Jugendlichen auswirken. So stellt die Familie beispielsweise für Kinder eine Art ‚Übungsplatz' dar, auf dem sie Kooperation, Gegenseitigkeit und Vertrauen lernen. Jugendliche, die Geschwister haben, können frühzeitig kooperatives Verhalten gegenüber Gleichaltrigen üben und den Nutzen von vertrauensvollem Verhalten lernen. Allerdings muss sich dieser positive Einfluss nicht auf die Familie beschränken. Vielmehr sollten allgemein Rückhalt und Integration der Entwicklung sozialen Vertrauens förderlich sein, so dass für die verschiedenen Entwicklungskapitalsaspekte ähnliche Effekte erwartet werden können: Jugendliche mit vielen sozialen Kontakten und Beteiligungsmöglichkeiten in der Schule haben wahrscheinlich deswegen eine optimistischere Grundeinstellung, weil etwaige Negativentwicklungen in ihrem Leben weniger schwerwiegenden Konsequenzen haben. Außerdem gibt es in ihrem Umfeld genug Beispiele und Vorbilder für einen zufrieden stellenden Lebenslauf. Denn Jugendliche lernen im engen Kreis, soziale Konflikte auszutragen und gemeinsam Ziele zu erreichen, und damit, dass sich Vertrauen lohnt. Entsprechend kann auch das Engagement in der Schule als wichtig eingeschätzt werden.

In Bezug auf das familiäre Entwicklungskapital zeigt bereits Erikson (1965) wie sehr der Erziehungsstil das Verhalten der Kinder gegenüber anderen Menschen beeinflussen kann. Auch Uslaner (2002) geht davon aus, dass das soziale Vertrauen (und eine optimistische Zukunftssicht) auf einer stabilen Vorstellung von der allgemeinen Vertrauenswürdigkeit anderer Menschen beruht. Diese wird seiner Meinung nach von den Eltern in früher Kindheit vermittelt und ist danach durch Erfahrungen und Kontakte mit anderen Menschen nur noch schwer veränderbar. Daher lautet seine Schlussfolgerung, dass „[t]rust must be learned, not earned“ (Uslaner 2002: 77). Ähnlich wie Uslaner betont auch Hardin (2001) die Wichtigkeit von Sozialisationsbedingungen in der frühen Kindheit, die einen Einfluss auf die Fähigkeit, anderen Menschen Vertrauen zu schenken, haben, denn „Vertrauen muss erlernt werden, genau wie jede andere Form der Verallgemeinerung“ (Hardin 2001: 301). Entsprechend findet Stolle (2001a) einen starken Zusammenhang zwischen dem generalisierten Vertrauen im Erwachsenenalter und der Häufigkeit, mit der in der Kindheit vor der Gefahr, die durch fremde Menschen ausgeht, gewarnt wurde.

Allgemein stellen Kindheit und Jugend in der Psychologie die wichtigsten Phasen der menschlichen Vertrauensentwicklung dar. Dabei wird häufig angenommen, dass persönliches Vertrauen die Grundlage jeder Kontaktaufnahme und sozialen Beziehung ist:

> Je nachdem, ob das Kind in den ersten Lebensjahren sichere oder unsichere Bindungserfahrungen zu den wesentlichen Hauptbindungspersonen erlebt, entwickelt es ein eher sicheres oder unsicheres Bindungsmodell. Vertrauen kann im Rahmen dieser Vorstellungen als wesentliches Element dieser inneren Organisation verstanden werden, als positive Erwartungshaltung gegenüber sich und anderen im Rahmen einer sicheren Organisation (Scheurer-Englisch und Zimmermann 1997: 35).

Da in der Sozialkapitaldebatte das *soziale* Vertrauen von Bedeutung ist, interessiert *persönliches* Vertrauen in erster Linie hinsichtlich seines Verhältnisses zu sozialem Vertrauen. Es ist dabei anzunehmen, dass Kinder von ihren Eltern nicht nur lernen, anderen Menschen zu vertrauen, sondern unter Umständen auch, die Vertrauenswürdigkeit möglicher Kooperationspartner besser einzuschätzen. Beide Faktoren laufen letztlich auf die Einstellung der Eltern gegenüber fremden Menschen hinaus und inwiefern sie diese auf ihre Kinder übertragen. Insofern ist anzunehmen, dass Eltern, die Mitglied in einem Verein sind, selbst anderen Menschen eher vertrauensvoll begegnen und diese Grundeinstellung an ihre Kinder weitergeben. So finden zum Beispiel Jennings und Stoker (2002) einen positiven Zusammenhang zwischen dem sozialen Vertrauen und dem bürgerschaftlichen Engagement der Eltern und dem der Kinder. Allerdings ist dieser sehr schwach, womit Uslaners (2002) These, das soziale Vertrauen entstünde in erster Linie in früher Kindheit, durch die Primärsozialisation der Eltern, in Frage gestellt wird (vgl. Uslaner 2002: 26).

Für die Entwicklung generalisierten Vertrauens wird die Rolle von Religion und Kirche mitunter kritisch beurteilt. So sieht Uslaner (2001) in der fundamentalistischen Religionsausübung eine Gefahr für die Zivilgesellschaft. Denn Fundamentalisten beschränken ihr Engagement häufig auf den engen Kreis Gleichgesinnter in der unmittelbaren Umgebung, so dass persönliches Vertrauen, nicht aber soziales Vertrauen im Vordergrund steht. Danach erscheint der Einfluss von Religion und Glaube auf Sozialkapital zweischneidig: „On the one hand, religious values lead people to volunteer and otherwise get involved in their communities. (...) On the other hand, religious values may also lead people to distrust others whose beliefs differ from their own" (Uslaner 2001: 105). Diese Diskrepanz scheint allerdings in erster Linie für die USA und nicht für Länder wie die Niederlande oder gar Deutschland wichtig zu sein (vgl. Dekker und Uslaner 2001). Gabriel et al. (2002) finden sowohl in Ost- als auch in Westdeutschland Zusammenhänge zwischen der Konfessionszugehörigkeit und dem sozialen Vertrauen. Grundsätzlich scheinen Menschen, die regelmäßig die Kirche besuchen, eher ihren Mitmenschen zu vertrauen. Die Konfessionszugehörigkeit relativiert allerdings dieses Bild. So haben in Westdeutschland Protestanten und in Ostdeutschland Katholiken *weniger* soziales Vertrauen als Konfessionslose bzw. Angehörige anderer Konfessionen (vgl. Gabriel et al. 2002: 122). Inwieweit sich bei den Jugendlichen in Deutschland die verschiedenen Aspekte religiöser Integration für die Entwicklung sozialen Vertrauens als relevant erweisen, wird später empirisch untersucht werden.

4.2.1.3 Soziale Werte und kooperative Normen

Die Operationalisierung sozialer Werte als kulturelle Sozialkapitalaspekte erfolgt innerhalb dieser Arbeit über drei verschiedene Aspekte: die Ablehnung privatistischer Wertorientierungen, die Wichtigkeit sozialer Wertorientierungen und die Bereitschaft zu sozialem Engagement. Die Operationalisierung kooperativer Normen umfasst die Aspekte Normakzeptanz (keine gewaltsamen Auseinandersetzungen, Normen und Gesetze, keine Gesetzverstöße) sowie die Wahrnehmung sozialen Zusammenhalts (Soziale Kohäsion). Da angenommen wird, dass es sich – mit Ausnahme der Bereitschaft zur Hilfe für Freunde – um verschiedene Varianten des Gemeinschaftssinns handelt, werden grundsätzlich die gleichen Wirkungszusammenhänge erwartet.

Standarderklärungsfaktoren

Für die kulturellen Sozialkapitalaspekte Werte und Normen sind zunächst Unterschiede zwischen *west- und ostdeutschen* Jugendlichen zu erwarten. Denn die in Kapitel 4.2.1.1 vorgestellte Sozialisationshypothese „geht davon aus, dass die Sozialisation in zwei unterschiedlichen politischen Systemen unterschiedliche Werte, Normen und Einstellungen geschaffen hat“ (Schöbel 2002: 448). Darüber hinaus ist davon auszugehen, dass die Jugendlichen auch gegenwärtig unterschiedlichen Sozialisationsbedingungen unterliegen. Denn zum einen fließen etwaige unterschiedlichen Wertvorstellungen der Eltern über die Erziehung noch heute in das Weltbild der Jugendlichen ein, und zum anderen wird dieses zusätzlich von den nach wie vor bestehenden Unterschieden zwischen Ost- und Westdeutschland (z.B. Arbeitsmarktsituation oder Altersstruktur) beeinflusst (Situationshypothese). Allerdings weist Sylvia Greiffenhagen (2000) daraufhin, dass sowohl über die Familie als auch über den Konsum westlicher Medien vermutlich „ganz andere Inhalte vermittelt [wurden] als in den staatlich kontrollierten Sozialisationsagenturen Kindergarten und Schule“, so dass „nachhaltige Effekte der im engeren Sinne sozialistischen Erziehung eher nicht zu erwarten“ sind (Greiffenhagen 2002: 410f.). Außerdem wachsen die Jugendlichen in beiden Teilen Deutschlands seit 1990 in einem einheitlichen politischen System auf, so dass sich Ost-West-Unterschiede nivellieren sollten. In diesem Zusammenhang wird von einer – wenn auch ‚nachholenden' – Modernisierung Ostdeutschlands gesprochen und eine zügige Angleichung ostdeutscher Einstellungsmuster, besonders bei den Jugendlichen, erwartet (vgl. Böckler 1992). Danach sollten sich Unterschiede in den kurz nach 1989 erhobenen Jugendstudien zeigen, da hier Jugendliche befragt wurden, die tatsächlich in verschiedenen Systemen sozialisiert wurden. Differenzen zwischen den alten und neuen Bundesländern sollten dann in den aktuellen Jugendstudien schwächer werden oder sogar ganz verschwunden sein.

Wichtiger als Unterschiede zwischen den Jugendlichen in Ost- und Westdeutschland sollten dagegen Differenzen aufgrund unterschiedlicher *Schulbildung* sein. So sind innerhalb der Sozialkapitaltheorie soziale Wertorientierungen von Bedeutung, die über das Interesse an der Situation anderer Menschen sowie die Bereitschaft, sich in diese hineinzuversetzen bzw. sich für sie einzusetzen, konzipiert werden. Dies erklärt, warum erwartet wird, dass Vereinsmitglieder eher sozial eingestellt sind als Nicht-Mitglieder. Denn durch den Kontakt mit anderen entsteht ein Bewusstsein für die Problemlagen fremder Menschen und damit die Grundvoraussetzung für Interesse und Hilfsbereitschaft. Doch ist es nicht nur das Engagement alleine, dass diese Fähigkeiten fördert. Vielmehr wird davon ausgegangen, dass auch der soziale Status einen Einfluss ausübt. So können sich Menschen mit einer guten Ressourcenausstattung – ähnlich wie es für das soziale Vertrauen bereits festgestellt wurde – soziale Einstellungen eher ‚leisten' als Menschen, denen in diesem Sinne weniger Ressourcen zur Verfügung stehen. Es wird daher erwartet, dass sich die *Schulbildung der Eltern* (als indirekte Messung des sozialen Status der Kinder) positiv auf die Wertorientierungen der befragten Jugendlichen auswirkt. Noch deutlicher aber sollte der Einfluss der *Schulbildung der Befragten* selbst ausfallen, die nicht nur ein Ausdruck des sozialen Status ist, sondern auch etwas über die Fähigkeiten der Jugendlichen aussagt. Denn der von Gensicke (1995) auf der Makroebene vermutete Zusammenhang zwischen der Bildungsexpansion der 60er Jahre und der Verbreitung sozialer Werte sollte sich auch für den Einzelnen bestätigen:

> Mit der höheren Bildung verbreiteten sich jedoch auch Werte, die mit der gestiegenen geistigen Kompetenz zusammenhängen. Die Hochschätzung eigener Urteilsfähigkeit, von Konfliktfähigkeit, der Akzeptanz und Toleranz anderer Meinungen, das Interesse an öffentlichen Angelegenheiten und an weltweiten Problemen (Gensicke 1995: 19).

Insofern ist damit zu rechnen, dass mit der Schulbildung auch die Stärke der Befürwortung sozialer Wertorientierungen steigt.

*Geschlecht*erunterschiede hinsichtlich sozialer Wertorientierungen bzw. der Normakzeptanz zeigen sich in vielen allgemeinen Bevölkerungsumfragen ebenso wie in den meisten Jugendstudien (vgl. z.B. Gabriel et al. 2002: 123). Danach sind Frauen eher sozial eingestellt bzw. handeln eher regelkonform als Männer. Dabei wird weniger auf Statuseffekte, die – wie erwähnt – Geschlechterunterschiede im Jugendlichalter ohnehin nur unzureichend erklären können, als vielmehr auf unterschiedliche Geschlechterrollenvorbilder und Erziehungsvorstellungen verwiesen. Denn auch heute noch spielen Anpassungsbereitschaft und Gemeinschaftssinn für Mädchen eine wichtigere Rolle als für Jungen, bei denen in der Regel stärker Leistungs- und Karriereorientierung sowie Durchsetzungsfähigkeit betont werden (vgl. Krause 1991; Kulke 1998). So sind weibliche Jugendliche „viel weniger um individuelle Selbstbehauptung bemüht, sondern eher an der Bildung von sozialen Netzwerken und Zusammengehörigkeitsmustern orientiert“ (Hurrelmann et al. 2002: 37). Entsprechend bestätigen Ergebnisse der Shell Jugendstudie 2002, dass die weiblichen Jugendlichen sowohl „ein intensiveres Verhältnis zu Wertorientierungen“ haben als auch „normorientierter“ sind als die männlichen (Gensicke 2002: 148).

In Hinblick auf das *Alter* sollten sich ebenfalls signifikante Einflusseffekte zeigen. Denn entwicklungspsychologische Sozialisationsansätze gehen von lebenslangen Lernprozessen aus, wobei die Jugendphase als eine besondere Entwicklungsstufe gewertet wird (vgl. Greiffenhagen 2002: 413). Dabei stellt nach Kohlberg ([1927] 1984) die Verinnerlichung von Regeln und das Erlernen von Vorstellungen über ‚Gut und Böse’ und ‚Richtig und Falsch’ das erste (präkonventionelle) Stadium der kindlichen Moralentwicklung dar. In dieser Phase orientieren sich die Kinder an den persönlichen Folgen eines Verstoßes gegen Regeln und befolgen diese ohne weitere Reflexion. Egoistische Orientierungen und Gehorsam liegen in dieser Phase den Handlungen zugrunde. Entsprechend deuten Untersuchungen des kindlichen Moralverständnisses darauf hin, dass „Kinder einfache moralische Regeln schon früh erkennen“ (Nunner-Winkler 1999: 300). Im zweiten konventionellen Stadium erfassen die Kinder, dass je nach sozialen Kontexten unter Umständen andere Werte und Normen wichtig sind, so dass das soziale Umfeld immer stärker das moralische Urteil prägt. In dieser – in der Regel vor der Pubertät einsetzenden Phase – entwickeln sich demnach erste Grundorientierungen an sozialen Werten und Normen. Schließlich entwickelt sich in der Jugendphase ein immer stärker autonomes Moralverständnis. Die Jugendlichen beginnen, andere Meinungen wahrzunehmen und den bis dato auf das enge Umfeld begrenzten Wertehorizont zu erweitern bzw. kritisch zu hinterfragen. Dieses als postkonventionell bezeichnete Stadium ist dabei durch die Suche nach universellen, sozialen Werten und Normen gekennzeichnet (vgl. Kohlberg [1927] 1984: 174ff.; Kohlberg und Turiel 1978: 18ff.). Da gerade derartige allgemeingültige soziale Werte (Toleranz, Hilfsbereitschaft) und kooperative Normen (Respekt, generelle Gegenseitigkeit) im Mittelpunkt politikwissenschaftlicher Sozialkapitalkonzeptionen stehen, kann angenommen werden, dass das Alter einen wichtigen Einflussfaktor darstellt. Denn „[i]m Reiferwerden der Jugendlichen gewinnt (...) eine sozial umgängliche Mentalität die Oberhand gegenüber einer mehr egozentrischen Einstellung“ (Gensicke 2002: 150; vgl. Fend 1991: 147). Es ist daher zu vermuten, dass mit dem Alter die Wichtigkeit sozialer Werte bzw. die Akzeptanz kooperativer Normen zunimmt.

Hinsichtlich des Einflusses der verschiedenen Aspekte jugendlichen Entwicklungskapitals auf soziale Werte und kooperative Normen sind grundsätzlich positive Effekte zu erwarten. Denn sie stellen zum einen Ressourcen dar, so dass entsprechend gut ausgestattete Jugendliche sich Gemeinsinn ‚leisten' können. Zum anderen können sie in einem ausgeglichenen und aktiven familiären, schulischen, privaten sowie religiösen Umfeld vielfältige Erfahrungen mit anderen Menschen sammeln, die – ähnlich wie soziales Engagement – dazu die Wahrnehmung, Teil einer Gesellschaft zu sein, schärfen können.

Laut Coleman (1991) stellt zunächst die *Familie* die wichtigste Instanz zur Internalisierung sozialer Normen dar. Je mehr Zeit und Energie die Eltern bzw. das soziale Umfeld der Kinder in die Erziehung investieren, desto stärker werden soziale Normen internalisiert, was sich darin ausdrückt, dass die Jugendlichen wichtige Normen akzeptieren. Ein weiterer Aspekt des familiären Entwicklungskapitals stellt die Familiengröße dar. So geht Coleman (1992) und die an ihn anknüpfende Familiensozialkapitalforschung davon aus, dass sich die Anzahl der Kinder negativ auf das durch die Familie zur Verfügung gestellte Entwicklungskapital auswirkt. Diese Argumentation beruht auf der Überlegung, dass mit der Zahl der Kinder die Zeit sinkt, die die Eltern dem einzelnen Kind widmen können (vgl. Stecher 2001). Insofern könnte sich das Vorhandensein von Geschwistern auf die Normakzeptanz auch negativ auswirken. Wird allerdings nicht die Normakzeptanz der Kinder, sondern ihre sozialen Orientierungen betrachtet, so kann auch von einem positiven Zusammenhang ausgegangen werden, da häufig „Kinder aus Mehr-Kinder-Familien den Einzelkindern in der Entwicklung von sozialen Fähigkeiten überlegen" sind (Kasemir 1997: 224). Denn um Einfühlungsvermögen zu entfalten, sollte ein Kind „Gelegenheiten haben (...), sich mit seinesgleichen zu befassen" (Kasten 1995: 133). Geschwister stellen dabei eine Möglichkeit dar.

Da neben der Familie die *Schule* eine wichtige Rolle beim Erlernen sozialer Normen spielt, kann davon ausgegangen werden, dass das schulische Engagement die Normakzeptanz erhöht. So wird die Wichtigkeit der Schule für die Generierung gemeinsamer sozialer Werte nicht nur von Putnam (2000) sondern beispielsweise auch von Newton (2001a) hervorgehoben:

> Education provides us with a common background knowledge of society and its history, which facilitates the social interaction of otherwise disparate individuals, and schools teach the art of cooperation by the means of collective learning tasks, team games, school plays, bands, and joint activities of many kinds. They also develop an understanding of abstract ideas such as citizenship, trust, fairness, equality, universalism, the common good, and the golden rule (Newton 2001a: 230).

Dabei übt zunächst das Schulleben an sich einen zentralen Einfluss auf das Erlernen sozialer Wertorientierungen und Verhaltensweisen aus, denn die Schüler haben Kontakt zu Gleichaltrigen und Erwachsenen, sie erledigen Gruppenaufgaben oder diskutieren über die verschiedensten Dinge. Noch deutlicher als die Institution Schule (indirekt über die formale Schulbildung operationalisiert), sollte sich ein aktives Engagement in der Schule auf die Entwicklung derartiger Werte auswirken. Denn da sich die Schüler hier für ihre Mitschüler einsetzen und an der Gestaltung des Schulalltags ebenso beteiligt sind wie an verschiedenen Formen der Entscheidungsfindung, kann von einem deutlich positiver Effekt auf die Befürwortung sozialer Werte ausgegangen werden.

Auch Freundschaften mit Gleichaltrigen scheinen für die kulturellen Aspekte sozialen Kapitals eine Rolle zu spielen. Allerdings sind die Erwartungen nicht eindeutig. Denn hinsichtlich der Wichtigkeit sozialer Werte und der Internalisierung von Gegenseitigkeitsnormen ist davon auszugehen, dass sich Freundschaften und Kontakte mit Gleichaltrigen sowohl positiv als auch negativ auswirken können. So untersucht Younnis (1994) Freundschaften und Gleichaltrige als Unterstützungsnetzwerke. Er geht dabei davon aus, dass Kinder durch Freundschaften erstmalig Verantwortung gegenüber anderen Menschen übernehmen und damit ihre Abhängigkeit von anderen erfahren, denn Freundschaften basieren auf Gegenseitigkeit: „Within friendships, children (...) recognize the normativeness of the principle of reciprocity and understand that personal resources can be shared for mutual benefit“ (Youniss 1994: 75). Dabei liegt die besondere Betonung auf ‚Freundschaften', denn im Gegensatz zu Gleichaltrigen, bei denen eher spezifische Gegenseitigkeitsnormen nach dem ‚wie-du-mir-so-ich-dir'-Prinzip dominieren, sind Freundschaften auf Langfristigkeit und damit auf generelle Gegenseitigkeit ausgerichtet. Auf der anderen Seite ist es fraglich, ob es nicht gerade Cliquen und andere Jugendliche sind, die Normverstöße wahrscheinlich machen. Uhlendorff und Oswald (2003) kommen etwa zu dem Ergebnis, dass Jugendliche, die ‚problematischen' Cliquen angehören, eher zu deviantem Verhalten neigen, als Jugendliche, die keiner Clique bzw. einer ‚unproblematischen' Clique angehören (vgl. Uhlendorff und Oswald 2003). Möller (2003) fasst die Ergebnisse der jüngeren Gewaltforschung zusammen, die darauf hindeuten, dass sich „Jugendliche besonders häufig dann aggressiv und politisch gewalttauffällig zeigen, wenn sie fest in eine Peergroup integriert sind“, wobei sich „nicht die Gruppenzugehörigkeit als solche problematisch [erweist], sondern nur die Mitgliedschaft in einer Clique“ (Möller 2003: 257). Möller vermutet, dass vor allem der fehlende Einfluss von Erwachsenen diesen Effekt verursacht. So sollten Gleichaltrige zusätzliche Sozialisationsmöglichkeiten bieten und nicht an die Stelle Erwachsener treten. Insofern kann vermutet werden, dass informelle soziale Kontakte zwar positiv mit sozialen Wertorientierungen, gleichzeitig aber negativ mit der Akzeptanz kooperativer Normen zusammenhängen.

Da soziale Werte innerhalb religiöser Kontexte eine zentrale Rolle spielen, sollte sich die *religiöse Integration* positiv auf soziale Wertvorstellungen auswirken. Denn Hilfsbereitschaft und Solidarität sind ebenso ein Aspekt der verschiedenen Religionen, wie das Gemeinschaftsleben und die Sorge für andere Gemeindemitglieder wichtige Bestandteile eines aktiven Kirchenalltags sind. Spendensammlungen in Kirchen, Moscheen und Synagogen schaffen nicht nur ein Bewusstsein für die Bedürftigkeit oder sogar Not anderer Menschen, sondern vermitteln insbesondere Jugendlichen die Wichtigkeit von Hilfsbereitschaft und Großzügigkeit. Entsprechend sollten auch die verschiedenen Aspekte religiöser Integration positiv mit der Akzeptanz kooperativer Normen zusammenhängen. Denn die Religion vermitteln insbesondere Jugendlichen Vorstellungen von Gut und Böse, also von in einer Gesellschaft wichtigen Normen und Werten. Religiöse Überzeugungen helfen dann auch, das Problem kollektiven Handelns zu überwinden, weil sie das Gefühl geteilter Ideale vermitteln (vgl. Uslaner 2002). Es werden Kontakte zu unterschiedlichen Menschen geknüpft, und nicht umsonst verwendet Uslaner (1999a) den Ausdruck „faith“, um die Grundlagen des sozialen Vertrauens zu umschreiben. Demnach schafft der Glaube gemeinschaftliche Verbindungen und stärkt tugendhaftes Verhalten, denn moralische Standards entstammen häufig religiösen Vorstellungen und Lehren.

4.2.2 Analysestrategie

Die Analyse der Bedingungsfaktoren des sozialen Kapitals Jugendlicher in Deutschland erfolgt für die einzelnen Sozialkapitalaspekte getrennt voneinander, da diese nur teilweise positiv miteinander korrelieren und die entsprechenden Zusammenhänge in der Regel schwach sind. Dabei wird zunächst die Relevanz bestimmter Standardfaktoren wie das Alter, das formale Bildungsniveau oder das Geschlecht betrachtet. Außerdem sind im Rahmen der Untersuchung von Sozialkapital in Deutschland Unterschiede zwischen ost- und westdeutschen Jugendlichen zu erwarten. Diese möglichen Standardbedingungsfaktoren sozialen Kapitals werden zusammengefasst in ‚Standardmodellen' betrachtet, die in den sieben Jugendstudien identisch zusammengesetzt sind.

Da außerdem der Einfluss verschiedener Aspekte des jugendspezifischen Entwicklungskapitals (Familie, Gleichaltrige, Schule) sowie der religiösen Integration von Interesse sind, werden entsprechende so genannte ‚Modellerweiterungen' konstruiert. Diese sind in den verschiedenen Jugendstudien unterschiedlich zusammengesetzt, so dass bei den jeweiligen Analysen weniger ein direkter Vergleich der Ergebnisse als vielmehr ein besseres Verständnis der Bedingungsfaktoren sozialen Kapitals im Vordergrund steht. Dazu werden für jede Studie – sofern möglich – die Modellerweiterungen zum familiären Entwicklungskapital, zum Engagement in der Schule, zu informellen sozialen Kontakten und zur religiösen Integration blockweise in das Standardmodell integriert.

Allerdings werden dabei nur diejenigen Aspekte des jugendspezifischen Entwicklungskapitals betrachtet, die einen eigenständigen und substantiellen, zusätzlichen Erklärungsbeitrag leisten. Daher werden an die Integration der Modellerweiterungen zweierlei Anforderungen gestellt: Erstens werden die einzelnen *Variablen* nur dann bei der entsprechenden Modellerweiterung berücksichtigt, wenn sie einen *zusätzlichen* Erklärungsbeitrag leisten d.h. wenn sie nach Kontrolle des Standardmodells statistisch signifikant sind (n.s. = $p > .05$). Zweitens werden die *Modellerweiterungen* selbst nur dann berücksichtigt, wenn der zusätzliche Erklärungsbeitrag als *relevant* bezeichnet werden kann. Dazu wird als Grenzwert eine ‚Verbesserung' der Erklärungskraft des Standardmodells um mindestens einen Prozentpunkt (Nagelkerke's R^2/Korrigiertes $R^2 > .01$) festgelegt. Wird dieses Kriterium nicht erfüllt, wird der Einfluss als nicht relevant (n.r.) bewertet. Auf Grundlage dieser Analysen wird so für jede Studie ein *optimales Modell* erstellt, das sich aus den signifikanten Bedingungsfaktoren des Standardmodells und den signifikanten Bedingungsfaktoren der relevanten Modellerweiterungen zusammensetzt. Es handelt sich also genau genommen um das Standardmodell, das um die in den verschiedenen Jugendstudien vorhandenen signifikanten und relevanten Variablen erweitert ist. Diese konservative Vorgehensweise begrenzt die Gefahr einer Überinterpretation der Daten, da nicht alleine das statistische Signifikanzniveau als Kriterium berücksichtigt wird, sondern auch der Aspekt der „praktischen Bedeutsamkeit" der Befunde (vgl. Bortz und Döring 1995: 565ff.).

Für die multivariate Analyse der Bedingungsfaktoren der polytomen Sozialkapitalindikatoren werden lineare Regressionsanalysen verwendet. Allerdings ist eine solche Analyse für dichotome Variablen (Codierung 0-1), wie die soziale Beteiligung und das generalisierte Vertrauen, nicht angemessen, so dass hier logistische Regressionsmodelle verwendet werden. Dabei handelt es sich um ein Verfahren, bei dem der „Wahrscheinlichkeitsübergang einer kategorial (hier: binär) ausgeprägten Variablen in Abhängigkeit von der Ausprägung der unabhängigen Variablen" modelliert wird (Backhaus et al. 2000: 111). Die in den Tabellen dargestellten standardisierten logistischen Regressionskoeffizienten (B) basieren auf z-standardisierten Variablen und können somit ähnlich wie die standardisierten linearen Regressionskoeffizienten (Beta) interpretiert werden. In den Tabellen werden die entsprechenden nicht-standardisierten Koeffizienten jeweils in Klammern ebenfalls angegeben.

4.2.3 Operationalisierung

Bevor die Bedingungsfaktoren der verschiedenen Aspekte jugendlichen Sozialkapitals empirisch untersucht werden, werden in den folgenden Abschnitten die Operationalisierungen der möglichen Bedingungsfaktoren dargestellt. Zunächst geschieht dies in Kapitel 4.2.3.1 für die so genannten Standardbedingungsfaktoren Geschlecht, Wohnort, Alter und Schulbildung. Da allerdings darüber hinaus der Einfluss der verschiedenen Aspekte jugendlichen Entwicklungskapitals sowie der religiösen Integration untersucht wird, werden zusätzlich vier Modellerweiterungen konstruiert, deren Zusammensetzung und Operationalisierung in Kapitel 4.2.3.2 präsentiert werden. Grundsätzlich steht bei der Konstruktion aller Variablen der Aspekt der Vergleichbarkeit im Vordergrund. Mit anderen Worten: die in den einzelnen Jugendstudien enthaltenen Variablen werden jeweils so gewählt und gegebenenfalls umcodiert, dass die Regressionskoeffizienten ähnlich interpretiert werden können.

4.2.3.1 Standardmodell

Das innerhalb dieser Arbeit verwendete Standardmodell zur Erklärung der verschiedenen Sozialkapitalaspekte Jugendlicher, umfasst – mit Ausnahme der Shell Jugendstudie 2002, wo die Schulbildung der Mutter nicht erhoben wurde – insgesamt sechs Variablen: das Geschlecht, das Alter, die formale Schulbildung der befragten Jugendlichen, den Wohnort Ost- oder Westdeutschland sowie jeweils den höchsten formalen Schulabschluss der Mutter und des Vaters.

Das Geschlecht wurde ebenso wie der Wohnort über eine einfache dichotome Variable operationalisiert. Für die Variable ‚Geschlecht: weiblich' bedeutet dies, dass der jeweils eingetragene Koeffizient weibliche (Codierung ‚1') im Vergleich zu männlichen (Codierung ‚0') Jugendlichen darstellt. Bei der Codierung der dichotomen Variable ‚Wohnort: Ostdeutschland' dient als Ausgangspunkt das Bundesland, in dem die Jugendlichen wohnen. Jugendliche, die in den neuen Bundesländern leben werden, dabei mit ‚1' codiert, so dass die in den Tabellen eingetragenen Koeffizienten diese im Vergleich zu Jugendlichen aus den alten Bundesländern darstellen. Da es in einigen Jugendstudien nicht möglich war, zwischen Ost- und Westberlin zu differenzieren, werden zur besseren Vergleichbarkeit in allen Studien Jugendliche aus Berlin keiner der beiden Kategorien zugeordnet, sondern als fehlende Werte (ca. 5%) bei Ost-West-Vergleichen nicht berücksichtigt.

Grundsätzlich kann der soziale Status nur indirekt über den Beruf, das Einkommen oder die Schulbildung erhoben werden (vgl. Kromrey 2000). Für Jugendliche, die noch keine abgeschlossene Ausbildung haben, kann die Frage nach dem Beruf allerdings nicht sinnvoll gestellt werden. Der soziale Status der Jugendlichen wird daher zunächst über die formale Schulbildung der befragten Jugendlichen untersucht. Dabei wird eine Variable verwendet, die sich aus dem *bisher erreichten höchsten Schulabschluss* für Jugendliche, die ihre Schulausbildung bereits abgeschlossen haben und dem *angestrebten Schulabschluss* für Jugendliche, die noch die Schule besuchen, zusammensetzt. Die Kategorie ‚niedrig' umfasst dabei alle Jugendlichen mit erreichtem bzw. angestrebtem Hauptschulabschluss (Ostdeutschland: 8. Klasse Polytechnische Oberschule) bzw. Jugendliche ohne formalen Schulabschluss. Jugendliche mit mittlerer Reife (Ostdeutschland: 10. Klasse Polytechnische Oberschule) sind in der Kategorie ‚mittlere' Bildung zusammengefasst und Jugendliche, die die Fachhochschulreife bzw. die Hochschulreife (Ostdeutschland: Erweiterte Oberschule) besitzen bzw. anstreben in der Kategorie ‚hohe' Bildung. Jugendliche mit einem anderen Abschluss werden nicht berücksichtigt (1%).[44]

Für die Jugendlichen dürfte neben der eigenen formalen Schulbildung auch der sozioökonomische Status ihrer Eltern von Bedeutung sein. Allerdings kann dieser ebenfalls nur über die Schulbildung verlässlich und vergleichbar erhoben werden. Daher wird zusätzlich zur formalen Schulbildung der Jugendlichen auch der Einfluss der Schulbildung der Eltern untersucht. Die Jugendlichen wurden in den Studien gefragt, welchen höchsten Schulabschluss ihre Mütter bzw. ihr Väter haben. Die Einteilung in die verschiedenen Kategorien erfolgte analog zu den Jugendlichen. In die Kategorie ‚hoch' fallen zusätzlich – sofern dies in den Studien erhoben wurde – Eltern mit einer Hochschulausbildung. Die Unsicherheit bezüglich des Bildungsabschlusses der Eltern zeigt sich bei den fehlenden Werten. Denn 8 Prozent der befragten Jugendlichen wissen nicht, welchen Abschluss ihr Vater hat. Den Abschluss der Mutter können sogar 13 Prozent der Jugendlichen nicht nennen.[45]

---

44 Grundsätzlich könnte nicht das Bildungsniveau sondern die Dauer des Schulbesuchs wichtiger sein. Demnach sollte der Schuleinfluss bei einem 12-jährigen Gymnasiasten ein anderer sein als bei einem 16-jährigen Hauptschüler. Eine entsprechende Variable, die die Schuljahre als Maßstab für den Bildungseinfluss bildet, lässt sich für die Jugendlichen, die bereits die Schule abgeschlossen haben, ebenfalls aus dem bisher erreichten Schulabschluss berechnen, indem den einzelnen Abschlüssen Jahre zugeordnet werden (Hauptschule 9 Jahre, Realschule 10 Jahre, Fachhochschulreife 12 Jahre und Hochschulreife 13 Jahre). Für die Jugendlichen, die noch die Schule besuchen, können ähnliche Werte aufgrund ihres Alters berechnet werden (Ausgangspunkt: Einschulung mit 7 Jahren). Allerdings übt diese Variable keinen eigenständigen Einfluss auf die verschiedenen Sozialkapitalaspekte aus (tabellarisch nicht ausgewiesen). Vielmehr bleibt der Einfluss sowohl des Alters als auch der Bildung in multivariaten Regressionsanalysen signifikant erhalten.

45 Diese fehlenden Werte beinhalten allerdings auch Jugendliche, die nur einen Elternteil haben und insofern keinen Abschluss für den anderen Elternteil angeben können.

4.2.3.2 Modellerweiterungen

Bei den verwendeten Modellerweiterungen handelt es sich allgemein um Aspekte, die zwar Ausdruck der sozialen Integration von Jugendlichen sind, die aber aufgrund der in dieser Arbeit verwendeten zivilgesellschaftlichen Konzeption keine Sozialkapitalaspekte darstellen, sondern als Entwicklungskapital bezeichnet werden. Daher werden zum einen der familiäre, der private und der schulische Bereich und damit drei verschiedene Formen jugendspezifischen Entwicklungskapitals (vgl. Kapitel 2.3) und zum anderen die religiöse Integration lediglich als mögliche Bedingungsfaktoren jugendlichen Sozialkapitals betrachtet. Die entsprechenden Variablen werden zu insgesamt vier Modellerweiterungen (Familiäres Entwicklungskapital, Entwicklungskapital in der Schule, informelle soziale Kontakte und religiöse Integration) zusammengefasst. Wenn das Entwicklungskapital Jugendlicher zur Akkumulation sozialen Kapitals beiträgt, sollte sich dies in den verschiedenen Modellerweiterungen widerspiegeln. Entsprechend ist die Codierung der einzelnen Variablen in den Modellerweiterungen generell so gewählt, dass positive Koeffizienten auch als positive Zusammenhänge interpretiert werden können. Die Zusammensetzung der Modellerweiterungen sowie die Operationalisierung der einzelnen Variablen werden in den folgenden Abschnitten dargestellt.

Während die Standardmodelle in den sieben verwendeten Jugendstudien weitgehend identisch und damit vergleichbar sind, unterscheiden sich die Modellerweiterungen teilweise stark voneinander. Denn sie setzen sich in den verwendeten Jugendstudien zum einen unterschiedlich zusammen und sind zum anderen auch nicht in allen Jugendstudien gleichermaßen verfügbar. So kann der Einfluss des familiären Entwicklungskapitals in allen sieben Jugendstudien untersucht werden, doch unterscheidet sich die Zusammensetzung der einzelnen Modellerweiterungen. Die restlichen Modellerweiterungen können zudem nicht in allen sieben Jugendstudien untersucht werden. Dies gilt insbesondere für die Shell Jugendstudie 1997, wo weder die Modellerweiterung ‚Informelle soziale Kontakte', noch die Modellerweiterung ‚Religiöse Integration' operationalisiert werden kann. Die Modellerweiterung ‚Entwicklungskapital in der Schule' dagegen ist nur in Shell 2002 möglich.

Familiäres Entwicklungskapital

Die verschiedenen Jugendstudien bieten unterschiedliche Möglichkeiten, familiäres Entwicklungskapital oder allgemeiner den Einfluss der Familie auf die verschiedenen Aspekte sozialen Kapitals zu untersuchen. Einige ausgewählte Aspekte werden für alle Studien zu einer Modellerweiterung 'Familiäres Entwicklungskapital' zusammengefasst.

Dabei steht zunächst die Weitergabe verschiedener Kapitalformen innerhalb der Familie im Mittelpunkt. So betont zum einen Coleman (1992) die Wichtigkeit der Familie bei der Weitergabe von Humankapital und zum anderen Bourdieu (1983) die besondere Rolle der Familie bei der Vererbung und „Transmission kulturellen Kapitals" (Bourdieu 1983: 186; vgl. Coleman 1992: 351). Da Bourdieu dabei die „gegenseitige Konvertierbarkeit der verschiedenen Kapitalarten" hervorhebt, ist davon auszugehen, dass kulturelles Kapital, Humankapital und soziales Kapital miteinander zusammenhängen (Bourdieu 1983: 186, 197). Eine Frage, auf Grundlage derer die Weitergabe von Humankapital und kulturellem Kapital in der Familie operationalisiert werden kann, ist in der Shell Jugendstudie aus dem Jahr 1992 und in der ähnlich konzipierten Jugendstudie KJE 1996 enthalten:

> Shell 1992/KJE 1996: Denke bitte einmal an Deine Schulzeit zwischen der 1. und der 6. Klasse zurück, als Du so zwischen 6 und 12 Jahren warst. Wie stark treffen für diese Zeit diese Aussagen auf Dich und Dein Elternhaus zu? (trifft sehr zu/trifft eher zu (1) – trifft eher nicht zu/trifft überhaupt nicht zu (0))
> (1) In meiner Familie haben wir gemeinsam Musik gemacht.
> (2) In meiner Familie haben wir zusammen Sport getrieben.
> (3) In meiner Familie haben wir zusammen gelesen.
> (4) Mein Vater/meine Mutter haben Hobbies, die ich als Kind von ihnen übernommen habe.
> (5) Meine Familie nahm die Schulzeugnisse sehr wichtig.
> (6) Meine Eltern fragten mich regelmäßig, wie es in der Schule gewesen war.
> (7) Meine Eltern haben mir bei den Hausaufgaben regelmäßig geholfen.
> (8) In meiner Familie wurde auf die Schulnoten geachtet, die ich nach Hause brachte.

Eine Hauptkomponentenanalyse der acht Antwortitems führt zu einer zweidimensionalen Lösung, wobei jeweils die ersten vier und die letzten vier Items hoch auf einen Faktor laden. Daher werden die Items 1-4 zu einem additiven Index ‚Weitergabe kulturellen Kapitals' und die restlichen vier Items zu einem additiven Index ‚Schulaufmerksamkeit'[46] zusammengefasst.[47] Beide Indizes nehmen Werte von ‚0' (keine Kapitalweitergabe) bis ‚4' (Weitergabe aller vier Kapitalformen) an und wurden in Shell 1992 und KJE 1996 in die Modellerweiterung ‚Familiäres Entwicklungskapital' integriert.

Es erscheint sinnvoll, bei der Beurteilung des Familienlebens durch die Kinder zwischen *qualitativen* und *quantitativen* Aspekten zu unterscheiden. Damit ist eine Unterscheidung zwischen einer zeitlichen (Häufigkeit) und einer

---

46 Die Bezeichnung „Schulaufmerksamkeit" wurde von Zinnecker und Georg (1996) übernommen.

47 Das Item „Hilfe bei Hausaufgaben" lädt zwar auf beiden Faktoren, allerdings auf dem Faktor „Schulaufmerksamkeit" höher als auf dem Faktor „Kulturelles Kapital" (Faktorladung <0.5), so dass es (auch aufgrund theoretischer Überlegungen) der „Schulaufmerksamkeit" zugeordnet wird.

emotionalen Dimension (Vertrauen, Rückhalt) gemeint. Der qualitative Aspekt lässt sich relativ gut in den beiden Jugendstudien Shell 1992 und KJE 1996 operationalisieren, denn hier wurden die Jugendlichen gebeten anzugeben, ob sie ihren Eltern anvertrauen, was sie besonders beschäftigt:

Shell 1992/KJE 1996: *Frage an 15-19 Jährige*: Erzählst Du Deinen Eltern, was Dich besonders beschäftigt? *Frage an 20-29 Jährige*: Als Du so zwischen 15 und 19 Jahren alt warst, hast Du da Deinen Eltern erzählt, was Dich besonders beschäftigt?
jeweils für den Vater *und* die Mutter: immer (1) – gelegentlich (1) – selten (0) – nie (0) – interessiert sie/ihn nicht (0)

Dabei sollten die Jugendlichen getrennte Angaben zu Gesprächen mit der Mutter und dem Vater machen. Die Kombination aus vertraulichen Gesprächen mit Vater und Mutter wird als „Familienleben qualitativ: Gespräche mit Eltern“ als weiterer Bestandteil der Modellerweiterung ‘Familiäres Entwicklungskapital’ verwendet.

Eine andere Möglichkeit, familiäres Entwicklungskapital zu erheben, stellt die Häufigkeit familiärer Kommunikation dar. Dieser eher quantitative Aspekt des Familienlebens wurde über folgende Frage in den Shell Jugendstudien 1992 und 1997 sowie in KJE 1996 operationalisiert:

Shell 1992/KJE 1996/Shell 1997: Wie häufig übst Du diese Freizeitaktivitäten aus? (sehr oft (4) – oft (3) – selten (2) – nie (1)) -.mit der Familie zusammen sein

Dieser Bestandteil der Modellerweiterung ‚Familiäres Entwicklungskapital’ wird als ‚Familienleben quantitativ: Häufigkeit mit Familie’ bezeichnet.

Außerdem wird der mögliche Einfluss von Geschwistern betrachtet. Dabei wird die in Shell 1992, KJE 1996 und Shell 2000 enthaltene Frage nach der Anzahl der Geschwister dichotomisiert, indem Einzelkinder (0) Jugendlichen mit Geschwistern (1) gegenüberstellt werden. Damit ist ein Vergleich der Ergebnisse mit der in Shell 2002 enthaltenen einfachen Frage, ob die Befragten Geschwister haben oder nicht, möglich. Insgesamt kann also der Einfluss von Geschwistern in vier der sieben Jugendstudien untersucht werden.

Sowohl in Shell 2000 als auch in Shell 2002 wurden die Jugendlichen gebeten anzugeben, welche Einstellung sie zum Erziehungsstil ihrer Eltern haben:

Shell 2000/Shell 2002: Würdest Du Deine Kinder so erziehen, wie Deine Eltern Dich erzogen haben, oder würdest Du es anders machen? (genauso (4) – ungefähr so (3) – anders (2) – ganz anders (1))

Während die Autoren der Shell Jugendstudie 2000 die Negativseite dieses Items betrachten, also die Ablehnung des elterlichen Erziehungsstils als „eine Distanzierung von den Eltern als Erziehungspersonen“ interpretieren (Fuchs-Heinritz 2000: 58), kann man sich auch auf die ‚Übernahme des elterlichen Erziehungsstils’ als Ausdruck der Zufriedenheit mit dem Verhältnis zu den Eltern konzentrieren. Dieser Aspekt fließt daher in die Modellerweiterung ‘Familiäres Entwicklungskapital’ ein.

Welchen Stellenwert die Familie im Leben der Jugendlichen einnimmt, wird in DJI 1992 und DJI 1997 erhoben:

> DJI 1992/1997: Wie wichtig sind für Sie persönlich die einzelnen Lebensbereiche auf dieser Liste? (überhaupt nicht wichtig (1) – sehr wichtig (7)) – Eltern und Geschwister

Der Aspekt der ‚Wichtigkeit der Familie' wird für DJI 1992 und DJI 1997 als einzige Variable in die Modellerweiterung 'Familiäres Entwicklungskapital' integriert.

Neben den verschiedenen Aspekten des Familienlebens, könnte sich auch das soziale Kapital der Eltern als relevanter Einflussfaktor erweisen. Eine Frage innerhalb der Shell Jugendstudie 2002 befasst sich mit der Vereinsmitgliedschaft der Eltern:

> Shell 2002: Sind (waren) Ihre Eltern oder ein Elternteil Mitglied in einem Verein? – nein (0), ja (1), weiß nicht/keine Angabe (MV).

Danach weiß zunächst etwa jeder zehnte Jugendliche nicht, ob ein Elternteil Mitglied in einem Verein ist, was als fehlender Wert (MV) codiert wird. Für die restlichen Jugendlichen wird eine dichotome Variable ‚Vereinsmitgliedschaft der Eltern' gebildet und in Shell 2002 in die Modellerweiterung ‚Familiäres Entwicklungskapital' integriert.

Eine indirekte Operationalisierungsmöglichkeit persönlichen Vertrauens findet sich dagegen in Shell 2000. Allerdings handelt es sich nicht um eine Form des Vertrauens, die die befragten Jugendlichen schenken, sondern vielmehr geht es um die wahrgenommene Vertrauenswürdigkeit der Kinder durch ihre Eltern. Die konkrete Fragestellung lautet:

> Shell 2000: Denke bitte an Deine Schulzeit zwischen der 1. und 6. Klasse, also als Du so zwischen 6 und 14 Jahren alt warst, zurück. Wie stark treffen diese Aussagen auf Dich und Dein Elternhaus zu? (trifft sehr zu (1) – trifft zu (2) – trifft weniger zu (3) – trifft überhaupt nicht zu (4))
> (1) Meine Eltern haben mir meistens nicht vertraut.

Auch wenn es sich um eine Form persönlichen Vertrauens handelt, kann davon ausgegangen werden, dass das Zutrauen der Eltern eine wichtige Grundlage der Entwicklung sozialen Vertrauens im späteren Leben darstellt. Daher wurde diese Variable als ‚Elterliches Vertrauen in die Kinder' als möglicher Bedingungsfaktor des jugendlichen Sozialkapitals in Modellerweiterung ‚Familiäres Entwicklungskapital' integriert.

Entwicklungskapital in der Schule

Der Einfluss des schulischen Engagements auf das soziale Kapital Jugendlicher kann nur in Shell 2002 untersucht werden. Dort wurde für die Modellerweiterung ‚Entwicklungskapital in der Schule' die gleiche Fragestellung wie für das formelle und informelle Engagement (vgl. Kapitel 3.2.3.2) verwendet und der Kontext ‚in der Schule, der Hochschule oder der Universität' als ‚Engagement in der Schule' konzipiert. Innerhalb der restlichen Jugendstudien wird, sofern dieser Bereich überhaupt thematisiert wird, nicht zwischen dem Engagement in der Schule und der Mitarbeit in studentischen Vertretungen oder dem Betriebs- oder Elternbereit unterschieden. Insofern ist in diesen Studien der Bereich des schulischen Engagements nicht eindeutig abgrenzbar.

Informelle soziale Kontakte

Bei der empirischen Betrachtung der informellen sozialen Kontakte Jugendlicher sind vor allem (enge) Freundschaften und die Zugehörigkeit zu Gleichaltrigengruppen (Cliquen) interessant (vgl. Zinnecker und Strzoda 1996). So wurden in Shell 1992, KJE 1996 und Shell 2000 die weiblichen Jugendlichen gefragt, ob sie eine wirkliche Freundin haben und die männlichen, ob sie einen wirklichen Freund haben. Die Kombination dieser beiden Variablen wurde als dichotome Variable ‚Wirkliche(r) Freund(in)' (0=nein/1=ja) in Modellerweiterung 'Informelle soziale Kontakte' aufgenommen.

Die Variable ‚Cliquenzugehörigkeit' wurde in Shell 1992 und KJE 1996 auf Basis folgender Frage gebildet:

> Shell 1992/KJE 1996 *Frage an 13-19-jährige Jugendliche*: Bist Du in einem Kreis von jungen Leuten, der sich regelmäßig oder öfter trifft und sich zusammengehörig fühlt? Ich meine nicht einen Verein oder einen Verband. *Frage an 20-29-jährige Jugendliche*: Wenn Du an die Zeit zurückdenkst, in der Du zwischen 15 und 19 Jahren alt warst, warst Du da in einem Kreis von jungen Leuten, der sich regelmäßig oder öfter traf und sich zusammengehörig fühlte? Ich meine nicht einen Verein oder Verband. (ja, regelmäßig (1), ja, öfter (1), nein (0))

Auf Basis dieser beiden Fragevarianten kann eine dichotome Variable gebildet werden, die Jugendliche, die sich regelmäßig oder öfter in einer Clique treffen bzw. getroffen haben, Jugendlichen gegenübergestellt, für die dies nicht gilt. In Shell 2002 wurde eine modifizierte Fragestellung verwendet:

> Shell 2002: Sind Sie in einer festen Gruppe – „Clique" –, die sich oft trifft oder in der jeder jeden gut kennt? (ja (1), nein (0), keine Angabe (0))

Auch hier wurde eine dichotome Variable ‚Cliquenzugehörigkeit' gebildet, die Teil der Modellerweiterung ‚Informelle soziale Kontakte' ist. In DJI 1992 und DJI 1997 schließlich wurde die ‚Wichtigkeit von: Freunde und Bekannte', die auf der gleichen Frage basiert wie die ‚Wichtigkeit der Familie', als einzige Variable in die Modellerweiterung 'Informelle soziale Kontakte' aufgenommen.

Religiöse Integration

Die vierte mögliche Modellerweiterung umfasst Aspekte der religiösen Integration. Dabei stehen wiederum unterschiedliche Operationalisierungsmöglichkeiten in den einzelnen Jugendstudien als Bedingungsfaktoren für das Sozialkapital Jugendlicher in Deutschland zur Verfügung. Die Komponenten der Modellerweiterung ‚Religiöse Integration' unterscheiden sich unter anderem im Hinblick auf die ‚Intensität' des religiösen Engagements. Dabei stellt die Konfessionszugehörigkeit die grundlegendste und zugleich einfachste Form religiöser Integration dar, denn sie sagt zunächst nichts über den Aktivitätsgrad aus. Zur Untersuchung des Einflusses der Konfessionszugehörigkeit werden zwei Dummy-Variablen ‚Konfession: katholisch' und ‚Konfession: protestantisch' gebildet. Diese bilden Jugendliche mit der jeweiligen Konfessionszugehörigkeit im Vergleich zu allen anderen Jugendlichen ab.

Im Vergleich zur Konfessionszugehörigkeit stellt die Häufigkeit der Gottesdienstbesuche bzw. Kirchgänge eine Steigerung der religiösen Integration dar. Diese Variable wird zwar sowohl in einigen Shell Jugendstudien als auch in den DJI Jugendstudien erhoben, allerdings auf unterschiedliche Weise:

> Shell 1992/KJE 1996/Shell 2000: Wie häufig bist Du in den letzten 4 Wochen zum Gottesdienst gegangen? – gar nicht (0), einmal (1), zweimal (2), dreimal [in Shell 2000: dreimal und mehr] (3), viermal und mehr (4).
>
> DJI 1992/DJI 1997: Wie oft gehen Sie im allgemeinen in die Kirche? – mehr als einmal die Woche (5), einmal in der Woche (4), ein- bis dreimal im Monat (3), mehrmals im Jahr (2), seltener (1), nie (0).

Zunächst wird deutlich, dass sich die Variable ‚Kirchgangshäufigkeit' bezüglich der Anzahl der Antwortkategorien unterscheidet. Inhaltlich bezieht sich die Fragestellung der DJI Jugendstudien außerdem auf die *allgemeine* oder *jährliche* Kirchgangshäufigkeit, während die Shell Jugendstudien nach der *monatlichen* Kirchgangshäufigkeit fragen. Da eine Harmonisierung der Antwortitems kaum möglich ist, wird jeweils die originale Codierung der Antwortitems weiterverwendet.

Neben der einfachen Konfessionszugehörigkeit und der Kirchgangshäufigkeit wird in aktivem kirchlichem Engagement ein wichtiger Einflussfaktor sozialer Beteiligung gesehen. Da in drei Jugendstudien die Vereinsmitgliedschaft nicht über eine einfache Frage mit dichotomer Antwortvorgabe (ja – nein) erfasst wurde, ist es dort möglich, die Mitgliedschaft in religiösen Gruppen von sonstigen Formen der Vereinsmitgliedschaft zu unterscheiden (vgl. Kapitel 3.2.2). Folglich findet sich in Shell 2002, DJI 1992 und DJI 1997 die Mitgliedschaft in religiösen Gruppen als möglicher Bedingungsfaktor sozialen Kapitals in der Modellerweiterung 'Religiöse Integration' wieder.

4.3 Bedingungsfaktoren der strukturellen und kulturellen Sozialkapitalaspekte

Die Analyse der Bedingungsfaktoren der strukturellen und kulturellen Sozialkapitalaspekte in diesem Kapitel wird in zwei Schritten durchgeführt (vgl. Kapitel 4.2.2). Zunächst wird mit Hilfe der in allen Studien identisch gebildeten *Standardmodelle* untersucht, welchen Einfluss der Wohnort, das Alter, das Geschlecht, die formale Schulbildung sowie die formale Schulbildung der Eltern auf verschiedene Aspekte des jugendlichen Sozialkapitals in Deutschland hat. Anschließend wird mittels unterschiedlicher *optimaler Modelle* analysiert, welche Rolle die verschiedenen Formen jugendspezifischen Entwicklungskapitals diesbezüglich spielen.

4.3.1 Soziale Beteiligung

Im Folgenden werden die Bedingungsfaktoren sozialer Beteiligung Jugendlicher in Deutschland seit der deutschen Einheit anhand sieben verschiedener Jugendstudien empirisch untersucht. Dabei ist die formelle Mitgliedschaft in sekundären Freiwilligenorganisationen in sechs der sieben Jugendstudien über Standardfragen erhoben worden. In der Shell Jugendstudie 2002 ermöglicht eine alternative Operationalisierung zum einen die Untersuchung formeller sozialer Aktivität (mit Vereinsmitgliedschaft vergleichbar) und zum anderen den Vergleich mit dem sozialen Engagement in eher informellen Kontexten (vgl. Kapitel 3.2.3). Die Bedingungsfaktoren dieser drei Formen sozialer Beteiligung Jugendlicher werden in den folgenden Absätzen mittels logistischer Regressionen analysiert.

Für die Vereinsmitgliedschaft zeigt sich zunächst in allen sechs Studien eine deutliche Bestätigung der allgemeinen Erwartungen bezüglich der Wirkungsweise der Standardbedingungsfaktoren sozialer Beteiligung. Denn wie aus Tabelle 4.1 ersichtlich ist, sind Jugendliche mit einer höheren Bildung eher Vereinsmitglied, während weibliche und ältere Jugendliche sowie die Jugendlichen in Ostdeutschland seltener Mitglieder in Vereinen sind. Damit bestätigen sich nicht nur deutlich die in Kapitel 4.2.1.1 formulierten Erwartungen, sondern auch wesentliche Ergebnisse der Erwachsenenforschung (vgl. Smith 1957; Zimmer 1996; Gabriel et al. 2002). Die Schulbildung der Eltern ist lediglich in den Studien des DJI ein signifikanter, direkter Einflussfaktor, wobei in 1992 die höhere Bildung des Vaters und in 1997 die der Mutter die Vereinsmitgliedschaft der Kinder positiv beeinflusst. Dabei erweist sich die Erklärungskraft der Standardmodelle als durchaus befriedigend. Die für die Vereinsmitgliedschaft gefundenen Bedingungsfaktoren gelten außerdem grundsätzlich auch für die formelle soziale

Tabelle 4.1: Bedingungsfaktoren von sozialer Beteiligung – Standardmodelle

	Shell 1992	**DJI 1992**	**KJE 1996**	**Shell 1997**	**DJI 1997**	**Shell 2000**	**Shell 2002**	**Shell 2002**
	Vereinsmitgliedschaft							informell
Geschlecht: weiblich	-.297** (-.594)	-.416 (-.833)	-.325** (-.651)	-.270** (-.540)	-.258 (-.516)	-.348** (-.696)	-.245** (-.489)	n.s.
Alter	-.254** (-.058)	-.140** (-.032)	-.294** (-.067)	-.398** (.091)	-.101** (-.023)	-.300** (-.069)	-.263** (-.060)	.160* (.037)
Bildung: niedrig – mittel – hoch	.206** (.276)	.207** (.277)	.181** (.243)	.307** (.412)	.220** (.295)	.347** (.466)	.261** (.350)	n.s.
Wohnort: Ostdeutschland	-.456** (-.993)	-.434** (-.946)	-.395** (-.862)	-.369 (-.803)	-.329 (-.718)	-.358** (-.780)	-.178** (-.390)	n.s.
Schulbildung des Vaters: niedrig – mittel – hoch	n.s.	.102** (.127)	n.s.	n.s.	n.s.	n.s.	n.s.	.157** (.196)
Schulbildung der Mutter: niedrig – mittel – hoch	n.s.	n.s.	n.s.	n.s.	.105* (.145)	n.s.	-	-
N	3530	5623	3002	1951	5748	4314	2095	2353
Nagelkerke's R^2	.104	.120	.106	.102	.076	.097	.059	.014

Anmerkung: Binäre logistische Regression: Standardisierte logistische Regressionskoeffizienten (B), in Klammern nicht-standardisierte logistische Regressionskoeffizienten (B); Signifikanzniveau: * < .005 ** < .001; n.s.: nicht signifikant und daher nicht in Modell integriert; es wurden keine Gewichtungs- und Filtervariablen verwendet.

Aktivität, die in Shell 2002 anstelle der Vereinsmitgliedschaft als Operationalisierung formeller sozialer Beteiligung verwendet wird. So sind männliche, jüngere, westdeutsche Jugendlichen mit höherer Schulbildung eher formell aktiv.

Für die *informelle Aktivität* zeigt sich zunächst, dass das Alter anders als für die Vereinsmitgliedschaft die Wahrscheinlichkeit informeller sozialer Beteiligung signifikant erhöht: je älter die Jugendlichen sind, desto eher beteiligen sie sich informell. Dieses Ergebnis deckt sich mit den Analysen von Picot (2001), die die Daten des Freiwilligensurvey 1999 im Hinblick auf mögliche Unterschiede zwischen 14- bis 19-jährigen und 20- bis 24-jährigen Jugendlichen untersucht. Sie findet einen Rückgang besonders der Vereinsaktivitäten, die in früher Kindheit aufgenommen werden. Gleichzeitig bleibt die Bereitschaft zu sozialem Engagement und zu politischer Partizipation gleich bzw. nimmt sogar zu. Während sich also die Jüngeren „ganz überwiegend im Bereich der Organisation von Aktivitäten in ihrem persönlichen Lebensumfeld (Schule, Freizeit, Kultur und Musik, Sport) engagieren, kommt bei den über 20-Jährigen das soziale und politische Engagement hinzu", was als Sozialisation in „gesellschaftliche Verantwortung" und „'Erwachsenwerden' in einer demokratischen Gesellschaft" interpretiert wird (Picot 2001: 166ff.; vgl. Eisenbürger und Vogelgesang 2002).

Die Tatsache, dass sich das Geschlecht zwar als signifikanter Erklärungsfaktor der Vereinsmitgliedschaft erweist, nicht aber des informellen Engagements, bestätigt die Ergebnisse der Erwachsenenforschung. So stellen Offe und Fuchs (2001) fest, dass „Frauen (...) sich eher als Männer in informellen, in funktionaler Hinsicht recht verbreiteten Hilfsnetzwerken [engagieren]" (Offe und Fuchs 2001: 479; vgl. Zierau 2001a, 2001b). Da sich darüber hinaus mit Ausnahme der Bildung des Vaters keine der anderen Standarderklärungsfaktoren als signifikante Bedingungen informeller Aktivität erweisen, wird die Vermutung unterstützt, dass formelle und informelle Beteiligungsformen unterschiedlichen Wirkungsmechanismen unterliegen. Während für die formelle Aktivität zwar deutliche Bildungseffekte nachweisbar sind, scheinen diese für informelle Aktivitäten unwichtig zu sein. Gleichzeitig wird damit klar, dass die Überlegungen von Brömme und Strasser (2001), wonach Jugendliche mit niedriger Schulbildung im informellen Bereich aufgrund fehlender oder andersartiger Rekrutierungswege noch stärker benachteiligt sind als beim formellen Engagement in Organisationen, nicht bestätigt werden. Vielmehr findet gesellschaftliche Aktivität Jugendlicher mit hoher formaler Bildung in einem breiteren Kontext statt. Für sie ist formelles soziales Engagement also ein Aktivitätsbereich neben anderen. Für Jugendliche mit niedriger formaler Bildung dagegen scheint es einen solchen breiten Kontext nicht zu geben. Zwar sind sie nicht seltener informell aktiv als Jugendliche mit höherer Schulbildung, doch gibt es auch keinen Bereich, in dem sie stärker vertreten sind. Im Gegenteil: die Bedeutung der hohen formalen

Schulbildung des Vaters, welche die Chance eines informellen Engagements der Jugendlichen signifikant erhöht, deutet daraufhin, dass der soziale Status ebenfalls eine Rolle spielt.

Ob diese Bedingungsfaktoren auch unter Kontrolle jugendlicher Entwicklungskapitalaspekte signifikant erhalten bleiben und inwieweit derartige Modellerweiterungen die Erklärungskraft gegenüber dem Standardmodell relevant verbessern, wird im Folgenden anhand der für die einzelnen Studien gebildeten optimalen Modelle untersucht. So kann Tabelle 4.2 zunächst entnommen werden, dass auch im optimalen Modell – mit Ausnahme des Wohnortes in Shell 2002 – die Signifikanz aller Standarderklärungsvariablen erhalten bleibt. Außerdem verbessert sich, wenn auch teilweise nur geringfügig, die Erklärungskraft der optimalen Modelle im Vergleich zu den Standardmodellen. Dabei bestätigt sich zumindest tendenziell die vermutete Relevanz des familiären Entwicklungskapitals für die soziale Beteiligung Jugendlicher, denn insbesondere drei Faktoren erweisen sich als konsistent signifikant: die Weitergabe kulturellen Kapitals durch die Eltern, Geschwisterkinder und die Vereinsmitgliedschaft der Eltern. Die entsprechenden Regressionskoeffizienten sind sowohl signifikant als auch relevant und weisen in die erwartete Richtung: Jugendliche mit Geschwistern sind dementsprechend ebenso eher in Vereinen Mitglied wie Jugendliche, die über vermehrtes kulturelles Kapital verfügen. In Shell 2002 wird außerdem der direkte Einfluss der Vereinsmitgliedschaft der Eltern auf das formelle Engagement der Kinder deutlich. Denn erstens geht von keinem anderen Aspekt des Modells ein stärkerer Effekt aus und zweitens führt die Integration dieser Variablen dazu, dass der Effekt des Wohnortes insignifikant wird. Die in Shell 1992, Shell 1997 sowie KJE 1996 verwendete einfache Operationalisierung des familiären Entwicklungskapitals über quantitative Aspekte erweist sich allerdings in allen drei Fällen als nicht signifikant. Eine mögliche Erklärung hierfür ist, dass mit der Familie verbrachte Freizeit im Konflikt mit anderen Formen der Freizeitgestaltung steht. Daneben wirkt sich auch das elterliche Vertrauen in die Kinder positiv auf deren Engagement aus, denn je stärker Eltern ihren Kindern Vertrauen entgegengebracht haben, desto eher sind diese heute Mitglied in einem Verein. Die in den beiden Studien des DJI verwendete Operationalisierung familiären Entwicklungskapitals über die Wichtigkeit der Familie erweist sich zwar als signifikanter Einflussfaktor, der allerdings die Erklärungskraft des Standardmodells nicht relevant verbessert, so dass keine Integration in ein optimales Modell erfolgt. Zusammenfassend lässt sich also für den Einfluss familiären Entwicklungskapitals auf die soziale Beteiligung Jugendlicher sagen, dass sich einige signifikante und etwas weniger relevante Zusammenhänge finden lassen. Diese betreffen vor allem das ‚Familienkapital' in Form von kulturellem und sozialem Kapital sowie Geschwistern.

Tabelle 4.2: Bedingungsfaktoren von sozialer Beteiligung – optimale Modelle

	Shell 1992	**DJI 1992**	**KJE 1996**	**Shell 1997**	**DJI 1997**	**Shell 2000**	**Shell 2002**	**Shell 2002**
	Vereinsmitgliedschaft							informell
Geschlecht: weiblich	-.331** (-.662)	-.445** (-891)	-.373** (-.746)	-.270** (-.540)	-.277** (-.553)	-.370** (-.740)	-.260** (-.520)	n.s.
Alter	-.223** (-.051)	-.130** (-030)	-.280** (-.064)	-.398** (.091)	-.096* (-.022)	-.266** (-.061)	-.213** (-.048)	.160* (.037)
Bildung: niedrig – mittel – hoch	.174** (.233)	.195** (.261)	.142* (.190)	.307** (.412)	.211** (.283)	.326** (.437)	.164** (.220)	n.s.
Wohnort: Ostdeutschland	-.338** (-.736)	-.354** (-.758)	-.298** (-.593)	-.369 (-.803)	-.253** (.-530)	-.234** (-.513)	n.s.	n.s.
Schulbildung des Vaters: niedrig – mittel – hoch	n.s.	.107* (.134)	n.s.	n.s.	n.s.	n.s.	n.s.	.157** (.196)
Schulbildung der Mutter: niedrig – mittel – hoch	n.s.	n.s.	n.s.	n.s.	.101* (.139)	n.s.	-	-
Modellerweiterung ‚Familiäres Entwicklungskapital'								
Weitergabe kulturellen Kapitals	.264** (.240)	-	.298** (.270)	-	-	-	-	-
Schulaufmerksamkeit	n.s.	-	n.s.	-	-	-	-	-
Familienleben qualitativ: Gespräche mit Eltern	.092* (.117)	-	n.s.	-	-	-	-	-
Familienleben quantitativ: Häufigkeit mit Familie	n.s.	-	n.s.	n.s.	-	-	-	-
Geschwister	.182** (.437)	-	.186** (.448)	-	-	.174** (.418)	n.s.	n.s.
Übernahme des elterlichen Erziehungsstils	-	-	-	-	-	n.s.	n.s.	n.s.
Wichtigkeit der Familie	-	n.r.	-	-	n.r.	-	-	-
Elterliches Vertrauen in die Kinder	-	-	-	-	-	.153** (.172)	-	-
Vereinsmitgliedschaft der Eltern	-	-	-	-	-	-	.382** (.778)	n.s.

Modellerweiterung ‚Informelle soziale Kontakte'								
Wirkliche(r) Freund(in)	n.s.	-	.103* (.294)	-	-	n.r.	-	-
Cliquenzugehörigkeit	n.r.	-	.266** (.619)	-	-	-	.268** (.662)	n.r.
Wichtigkeit von: Freunde und Bekannte	-	n.s.	-	-	n.r.	-	-	-
Modellerweiterung ‚Entwicklungskapital in der Schule'								
Engagement in der Schule	-	-	-	-	-	-	n.s.	n.s.
Modellerweiterung ‚Religiöse Integration'								
Konfession: katholisch	.165* (.366)	.100* (.225)	.177* (.394)	-	.109** (.240)	.178** (.395)	n.s.	n.s.
Konfession: protestantisch	.161* (.339)	.134* (.286)	.190* (.400)	-	n.s.	.216** (.456)	n.s.	
Kirchgangshäufigkeit	.110* (.123)	.099* (.089)	.145** (.163)	-	.115** (.105)	.208** (.234)	-	-
Mitgliedschaft in religiösen Gruppen	-	.103** (.409)	-	-	.214** (.800)	-	.343** (1.273)	n.s.
N	3530	5623	3002	1951	5748	4314	2095	2353
Nagelkerke's R^2	.146	.135	.174	n.s.	.099	.132	.177	.014

Anmerkung: Binäre logistische Regression: Standardisierte log. Regressionskoeffizienten (B), in Klammern nicht-standardisierte logistische Regressionskoeffizienten (B); Signifikanzniveau: * < .005 ** < .001; n.s.: nicht signifikant und daher nicht in Modell integriert; n.r.: signifikant, allerdings nicht relevant und daher nicht in Modell integriert (R^2-Erhöhung < .01); -: nicht erhoben; es wurden keine Gewichtungs- und Filtervariablen verwendet.

Ein deutlicher Einfluss informeller sozialer Kontakte lässt sich dagegen in KJE 1996 und Shell 2002 nachweisen. Sowohl die Tatsache, eine(n) wirkliche(n) Freund(in) zu haben, als auch einer Clique anzugehören, wirken sich deutlich positiv auf die Wahrscheinlichkeit eines sozialen Engagements aus. Zwar lassen sich ähnliche Effekte in Shell 1992 und 2000 beobachten, allerdings ist dort der Einfluss der entsprechenden Variablen so marginal, dass eine Integration in die optimalen Modelle nicht sinnvoll ist. Da in Shell 1992 und KJE 1996 sowohl identisch zusammengesetzte Modelle als auch identisch codierte abhängige Variablen verwendet werden, ist ein Vergleich möglich. Demnach könnten die Unterschiede bezüglich der Relevanz von Freundschaften und Cliquen auf eine zunehmende Wichtigkeit derartiger informeller sozialer Kontakte hindeuten.

Ebenso eindeutig und in verschiedenen Studien messbar, ist der Einfluss der religiösen Integration zusammenzufassen: Jugendliche, die in religiöse oder kirchliche Kontexte integriert sind, sind eher auch Vereinsmitglieder. Dies gilt zunächst für die Konfessionszugehörigkeit, denn sowohl katholische als auch protestantische Jugendliche geben häufiger an, Mitglied in einem Verein zu sein. Außerdem wirkt sich die Kirchgangshäufigkeit positiv auf das jugendliche Engagement aus: je häufiger Jugendliche einen Gottesdienst besuchen, desto eher sind sie Vereinsmitglied. Schließlich sind Jugendliche, die in religiösen Gruppen Mitglied sind, auch eher in einem Verein Mitglied. So bestätigt sich die Erwartung, dass eine religiöse Integration dem sozialen Engagement förderlich ist. Die Annahme allerdings, dass mit dem Grad der Integration auch der Einfluss auf das Engagement steigt, kann aufgrund der Daten nicht bestätigt werden. Vielmehr ist der Einfluss aller Variablen in etwa gleich.

Die Ergebnisse der optimalen Erklärungsmodelle informeller sozialer Aktivität in Shell 2002 heben nochmals die Unterschiedlichkeit der beiden Formen sozialer Beteiligung hervor. Denn die integrierten Modellerweiterungen verbessern zwar die Erklärungskraft der oben dargestellten Standardmodelle für die Vereinsmitgliedschaft, kaum aber für die informelle soziale Aktivität.

4.3.2 Soziales Vertrauen

Das soziale Vertrauen wird in der Regel über das generalisierte Vertrauen operationalisiert. Da diese Variable allerdings nur in einer der sieben Jugendstudien erhoben wurde, werden im Folgenden auch die Bedingungsfaktoren des persönlichen Optimismus betrachtet, was in Anlehnung an Uslaner (2002) als Grundlage sozialen Vertrauens interpretiert werden kann und in diesem Sinne als Indikator sozialen Kapitals verwendet wird. Daher wird davon ausgegangen, dass sich auch die gleichen Bedingungsfaktoren als signifikant und relevant erweisen. Die Ergebnisse der entsprechenden Analysen werden daher in einer gemeinsamen Tabelle präsentiert. Allerdings ist zu beachten, dass aufgrund der unterschiedlichen Codierung der Variablen zwei verschiedene Analyseverfahren zur Anwendung kommen. So werden zur Untersuchung der Bedingungsfaktoren des dreifach gestuften persönlichen Optimismus lineare Regressionsanalysen und zur Untersuchung der Bedingungsfaktoren der dichotomen Variablen zum generali sierten Vertrauen logistische Regressionsanalysen berechnet (vgl. Tabelle 4.3).

Tabelle 4.3: Bedingungsfaktoren von sozialem Vertrauen – Standardmodelle

	Shell 1992	KJE 1996	Shell 1997	Shell 2000	Shell 2002	Shell 2002
			Persönlicher Optimismus			generalisiertes Vertrauen
Geschlecht: weiblich	-.033* (-.038)	n.s.	n.s.	n.s.	n.s.	n.s.
Alter	.134** (.017)	.041* (.005)	-.114** (-.021)	.051** (.011)	.054** (.009)	-.162** (-.037)
Bildung: niedrig – mittel – hoch	.098** (.075)	.074** (.063)	n.s.	.126** (.107)	.170** (.134)	.213** (.285)
Wohnort: Ostdeutschland	-.076** (-.092)	-.067** (-.083)	n.s.	n.s.	-.065* (-.088)	-.127* (-.275)
Schulbildung Vater: niedrig – mittel – hoch	n.s.	.067* (.053)	n.s.	n.s.	n.s.	n.s.
Schulbildung Mutter: niedrig – mittel – hoch	n.s.	n.s.	n.s.	n.s.	-	-
N	3522	2864	2192	4542	2077	2362
Korrigiertes R^2/ Nagelkerke's R^2	.031	.037	.012	.018	.036	.023

Anmerkung: *Persönlicher Optimismus*: Lineare Regressionsanalyse: Lineare Regressionskoeffizienten (Beta); in Klammern nicht-standardisierte Koeffizienten (B); *Generalisiertes Vertrauen*: Binäre logistische Regression: Standardisierte logistische Regressionskoeffizienten (B), in Klammern nicht-standardisierte logistische Regressionskoeffizienten (B); *Allgemein:* Signifikanzniveau: * < .005 ** < .001; n.s.: nicht signifikant und daher nicht in Modell integriert; -: nicht erhoben; es wurden keine Gewichtungs- und Filtervariablen verwendet.

Zunächst wird deutlich, dass die Erklärungskraft der Standardmodelle sowohl des persönlichen Optimismus als auch des generalisierten Vertrauens sehr gering ist. Auch lässt sich innerhalb des Standarderklärungsmodells nur ein konsistenter Einflussfaktor feststellen: die formale Schulbildung. So äußern – mit Ausnahme von Shell 1997 – Jugendliche mit höherer Bildung sowohl eher Optimismus als auch eher generalisiertes Vertrauen.

Tabelle 4.4: Bedingungsfaktoren von sozialem Vertrauen – optimale Modelle

	Shell 1992	**KJE 1996**	**Shell 1997**	**Shell 2000**	**Shell 2002**	**Shell 2002**
			Persönlicher Optimismus			generalisiertes Vertrauen
Geschlecht: weiblich	-.048* (-.055)	n.s.	n.s.	n.s.	n.s.	n.s.
Alter	.141** (.017)	.051* (.007)	-.114** (-.021)	.054** (.012)	.053** (.008)	-.170** (-.039)
Bildung: niedrig – mittel – hoch	.095** (.073)	.059** (.050)	n.s.	.109** (.093)	.150** (.118)	.192** (.257)
Wohnort: Ostdeutschland	-.091** (-.112)	-.077** (-.096)	n.s.	n.s.	-.056* (-.075)	-.127* (-.274)
Schulbildung des Vaters: niedrig – mittel – hoch	n.s.	.060* (.048)	n.s.	n.s.	n.s.	n.s.
Schulbildung der Mutter: niedrig – mittel – hoch	n.s.	n.s.	n.s.	n.s.	-	-
Modellerweiterung ‚Familiäres Entwicklungskapital'						
Weitergabe kulturellen Kapitals	.037* (.019)	n.s.	-	-	-	-
Schulaufmerksamkeit	n.s.	.090** (.047)	-	-	-	-
Familienleben qualitativ: Gespräche mit Eltern	.109** (.077)	.090** (.073)	-	-	-	-
Familienleben quantitativ: Häufigkeit mit Familie	.056** (.039)	n.s.	n.r.	-	-	-
Geschwister	n.s.	n.s.	-	.040* (.061)	n.s.	n.s.
Übernahme des elterlichen Erziehungsstils	-	-	-	.119** (.100)	.104** (.083)	.206** (.267)
Vereinsmitgliedschaft der Eltern	-	-	-	-	.048* (.059)	n.s.
Elterliches Vertrauen in die Kinder	-	-	-	.053** (.039)	-	-

Modellerweiterung ‚Informelle soziale Kontakte'						
Wirkliche(r) Freund(in)	n.r.	n.r.	-	n.r.	-	-
Cliquenzugehörigkeit	n.s.	n.s.	-	-	n.s.	n.s.
Wichtigkeit von: Freunde und Bekannte	-	-	-	-	-	-
Modellerweiterung ‚Entwicklungskapital in der Schule'						
Engagement in der Schule	-	-	n.s.	-	n.s.	n.s.
Modellerweiterung ‚Religiöse Integration'						
Konfession: katholisch	n.s.	n.r.	-	n.r.	n.r.	n.r.
Konfession: protestantisch	n.s.	n.r.	-	n.s.	n.r.	n.s.
Kirchgangshäufigkeit	n.r.	n.r.	-	n.r.	-	-
Mitgliedschaft in religiösen Gruppen	-	-	-	-	n.s.	n.r.
N	3522	2864	2102	4542	2077	2362
Korrigiertes R^2/ Nagelkerke's R^2	.050	.037	.012	.039	.048	.035

Anmerkung: *Persönlicher Optimismus*: Lineare Regressionsanalyse: Lineare Regressionskoeffizienten (Beta); in Klammern nicht-standardisierte Koeffizienten (B); *Generalisiertes Vertrauen*: Binäre logistische Regression: Standardisierte logistische Regressionskoeffizienten (B), in Klammern nicht-standardisierte logistische Regressionskoeffizienten (B); *Allgemein*: Signifikanzniveau: * < .005 ** < .001; n.s.: nicht signifikant und daher nicht in Modell integriert; n.r.: signifikant, allerdings nicht relevant und daher nicht in Modell integriert (R^2-Erhöhung < .01); -: nicht erhoben; es wurden keine Gewichtungs- und Filtervariablen verwendet.

Für den persönlichen Optimismus zeigt sich außerdem ein signifikanter und – wiederum mit Ausnahme von Shell 1997 – auch konsistenter Alterseffekt. Damit sind die älteren Jugendlichen eher optimistisch eingestellt als die jüngeren. Umgekehrtes gilt allerdings für das Vertrauen. Denn je älter die befragten Jugendlichen sind, desto eher äußern sie Misstrauen. Schließlich zeigt sich in vier der sechs Modelle ein negativer Zusammenhang für Jugendliche aus Ostdeutschland. Damit bestätigt sich für die beiden Indikatoren von sozialem Vertrauen teilweise die oben formulierte Erwartung, dass Jugendliche in Ostdeutschland ihren Mitmenschen weniger soziales Vertrauen entgegenbringen als Jugendliche in Westdeutschland. Dabei lassen sich keine Angleichungstendenzen feststellen. Nimmt man nun die – mit Ausnahme wiederum einer Studie – durchgehend insignifikanten Geschlechtereffekte hinzu, lässt sich zusammenfassend sagen, dass Jugendliche mit höherer formaler Schulbildung sowie westdeutsche Jugendliche eher optimistisch bzw. vertrauensvoll sind. Die Alterseffekte deuten auf einen Unterschied zwischen generalisiertem Vertrauen und persönlichem Optimismus hin. Grundsätzlich kann aufgrund der beobachteten Alterseffekte nicht davon ausgegangen werden, dass es sich mit sozialem Vertrauen um eine stabile Eigenschaft handelt (vgl. Uslaner 2002). Unterstrichen wird dies zudem durch die Insignifikanz der Bildung der Eltern. Denn – mit Ausnahme von KJE 1996 – hat die formale Schulbildung der Eltern in keinem der Standardmodelle einen signifikanten Einfluss. Handelt es sich mit Optimismus und Vertrauen tatsächlich um einen stabilen Wert, der von den Eltern an die Kinder weitergegeben wird, wie Uslaner (2002) vermutet, sollten zum einen Alterseffekte insignifikant und zum anderen der Einfluss der elterlichen Bildung deutlicher sein.

Betrachtet man die verschiedenen optimalen Erklärungsmodelle in Tabelle 4.4, wird erstens deutlich, dass sich die Erklärungskraft der Standardmodelle durch die Integration der Modellerweiterungen nur geringfügig verbessert. Zweitens bleibt die Signifikanz der Standarderklärungsvariablen erhalten. Insgesamt konzentriert sich der geringe Einfluss auf das familiäre Entwicklungskapital. Alle anderen Modellerweiterungen beinhalten zwar in der Regel signifikante Effekte, allerdings ist deren Einfluss für eine Integration zu gering. Konsistente Zusammenhänge zeigen sich insbesondere für vertrauensvolle Gespräche mit den Eltern, die Bereitschaft zur Übernahme des elterlichen Erziehungsstils sowie das elterliche Vertrauen in die Kinder. Jugendliche, die Rückhalt und Unterstützung in der Familie finden, brauchen sich um ihre Zukunft weniger Gedanken zu machen, als Jugendliche, die auf sich allein gestellt sind bzw. sich alleine gelassen fühlen. Im Hinblick auf die Übernahme des elterlichen Erziehungsstils ist zu vermuten, dass Jugendliche, die erfahren haben, dass Erwachsene gerechte Entscheidungen treffen und übernehmenswerte Normvorstellungen vertreten, eher auch fremden Menschen vertrauensvoll gegenüberstehen. Einzelne Zusammenhänge finden sich darüber hinaus für jede der anderen Familienkapitalvariablen. Überraschenderweise steht die Vereinsmitgliedschaft der Eltern zwar in einem positiven Zusammenhang zur Zukunftssicht der Kinder nicht aber zum generalisierten Vertrauen.

Insgesamt finden sich vielfältige Hinweise für die Annahme, das familiäre Entwicklungskapital wirke sich positiv auf die Einstellungen Jugendlicher gegenüber anderen Menschen aus. Allerdings ist der Einfluss der entsprechenden Variablen so gering, dass von einer Erklärung sozialen Vertrauens Jugendlicher nicht gesprochen werden kann. Zudem finden sich keine Hinweise darauf, dass andere Aspekte jugendlichen Entwicklungskapitals für die Vertrauensentwicklung relevant sein könnten.

4.3.3 Soziale Werte

Soziale Werte werden in den einzelnen Jugendstudien über verschiedene Wertorientierungen höchst unterschiedlich operationalisiert. Allerdings sollten sich in allen Studien sowohl für die Ablehnung privatistischer Wertorientierungen, als auch für die Wichtigkeit sozialer Wertorientierungen sowie die Bereitschaft zu sozialem Engagement ähnliche Bedingungsfaktoren als wichtig erweisen.

Tabelle 4.5 kann zunächst entnommen werden, dass die Erklärungskraft der Standardmodelle der ‚*Ablehnung privatistischer Wertorientierungen*' zwar im Vergleich zu der für die verschiedenen Indikatoren von sozialem Vertrauen höher, insgesamt allerdings ebenfalls gering ist. Ein konsistenter Einfluss geht wiederum von der formalen Schulbildung der Befragten aus: je höher die Bildung der Jugendlichen ist, desto eher lehnen sie privatistische Wertorientierungen ab. Verstärkt wird dieser Zusammenhang noch durch den teilweise signifikanten Einfluss der elterlichen Schulbildung. Denn mit der Schulbildung der Eltern steigt die Wahrscheinlichkeit der Ablehnung privatistischer Wertorientierungen. Zum anderen findet sich ein konsistenter Zusammenhang zwischen dem Alter und der Ablehnung privatistischer Orientierungen. Demzufolge festigen sich soziale Wertorientierungen offensichtlich mit dem Alter. Wenig Bestätigung findet dagegen die Annahme, dass weibliche Jugendliche aufgrund ihrer Erziehung eher soziale Werte vertreten als männliche.

Tabelle 4.5: Bedingungsfaktoren der Ablehnung privatistischer Wertorientierungen – Standardmodelle

	Shell 1992	**Shell 1997**	**Shell 2000**
Geschlecht: weiblich	.056** (.309)	n.s.	n.s.
Alter	.053* (.032)	.162** (.120)	.035 (.033)
Bildung: niedrig – mittel – hoch	.253** (.935)	.223** (.859)	.211** (.782)
Wohnort: Ostdeutschland	.057** (.338)	n.s.	n.s.
Schulbildung des Vaters: niedrig – mittel – hoch	.072** (.248)	n.s.	.095** (.340)
Schulbildung der Mutter: niedrig – mittel – hoch	n.s.	n.s.	.053** (.207)
N	3653	2080	4390
Korrigiertes R^2	.095	.076	.090

Anmerkung: Lineare Regressionskoeffizienten (Beta); in Klammern nicht-standardisierte Koeffizienten (B); Signifikanzniveau: * < .005 ** < .001; n.s.: nicht signifikant und daher nicht in Modell integriert; es wurden keine Gewichtungs- und Filtervariablen verwendet.

Dass die Signifikanz dieser Effekte auch unter Kontrolle der verschiedenen Modellerweiterungen signifikant erhalten bleibt, kann Tabelle 4.6 entnommen werden, in der die Ergebnisse der linearen Regressionsanalysen für die optimalen Modelle enthalten sind. Es wird deutlich, dass die entsprechenden Modellerweiterungen nur wenig zur Erklärung dieses Indikators von sozialen Werten beitragen, denn die Erklärungskraft verbessert sich nur geringfügig. Von den drei möglichen Modellerweiterungen, finden sich nur für das familiäre Entwicklungskapital in Shell 2002 signifikante und relevante Zusammenhänge, allerdings sind diese sehr schwach und im Falle der Übernahme des elterlichen Erziehungsstils sogar negativ, also entgegen der erwarteten Wirkungsrichtung. Informelle soziale Kontakte erweisen sich zwar in allen drei Fällen als signifikante Einflussfaktoren, allerdings ist deren zusätzlicher Erklärungsbeitrag für eine Integration zu gering. Die religiöse Integration hat überhaupt keinen (signifikanten) Einfluss auf diese Indikatoren sozialer Werte.

Tabelle 4.6: Bedingungsfaktoren der Ablehnung privatistischer Wertorientierungen – optimale Modelle

	Shell 1992	Shell 1997	Shell 2000
Geschlecht: weiblich	.056** (.309)	n.s.	n.s.
Alter	.053* (.032)	.162** (.120)	.034 (.032)
Bildung: niedrig – mittel – hoch	.253** (.935)	.223** (.859)	.199** (.737)
Wohnort: Ostdeutschland	.057** (.338)	n.s.	n.s.
Schulbildung des Vaters: niedrig – mittel – hoch	.072** (.248)	n.s.	.093** (.334)
Schulbildung der Mutter: niedrig – mittel – hoch	n.s.	n.s.	.051** (.199)
Modellerweiterung ‚Familiäres Entwicklungskapital'			
Weitergabe kulturellen Kapitals	n.r.	-	-
Schulaufmerksamkeit	n.s.	-	-
Familienleben qualitativ: Gespräche mit Eltern	n.s.	-	-
Familienleben quantitativ: Häufigkeit mit Familie	n.s.	n.s.	-
Geschwister	n.r.	-	.038* (.252)
Übernahme des elterlichen Erziehungsstils	-	-	-.032* (-.118)
Elterliches Vertrauen in die Kinder	-	-	.138** (.441)
Modellerweiterung ‚Informelle soziale Kontakte'			
Wirkliche(r) Freund(in)	n.r.	-	n.r.
Cliquenzugehörigkeit	n.r.	-	-
Modellerweiterung ‚Religiöse Integration'			
Konfession: katholisch	n.s.	-	n.s.
Konfession: protestantisch	n.r.	-	n.s.
Kirchgangshäufigkeit	n.s.	-	n.s.
N	3653	2080	4390
Korrigiertes R^2	.095	.076	.109

Anmerkung: Lineare Regression: Lineare Regressionskoeffizienten (Beta); in Klammern nicht-standardisierte Koeffizienten (B); Signifikanzniveau: * < .005 ** < .001; n.s.: nicht signifikant und daher nicht in Modell integriert; n.r.: signifikant, allerdings nicht relevant und daher nicht in Modell integriert (R^2-Erhöhung < .01); -: nicht erhoben; es wurden keine Gewichtungs- und Filtervariablen verwendet.

In Tabelle 4.7 sind die Ergebnisse dargestellt, die sich aus den linearen Regressionsanalysen für die verschiedenen Standarderklärungsmodelle der zweiten Operationalisierung sozialer Werte, der *‚Wichtigkeit sozialer Wertorientierungen'* ergeben. Dabei fällt wiederum die niedrige Erklärungskraft der Modelle auf. Als konsistent wichtig erweist sich, wie auch bei der Ablehnung privatistischer Wertorientierungen, die Bildung. Je höher die formale Schulbildung der befragten Jugendlichen ist, desto wichtiger sind für sie Werte wie Hilfsbereitschaft, Toleranz und Respekt. Ein weiterer konsistenter Einfluss geht außerdem von der Geschlechtszugehörigkeit aus. Denn nun bestätigt sich die in Kapitel 4.2.1.3 formulierte Erwartung, wonach Frauen sozialen Werten eher Priorität einräumen als Männer, auch für die Jugendlichen in Deutschland. Gleichzeitig finden sich keine Hinweise für die Annahme, Geschlechterdifferenzen würden sich aufgrund von allgemeinen Veränderungen der Geschlechterrollen allmählich angleichen. Im Gegenteil: Unterschiede zwischen den Geschlechtern scheinen sich vertieft zu haben. In dieser Hinsicht sind auch die Wohnorteffekte überraschend: während sich in den Jahren nach der Deutschen Einheit keine signifikanten Unterschiede zwischen ost- und westdeutschen Jugendlichen zeigen, finden in Shell 2000 soziale Werte bei Jugendlichen aus den neuen Bundesländern weniger Unterstützung als bei Jugendlichen in den alten Bundesländern. Unter Umständen ist dieses Ergebnis aber auch auf die unterschiedliche Operationalisierung in Shell 2000 zurückzuführen (vgl. Kapitel 3.4.2.2).

Tabelle 4.7: Bedingungsfaktoren der Wichtigkeit sozialer Wertorientierungen – Standardmodelle

	DJI 1992	**Shell 1997**	**DJI 1997**	**Shell 2000**
Geschlecht: weiblich	.111** (.988)	.103** (.697)	.132** (1.314)	.148** (1.014)
Alter	.070** (.075)	-.054* (-.047)	n.s.	n.s.
Bildung: niedrig – mittel – hoch	.073** (.440)	.056** (.246)	.077** (.519)	.080* (.358)
Wohnort: Ostdeutschland	n.s.	n.s.	n.s.	-.059* (-.514)
Schulbildung des Vaters: niedrig – mittel – hoch	n.s.	n.s.	n.s.	.070* (.305)
Schulbildung der Mutter: niedrig – mittel – hoch	n.s.	n.s.	n.s.	n.s.
N	5815	2073	6802	4193
Korrigiertes R^2	.021	.016	.024	.041

Anmerkung: Lineare Regression: Lineare Regressionskoeffizienten (Beta); in Klammern nicht-standardisierte Koeffizienten (B); Signifikanzniveau: * < .005 ** < .001; n.s.: nicht signifikant und daher nicht in Modell integriert; es wurden keine Gewichtungs- und Filtervariablen verwendet.

Die zum Teil sehr niedrige Erklärungskraft der Standardmodelle deutet daraufhin, dass es über die sozio-demographischen Bedingungsfaktoren hinaus, andere Faktoren geben muss, die die Wichtigkeit sozialer Wertorientierungen begünstigen. Dies könnten zum Beispiel die verschiedenen Aspekte jugendspezifischen Entwicklungskapitals sein. Allerdings bestätigen dies die in Tabelle 4.8 dargestellten optimalen Modellen nur teilweise.

Tabelle 4.8: Bedingungsfaktoren der Wichtigkeit sozialer Wertorientierungen – optimale Modelle

	DJI 1992	**Shell 1997**	**DJI 1997**	**Shell 2000**
Geschlecht: weiblich	.057** (.505)	.087** (.588)	.098** (.977)	.149** (1.021)
Alter	.100** (.109)	n.s.	n.s.	n.s.
Bildung: niedrig – mittel – hoch	.058** (353)	.056** (.256)	.077** (.519)	.061** (.272)
Wohnort: Ostdeutschland	n.s.	n.s.	n.s.	-.067** (-.591)
Schulbildung des Vaters: niedrig – mittel – hoch	n.s.	n.s.	n.s.	.068** (.295)
Schulbildung der Mutter: niedrig – mittel – hoch	n.s.	n.s.	n.s.	n.s.
Modellerweiterung ‚Familiäres Entwicklungskapital'				
Familienleben quantitativ: Häufigkeit mit Familie	-	.140** (.256)	-	-
Geschwister	-	-	-	.042** (.341)
Übernahme des elterlichen Erziehungsstils	-	-	-	n.s.
Wichtigkeit der Familie	.275** (.940)	-	.248** (.971)	-
Elterliches Vertrauen in die Kinder	-	-	-	.175** (.670)
Modellerweiterung ‚Informelle soziale Kontakte'				
Wirkliche(r) Freund(in)	-	-	-	n.s.
Wichtigkeit von: Freunde und Bekannte	.138** (.622)	-	.204** (1.101)	-
Modellerweiterung ‚Religiöse Integration'				
Konfession: katholisch	n.s.	-	n.s.	n.s.
Konfession: protestantisch	n.s.	-	n.s.	n.s.
Kirchgangshäufigkeit	.090** (.375)	-	n.r.	n.r.
Mitgliedschaft in religiösen Gruppen	.047** (.724)	-	n.r.	-
N	5815	2073	6602	4193
Korrigiertes R^2	.148	.034	.155	.073

Anmerkung: Lineare Regressionskoeffizienten (Beta); in Klammern nicht-standardisierte Koeffizienten (B); Signifikanzniveau: * < .005 ** < .001; n.s.: nicht signifikant und daher nicht in Modell integriert; n.r.: signifikant, allerdings nicht relevant und daher nicht in Modell integriert (R^2-Erhöhung < .01); -: nicht erhoben; keine Gewichtungs- und Filtervariablen

Es wird zunächst deutlich, dass die Zusammenhänge für die Standardmodelle signifikant erhalten bleiben. Zudem verbessert sich die ohnehin sehr unbefriedigende Erklärungskraft durch die Integration der verschiedenen Modellerweiterungen nur für die beiden DJI Jugendstudien. In den zwei Shell Jugendstudien erweist sich lediglich das familiäre Entwicklungskapital als signifikant, während die sonstigen Modellerweiterungen für die Wichtigkeit sozialer Wertorientierungen irrelevant sind. Auch in den beiden DJI Jugendstudien erweist sich das familiäre Entwicklungskapital als wichtig. Denn in beiden optimalen Erklärungsmodellen steigt mit der Wertschätzung der Familie nicht nur die Wichtigkeit sozialer Wertorientierungen, sondern dies ist auch der stärkste Einflussfaktor. Den gleichen, wenn auch schwächeren, Einfluss übt die Wichtigkeit von Freunden und Bekannten aus. Darüber hinaus finden sich signifikante Einflüsse der religiösen Integration, die allerdings nur in DJI 1992 relevant sind.

Ein Blick auf die in Tabelle 4.9 dargestellten Ergebnisse der Regressionsanalysen für die dritte Operationalisierung sozialer Werte, die *Bereitschaft zu sozialem Engagement*, zeigt wiederum, dass die Erklärungskraft des Standardmodells in allen Studien und in Hinblick auf alle untersuchten abhängigen Variablen äußert gering ist. Allerdings spiegeln die Daten eindeutig die erwarteten Geschlechterunterschiede wider: weibliche Jugendliche sind eher zu allen Formen sozialen Engagements – sei es für Freunde, Fremde, sozial Benachteiligte oder in Organisationen – bereit als die männlichen Jugendlichen.

Tabelle 4.9: Bedingungsfaktoren der Bereitschaft zu sozialem Engagement – Standardmodelle

	DJI 1997	**DJI 1997**	**DJI 1997**	**Shell 2002**
Bereitschaft zu:	Hilfe für Freunde	Hilfe für Fremde	Engagement in Organisationen	Hilfe f. soz. Benachteiligte
Geschlecht: weiblich	.097** (.184)	.084** (.224)	.115** (.330)	.132** (.358)
Alter	n.s.	n.s.	-.045* (-.015)	n.s.
Bildung: niedrig – mittel – hoch	.044** (.056)	n.s.	.101** (.200)	n.s.
Wohnort: Ostdeutschland	.067** (.133)	.046** (.128)	-.077** (-.232)	-.078* (-.231)
Schulbildung des Vaters: niedrig – mittel – hoch	n.s.	n.s.	n.s.	.103** (.183)
Schulbildung der Mutter: niedrig – mittel – hoch	n.s.	n.s.	.035* (.069)	-
N	6342	6468	5734	1683
Korrigiertes R^2	.015	.009	.034	.030

Anmerkung: Lineare Regression: Lineare Regressionskoeffizienten (Beta); in Klammern nicht-standardisierte Koeffizienten (B); Signifikanzniveau: * < .005 ** < .001; n.s.: nicht signifikant und daher nicht in Modell integriert; -: nicht erhoben; es wurden keine Gewichtungs- und Filtervariablen verwendet.

Alle anderen Ergebnisse sind dagegen inkonsistent, denn das formale Bildungsniveau der Jugendlichen hat lediglich auf zwei der vier untersuchten Variablen einen Einfluss. Ähnliches lässt sich für den Wohnort feststellen: während ostdeutsche Jugendliche häufiger zu Hilfeleistungen für Freunde sowie für Fremde bereit sind, ist die Bereitschaft westdeutscher Jugendlicher zu einem Engagement in sozialen Organisationen bzw. zur Hilfe für sozial Benachteiligte höher.

Tabelle 4.10 kann entnommen werden, dass die Integration der Modellerweiterungen besonders die Erklärungskraft des Standarderklärungsmodells für die Bereitschaft zu Hilfeleistungen für Freunde in DJI 1992 verbessert, wobei in allen Fällen die Signifikanz der Standarderklärungsfaktoren erhalten bleibt. Durch die Modellerweiterungen wird außerdem erneut die wichtige Rolle der Familie bestätigt, denn mit Ausnahme der Hilfe für sozial Benachteiligte (Shell 2002) ist das familiäre Entwicklungskapital sowohl signifikant als auch relevant. Jugendliche, die die Wichtigkeit der Familie hoch einschätzen, sind ebenso eher zu Hilfe für Freunde wie für Fremde bereit und würden sich auch eher in Organisationen sozial engagieren. In Shell 2002 erweist sich dagegen das Engagement in der Schule als wichtig. Damit bestätigt sich mit Ausnahme der informellen sozialen Kontakte die Erwartung, dass jugendspezifisches Entwicklungskapital auch für die Entwicklung sozialer Wertorientierungen wichtig ist. Die Tatsache, dass sich die Wichtigkeit der Freunde einzig für Hilfe für Freunde (DJI 1992) einen relevanten zusätzlichen Erklärungsbeitrag leistet, deutet darauf hin, dass für die Bereitschaft zu Hilfeleistungen außerhalb des Bekanntenkreises auch andere Faktoren außerhalb des privaten Umfelds, wie zum Beispiel die religiöse Integration, wichtig sein sollten. Allerdings erweisen sich nur wenige Aspekte als signifikant und relevant. So sind Jugendliche, die in religiösen Gruppen Mitglied sind, zwar zu einem Engagement in sozialen Organisationen oder zu Hilfe für sozial Benachteiligte bereit, allerdings ist dieser Zusammenhang für keine der anderen Variablen substantiell.

Tabelle 4.10: Bedingungsfaktoren der Bereitschaft zu sozialem Engagement – optimale Modelle

	DJI 1997	**DJI 1997**	**DJI 1997**	**Shell 2002**
Bereitschaft zu:	Hilfe für Freunde	Hilfe für Fremde	Engag. in Org.	Hilfe f. soz. Benacht.
Geschlecht: weiblich	.065** (.123)	.065** (.174)	.097** (.279)	.122** (.331)
Alter	n.s.	n.s.	-.039* (-.013)	n.s.
Bildung: niedrig – mittel – hoch	.027* (.035)	n.s.	.090** (.179)	n.s.
Wohnort: Ostdeutschland	.039* (.077)	.046** (.128)	-.057** (-.171)	-.067* (-.199)
Schulbildung des Vaters: niedrig – mittel – hoch	n.s.	n.s.	n.s.	.103** (.147)
Schulbildung der Mutter: niedrig – mittel – hoch	n.s.	n.s.	.031* (.062)	-
Modellerweiterung ‚Familiäres Entwicklungskapital'				
Geschwister	-	-	-	n.s.
Übernahme des elterlichen Erziehungsstils	-	-	-	n.s.
Wichtigkeit der Familie	.225** (.168)	.169** (.179)	.109** (.126)	-
Vereinsmitgliedschaft der Eltern	-	-	-	n.s.
Modellerweiterung ‚Informelle soziale Kontakte'				
Cliquenzugehörigkeit	-	-	-	n.s.
Wichtigkeit von: Freunde und Bekannte	.271** (.273)	n.r.	n.r.	-
Modellerweiterung ‚Entwicklungskapital in der Schule'				
Engagement in der Schule	-	-	-	.090** (.242)
Modellerweiterung ‚Religiöse Integration'				
Konfession: katholisch	n.s.	n.r.	n.s.	n.s.
Konfession: protestantisch	n.s.	n.r.	n.s.	n.s.
Kirchgangshäufigkeit	n.s.	n.r.	.075** (.098)	-
Mitgliedschaft in religiösen Gruppen	n.r.	n.r.	.094** (.574)	.105** (.363)
N	6342	6468	5734	1683
Korrigiertes R^2	.174	.037	.066	.050

Anmerkung: Lineare Regression: Lineare Regressionskoeffizienten (Beta); in Klammern nicht-standardisierte Koeffizienten (B); Signifikanzniveau: * < .005 ** < .001; n.s.: nicht signifikant und daher nicht in Modell integriert; n.r.: signifikant, allerdings nicht relevant und daher nicht in Modell integriert (R^2-Erhöhung < .01); -: nicht erhoben; keine Gewichtungs- und Filtervariablen.

4.3.4 Kooperative Normen

Kooperative Normen werden innerhalb dieser Arbeit auf höchst unterschiedliche Art operationalisiert. Zum einen sind unter dem Sammelbegriff ‚Normakzeptanz' verschiedene Aspekte des Verhältnisses Jugendlicher zu in der Gesellschaft gültigen Normen zusammengefasst. Zum anderen wird mit sozialer Kohäsion die Akzeptanz von Normen indirekt über die Wahrnehmung sozialen Zusammenhalts operationalisiert. Wie erwartet finden sich, obwohl es sich um sehr unterschiedliche Operationalisierungen der Akzeptanz kooperativer Normen handelt, für alle vier Indikatoren ähnliche Wirkungsmechanismen (vgl. Tabelle 4.11). So setzt sich der bereits für die sozialen Werte deutlich gewordene Effekt des Geschlechts fort. Denn wieder sind es die weiblichen Jugendlichen, die Normen eher akzeptieren als ihre männlichen Altersgenossen, wobei dies insbesondere für nicht begangene Gesetzesverstöße zutrifft. Der zweite konsistente Einfluss findet sich für das Alter. Zwar ist der entsprechende Effekt in Shell 1992 und KJE 1996 insignifikant, doch war dieses Ergebnis zu erwarten, da das Alter mit Hilfe der Fragestellung konstant gehalten wurde (vgl. Kapitel 3.4.3).

Tabelle 4.11: Bedingungsfaktoren der Akzeptanz kooperativer Normen – Standardmodelle

	Shell 1992	**DJI 1992**	**KJE 1996**	**Shell 2002**
	keine Gesetzesv.	Normen& Gesetze	keine Gesetzesv.	keine Gewalt
Geschlecht: weiblich	.313** (1.525)	.096** (.514)	.259** (1.263)	.103** (188)
Alter	n.s.	.114** (.074)	n.s.	.213** (.050)
Bildung: niedrig – mittel – hoch	.073** (.241)	.197** (.720)	.098** (.329)	.108** (.127)
Wohnort: Ostdeutschland	-.082** (-.429)	-.105** (-.594)	n.s.	n.s.
Schulbildung des Vaters: niedrig – mittel – hoch	n.s.	n.s.	n.s.	n.s.
Schulbildung der Mutter: niedrig – mittel – hoch	n.s.	n.s.	n.s.	-
N	3426	6502	3117	2479
Korrigiertes R^2	.110	.068	.076	.070

Anmerkung: Lineare Regression: Lineare Regressionskoeffizienten (Beta); in Klammern nicht-standardisierte Koeffizienten (B); Signifikanzniveau: * < .005 ** < .001; n.s.: nicht signifikant und daher nicht in Modell integriert; -: nicht erhoben; es wurden keine Gewichtungs- und Filtervariablen verwendet.

In allen anderen Standardmodellen bestätigt sich ganz klar die in Kapitel 4.2.1.3 formulierte Erwartung, wonach mit dem Alter auch die Bereitschaft, soziale Normen zu akzeptieren, steigt. Außerdem finden sich positive Bildungseffekte, denn je höher die Bildung der befragten Jugendlichen ist, desto stärker ist die Akzeptanz kooperativer Normen ausgeprägt. Wahrscheinlich haben es Jugendliche mit einem höheren sozialen Status (Bildung der Eltern) zum einen ‚weniger nötig', gegen Normen zu verstoßen (z.B. Gesetzverstöße). Zum anderen könnten sie aufgrund des sozialen Umfeldes weniger Anregungen zu normverletzendem Verhalten haben. Schließlich findet sich in den beiden älteren Jugendstudien (KJE 1996 und Shell 2002) außerdem bei den Jugendlichen in Ostdeutschland eine geringere Normakzeptanz, während in Shell 1992 und DJI 1992 keine derartigen Wohnorteffekte nachweisbar sind. Dies könnte auf eine Angleichung der Jugendlichen in Deutschland hindeuten.

Die Ergebnisse der linearen Regressionsanalysen mit den optimalen Modellen für die verschiedenen Indikatoren sozialer Normakzeptanz können Tabelle 4.12 entnommen werden. Wiederum wird deutlich, dass sich die Erklärungskraft der optimalen Modelle gegenüber dem Standardmodell nur geringfügig verbessert und die Signifikanz der Standardeinflussvariablen erhalten bleibt. Sehr konsistent sind zunächst die Ergebnisse von Shell 1992 und KJE 1996 bezüglich der Wirkungsweise des jugendspezifischen Entwicklungskapitals sowie der religiösen Integration. Zum einen verbessert sich die Erklärungskraft des Standardmodells durch die Integration der drei Modellerweiterungen deutlich. Zum anderen erweisen sich die gleichen Aspekte als relevant, denn für den Einfluss des familiären Entwicklungskapitals lässt sich feststellen: Je mehr Schulaufmerksamkeit die Eltern gezeigt haben, je regelmäßiger vertrauensvolle Gespräche stattfanden und je mehr Zeit mit der Familie verbracht wird, desto eher haben die Jugendlichen bisher keine Gesetzesverstöße begangen. Umgekehrt haben Jugendlichen, die einer Clique angehören, schon häufiger Gesetzesverstöße begangen. Hier scheint sich der von Coleman (1991) beschriebene Normenkonflikt zwischen Gleichaltrigen und den Eltern widerzuspiegeln.

Eine weitere Schlussfolgerung erlaubt eine für die beiden Geschlechter getrennt berechnete lineare Regressionsanalysen in Shell 1992 und KJE 1996, wo der Einfluss des Geschlechts besonders hoch ist (tabellarisch nicht ausgewiesen). Dabei wird deutlich, dass die oben dargestellten Standard- und optimalen Modelle eher für die männlichen als für die weiblichen Jugendlichen gelten. Interessant ist in diesem Zusammenhang, dass die Cliquenzugehörigkeit für die männlichen Jugendlichen einen stark negativen Einfluss hat, während dieser Effekt für die weiblichen Jugendlichen insignifikant ist. Dies wird nicht etwa durch einen stärkeren Effekt des familiären Entwicklungskapitals ausgeglichen. Denn auch diesbezüglich zeigt sich, dass die für die männlichen Jugendlichen so wichtigen

Einflüsse für die weiblichen Befragten insignifikant oder irrelevant sind. Mit anderen Worten: weibliche Jugendliche begehen nicht nur seltener Gesetzverstöße, sondern werden dabei auch scheinbar weniger von ihrer Umwelt beeinflusst. Die männlichen Befragten dagegen scheinen sich entweder stark den Normvorstellungen ihrer Familie oder ihrer Freunde zu beugen, wobei dieser Einfluss gegenläufig ist. Dies lässt vermuten, dass kooperative Normen bei den weiblichen Jugendlichen stärker internalisiert sind als bei den männlichen.

Der dritte Bereich, in dem sich konsistente Erklärungsfaktoren für die Akzeptanz kooperativer Normen in Form bisher nicht begangener Gesetzesverstöße finden, stellt die religiöse Integration dar. Denn sowohl die Konfessionszugehörigkeit zu einer der beiden christlichen Religionen als auch die Kirchgangshäufigkeit beeinflussen die Normakzeptanz Jugendlicher positiv. Für dic anderen beiden Operationalisierungen von kooperativen Normen finden sich ebenfalls Hinweise auf die Relevanz der religiösen Integration, wobei der entsprechende Einfluss in Shell 2002 nicht relevant ist. Hier bestätigt sich allerdings nochmals der negative Effekt der Cliquenzugehörigkeit. Im Unterschied zu den Gesetzesverstößen zeigt sich also, dass dem jugendspezifischen Entwicklungskapital weniger Bedeutung zukommt.

Wie den in Tabelle 4.13 dargestellten Ergebnissen der Regressionsanalysen zur zweiten Operationalisierung kooperativer Normen über die *Wahrnehmung sozialer Kohäsion* zu entnehmen ist, finden sich in allen vier Studien zum größten Teil sehr konsistente Einflüsse der Standarderklärungsfaktoren, wobei sich wiederum die Erklärungskraft der einzelnen Modelle unterscheidet. Insbesondere in den beiden Shell Jugendstudien, in denen auch andere Aspekte der Wahrnehmung sozialer Anomie betrachtet werden (vgl. Kapitel 3.4.4.2), ist die Erklärungskraft sehr gering. Grundsätzlich erweisen sich das Geschlecht, das Alter, die Bildung sowie die Schulbildung des Vaters als konsistente Einflussfaktoren sozialer Kohäsion. Entgegen den Erwartungen und anders als für die restlichen kulturellen Sozialkapitalaspekte beobachtet, nehmen dabei die weiblichen Jugendlichen gesellschaftliche Entfremdung eher wahr als die männlichen. Offensichtlich sind die weiblichen Jugendlichen in dieser Hinsicht kritischer bzw. „empfindsamer" als ihre männlichen Altersgenossen. Dieses Ergebnis korrespondiert mit der in Kapitel 3.5.2 beschriebenen negativen (und unerwarteten) Korrelation zwischen den verschiedenen Aspekten der Hilfsbereitschaft und der Wahrnehmung sozialer Kohäsion. Für den Einfluss des Alters und der formalen Schulbildung gilt – wie bisher – je älter bzw. besser gebildet die Jugendlichen sind, desto eher verfügen sie über Sozialkapital. Verstärkt wird dieser Zusammenhang in Bezug auf die Wahrnehmung sozialer Kohäsion durch den konsistenten Einfluss der väterlichen Schulbildung.

Tabelle 4.12: Bedingungsfaktoren der Akzeptanz kooperativer Normen – optimale Modelle

	Shell 1992	**DJI 1992**	**KJE 1996**	**Shell 2002**
	keine Gesetzesverstöße	Normen& Gesetze	keine Gesetzesverstöße	keine gewalts. Auseinanders.
Geschlecht: weiblich	.261** (1.274)	.082** (.440)	.211** (1.030)	.101** (.184)
Alter	n.s.	.114** (.074)	n.s.	.212** (.050)
Bildung: niedrig – mittel – hoch	.087** (.286)	.197** (.720)	.080** (.269)	.109** (.129)
Wohnort: Ostdeutschland	-.068** (-.356)	-.105** (-.594)	n.s.	n.s.
Schulbildung des Vaters: niedrig – mittel – hoch	n.s.	n.s.	n.s.	n.s.
Schulbildung der Mutter: niedrig – mittel – hoch	n.s.	n.s.	n.s.	-
Modellerweiterung ‚Familiäres Entwicklungskapital'				
Weitergabe kulturellen Kapitals	n.s.	-	n.s.	-
Schulaufmerksamkeit	.064** (.136)	-	.147** (.303)	-
Familienleben qualitativ: Gespräche mit Eltern	.154** (.470)	-	.120** (.380)	-
Familienleben quantitativ: Häufigkeit mit Familie	.136** (.403)	-	.164** (.495)	-
Geschwister	n.s.	-	n.s.	n.s.
Übernahme des elterlichen Erziehungsstils	-	-	-	n.r.
Wichtigkeit der Familie	-	n.r.	-	-
Vereinsmitgliedschaft der Eltern	-	-	-	n.s.

Modellerweiterung ‚Informelle soziale Kontakte'				
Wirkliche(r) Freund(in)	n.s.	-	n.s.	-
Cliquenzugehörigkeit	-.126** (-.740)	-	-.118** (-.692)	-.133** (-.262)
Wichtigkeit von: Freunde und Bekannte	-	n.s.	-	-
Modellerweiterung ‚Entwicklungskapital in der Schule'				
Engagement in der Schule	-	-	-	n.s.
Modellerweiterung ‚Religiöse Integration'				
Konfession: katholisch	.081* (.420)	n.s.	.107** (.572)	n.r.
Konfession: protestantisch	.081** (.420)	n.s.	.107** (.607)	n.r.
Kirchgangshäufigkeit	.092** (.215)	.083** (.208)	.051* (.140).	-
Mitgliedschaft in religiösen Gruppen	-	.084** (.800)	-	n.s.
N	3428	6502	2886	2479
Korrigiertes R^2	.200	.085	.202	.088

Anmerkung: Lineare Regression: Lineare Regressionskoeffizienten (Beta); in Klammern nicht-standardisierte Koeffizienten (B); Signifikanzniveau: * < .005 ** < .001; n.s.: nicht signifikant und daher nicht in Modell integriert; n.r.: signifikant, allerdings nicht relevant und daher nicht in Modell integriert (R^2-Erhöhung < .01); -: nicht erhoben; es wurden keine Gewichtungs- und Filtervariablen verwendet.

Tabelle 4.13: Bedingungsfaktoren sozialer Kohäsion – Standardmodelle

	DJI 1992	Shell 1997	DJI 1997	Shell 2000
Geschlecht: weiblich	-.077** (-.360)	-.095** (-.440)	-.068** (.179)	-.055** (-.261)
Alter	.057** (.032)	.068** (.041)	.068** (.068)	.038** (.030)
Bildung: niedrig – mittel – hoch	.230** (.735)	.098* (.307)	.207** (.592)	.166** (.511)
Wohnort: Ostdeutschland	-.243** (-1.216)	n.s.	-.181** (-.787)	n.s.
Schulbildung des Vaters: niedrig – mittel – hoch	.088** (.257)	.064* (.186)	.072** (.187)	.080** (.239)
Schulbildung der Mutter: niedrig – mittel – hoch	n.s.	n.s.	.058* (.164)	n.s.
N	5667	2015	5403	4419
Korrigiertes R^2	.129	.030	.111	.047

Anmerkung: Lineare Regression: Lineare Regressionskoeffizienten (Beta); in Klammern nicht-standardisierte Koeffizienten (B); Signifikanzniveau: * < .005 ** < .001; n.s.: nicht signifikant und daher nicht in Modell integriert; es wurden keine Gewichtungs- und Filtervariablen verwendet.

Die Ergebnisse der optimalen Modelle sind ähnlich konsistent wie die Ergebnisse der Standardmodelle. Denn die verschiedenen Aspekte der Modellerweiterung erweisen sich als mögliche zusätzliche Erklärungsfaktoren als nicht relevant. Lediglich in Shell 2000 lehnen Jugendliche mit Geschwistern und Jugendliche, deren Eltern ihnen Vertrauen entgegengebracht haben, eher Anomie-Aussagen ab, wobei sich die Erklärungskraft des Standardmodells allerdings nur gering verbessert (tabellarisch nicht ausgewiesen).

4.4 Zusammenfassung

Bei der in diesem Kapitel durchgeführten differenzierten Betrachtung von Sozialkapital als abhängige Variable wurden die Bedingungsfaktoren von sozialer Beteiligung, sozialem Vertrauen, sozialen Werten und kooperativen Normen untersucht. In Kapitel 4.2 wurden dafür zunächst die möglichen Bedingungsfaktoren der einzelnen Sozialkapitalaspekte betrachtet und Erwartungen formuliert sowie die Operationalisierungen der entsprechenden Variablen in den einzelnen Jugendstudien vorgestellt. Anschließend erfolgte in Kapitel 4.3 die empirische Analyse der Bedingungsfaktoren jugendlichen Sozialkapitals, so dass nun die vierte innerhalb dieser Arbeit relevante Frage zusammenfassend beantwortet werden kann:

4. Was sind die Bedingungen von Sozialkapital bei Jugendlichen in Deutschland? Welche Rolle spielen dabei Standarderklärungsfaktoren im Vergleich zu jugendspezifischen Faktoren, wie dem Entwicklungskapital?

Zunächst lassen sich die Ergebnisse der empirischen Analysen zu den Bedingungsfaktoren *formeller sozialer Beteiligung* in Vereinen relativ einfach zusammenfassen: Es sind die gut gebildeten, männlichen und jüngeren Jugendlichen im Westen, die sich in Vereinen engagieren. Für Jugendliche im Osten dagegen ist die Chance einer formellen Mitgliedschaft deutlich geringer. Die Erweiterung des Standardmodells um familiäre Aspekte führt für das formelle Engagement zu einer teilweise erheblichen Verbesserung der Erklärungskraft. Dabei bestätigen sich tendenziell alle formulierten Erwartungen: Zum einen finden sich weder in den Standard- noch in den optimalen Erklärungsmodellen gegenläufige Einflüsse, und zum anderen erweisen sich die einzelnen Modellerweiterungen – wenn auch in unterschiedlichem Maße – für die Erklärung formaler sozialer Beteiligung als relevant. Im Hinblick auf die *informelle soziale Aktivität* ist von Bedeutung, dass sie anderen Bedingungen unterliegt als formelle soziale Beteiligung. So sind es hier die weiblichen, älteren Jugendlichen aus Ostdeutschland, die eher informell aktiv sind, während die Bildung sowie die verschiedenen Entwicklungskapitalaspekte keinen signifikanten Einfluss haben. Für die Jugendlichen in Deutschland zeigt sich also, dass formelle und informelle soziale Beteiligung zwei unterschiedliche Aspekte strukturellen Sozialkapitals sind.

Auf die Problematik bei der Operationalisierung *sozialen Vertrauens* als ein zentraler Aspekt kulturellen Sozialkapitals wurde bereits früher hingewiesen. Ein wichtiges Ergebnis dieses Kapitels ist daher, dass persönlicher Optimismus und generalisiertes Vertrauen nicht nur positiv miteinander korrelieren, sondern auch ähnlichen Einflussmechanismen unterliegen, wobei insbesondere die Bildungseffekte wichtig sind. Je höher die Bildung der befragten Jugendlichen, desto optimistischer sind sie und desto eher äußern sie generalisiertes Vertrauen. Tendenziell findet sich soziales Vertrauen dagegen seltener bei den ostdeutschen Jugendlichen. Die verschiedenen Modellerweiterungen verbessern die ohnehin geringe Erklärungskraft der Standardmodelle nur sehr wenig. Einzig das familiäre Entwicklungskapital beeinflusst diesen kulturellen Aspekt sozialen Kapitals nachweisbar positiv.

Weitaus schwieriger lassen sich die Bedingungsfaktoren *sozialer Werte* zusammenfassen, da diesem Sozialkapitalaspekt höchst unterschiedliche Operationalisierungen zugrunde liegen. Eindeutig und konsistent wirkt sich die formale Schulbildung aus, denn sowohl für die Ablehnung privatistischer Wertorientierungen als auch für die Akzeptanz sozialer Werte sowie die Bereitschaft zu sozialen Hilfeleistungen gilt: je höher die Bildung der befragten Jugendlichen, desto stärker ist die Befürwortung derartiger Werte. Verstärkt wird der Einfluss zudem teilweise durch einen eigenständigen Einfluss der elterlichen Schulbildung. Außerdem ist – mit Ausnahme der Ablehnung privatistischer Wertorientierungen – der Einfluss des Geschlechts konsistent. In allen Fällen vertreten weibliche Jugendliche eher soziale Werte als ihre männlichen Altersgenossen. Auch der Wohnort erweist sich als signifikanter Einflussfaktor, wobei die Effekte nicht immer konsistent sind: während in einigen Fällen eher westdeutsche und in anderen eher ostdeutsche Jugendliche soziale Wertorientierungen vertreten, zeigen sich für die anderen Variablen bzw. Erhebungszeitpunkte keine derartigen Effekte. Ähnlich inkonsistent sind auch die Alterseffekte. Die Zusammenfassung der Ergebnisse der optimalen Erklärungsmodelle ist schwieriger. Grundsätzlich ist – mit wenigen Ausnahmen – die Verbesserung gegenüber dem Standardmodell nicht sehr groß. Der größte Teil dieser Verbesserung ist dabei in der Regel auf die verschiedenen Aspekte des jugendspezifischen Entwicklungskapitals zurückzuführen. Dagegen ist der erwartete Einfluss der religiösen Integration weitaus geringer als vermutet. Lediglich in drei von neun möglichen Modellen erweist sich dieser Aspekt als relevant. Ähnlich marginal ist der Einfluss der informellen sozialen Kontakte und des schulischen Engagements.

Schließlich wurden die Bedingungsfaktoren der Akzeptanz *kooperativer Normen* als viertem Aspekt jugendlichen Sozialkapitals untersucht, wobei ebenfalls sehr unterschiedliche Operationalisierungen verwendet wurden. Ein konsistenter Einflussfaktor des Standardmodells ist wiederum die Bildung: Jugendliche mit hoher Bildung akzeptieren eher Normen, wobei dieser Statuseffekt bei der sozialen Kohäsion durch die Schulbildung des Vaters verstärkt wird. Darüber hinaus zeigt sich ein konsistent positiver Einfluss des Alters auf die Normakzeptanz, denn ältere Jugendliche akzeptieren Normen eher als jüngere. Bezüglich des Geschlechts ergeben sich dagegen unterschiedliche Ergebnisse. So haben die weiblichen Jugendlichen auf der einen Seite Normen scheinbar stärker internalisiert als gleichaltrige männliche Jugendliche. Allerdings nehmen letztere eher einen Zusammenhalt in der Gesellschaft war. Für einige Aspekte zeigt sich zudem ein Effekt des Wohnortes, wonach ostdeutsche Jugendliche tendenziell kooperative Normen weniger stark befürworten als westdeutsche. Während die Modellerweiterungen keinen relevanten Einfluss auf die Wahrnehmung sozialer Kohäsion haben und sich die Cliquenzugehörigkeit negativ auf die Normakzeptanz auswirkt, erhöht insbesondere das familiäre Entwicklungskapital die Wahrscheinlichkeit der Normakzeptanz. Die Tatsache, dass diese Effekte lediglich für die männlichen Befragten relevant sind, spricht ebenfalls dafür, dass Normen bei den weiblichen Jugendlichen stärker internalisiert sind als bei den männlichen.

In Tabelle 4.14 sind die Ergebnisse nochmals zusammenfassend dargestellt. Ein ‚+' bedeutet dabei, dass mindestens die Hälfte der Koeffizienten signifikant (und relevant) positiv ist, während ‚–' bedeutet, dass mindestens die Hälfte der

Koeffizienten signifikant (und relevant) negativ ist. Das Zeichen ‚O' wird verwendet, wenn mehr als die Hälfte der Koeffizienten entweder insignifikant oder irrelevant ist.

Tabelle 4.14: Bedingungen jugendlichen Sozialkapitals – Zusammenfassung

	Vereinsmitgliedschaft	Informelle soziale Aktivität	persönlicher Optimismus	generalisiertes Vertrauen	Ablehnung privatistischer Wertorientierungen	Wichtigkeit sozialer Wertorientierungen	Bereitschaft zu sozialem Engagement	Normakzeptanz	soziale Kohäsion
Standarderklärungsfaktoren									
Geschlecht: weiblich	–	o	o	o	o	+	+	+	–
Alter	–	+	+	–	+	o	o	+	+
Bildung: niedrig – mittel – hoch	+	o	+	+	+	+	+	+	+
Wohnort: Ostdeutschland	–	o	–	–	o	o	±	–	–
Schulbildung des Vaters: niedrig – mittel – hoch	o	+	o	o	+	o	o	o	+
Schulbildung der Mutter: niedrig – mittel – hoch	o	?	o	?	o	o	o	o	o
Entwicklungskapitalaspekte									
Familiäres Entwicklungskapital	o	o	+	o	o	+	+	o	o
Informelle soziale Kontakte	o	o	o	o	o	+	o	–	o
Entwicklungskapital in der Schule	o	o	o	o	?	?	+	o	?
Religiöse Integration	+	o	o	o	o	o	o	+	o

Anmerkung: +: Standarderklärungsfaktoren: mind. die Hälfte der Koeffizienten positiv signifikant, Entwicklungskapitalaspekte: mind. die Hälfte der Koeffizienten positiv signifikant und relevant;
-: Standarderklärungsfaktoren: mind. die Hälfte der Koeffizienten negativ signifikant, Entwicklungskapitalaspekte: mind. die Hälfte der Koeffizienten negativ signifikant und relevant;
o: Standarderklärungsfaktoren mehr als die Hälfte der Koeffizienten insignifikant, Entwicklungskapitalaspekte: mehr als die Hälfte der Koeffizienten insignifikant oder irrelevant;
?: Einfluss konnte aufgrund fehlender Variablen nicht untersucht werden.

Für den Einfluss der verschiedenen Aspekte des Standardmodells bestätigen sich die in Kapitel 4.2.1 formulierten Erwartungen zumindest teilweise. So zeigt sich in den verschiedenen Jugendstudien, dass Jugendliche in Ostdeutschland zwar tendenziell über weniger Sozialkapital verfügen als Jugendliche in Westdeutschland. Allerdings wird dieser Zusammenhang einerseits mit der Zeit nicht schwächer und bestätigt sich andererseits nicht für die sozialen Werten. Dieser Befund deutet daraufhin, dass sich die Frage nach der unterschiedlichen Verfügbarkeit von Sozialkapital bei Jugendlichen in Ost- und Westdeutschland nur differenziert beantworten lässt. Demnach finden sich für die formelle soziale Beteiligung, das soziale Vertrauen und die Akzeptanz kooperativer Normen deutliche Unterschiede zwischen ost- und westdeutschen Jugendlichen, die zudem sehr stabil sind. Für soziale Werte und informelle soziale Aktivitäten sind die Differenzen dagegen nicht konsistent. Zu einer ähnlichen Schlussfolgerung führt die zusammenfassende Betrachtung von Geschlechtseffekten. Zwar bestätigt sich grundsätzlich die Erwartung, dass männliche Jugendliche eher über strukturelles Sozialkapital verfügen, und bei den weiblichen Jugendlichen der Rückgriff auf kulturelles Sozialkapital besser ist. Allerdings passen weder die informelle soziale Aktivität noch das soziale Vertrauen in diese allgemeine Schlussfolgerung. Insbesondere für die Wahrnehmung sozialer Kohäsion finden sich sogar konsistent gegenteilige Effekte. Am deutlichsten erweist sich der Einfluss der formalen Schulbildung der befragten Jugendlichen. Denn mit Ausnahme der informellen sozialen Aktivität bestätigt sich für alle Aspekte jugendlichen Sozialkapitals: Je höher die Schulbildung der befragten Jugendlichen ist, desto eher verfügen sie über Sozialkapital. Dieser Zusammenhang zeigt sich konsistent sowohl für die strukturellen als auch für die kulturellen Sozialkapitelaspekte. Der Einfluss der elterliche Schulbildung ist zwar nicht konsistent, findet sich allerdings ein signifikanter Zusammenhang, ist dieser stets positiv.

Die in Kapitel 4.2.1 dargestellten Erwartungen über den Einfluss der verschiedenen Modellerweiterungen finden dagegen nur wenig Bestätigung: Weder erweisen sich für einen Sozialkapitalaspekt alle jugendspezifischen Entwicklungskapitalaspekte als signifikant bzw. relevant, noch findet sich ein konsistenter Einfluss einer Modellerweiterung. Tendenziell verfügen Jugendliche mit guter familiärer Ressourcenausstattung zwar eher über Sozialkapital, allerdings finden sich für die anderen Entwicklungskapitalaspekte nur wenige Hinweise auf das Zutreffen der Erwartung, wonach sich die Verfügbarkeit der verschiedenen Formen jugendspezifischen Entwicklungskapitals positiv auf die verschiedenen Aspekte jugendlichen Sozialkapitals auswirkt. Außerdem scheint die Integration in religiöse Kontexte für die Vereinsmitgliedschaft und die Normakzeptanz wichtig zu sein. Zwar ergeben sich für die restlichen Modellerweiterungen keine gegenläufigen Zusammenhänge, die Mehrzahl der Koeffizienten ist aber entweder insignifikant oder irrelevant.

5 Konsequenzen von Sozialkapital bei Jugendlichen

5.1 Einführung

Nachdem im vorangegangenen Kapitel die Bedingungsfaktoren der einzelnen Sozialkapitalaspekte analysiert worden sind, wird in diesem Kapitel nun den Konsequenzen sozialen Kapitals Jugendlicher nachgegangen. Dabei interessiert, inwiefern sich Sozialkapital bereits in der Jugendphase positiv auf verschiedene politische Einstellungen und Verhaltensweisen auswirkt, also die fünfte in dieser Arbeit zu beantwortende Frage:

5. Was sind die Konsequenzen von Sozialkapital bei Jugendlichen in Deutschland? Wie ist der Einfluss sozialen Kapitals auf die politischen Orientierungen Jugendlicher im Vergleich zu Standarderklärungsfaktoren und jugendspezifischen Entwicklungskapitalaspekten zu bewerten?

Dazu wird in Kapitel 5.2 zunächst dargelegt, warum Sozialkapital für die Entwicklung politischer Orientierungen im Jugendalter relevant sein könnte. Die zugrunde liegende Überlegung ist dabei, dass Sozialkapital für Jugendliche eine wichtige zusätzliche Ressource darstellt und daher in der aktuellen politischen Sozialisationsforschung stärker berücksichtigt werden sollte. Die politischen Orientierungen von Jugendlichen werden dabei in Kapitel 5.3 zunächst über das politische Interesse operationalisiert, das als grundlegendste Form politischer Involvierung eine wichtige Voraussetzung anderer politischer Verhaltensweisen und Einstellungen darstellt. In Kapitel 5.4 wird dann mit verschiedenen Formen der politischen Partizipation der Einfluss sozialen Kapitals auf politische Aktivitäten Jugendlicher untersucht. Schließlich wird mit der in Kapitel 5.5 betrachteten politischen Unterstützung die Legitimitätsgrundlage politischer Systeme angesprochen. Für alle drei Bereiche politischer Orientierungen werden in den folgenden Kapiteln jeweils zunächst Erwartungen über die Relevanz sozialen Kapitals formuliert, die dann anschließend empirisch überprüft werden. Dabei wird der Einfluss der verschiedenen Sozialkapitalaspekte untersucht und sowohl Standardbedingungsfaktoren als auch Aspekten jugendspezifischen Entwicklungskapitals als möglichen alternativen Erklärungsfaktoren gegenübergestellt.

5.2 Sozialkapital und politische Orientierungen bei Jugendlichen

Die Konsequenzen von Sozialkapital scheinen sehr vielseitig zu sein, denn laut Putnam (2000) ist Sozialkapital für die Bildung und Erziehung von Jugendlichen ebenso grundlegend, wie für die Sicherheit von Wohnbezirken oder die wirtschaftliche Entwicklung ganzer Bundesstaaten. Insgesamt lautet Putnams Fazit: „(...) social capital makes us smarter, healthier, safer, richer, and better able to govern a just and stable democracy" (Putnam 2000: 290). Innerhalb politikwissenschaftlicher Arbeiten interessiert dabei vor allem der Einfluss sozialen Kapitals auf die Demokratie. Entsprechend lautet die Schlussfolgerung von Putnams Italienstudie „social capital (...) is the key to making democracy work" (Putnam 1993: 185). Denn Sozialkapital als *Systemkapital,* also als kollektive Eigenschaft einer Gesellschaft, senkt die Transaktionskosten und hilft so, Dilemmata kollektiven Handelns kostengünstig zu überwinden (vgl. Putnam 1993: 177). Dies erhöht die Wahrscheinlichkeit von Kooperation im Allgemeinen und politischer Beteiligung im Speziellen. Außerdem führt Sozialkapital dazu, dass sich demokratische Werte und Normen in der Gesellschaft verbreiten. Dies zusammengenommen führt im Falle Italiens nicht nur zu vermehrtem wirtschaftlichen Wachstum, sondern auch zu einer besseren Leistung der Regionalregierungen. Denn „the performance of representative government is facilitated by the social infrastructure of civic communities and by the democratic values of both officials and citizens" (Putnam 1993: 182).

Mit Rückgriff auf die auf Tocqueville zurückgehende Idee einer Wechselwirkung zwischen sozialen, nicht-politischen Aktivitäten und politischen Verhaltensweisen wird innerhalb der Sozialkapitaltheorie darüber hinaus davon ausgegangen, dass sich das dem einzelnen Bürger zur Verfügung stehende *Beziehungskapital* positiv auf individuelle politische Einstellungen und Verhaltensweisen auswirkt. Dieser Zusammenhang findet sich auch bei Almond und Verba (1965), die mit der politischen Kultur „the particular distribution of patterns of orientation toward political objects among members of a nation" untersuchen (Almond und Verba 1965: 14f.). Denn im Ideal einer politischen Kultur, der so genannten *Civic Culture,* stellen zum Beispiel Vereine einen wichtigen Bestandteil dar:

> Voluntary associations are the prime means by which the function of mediating between the individual and the state is performed. (...) If the citizen is a member of some voluntary organization, he is involved in the broader social world but less dependent upon and less controlled by his political system (Almond und Verba 1965: 300f.).

Entsprechend betonen die Autoren, dass soziale Integration und positive Orientierungen der Bürger zueinander für die Entwicklung und Stabilität einer demokratischen politischen Kultur wichtig sind. In den fünf von den Autoren untersuchten Nationen zeigt sich dieser Einfluss von sozialer wie politischer Beteiligung gleichermaßen: „Membership in an organization, political or not, appears therefore to be related to an increase in the political competence and activity of the individual" (Almond und Verba 1965: 310).[48] Ähnlich positive Zusammenhänge werden auch in Bezug auf soziale Werte, kooperative Normen und soziales Vertrauen festgestellt: „Within the civic culture the norms of interpersonal relationships, of general trust and confidence in one's social environment, penetrate political attitudes and temper them“ (Almond und Verba 1965: 493). Zu den von Almond und Verba (1965) untersuchten nicht-politischen Sozialisationsagenten gehören allerdings nicht nur Vereine, sondern auch die *Familie* und die *Schule*. Denn die Autoren gehen davon aus, dass sowohl „early socialization experiences“ in der Familie als auch „late socialization experiences during adolescence“ in der Schule für die Entwicklung politischer Orientierungen im *Erwachsenenalter* wichtig sind (Almond und Verba 1965: 326).

In der auf einen Aufsatz von Hyman (1959) zurückgehenden politischen Sozialisationsforschung gilt die Aufmerksamkeit dagegen verstärkt auch der Entwicklung politischer Orientierungen im *Jugendalter*. Denn in der Jugendphase beginnen die Auseinandersetzung mit politischen Sachverhalten und die Entwicklung eigener Standpunkte (vgl. Fend 1991: 142ff.). Dabei umfasst politische Sozialisation mit Claußen und Geißler (1996) „die bewußten und unbewußten Prozesse der Wechselwirkung zwischen Personen und ihrer direkten politischen oder politisch relevanten sozialen, kulturellen, ökonomischen und zivilisatorischen Umgebung“ (Claußen und Geißler 1996: 9).

Während sich die frühen Arbeiten der 1960er und 1970er Jahre auf den Einfluss von Eltern und Schule sowie die Frage, inwiefern durch politische Sozialisation die *Stabilität* des demokratischen Systems gesichert werden kann (vgl. z.B. Jennings und Niemi 1974; 1981) konzentrierten, versucht die moderne politische Sozialisationsforschung verstärkt, Antworten auf die Fragen zu finden, warum Jugendliche politisches Interesse entwickeln, sich politisch beteiligen und das politische System unterstützen (vgl. Hooghe 2004; Hooghe und Stolle 2004; Torney-Purta 2004). Dabei geraten die Familie und die Schule nicht vollständig aus dem Blickfeld (vgl. Reinders 2001: 113ff.; Ingrisch 1997; Dickenberger 1991), in den letzten Jahren zeichnet sich aber immer deutlicher ab, dass „now voluntary organizations, mass media, peer groups and informal interaction gradually come more into focus in socialization research“ (Hooghe 2004: 335; vgl. Sapiro 2004; Buhl und Kuhn 2003). Diese Aspekte politischer Sozialisation finden sich zwar auch bei Almond und Verba (1965), allerdings wird deren Einfluss nur als „postsocialization experiences“ im Erwachsenenalter betrachtet (Almond und Verba 1965: 326). Der Frage, welche Rolle beispielsweise Vereine

48 Vgl. weiterführend zum Konzept der politischen Kultur z.B. Fuchs (2002).

als politische Sozialisationsagenten in der Jugendphase spielen, gehen die Autoren dagegen nicht nach.

In Folge der durch Putnam (1993) angeregten Diskussion um die Relevanz sozialen Kapitals für moderne demokratische Gesellschaften, betonen Sozialkapitalforscher, wie zum Beispiel Stolle und Hooghe (2002), „that it does make sense to study adolescence, and not only in selected contexts, such as schools, but also the social participation of youngsters" (Stolle und Hooghe 2002: 30; vgl. 2004). Dabei greifen sie allerdings auf die bereits von Almond und Verba (1965) verwendete Methode zurück, Erwachsene zu bitten, sich an ihre Jugend zu erinnern (vgl. Hooghe und Stolle 2003). Auch andere Forschungsarbeiten deuten darauf hin, dass partizipatorische Erfahrungen im Jugendalter wichtig für politische Einstellungen und Verhaltensweisen im späteren Leben sind (vgl. Youniss und Yates 1997; Yates und Youniss 1999; Smith 1999a, 1999b; Youniss 2000). Die zugrunde liegende Erwartung dieser Studien lautet dabei, dass sich soziale Beteiligung, soziales Vertrauen und soziale Normen und Werte im Jugendalter positiv auf politische Verhaltensweisen im Erwachsenenalter auswirken.

Innerhalb der vorliegenden Arbeit wird dagegen der zentralen Frage nachgegangen, inwieweit derartige Mechanismen bereits im Jugendalter wirksam sind. Diese kann auf der Basis von Rückerinnerungsdaten nicht beantwortet werden, sondern erfordert die Verwendung von Daten über Jugendliche. Es wird dabei untersucht, ob und inwiefern sich die allgemeinen Überlegungen der Sozialkapitaltheorie bereits im Jugendalter als relevant erweisen, welchen Einfluss also Sozialkapital auf die Entwicklung politischer Orientierungen in der Jugend hat. Dazu werden in den nächsten Kapiteln verschiedene Dimensionen politischer Orientierungen betrachtet, so dass sich die Frage nach dem Einfluss sozialen Kapitals in drei Unterfragen gliedert: Fördert soziales Kapital bereits im Jugendalter das Interesse für gesellschaftliche Belange und damit auch für das politische Geschehen? Macht Sozialkapital politische Beteiligung bereits für Jugendliche wahrscheinlicher? Stärkt Sozialkapital bereits in der Jugendphase die Akzeptanz von demokratischen Werten und damit die politische Legitimität bzw. Unterstützung? Da die verschiedenen Dimensionen über unterschiedliche Indikatoren operationalisiert werden und sich der Aufbau der einzelnen Kapitel danach gliedert, sind diese in Tabelle 5.1 zur besseren Orientierung zusammenfassend dargestellt.

Tabelle 5.1: Dimensionen und Indikatoren politischer Orientierungen – Übersicht

Dimensionen	**Indikatoren**	**Kapitel**
Politisches Interesse	→ subjektives politisches Interesse	5.3
Politische Partizipation	→ Wahlbeteiligung → konventionelle politische Partizipation → unkonventionelle politische Partizipation → illegale politische Partizipation	5.4
Politische Unterstützung	→ Institutionenvertrauen (Vertrauen in rechtsstaatliche und parteienstaatliche Institutionen) → Zufriedenheit mit der Leistung der Politiker → Demokratiepräferenz (Akzeptanz der Demokratie als Ordnungsmodell) → Systemperformanz (Zufriedenheit mit Leistung der Demokratie)	5.5

Bei den folgenden Analysen werden die einzelnen Sozialkapitalaspekte – soziale Beteiligung, soziales Vertrauen, soziale Werte und kooperative Normen – auch weiterhin getrennt voneinander betrachtet. Da hauptsächlich deren Einfluss auf die Entwicklung politischer Orientierungen Jugendlicher von Interesse ist, konzentriert sich sowohl die Darstellung der entsprechenden Erwartungen als auch die Präsentation und Interpretation der empirischen Befunde auf die einzelnen Sozialkapitalaspekte. Die sonstigen möglichen Erklärungsfaktoren fungieren dagegen als Vergleichs- bzw. Kontrollvariablen. Während die Operationalisierung der Standarderklärungsfaktoren beibehalten wird, fließen die verschiedenen Aspekte des jugendspezifischen Entwicklungskapitals (Familie, informelle Kontakte, Schule) sowie der religiösen Integration ausschließlich als einfache additive Indizes auf Basis der in Kapitel 4 vorgestellten und verwendeten einzelnen Variablen in die Analysen ein.

Insgesamt wird der Einfluss dreier ‚Gruppen' möglicher Bedingungsfaktoren in einem so genannten *Sozialkapitalmodell* betrachtet. Dieses setzt sich aus den Standardbedingungsfaktoren, den Indizes zum jugendspezifischen Entwicklungskapital und zur religiösen Integration sowie den verschiedenen Indikatoren sozialen Kapitals zusammen. Zunächst werden dazu die Standarderklärungsfaktoren (Geschlecht, Alter, Bildung, Wohnort, Schulbildung der Eltern) und anschließend die verschiedenen Indizes zum Entwicklungskapital Jugendlicher in die Analysen einbezogen. Dabei werden – wie in Kapitel 4 auch – nur diejenigen Entwicklungskapitalaspekte berücksichtigt, die einen eigenständigen, relevanten Erklärungsbeitrag leisten. Praktisch bedeutet dies, dass wiederum nur diejenigen

Variablen in das Modell integriert werden, die auch unter Kontrolle des Standardmodells signifikant sind und eine Verbesserung der Erklärungskraft gegenüber dem Standardmodell um mindestens einen Prozentpunkt darstellen. Schließlich wird das Sozialkapitalmodell komplettiert, indem die einzelnen Sozialkapitalaspekte hinzugefügt werden. Die Präsentation und Interpretation beschränkt sich zwar auf dieses Modell, damit allerdings Aussagen über die relative Wichtigkeit des Einflusses der Sozialkapitalindikatoren auf die politischen Orientierungen Jugendlicher gemacht werden können, wird zusätzlich die ‚erklärte Varianz' (Nagelkerke's R^2/korrigiertes R^2) des Sozialkapitalmodells derjenigen für das Modell *ohne* die Sozialkapitalvariablen (SKV) gegenübergestellt. Diese Vorgehensweise wird für alle in diesem Kapitel untersuchten politischen Einstellungen und Verhaltensweisen Jugendlicher beibehalten.

5.3 Sozialkapital und politisches Interesse

Innerhalb dieses Kapitels wird der Frage nach der Relevanz sozialen Kapitals für das politische Interesse Jugendlicher nachgegangen. Dazu wird in Kapitel 5.3.1 zunächst das dem politischen Interesse in der politischen Kulturforschung zugrunde liegende Konzept dargestellt. In Kapitel 5.3.2 werden dann die Erwartungen über mögliche Zusammenhänge zwischen den verschiedenen Aspekten sozialen Kapitals und dem politischen Interesse Jugendlicher formuliert (Kapitel 5.3.2.1). Anschließend wird die Operationalisierung von politischem Interesse in den verschiedenen Jugendstudien über das subjektive politische Interesse sowie die Verteilung und Entwicklung dieses Indikators dargestellt (Kapitel 5.3.2.2). Schließlich findet in Kapitel 5.3.2.3 mit der Präsentation der Befunde die empirische Überprüfung der formulierten Erwartungen statt.

5.3.1 Politisches Interesse

Der erste innerhalb dieser Arbeit untersuchte Aspekt politischer Orientierungen Jugendlicher stellt das politische Interesse dar, was allgemein als „(...) the degree to which politics arouses a citizen's curiosity" definiert werden kann (van Deth 1990: 278). Dabei gilt für die Jugendlichen scheinbar in noch stärkerem Maße als für die Erwachsenen, dass das ‚Leben, nicht die Politik wichtig' ist (vgl. van Deth 2000: 115). Denn die Entwicklung politischer Orientierungen ist ein wesentlicher Bestandteil des Sozialisationsprozesses in der Jugendphase, „in dessen Verlauf sich junge Menschen zunehmend Wissen aneignen, öffentliche Räume erschließen und Verantwortung in familiären, beruflichen und öffentlichen Rollen übernehmen" (Gaiser et al. 2000: 20; vgl. Hoffmann-Lange 2000a: 248).

Entsprechend wird in allgemeinen Bevölkerungsumfragen in der Regel festgestellt, dass Jugendliche weniger politisch interessiert sind als Erwachsene (vgl. Hoffmann-Lange 2000b). Häufig wird das geringere politische Interesse der Jugendlichen damit erklärt, dass ihnen bis zum 18. Lebensjahr die Möglichkeit der politischen Einflussnahme über Wahlen nicht zur Verfügung steht:

> Ohne reale Wirksamkeit einer politischen Entscheidung ist politisches Interesse kaum zu erwarten. Es zeigt sich in den verschiedenen Befunden deutlich, dass Politik erst dann einen Platz im Denken der jungen Bürger gewinnt, wenn es auch möglich ist, etwas in der Politik zu bewegen (Pickel 2002: 398).

Zwar steigt das politische Interesse mit Erreichen der Volljährigkeit immer mehr an, aber auch Jugendliche zwischen 18 und 24 Jahren zeigen in den meisten Umfragen durchschnittlich weniger politisches Interesse als Erwachsene. Erst im Alter zwischen 25 und 29 Jahren weisen Jugendliche ein im Vergleich zur Restbevölkerung überdurchschnittlich hohes Interesse an Politik auf (vgl. Kaase 1990a; Lösch 1993; Melzer 1992).

In der Diskussion um das angeblich sehr viel stärker bei den Jugendlichen ausgeprägte politische Desinteresse bzw. die Apathie fällt immer wieder das Schlagwort ‚Politikverdrossenheit', wobei mit Blick auf die Jugendlichen „pädagogische Betroffenheit" und „Besorgnis über die Zukunft der Demokratie" geäußert werden (Gaiser et al. 2000: 12). Betrachtet man aber zum einen nicht Lebenszyklus-, sondern Kohorteneffekte, wird deutlich, dass der Anteil politisch interessierter Jugendlicher seit der Wende tatsächlich gesunken ist, dass sich Jugendliche in dieser Hinsicht allerdings nicht von der Gesamtbevölkerung unterscheiden (vgl. z.B. Pickel 1997; Gille et al. 1997; Fischer 2000a). Zum anderen ist in der politischen Kulturforschung zwar unumstritten, dass ein gewisses Mindestmaß an politischem Interesse für die Lebensfähigkeit eines politischen Systems notwendig ist, denn „the public must be a paragon of civic virtue in order for democracy to survive" (Dalton 1988: 14). Es wird aber darüber diskutiert, wie stark das Niveau der politischen Involvierung der Bürger optimaler Weise sein sollte. „The debate, then, is about the *degree* of involvement in democratic systems – not about whether it is necessary" (van Deth und Elff 2004: 478). So interpretieren Almond und Verba (1965) ihren Befund, dass auch in demokratischen Systemen nur eine Minderheit der Bürger politisch involviert ist, nicht unbedingt als Bedrohung, sondern vielmehr als Grundlage für die Arbeitsfähigkeit demokratischer Systeme. Denn diese würden ihre Effizienz verlieren, äußerte sich jeder Bürger zu einer Streitfrage. Andererseits besteht die Gefahr der Machtausnutzung durch die politischen und gesellschaftlichen Eliten, wenn sie sich an die Nichtbeteiligung der Bürger gewöhnen würden. Ein durchschnittlicher Bürger sollte daher seinen Standpunkt gegenüber den politischen Eliten vertreten können, er sollte sich mit politischen Sachfragen auseinandersetzen, um die Responsivität der politischen Eliten überprüfen zu können, und er muss sich gegebenenfalls Einfluss verschaffen, um seine Interessen durchzusetzen. Die Autoren vermuten daher, dass das Aktions*potential* der Bevölkerung entscheidend ist. So haben die politischen Eliten die Freiheit, ihre Macht auszuüben, müssen allerdings immer damit rechnen, dass von den Bürgern jederzeit Widerstand und Protest ausgehen könnten. „Thus the democratic citizen is called to pursue contradictory goals: he must be active, yet passive; involved, yet not too involved; influential, yet deferential" (Almond und Verba 1965: 479; vgl. 474ff.; Dalton 1988; Fenner 1991). Da das politische Interesse innerhalb demokratisch verfasster Gesellschaften einen wichtigen Aspekt der individuellen Einstellung der Bürger zum politischen System darstellt, kann mit van Deth (1996a) zusammenfassend festgestellt werden:

> Politisches Engagement oder Interesse der Bürger ist eine notwendige Voraussetzung funktionsfähiger Demokratien: Ohne Interesse gibt es keine politische Beteiligung und ohne Beteiligung *per definitionem* keine Mitbestimmung der Bürger (van Deth 1996a: 384).

Wenn es ohne politisches Interesse tatsächlich nicht zu einer politischen Beteiligung kommt, wird die Betrachtung des politischen Interesses *Jugendlicher* besonders wichtig, denn wenn diese grundlegendste Form politischer Involvierung nicht vorhanden ist, scheint eine zukünftige politische Aktivität als demokratische Bürger unwahrscheinlich.

Neben dem Niveau politischen Interesses wird in der empirischen Sozialforschung den Bedingungsfaktoren von politischem Interesse besondere Aufmerksamkeit geschenkt. Dabei wird – neben dem Alter – dem Einfluss von Statusindikatoren große Relevanz beigemessen. Denn vor allem die formale Schulbildung spielt eine wichtige Rolle, so dass sich in fast allen Studien zeigt, dass „the better educated the more prosperous and the more prestigious categories also are among the most interested parts of the population" (van Deth 1990: 375; vgl. Gille et al. 1997; Schlozman, Verba und Brady 1999). Für die Jugendlichen ist zudem relevant, dass politische Bildung in den verschiedenen Schularten in sehr unterschiedlichem Ausmaß unterrichtet wird. „So liegt der Anteil der Sozialkunde am Stundendeputat der Hauptschüler bei höchstens 4 Prozent" (Ackermann 1996: 92). Als dritter allgemeiner Erklärungsfaktor politischen Interesses gilt das Geschlecht. Dabei wird innerhalb der Sozialforschung häufig von einem engen Zusammenhang zwischen sozialem Status und Geschlecht ausgegangen, wobei entscheidend ist, dass Frauen in der Regel niedrigere Bildungsabschlüsse haben als Männer (vgl. Burns, Schlozman und Verba 2001). Für die heutigen Jugendlichen sollten derartige Effekte allerdings an Relevanz verloren haben, denn im Hinblick auf die Bildung (Schul-, Berufs- und Studienabschluss) zeigen sich immer weniger Geschlechterunterschiede (vgl. Geissler und Oechsle 2000). Gaiser et al. (2000) sehen allerdings in den nach wie vor vorhandenen

Unterschieden zwischen weiblichen und männlichen Jugendlichen vor allem die Widerspiegelung „gesellschaftlicher Normierungen (...), die Frauen stärker auf den privaten Bereich der Familie und Männer auf den öffentlichen Bereich verweist“ (Gaiser et al. 2000: 14; vgl. Hurrelmann et al. 2002: 37ff.). Kuhn und Schmid (2004) können für die Jugendlichen in Deutschland außerdem nachweisen, dass die gefundenen Geschlechterunterschiede zum einen auf die gängigen Frageinstrumente und zum anderen auf die unterschiedliche Mediennutzung der Jugendlichen zurückzuführen sind. Denn die männlichen Jugendlichen nutzen die Massenmedien nicht nur häufiger als politisches Informationsmedium, sondern profitieren hinsichtlich des politischen Interesses auch stärker vom Medienkonsum (vgl. Kuhn und Schmid 2004: 82ff.).

Für das politische Interesse Jugendlicher sollte darüber hinaus das persönliche Umfeld in Form des jugendspezifischen Entwicklungskapitals von Bedeutung sein. Dabei wird innerhalb der politischen Sozialisationsforschung die Familie als „entscheidende und nach zeitlicher Dauer und Intensität wichtigste soziale Institution im Sozialisationsprozess“ gesehen (Hurrelmann 2002: 104; vgl. Geißler 1996; Buhl 2003). Anderseits wird vermutet, dass angesichts der Auflösung der traditionellen soziokulturellen Milieus der Freundeskreis der Gleichaltrigen einen immer größeren Einfluss auf die politischen Orientierungen der Jugendlichen gewinnt, und Ergebnisse der Jugendforschung bestätigen diesen Trend (vgl. Hoffmann-Lange, Gille und Krüger 1994).[49] Bezüglich des Einflusses der religiösen Integration auf die politische Sozialisation kommt Sander (1996) zu widersprüchlichen Resultaten. So kann aufgrund der Tatsache, dass es in diesem Bereich „kein anti-demokratisches ‚Sondermilieu' mehr gibt“ einerseits von positiven Effekten ausgegangen werden; „andererseits existieren Formen von Religion, die die Ausprägung von politischer Mündigkeit in Sozialisationsprozessen be- und verhindern“ (Sander 1996: 373). Angesichts dieser Ambivalenz ist es für Sander umso überraschender, dass die Beziehung zwischen religiöser Sozialisation und politischem Interesse in der Sozialforschung stark vernachlässigt wird.

5.3.2 Sozialkapital als Erklärungsfaktor von politischem Interesse

Auch wenn später die Entwicklung und das Niveau politischen Interesses kurz betrachtet werden, stehen innerhalb dieser Arbeit in erster Linie die möglichen Bedingungsfaktoren politischen Interesses Jugendlicher im Mittelpunkt. Inwieweit sich sowohl die soeben dargestellten Standardbedingungsfaktoren als auch

49 Vgl. für eine Zusammenfassung der Diskussion um die Relevanz Gleichaltriger für die politische Sozialisation Jugendlicher Sünker (1996).

die verschiedenen Aspekte jugendspezifischen Entwicklungskapitals für die Jugendlichen in Deutschland als relevant erweisen, wird zwar ebenfalls untersucht. Allerdings interessiert vor allem, welchen Einfluss die verschiedenen Sozialkapitalaspekte ausüben und wie dieser im Vergleich zu den sonstigen Faktoren zu bewerten ist. Allgemein ist zu vermuten, dass die verschiedenen Aspekte sozialen Kapitals aufgrund ihres Ressourcencharakters die Wahrscheinlichkeit, dass Jugendliche sich für Politik interessieren, deutlich erhöht. Wie die verschiedenen Argumente für einen Zusammenhang zwischen Sozialkapital und politischem Interesse im Detail lauten, und welche Erwartungen sich daraus für die Jugendlichen in Deutschland ableiten lassen, ist dabei ebenso Inhalt dieses Kapitels wie die empirische Überprüfung des Zusammenhangs.

5.3.2.1 Erwartungen

Bei der Betrachtung des Einflusses der verschiedenen Sozialkapitalaspekte auf das politische Interesse Jugendlicher ist besonders der Aspekt der Ressourcenausstattung von Bedeutung. So lernen und üben sozial engagierte Jugendliche *civic skills*, die dazu führen können, dass dem politischen Geschehen mehr Aufmerksamkeit entgegengebracht wird. Außerdem wird in Vereinen der Austausch mit anderen Menschen gefördert, so dass neben verschiedenen Themenfeldern des persönlichen Alltags auch das politische Tagesgeschehen diskutiert wird, was langfristig zu einem verstärkten politischen Problembewusstsein führt (vgl. Putnam 2000: 339ff.). Vor allem die aktive soziale Beteiligung sollte das politische Interesse fördern, denn die Bürger erfahren so, dass durch das eigene Engagement Dinge verändert werden können. Dabei wird angenommen, dass bereits die Aktivität im engen Umfeld das Interesse an Politik fördern kann, denn gesellschaftliche Probleme werden durch dieses Engagement häufig erst als lebensrelevant wahrgenommen (vgl. Tocqueville [1835] 1962; Pickel 2002). In diesem Zusammenhang sind allerdings zwei Dinge zu beachten: Zum einen ist die soziale Beteiligung selbst von ähnlichen sozio-demographischen Faktoren abhängig wie das politische Interesse: Bildung, Geschlecht und Alter beeinflussen also in der Regel nicht nur die Wahrscheinlichkeit von politischem Interesse sondern auch die von sozialer Beteiligung. Zum anderen handelt es sich scheinbar um kausale Wechselbeziehungen, wonach nicht nur soziale Beteiligung das politische Interesse verstärkt sondern sich Menschen auch deswegen engagieren, weil sie sich für Politik interessieren (vgl. Gaiser und de Rijke 2001). Ähnlichen Wirkungsmechanismen dürften auch die verschiedenen kulturellen Aspekte sozialen Kapitals unterliegen, da sowohl Optimismus und Vertrauen als auch soziale Werte ein Interesse an anderen Menschen ausdrücken und damit eine wichtige Grundlage politischen Interesses sind. Die Akzeptanz kooperativer Normen dagegen könnte auf einer höheren Stufe wirksam sein, denn wer sich an die ‚Spielregeln' des Systems hält, sollte sich mit ihnen auseinandersetzen, und dies führt zu einem gewissen Maß zu politischem Interesse.

Entsprechende Untersuchungen bestätigen die positiven Zusammenhänge zwischen politischem Interesse und den verschiedenen Aspekten sozialen Kapitals, wobei insbesondere die soziale Beteiligung betrachtet wird. So untersuchen Billet und Cambré (1999) anhand einer 1995 in Flandern (Belgien) durchgeführten Befragung, inwieweit die Mitgliedschaft in Freiwilligenvereinigungen mit politischem Vertrauen, politischem Wissen und politischem Interesse zusammenhängt. Vor allem die Mitgliedschaft in sozialen Vereinen erhöht deutlich die Wahrscheinlichkeit eines Interesses für Politik, während die Mitgliedschaft in Sportvereinen keinen Einfluss auf das politische Interesse zu haben scheint (vgl. Billet und Cambré 1999: 234). Auch Gabriel et al. (2002) finden bei ihrer Analyse des Zusammenhangs zwischen den kulturellen und strukturellen Sozialkapitalaspekten einerseits und dem politischen Interesse andererseits, so dass trotz einiger Einschränkungen die „Erwartung eines positiven Einflusses von Sozialkapital auf das politische Interesse" bestätigt wird (Gabriel et al. 2002: 161).

5.3.2.2 Operationalisierung

Das politische Interesse wird in den meisten Umfragen als *subjektives politisches Interesse* erhoben, wobei die Einschätzung der Stärke des politischen Interesses über die direkte Frage ‚Wie stark interessieren Sie sich für Politik?'durch den Befragten selbst erfolgt (vgl. van Deth 2000). Die Frage nach dem subjektiven politischen Interesse wurde in allen acht hier verwendeten Jugendstudien eingesetzt. Allerdings variieren wiederum die Fragestellungen und die Anzahl der Antwortkategorien:

DJI 1992, 1997: Wie stark interessieren Sie sich für Politik: überhaupt nicht (0), wenig (0), mittel (1), stark (1), sehr stark (1).

Shell 1992, KJE 1996, Shell 1997, Shell 2000: Interessierst Du Dich für Politik? Nein (0), ja (1).

Shell 2002: Interessieren Sie sich ganz allgemein für Politik? Würden Sie sagen, Sie sind… gar nicht interessiert (0), wenig interessiert (0), interessiert (1), stark interessiert (1)?

Während also in den beiden DJI Jugendstudien und in Shell 2002 tatsächlich die *Stärke* des politischen Interesses erhoben wurde, wird in den restlichen Shell Jugendstudien lediglich gefragt, ob sich die Jugendlichen für Politik interessieren oder nicht. Zur besseren Vergleichbarkeit der Ergebnisse wird eine Dichotomisierung der entsprechenden Variablen vorgenommen. Dabei werden in den Studien, in denen nach der Stärke gefragt wird, jeweils die beiden niedrigsten Kategorien (überhaupt kein bzw. wenig Interesse) zu einer Kategorie ‚wenig/kein politisches Interesse' zusammengefasst, so dass diese einer Gruppe Jugendlicher mit ‚politischem Interesse' (mittel/interessiert/stark interessiert) gegenübergestellt werden. Die entsprechenden prozentualen Verteilungen können Tabelle 5.2 entnommen werden.

Tabelle 5.2: Anteil der politisch interessierten Jugendlichen (in Prozent)

Studie (N: Gesamt)	**WD**	**OD**	**Diff.**	**männl.**	**weibl.**	**Diff.**	**Gesamt**
Shell 1992 (N: 2413)	57	62	+5	64	54	-10	59
DJI 1992 (N: 4102)	56	59	+3	66	49	-17	58
KJE 1996 (N: 1872)	48	41	-7	54	40	-14	47
Shell 1997 (N: 1463)	48	49	+1	53	43	-10	48
DJI 1997 (N: 4738)	61	56	-5	66	55	-11	61
Shell 2000 (N: 4023)	48	38	-10	53	38	-15	46
Shell 2002 (N: 1656)	36	30	-6	43	28	-15	36

Anmerkung: Daten gewichtet; Analysen beschränkt auf gemeinsame Altersgruppe der 16- bis 24-jährigen Jugendlichen.

Ein Vergleich der beiden DJI Jugendstudien miteinander zeigt zunächst einen leichten Anstieg des politischen Interesses Jugendlicher. Betrachtet man allerdings die drei Shell Jugendstudien aus den Jahren 1992, 1997 und 2000 ist die Entwicklung des politischen Interesses Jugendlicher in den letzten Jahren eher rückläufig. Diesen Trend bestätigen Gille et al. (1997), wobei sie dies als eine Normalisierung des infolge der Umbruchsituation 1989/90 besonders in Ostdeutschland erhöhten politischen Interesses interpretieren. Dass direkt nach der Deutschen Einheit die ostdeutschen Jugendlichen stärker politisch interessiert sind als die westdeutschen, findet sich auch in Tabelle 5.2 wieder, allerdings kann von einer ‚Normalisierung' nicht gesprochen werden. Denn der Rückgang des politischen Interesses ostdeutscher Jugendlicher ist – betrachtet man die Shell Jugendstudien – dramatisch. Waren laut Shell Jugendstudie 1992 noch 62 Prozent der ostdeutschen Jugendlichen politisch interessiert, trifft dies 2000 auf nur noch 38 Prozent zu, was einem Rückgang von 24 Prozentpunkten entspricht. Dabei gleichen sich die Jugendlichen in Deutschland nicht an, sondern vielmehr vertiefen sich die Differenzen. Sind in Shell 1992 noch mehr Jugendliche in Ostdeutschland politisch interessiert, liegt das politische Interesse westdeutscher Jugendlicher im Jahr 1997 zehn Prozentpunkte über dem der ostdeutschen Jugendlichen (vgl. Gille et al. 1997; Fischer 2000a; Schneekloth 2002; Boll 2003). Ähnliche Ergebnisse liefern die Daten der DJI Jugendstudien, allerdings handelt es sich hier um weniger deutliche Entwicklungen. Dagegen gibt es hinsichtlich der Geschlechterdifferenzen keine systematischen Veränderungen, denn während laut der beiden DJI Jugendstudien das subjektive politische Interesse der weiblichen Befragten anders als das der männlichen leicht zunimmt, deutet sich in den Shell Jugendstudien eher eine Zunahme der Geschlechterdifferenzen an.

5.3.2.3 Empirische Befunde

Gegenstand dieses Kapitels ist die Frage, ob sich die Erwartungen über den positiven Zusammenhang zwischen Sozialkapital und politischem Interesse bereits im Jugendalter empirisch bestätigen lassen. Dabei wird der Einfluss der einzelnen Sozialkapitalaspekte auf das subjektive politische Interesse Jugendlicher mittels logistischer Regressionsanalysen untersucht. Außerdem werden Standarderklärungsfaktoren (Geschlecht, Alter, Bildung, Wohnort) sowie die Entwicklungskapitalaspekte (in Form von additiven Indizes) als Kontrollvariablen ebenfalls berücksichtigt. Die entsprechenden Ergebnisse können Tabelle 5.3 entnommen werden. In Bezug auf die *Standarderklärungsfaktoren* bestätigt sich zunächst, dass die grundsätzlich in allen Jugendstudien festgestellten deutlichen Geschlechterdifferenzen auch in multivariaten Analysen signifikant sind, wobei die Effekte teilweise sehr groß sind. Daneben erweisen sich die formale Schulbildung und das Alter als signifikante und starke Standardeinflussfaktoren des jugendlichen Politikinteresses. Demnach sind die älteren, männlichen Jugendlichen sowie die Jugendlichen mit einer höheren formalen Schulbildung eher politisch interessiert als die jüngeren, weiblichen mit niedriger Schulbildung. Verstärkt wird der Bildungseffekt zusätzlich durch den Einfluss der Schulbildung der Eltern, der in einigen Studien signifikant und teilweise auch sehr stark ist. Unterschiede zwischen den Jugendlichen in Ost- und Westdeutschland sind dagegen in der Regel nicht signifikant.

Anders als die Standardeinflussfaktoren leisten die verschiedenen Aspekte jugendlichen *Entwicklungskapitals* – mit einer Ausnahme – dagegen keinen signifikanten bzw. relevanten Beitrag zur Erklärung des politischen Interesses Jugendlicher. Für den Einfluss der verschiedenen *Sozialkapitalaspekte* bestätigt sich insbesondere die Erwartung eines positiven Einflusses der sozialen Beteiligung. Mit Ausnahme von Shell 1997 sind in allen Jugendstudien Jugendliche, die Vereinsmitglied bzw. informell sozial aktiv sind, eher politisch interessiert als Jugendliche, die sich in diesem Sinne nicht sozial beteiligen.

Tabelle 5.3: Sozialkapital als Erklärungsfaktor subjektiven politischen Interesses

	Shell 1992	**DJI 1992**	**KJE 1996**	**Shell 1997**	**DJI 1997**	**Shell 2000**	**Shell 2002**
Geschlecht:: weiblich	-.341** (-.682)	-.392** (-.785)	-.313** (-.626)	-.283** (-.565)	-.355** (-.709)	-.338** (-.675)	-.458** (-.915)
Alter	.586** (.134)	.384** (.088)	.600** (.137)	.723** (.165)	.354** (.081)	.638** (.146)	.797** (.182)
Bildung: niedrig – mittel – hoch	.386** (.517)	.420** (.562)	.450** (.603)	.410** (.550)	.307** (.411)	.447** (.599)	.514** (.689)
Wohnort: Ostdeutschland	n.s.	n.s.	-.124** (-.273)	n.s.	n.s.	-.278** (-.608)	n.s.
Schulbildung des Vaters: niedrig – mittel – hoch	.220** (.275)	.158** (.197)	.204** (.256)	n.s.	.155** (.193)	.096* (.120)	.161** (.201)
Schulbildung der Mutter: niedrig – mittel – hoch	n.s.	n.s.	.162** (.224)	.135* (.187)	n.s.	n.s.	-
Jugendliches Entwicklungskapital							
Familiäres Entwicklungskapital	n.r.	n.s.	n.r.	n.s.	n.r.	n.r.	n.s.
Informelle soziale Kontakte	n.r.	n.r.	n.s.	-	n.s.	n.r.	n.s.
Entwicklungskapital in der Schule	-	-	-	-	-	-	n.r.
Religiöse Integration	n.s.	n.s.	n.r.	-	.131** (.100)	n.r.	n.s.
Soziale Beteiligung							
Vereinsmitgliedschaft	.070* (.144)	.155** (.316)	.191** (.389)	n.s.	.128** (.262)	.201** (.409)	.100* (.204)
Informelle soziale Aktivität	-	-	-	-	-	-	.164* (.328)
Soziales Vertrauen							
Generalisiertes Vertrauen	-	-	-	-	-	-	n.s.
Persönlicher Optimismus	.102* (.162)	-	.144** (.229)	n.s.	-	.077* (.121)	.114* (.181)

Soziale Wertorientierungen							
Ablehnung privatistischer Wertorientierungen	.467** (.165)	-	-	.601** (.212)	-	.482** (.170)	-
Wichtigkeit sozialer Wertorientierungen	-	.190** (.038)	-	n.s.	.069* (.014)	n.s.	-
Bereitschaft zu Hilfe im Freundeskreis	-	-	-	-	.105* (.111)	-	-
Bereitschaft zu Hilfe für Fremde	-	-	-	-	.240** (.181)	-	-
Bereitschaft zu Hilfe für sozial Benachteiligte	-	-	-	-	-	-	.212** (.212)
Bereitschaft zu Engagement in soz. Org.	-	-	-	-	n.s.	-	-
Kooperative Normen							
Keine Gesetzesverstöße	n.s.	-	n.s.	-	-	-	-
Keine gewaltsamen Auseinandersetzungen	-	-	-	-	-	-	n.s.
Normen & Gesetze	-	.135** (.050)	-	-	-	-	-
Soziale Kohäsion	-	.080** (.081)	-	n.s.	.121** (.121)	.051** (.051)	-
N	3850	5841	2923	2052	5707	4197	2287
Nagelkerke's R^2	.245	.176	.222	.272	.161	.260	.263
Nagelkerke's R^2 *ohne* SKV	.201	.146	.210	.202	.120	.186	.231

Anmerkung: Binäre logistische Regression: Standardisierte log. Regressionskoeffizienten (B), in Klammern nicht-standardisierte log. Regressionskoeffizienten (B); Signifikanzniveau: * < .005 ** < .001; n.s.: nicht signifikant und daher nicht in Modell integriert; n.r.: signifikant, allerdings nicht relevant und daher nicht in Modell integriert (R^2-Erhöhung < .01); -: nicht erhoben; keine Gewichtungs- und Filtervariablen.

Auch die Annahme, dass soziales Vertrauen das politische Interesse Jugendlicher fördert, wird durch die dargestellten Ergebnisse gestützt: Zwar geht vom generalisierten Vertrauen sowie vom persönlichen Optimismus in Shell 1997 kein signifikanter Einfluss aus. Allerdings belegen die sonstigen Ergebnisse für den persönlichen Optimismus, dass soziales Vertrauen die Wahrscheinlichkeit eines Interesses für Politik erhöht: Je zuversichtlicher Jugendliche in die Zukunft blicken, desto eher äußern sie politisches Interesse. Schließlich lassen sich für die sozialen Werte und kooperativen Normen ebenfalls Hinweise auf einen positiven Einfluss finden. Insbesondere die ‚Ablehnung privatistischer Wertorientierungen' erhöht dabei die Wahrscheinlichkeit eines jugendlichen Politikinteresses. Dies kann nicht überraschen, da sich über diese Variable ein Interesse an Dingen außerhalb des eigenen Umfelds und damit an Politik äußert.

Damit deuten die empirischen Ergebnisse eindeutig daraufhin, dass Jugendliche, die über Sozialkapital verfügen, eher politisch interessiert sind als Jugendliche, für die dies nicht gilt. Insgesamt bestätigen sich die erwarteten Zusammenhänge zwischen den verschiedenen Sozialkapitalaspekten und dem politischen Interesse. Vor allem aber finden sich keine Hinweise für einen gegenteiligen Zusammenhang. Die verschiedenen Sozialkapitalindikatoren ersetzen dabei nicht die Standardeinflussfaktoren politischen Interesses, also das Geschlecht, die Bildung und das Alter, doch ist der Einfluss der Mehrzahl der Sozialkapitalaspekte auch unter Kontrolle dieser Variablen signifikant. Gleichzeitig zeigen sich für die verschiedenen Aspekte des jugendspezifischen Entwicklungskapitals zwar einige signifikante allerdings keine relevanten Effekte. Auch die religiöse Integration beeinflusst nur in einer Jugendstudie das politische Interesse Jugendlicher signifikant und relevant positiv. Dagegen erweisen sich die verwendeten Sozialkapitalaspekte als gute zusätzliche Erklärungsfaktoren für politisches Interesse, so dass auch der Vergleich der Erklärungskraft des Sozialkapitalmodells mit dem eines Modells ohne Sozialkapitalvariablen zu einer ähnlichen Schlussfolgerung führt: durch die Integration der verschiedenen Aspekte sozialen Kapitals Jugendlicher erhöht sich die Erklärungskraft des Modells teilweise zwar deutlich, allerdings wird ein sehr viel größerer Anteil durch die Standardbedingungsfaktoren erklärt. Es sind also nicht nur die älteren und männlichen Jugendlichen mit hoher Bildung, die sich eher für Politik interessieren, sondern auch diejenigen Jugendlichen, die über soziales Kapital verfügen. Insofern bestätigt sich die Annahme, dass soziales Kapital eine *zusätzliche* Ressource politischer Sozialisation im Jugendalter darstellt.

5.4 Sozialkapital und politische Partizipation

In diesem Kapitel wird die Relevanz jugendlichen Sozialkapitals als Erklärungsfaktor der politischen Partizipation Jugendlicher untersucht. Zunächst werden dazu in Kapitel 5.4.1 die der politischen Partizipation zugrundeliegenden Konzepte dargestellt. Kapitel 5.4.2 beschäftigt sich dann mit den Konsequenzen jugendlichen Sozialkapitals für verschiedene Formen politischer Teilhabe. Dazu werden in Kapitel 5.4.2.1 zunächst Erwartungen über die möglichen Zusammenhänge zwischen den verschiedenen Aspekten sozialen Kapitals und der politischen Partizipation Jugendlicher vorgestellt. Anschließend werden in Kapitel 5.4.2.2 die Operationalisierung und die Struktur politischer Partizipation Jugendlicher in Deutschland beschrieben und in Kapitel 5.4.2.3 dic Gültigkeit der formulierten Erwartungen empirisch überprüft.

5.4.1 Politische Partizipation

Die Liste der Definitionen von politischer Partizipation scheint „unendlich“ zu sein (van Deth 2003b: 168). Allerdings lassen sich auf Basis dieser verschiedenen Definitionen vier in der Partizipationsforschung unumstrittene Eigenschaften herauskristallisieren. So stehen erstens die Bürger im Mittelpunkt des Interesses, erfordert politische Beteiligung zweitens die Aktivität dieser Bürger, wobei es sich drittens um einen freiwilligen Akt handelt, der sich viertens auf das politisches System bezieht (vgl. van Deth 2003b: 170f.). Politische Partizipation umfasst damit „alle Tätigkeiten (...), die Bürger freiwillig mit dem Ziel vornehmen, Entscheidungen auf verschiedenen Ebenen des politischen Systems zu beeinflussen“ (Kaase 1995: 521; vgl. Barnes, Kaase et al. 1979; Verba, Schlozman und Brady 1995). Dabei ist die politische Beteiligung als direkte oder indirekte Teilhabe der Bürger am politischen Willensbildungs- und Entscheidungsprozess ein grundlegender Aspekt von Demokratien. Denn „[p]olitische Systeme, deren Bürger nicht am politischen Leben teilnehmen und den bestehenden Strukturen dauerhaft ablehnend oder gleichgültig gegenüberstehen, verdienen nicht das Attribut ‚demokratisch' (...)“ (Gabriel et al. 2002: 258). Auch wenn der optimale Beteiligungsgrad umstritten ist, besteht doch ein gewisser Konsens darüber, dass eine weit verbreitete Apathie der Bürger ebenso schädlich für das Funktionieren eines demokratischen Systems ist (vgl. Greiffenhagen 1998), wie eine ständige ansteigende und alles umfassende Partizipation (vgl. Almond und Verba 1965; Fiorina 1999).

Da es in demokratisch verfassten Systemen verschiedene Möglichkeiten der politischen Teilhabe gibt, erscheint es sinnvoll, eine zumindest grobe Typologisierung vorzunehmen. So ist in parlamentarischen Regierungssystemen zunächst die Beteiligung an Wahlen die grundlegendste Form politischer Teilhabe, die nicht nur den einzelnen Bürger mit dem politischen System verbindet, sondern auch den gesamten demokratischen Prozess legitimiert (vgl. Dalton 1988: 41). Wahlen werden daher als besondere Form politischer Beteiligung betrachtet, denn sie „sind vor allem in den demokratischen Verfassungsstaaten (Demokratie) ein zentrales Instrument der Konfliktregelung und Konsensbildung im allgemeinen, der Regelung der Herrschernachfolge im besonderen“ (Schmidt 1995: 1041). Dabei stellt die Beteiligung an Wahlen nicht nur den grundlegendsten, sondern auch den „einfachste[n] Akt und die egalitärste Form politischer Beteiligung, mit welcher der geringste Aufwand verbunden ist“ dar (Schultze 2001: 354). Daher handelt es sich um eine Form der Beteiligung, die von großen Teilen der Bevölkerung genutzt wird. Allerdings kann der Wähler nur punktuell das politische Geschen beeinflussen, denn er hat – beschränkt er sich auf den Urnengang – weder Einfluss auf die aufgestellten Kandidaten noch auf den Zeitraum zwischen den Wahlen. Aus diesem Grund wird im Rahmen eines partizipatorischen Demokratieverständnisses betont, dass es einer möglichst breiten, über Wahlen hinausgehenden Partizipation bedarf, wenn bestimmte Interessen nicht grundsätzlich aus dem politischen Entscheidungsprozess ausgeschlossen sein sollen (vgl. Dalton 1988: 41).

Nachdem sich die Partizipationsforschung der 1940er und 1950er Jahre auf diesen Akt der politischen Teilhabe konzentrierte und daher ‚Wahlstudien‘ durchgeführt wurden, kamen in den 1960er Jahren zusätzlich auch solche Formen politischer Partizipation ins Blickfeld, die später als ‚konventionelle‘ Partizipationsakte bezeichnet wurden (vgl. van Deth 2003b: 172). In diese Kategorie fallen Aktivitäten, die an Institutionen, insbesondere Parteien, Politiker und Beamte, gebunden sind. Anders als bei Wahlen können Bürger das politische Geschehen durch derartige Beteiligungsakte, wie das Schreiben von Briefen an Behörden und Politiker, die aktive Mitgliedschaft in Parteien oder die Übernahme von politischen Ämtern, ständig beeinflussen. In den späten 1960er und den 1970er Jahren weitete sich dann einerseits das konventionelle Partizipationsrepertoire immer stärker aus und wurden andererseits immer mehr Formen politischer Teilhabe genutzt, die „nicht mit den sozialen Normen der frühen 1970er Jahre“ übereinstimmten und daher als ‚unkonventionell‘ bezeichnet wurden (vgl. van Deth 2003b: 172; vgl. Barnes, Kaase et al. 1979). Es handelt sich um Formen politischen Protests, die in der Regel „in einem spontanen oder geplanten Mobilisierungsprozess außerhalb eines institutionalisierten Rahmens“ stattfinden (Kaase 2000: 473). Zu ihnen wird die Teilnahme an Unterschriftensammlungen oder an Demonstrationen gerechnet (vgl. Uehlinger 1988). In Folge der ‚partizipatorischen Revolution‘ fanden unkonventionelle Partizipationsformen in immer größeren Bevölkerungsteilen breite Akzeptanz, so dass seit den 70er Jahren in fast allen westlichen Demokratien ein Anstieg unkonventioneller Beteiligungsformen beobachtet werden konnte. Dies äußert sich unter anderem darin, dass die meisten Menschen sich mindestens einmal im Leben an einer ‚unkonventionellen' Aktivität beteiligt haben, so dass Fuchs (1991) von einer „Normalization of the Unconventional" spricht (Fuchs 1991: 148; vgl. Crozier, Huntington und Watanuki 1975; Barnes, Kaase et al. 1979; Conradt 1980; van Deth 1986; Dalton 1988; Kaase 1990a, 2000; Schmidt 1995; van Deth 1997a; Kunz und Gabriel 2000; Krimmel 2000).

Wie für das politische Interesse auch, stellt das Alter einen wichtigen Erklärungsfaktor politischer Partizipation dar, wobei die Richtung dieses Alterseffekts von der betrachteten Partizipationsform abhängt. Dabei erweist sich die grobe Kategorisierung in Wahlbeteiligung, konventionelle sowie unkonventionelle Partizipation insbesondere mit Blick auf Jugendliche sinnvoll, da sich durch „die Variable Alter (...) die Beteiligungsbereitschaft an verschiedenen Partizipationsformen genau nachzeichnen" lässt (Krimmel 2000: 628). Denn während die Wahlbeteiligung und die meisten Formen konventioneller politischer Partizipation mit den Alter zunehmen (vgl. Dalton 1988. 49), sind unkonventionelle politische Beteiligungsformen „sehr eng mit Jugendlichkeit verknüpft" (Kaase 1990a: 178; vgl. Krimmel 2000: 628).

Zwar können sich Jugendliche ohnehin erst ab einem Alter von 18 Jahren an Wahlen beteiligen, allerdings stehen sie auch anderen konventionellen politischen Partizipationsformen, die bereits ab einem früheren Alter genutzt werden könnten (z.B. Mitgliedschaft in Jugendorganisationen von Parteien), kritisch gegenüber. Denn immer mehr Jugendliche finden „den organisierten Politbetrieb mit seinen Tagesordnungs- und Antragsdebatten (...) ätzend langweilig" (Beck 1997: 13; vgl. Torney-Purta et al. 2001: 9). Diese Einstellung führt Pickel (2002) auf die fehlende Flexibilität dieser Organisationen und deren Image zurück. So benötigen Jugendliche „Ausstiegsoptionen" und bewerten das politische System als „verkrustet, undurchlässig und undurchsichtig" (Pickel 2002: 400f.). Daher stehen Jugendlichen den verschiedenen unkonventionellen politischen Teilhabemöglichkeiten, wie zum Beispiel der Teilnahme an einer Demonstration, deutlich aufgeschlossener gegenüber, und sie „sind eher bereit als ältere Bürger, an politischen Aktionen jeglicher Couleur mehr oder weniger aktiv teilzunehmen" (Pickel 2002: 399f.). Neben diesen allgemeinen Partizipationsformen können außerdem verschiedene konventionelle Beteiligungsformen unterschieden werden, die speziell für Kinder und Jugendliche konzipiert werden und bisher nur selten im Mittelpunkt des wissenschaftlichen Interesses standen (vgl. z.B. Bruner, Winklhofer und Zinser 1999). Dabei handelt es sich in der Regel um Aktivitäten auf der kommunalen Ebene wie die Mitarbeit in Jugendverbänden, gewählte Jugendvertretungen (Kinder- und Jugendparlamente), Anhörungen (Kinder-

Stadtteilversammlungen, -Sprechstunden, -Gemeindesitzungen, usw.), projektbezogene Jugendbeteiligung und jugendliche Interessenvertretungen durch Erwachsene (vgl. Staeck 1997; Greiffenhagen 1998; Bukow 2001; Danner 2001).[50]

Zur Erklärung politischer Aktivitäten werden in der Partizipationsforschung neben dem Alter sozioökonomische Einflussvariablen in den Vordergrund gerückt. Verba und Nie (1972) führten dazu das so genannte ‚Socio-Economic-Status-Model' (SES-Model) zur Erklärung von Partizipationsunterschieden ein. Danach entscheiden über die Partizipationsbereitschaft vor allem die zur Verfügung stehenden materiellen, kognitiven oder Zeitressourcen, und eine Operationalisierung findet über sozialstrukturelle Merkmale, wie die Schulbildung statt. Ein hoher sozioökonomischer Status, eine gute soziale Integration sowie überdurchschnittliche Kenntnisse und Fähigkeiten führen diesem Ansatz gemäß zu einer hohen politischen Partizipationsbereitschaft:

> Je höher der soziale Status, desto größer ist das Partizipationsinteresse, desto vielfältiger sind die Partizipationsformen und Partizipationskanäle, die individuell zur Verfügung stehen, desto leichter und erfolgreicher können die Partizipationschancen wahrgenommen werden (Schultze 2001: 364f.; vgl. Verba, Nie und Kim 1980).

Verba, Schlozman und Brady (1995) können mittels ihres ‚Civic Voluntarism Model' erklären, dass sozioökonomischer Status und politische Partizipation deswegen miteinander zusammenhängen, weil besser gebildete Menschen auch wohlhabender sind, mehr Möglichkeiten zum Üben ziviler Fähigkeiten haben, häufiger zu politischer Beteiligung aufgefordert werden und sich mehr für Politik interessieren. Die Bildung stellt dabei zwar einen wichtigen Aspekt des sozialen Status dar, denn mit dem Ausbildungsgrad steigt zum Beispiel die Wahrscheinlichkeit, einen besser bezahlten Beruf auszuüben, der zudem das Erlernen und Üben von „politically relevant skills" fördert (Verba, Schlozman und Brady 1995: 525f.). Doch wird auch von einem eigenständigen und direkten Effekt der Bildung ausgegangen (vgl. Wolfinger und Rosenstone 1980). So vermittelt die Schule nicht nur Wissen über das politische System, sondern auch bestimmte für die politische Beteiligung relevante Fähigkeiten, so genannte *civic skills*, wie „the ability to speak and write, the knowledge of how to cope in an organizational setting" (Verba, Schlozman und Brady 1995: 305). Das in der Schule vermittelte Wissen verbessert zudem das Verständnis für komplexe politische Zusammenhänge und ermöglicht unter Umständen eine effizientere Verarbeitung von Informationen (vgl. Rosenberg 1988: 556f.). Je höher die Schulbildung, desto besser entwickeln sich diese Fähigkeiten und desto geringer sind die auch mit

50 Vgl. zur detaillierten Darstellung der verschiedenen Formen der politischen Jugendbeteiligung die Homepage von „Wegweiser Bürgergesellschaft": http://www.wegweiser-buergergesellschaft.de/politische_teilhabe/kinder_jugendbeteiligung/index.php (Stand: 1. März 2005).

einfachen Akten politischer Beteiligung, wie zum Beispiel der Wahlbeteiligung, verbundenen ‚Informationskosten' (vgl. Downs 1957: 220ff.). Damit führt das dem Einzelnen zur Verfügung stehende Humankapital dazu, dass die politische Beteiligung mit weniger Aufwand verbunden ist. Galston (2001) betont daher, dass „all education is civic education in the sense that individuals' levels of general educational attainment significantly affects (...) the quantity and character of their political participation" (Galston 2001: 219). Dies führt dann auch dazu, dass mit der Komplexität der politischen Beteiligung der Einfluss der Bildung steigt (vgl. Verba und Nie 1972; Barnes, Kaase et al. 1979; Jennings und van Deth 1990).

Für Jugendliche, die noch die Schule besuchen, könnte sich die Schulbildung außerdem über die zusätzlich zur Verfügung stehende Zeit auswirken. Wie auch schon für die Vereinsmitgliedschaft in Kapitel 4.2.1.1 vermutet, haben Gymnasiasten in dieser Hinsicht auch bei der politischen Partizipation gegenüber Gleichaltrigen, die eine Ausbildung machen, einen Vorteil. Daher ist – anders als bei den Erwachsenen (vgl. Brady, Verba und Schlozman 1995) – davon auszugehen, dass für die Jugendlichen Zeit und Schulbildung miteinander zusammenhängen. Allerdings sind diese Argumente nicht ohne weiteres auf die Wahlbeteiligung zu übertragen, denn es handelt sich um keine aufwendige oder komplexe Form der politischen Teilhabe und dennoch finden sich häufig ähnliche Statuseinflüsse (vgl. z.B. Lipset 1981; Verba, Schlozman und Brady 1995; Weßels 2002).

Ein weiterer für die politische Partizipation relevanter Einflussfaktor ist das Geschlecht. Denn zwar wird auch das niedrigere Partizipationsniveau der Frauen mit der schlechteren Ausstattung mit Faktoren wie Einkommen, Familie, Bildung, zivilen Fähigkeiten und Rekrutierung erklärt, allerdings sind dies nicht die einzigen Erklärungsmöglichkeiten für die in der Regel geringere Beteiligungsbereitschaft der Frauen:

> Among the multiple sources of gender differences in political participation, three stand out: men's aggregate advantage in educational attainment; gender differences in work force participation and experiences; and women's deficit with respect to psychological engagement in politics – political interest, political knowledge, and efficacy – which is rooted in men's overrepresentation in the ranks of political elites (Burns et al. 2001: 380).

Während die ersten beiden Aspekte für Jugendliche weniger Bedeutung haben dürften, da sich Bildungs- und Statusunterschiede in diesem Alter noch nicht so deutlich herausgebildet haben, sollte insbesondere dem dritten Aspekt Aufmerksamkeit entgegengebracht werden. So kommen Burns, Schlozman und Verba (2001) zunächst auch zu dem Ergebnis, dass das politische Interesse und Wissen der Frauen generell niedriger ist als das der Männer. Gibt es allerdings weibliche Kandidaten und Amtsinhaber, ist das Interesse und Wissen der Frauen sogar größer als das der Männer, so dass „a powerful predictor in explaining the gender difference in these orientations is the gender composition of the political environment“ (Burns, Schlozman und Verba 2001: 383; vgl. Kulke 1996; Reinhardt und Tillmann 2001). Die Autoren vermuten außerdem, dass die amerikanischen Kirchen einen kompensatorischen Effekt haben, denn ohne die überproportional starke Beteiligung von Frauen in kirchlichen Kontexten „the gender gap in participation would be wider“ (Burns, Schlozman und Verba 2001: 376). Insofern ist zu erwarten, dass die religiöse Integration unter Umständen auch die politische Teilnahmebereitschaft Jugendlicher erhöht.

Neben dem Ressourcenansatz wird innerhalb der politischen Partizipationsforschung auch die wichtige Rolle der politischen Sozialisation betont. Dabei wird der Schwerpunkt auf die Familie, Gleichaltrige oder andere Sozialisationsinstanzen gelegt. Es steht die Frage im Vordergrund, wie die politische Kultur, als wichtige Verbindung zwischen dem politischen System und dem Individuum, von einer Generation an die nächste weitergegeben wird (vgl. Greiffenhagen 2002: 414f.; Dickenberger 1991: 367). Danach fördern politisierende Einflüsse der Eltern, der Freunde, der Lehrer oder anderer Sozialisationsagenten die politische Involvierung junger Menschen. Smith (1999a) vermutet, dass "(...) greater engagement by young people with parents and in school and religious activities may serve to reverse the downward trends in adult political participation" (Smith 1999a: 575). Dabei können der Erziehungsstil im Elternhaus, der Umgang in der Gleichaltrigengruppe oder das Engagement in der Schule, Normen, wie zum Beispiel die Wahlnorm oder direkt die Partizipationsbereitschaft fördernde Werte vermitteln. So kommt eine Studie in Brandenburg zu dem Ergebnis, dass für die politische Beteiligung von Jugendlichen vor allem die Familie und der Freundeskreis relevant sind und damit informelle soziale Kontakte (vgl. Oswald und Schmid 1998). Reinhardt und Tillmann (2001) betonen zwar, dass „Schulische und politische Partizipation (...) nicht deckungsgleich sind (...), aber miteinander [zusammenhängen]“ (Reinhardt und Tillmann 2001: 11). Auch die so genannte *Civic Education Study* zeigt, dass „Schulen, in denen demokratische Werte alltäglich eingeübt werden, (...) nachweislich das politischen Verstehen und Engagement“ fördern (Torney-Purta et al. 2001: 9).

5.4.2 Sozialkapital als Erklärungsfaktor der politischen Partizipation Jugendlicher

In den im Folgenden durchgeführten empirischen Analysen zu den möglichen Erklärungsfaktoren der politischen Partizipation Jugendlicher wird auch der Einfluss von sozioökonomischen Bedingungsfaktoren sowie von Aspekten des jugendspezifischen Entwicklungskapitals betrachtet. Allerdings interessiert in erster Linie, ob und inwiefern die verschiedenen kulturellen und strukturellen

Sozialkapitalaspekte einen Einfluss auf die unterschiedlichen Formen politischer Partizipation ausüben. Dabei kann davon ausgegangen werden, dass vor allem von der sozialen Beteiligung eine die politische Partizipation fördernde Funktion ausgeht. Wie ein solcher Zusammenhang innerhalb der Sozialkapitaltheorie begründet wird und welche Rolle den kulturellen Aspekten sozialen Kapitals zukommt, wird in den folgenden Abschnitten dargestellt. Diese Erwartungen werden dann empirisch überprüft.

5.4.2.1 Erwartungen

Innerhalb der politischen Partizipationsforschung wird – neben den verschiedenen sozioökonomischen Bedingungsfaktoren von politischer Beteiligung – in der Tradition Tocquevilles immer wieder die Relevanz sozialer Beteiligung hervorgehoben und darauf hingewiesen, dass „soziale Beteiligung (...) als eine ‚Schule der Demokratie' zu betrachten" ist (van Deth 2001b: 195). Die Verbindung zwischen sozialer und politischer Beteiligung lässt sich dabei über die im Rahmen des *civic voluntarism* Ansatzes berühmt gewordene Feststellung, dass Bürger sich nicht beteiligen, „because they can't; because they don't want to; or because nobody asked" (Verba, Schlozman und Brady 1995: 15) herstellen, wie Kunz und Gabriel (2000) zusammenfassen:

> Soziale Aktivität kann in politische Aktivität einmünden, weil sie dem Erwerb von Kompetenzen und Ressourcen dient, die sich im politischen Leben einsetzen lassen; weil sie das Lernen von Werten und Normen fördert, die zur Beteiligung motivieren; und weil sie einen gesellschaftlichen Kontext schafft, in dem man politisch aktive Personen kennenlernt und von diesen möglicherweise zur politischen Beteiligung veranlasst wird (Kunz und Gabriel 2000: 62f.).

So erlernen und üben freiwillig engagierte Bürger bestimmte, für die politische Beteiligung wichtige Fähigkeiten, wie zum Beispiel die Organisation einer Mitgliederversammlung, das Vorbereiten und Halten einer Rede oder die Teilnahme an einer Diskussion, wobei „the non-political institutions (...) reinforce the educational stratification of the participatory process" (Burns, Schlozman und Verba 2001: 366; vgl. Huckfeldt und Sprague 1993). Außerdem machen Menschen, die sich sozial beteiligen, unter Umständen die Erfahrung, dass durch die eigene Aktivität Dinge verändert werden können und die Kooperation mit anderen Menschen die Erreichung bestimmter Ziele vereinfacht (vgl. Putnam 1993). Dies könnte zu einer größeren Motivation zu politischer Partizipation führen, denn „many people may be deterred from political activity by the convinction that their efforts will be futile" (Rosenberg 1954: 360; vgl. van Deth 1990: 379). Schließlich treffen Menschen in Vereinen auch politisch aktive Bürger. Diese können zum einen als eine Art Vorbild dienen und zu einer eigenen politischen Aktivität animieren (vgl. Rosenberg 1954: 365). Zum anderen steigt die Wahrscheinlichkeit, von politisch engagierten Mitmenschen zu politischen Aktivitäten aufgefordert zu werden (vgl. Putnam 2000: 120ff.). Wollebæk und Selle (2004) nehmen an, dass „*even passive affiliations* may have internal effects on those participating“, denn allein aufgrund von Zugehörigkeitsgefühlen kann sich die politische Beteiligungsbereitschaft erhöhen (Wollebæk und Selle 2004: 248; H.i.O.). Auch van Deth (1996b) vermutet, dass nicht das Erlernen von *civic skills* durch aktive Mitgliedschaft den deutlich positiven Zusammenhang zwischen sozialer und politischer Beteiligung erklärt, sondern vielmehr der Integrationsgrad: „The higher the level of integration, the higher the level of social participation and the higher the level of distinct modes of political participation“ (van Deth 1996b: 408).

Gegen eine positive Wechselwirkung von politischer und sozialer Partizipation spricht die pragmatische Überlegung, dass beide Formen des Engagements in der Freizeit stattfinden und daher im weitesten Sinne in Konkurrenz zueinander stehen. Auch Hirschmans (1979) Modell der *shifting involvements* lässt einen negativen Zusammenhang zwischen der politischen und sozialen Beteiligung vermuten. Danach könnte die Diskrepanz zwischen der Realität und den an das Engagement gestellten Erwartungen zu Frustration bei den engagierten Bürgern und aufgrund dessen zu einer Verschiebung der Beteiligung vom politischen in den sozialen Bereich und umgekehrt führen (vgl. Hirschman 1979: 100f.; vgl. van Deth 2001b: 198). Rosenberg (1954) hält es außerdem für möglich, dass zum einen die in einer Gruppe vorherrschende politische Apathie als Rechtfertigung für die eigenen Inaktivität genutzt wird und dass zum anderen die Mitgliedschaft in Gruppen „in which apathy is a positive group norm“ sogar zu einer zynischen Haltung gegenüber politischer Partizipation führen kann (Rosenberg 1954: 365). Allerdings finden sich so gut wie keine empirischen Hinweise auf einen negativen Zusammenhang zwischen sozialem und politischem Engagement (vgl. van Deth 1997b). So kann davon ausgegangen werden, dass die soziale Beteiligung ein wichtiger Erklärungsfaktor politischer Partizipation ist, wobei dies insbesondere für konventionelle Formen der politischen Beteiligung gilt, wie zum Beispiel die Wahlbeteiligung (vgl. Olsen 1972: 323; van Deth 2001b und 1997b; Anderson 1996).

Außerdem geht die Relevanz sozialen Kapitals als Bedingungsfaktor politischer Partizipation über die Betrachtung der sozialen Beteiligung als relevantem Faktor hinaus. Denn es wird angenommen, dass soziales Vertrauen nicht nur die Transaktionskosten von sozialer, sondern auch von politischer Beteiligung senkt. So stellen bereits Almond und Verba (1965) fest, dass „[b]elief in the benignity of one’s fellow citizens is directly related to one’s propensity to join with others in political activity“ (Almond und Verba 1965: 228; vgl. Gabriel et al. 2002). Außerdem ist von einem positiven Zusammenhang zwischen der Wahlbeteiligung und der Normakzeptanz als kulturellem Aspekt sozialen Kapitals auszugehen, denn Jugendliche, die Normen im Allgemeinen akzeptieren, halten wahrscheinlich auch ‚Wahlnormen' im Speziellen für wichtig und nehmen entsprechend eher an Wahlen teil. Dass nicht nur die strukturellen, sondern auch die kulturellen Soziakapitalaspekte wichtig für die politische Partizipationsbereitschaft der Bürger zu sein scheinen, bestätigt sich dabei ebenfalls in verschiedenen empirischen Studien (vgl. Kunz und Gabriel 2000).

5.4.2.2 Operationalisierung

In den DJI Jugendstudien sowie in Shell 1997 wird den Jugendlichen eine lange Liste möglicher Formen politischer Partizipation vorgelegt, wobei die Befragten jeweils angegeben soll, was sie schon einmal gemacht haben. Allerdings unterscheiden sich die Studien hinsichtlich der Fragenkonzeption, so dass für die folgenden Analysen zunächst die Partizipationsarten aussortiert werden, die nicht in allen drei Jugendstudien[51] enthalten sind. Außerdem werden nur Formen politischer Partizipation betrachtet, die sich eindeutig auf politische Aspekte beziehen.[52] So ergeben sich jeweils 17 mögliche politische Beteiligungsarten:

DJI 1992/1997: Angenommen Sie möchten politisch in einer Sache, die Ihnen wichtig ist, Einfluss nehmen bzw. Ihren Standpunkt zur Geltung bringen. Was davon haben Sie schon gemacht, was haben Sie noch nicht gemacht? (habe ich bereits gemacht (1) – habe ich noch nicht gemacht (0))

(1) sich an Wahlen beteiligen
(2) absichtlich nicht zur Wahl gehen
(3) eine extreme Partei wählen
(4) Briefe an Politiker schreiben
(5) eEin politisches Amt übernehmen
(6) in eine Partei eintreten, aktiv mitarbeiten
(7) in einem Mitbestimmungsgremium im Betrieb, in der Schule/Ausbildungsstätte mitarbeiten
(8) (Leser-)Briefe zu politischen oder gesellschaftlichen Themen an eine Zeitung/den Rundfunk/das Fernsehen schreiben
(9) sich in öffentlichen Versammlungen und Diskussionen beteiligen
(10) Mitarbeit in einer Bürgerinitiative

---

51 Nicht in Shell 1997 enthalten sind ‚in einer anderen politischen Gruppierung mitmachen', ‚eine Partei/Bürgerinitiative/politische Gruppierung mit Geldspenden unterstützen', ‚Teilnahme an einer nicht genehmigten Demonstration' und ‚Teilnahme an einem gewerkschaftlich beschlossenen Streik'; diese Items werden daher bei den weiteren Analysen nicht berücksichtigt. Nicht in DJI 1992 und DJI 1997 enthalten sind ‚an Ständen von BUND/AMNESTY INTERNATIONAL mitarbeiten', ‚Miet-/Steuerzahlungen verweigern', ‚sich einer autonomen Bewegung anschließen'.

52 In Shell 1997 sind einige Items enthalten, die sich nicht eindeutig auf politische Einflussnahme beziehen: ‚in Dritte-Welt-Läden arbeiten', ‚ältere Menschen regelmäßig betreuen' sowie ‚beim Roten Kreuz oder in ähnlichen Organisationen mitarbeiten'.

(11) sich an einer Unterschriftensammlung beteiligen
(12) Teilnahme an einer genehmigten politischen Demonstration
(13) Beteiligung an einem Boykott
(14) Hausbesetzung, Besetzung von Fabriken, Ämtern
(15) Beteiligung an einem wilden Streik
(16) Teilnahme an Aktionen, bei denen es schon mal zu Sachbeschädigungen kommen kann
(17) Teilnahme an Aktionen, auch wenn nicht völlig auszuschließen ist, daß dabei Personen zu Schaden kommen können

Die entsprechende Frage in Shell 1997 unterscheidet sich dabei sowohl hinsichtlich der Formulierung des Fragetextes als auch teilweise der Antwortitems:

Shell 1997: Ich möchte nun gerne von Dir wissen, wie Du über diese Verhaltensweisen denkst. Was hast Du schon einmal gemacht? (habe ich bereits gemacht (1) – habe ich noch nicht gemacht (0))

(1) Wählen gehen
(2) sich bewusst nicht an Wahlen beteiligen
(3) grundsätzlich extreme Oppositionsparteien wählen
(4) Briefe/Postkarten an Politiker/Behörden schreiben
(5) ein politisches Amt/eine Funktion übernehmen
(6) aktives Mitglied in einer Partei werden
(7) in Mitbestimmungsorganen wie in Schülerverwaltungen/Studenten- oder anderen Jugendvertretungen mitarbeiten
(8) in Briefen an die Medien (Rundfunk-/Leserzuschriften) die eigene Meinung sagen
(9) zu öffentlichen Diskussionen/Versammlungen gehen
(10) in einer Bürgerinitiative mitarbeiten
(11) sich an Unterschriftenaktionen beteiligen
(12) an einer genehmigten Demonstration teilnehmen
(13) sich an einem Boykott beteiligen
(14) ein Haus oder Fabrikgelände besetzen
(15) sich an einem wilden Streik beteiligen
(16) eigene Interessen bei Aktionen vertreten, auch wenn dabei mal fremdes Eigentum beschädigt werden kann
(17) sich gegen falsche Ansichten wehren, auch wenn man dabei mal Gewalt anwenden muss

Damit sich die Fallzahlen durch fehlende Werte nicht zu stark dezimieren, werden die einzelnen Items zunächst dichotomisiert, indem Jugendliche, die eine Partizipationsform bereits genutzt haben (1), allen anderen Jugendlichen gegenübergestellt werden (0). Um außerdem die Anzahl möglicher Variablen zu reduzieren, wird zur Untersuchung der Struktur der 17 Antwortitems zunächst eine explorative Hauptkomponentenanalyse (Varimax-Rotation) durchgeführt. Diese führt in Shell 1997 und DJI 1997 zwar zu einer vierdimensionalen, allerdings in DJI 1992 zu einer fünfdimensionalen Lösung. Damit für alle Studien dennoch vergleichbare Indizes zur politischen Partizipation konstruiert werden können, wird nochmals eine Hauptkomponentenanalyse durchgeführt, bei der die Anzahl der Faktoren mit ‚4' vorgegeben wird. Dabei ergibt sich übereinstimmend in allen drei Jugendstudien, dass die letzten drei Partizipationsformen eindeutig auf einen eigenen Faktor laden, der am ehesten als ‚illegale politische Partizipation' bezeichnet werden kann. Da mit Ausnahme von Shell 1997 auch Antwortitem

‚14' (Hausbesetzung) hoch auf diesen Faktor lädt, wird dieses ebenfalls im Folgenden zu den illegalen Formen politischer Partizipation gerechnet. Eindeutig auf einen zweiten Faktor, der als ‚konventionelle politische Partizipation' bezeichnet wird, laden parteinahe Partizipationsformen, wie die Mitgliedschaft (6) und die Amtsübernahme (5) in einer Partei. Obwohl aufgrund theoretischer Überlegungen auch das Schreiben von Briefen an Politiker (4) zu diesen Partizipationsformen zählen sollte, bestätigt sich dies in den Faktorenanalysen nicht: zwar lädt dieses Item in DJI 1997 hoch auf diesen Faktor, allerdings lässt es sich in DJI 1992 keinem der Faktoren zuordnen und in Shell 1997 lädt es hoch auf einen dritten Faktor, so dass auch dieses Item bei den folgenden Analysen nicht berücksichtigt wird. Auf den dritten Faktor ‚unkonventionelle politische Partizipation' laden in allen drei Studien gleichermaßen die Mitarbeit in einem Mitbestimmungsorgan (7), die Teilnahme an einer öffentlichen Diskussion (9), an einer Unterschriftenaktion (11), an einer Demonstration (12) sowie an einem Boykott (13). Die beiden Items ‚Mitarbeit in einer Bürgerinitiative' (10) und ‚Briefe an Medien' (5) lassen sich keinem der drei Faktoren eindeutig zuordnen und werden daher ebenfalls nicht in die Analysen miteinbezogen. Schließlich lassen sich die drei Items, die sich auf Wahlen beziehen ((1), (2), (3)), in allen Studien einer vierten Dimension zuordnen. Allerdings werden die Items ‚absichtlich nicht zur Wahl gehen' (2) und ‚eine extreme Oppositionspartei wählen' (3) nicht in die weiteren Analysen miteinbezogen. Vielmehr wird eine Variable ‚Tatsächliche Wahlbeteiligung' gebildet, bei der Jugendliche, die zum Zeitpunkt der Befragung noch nicht 18 Jahre alt waren, also keine Wahlberechtigung hatten, als fehlende Werte codiert werden. So erhält man eine Variable, die sich hervorragend mit der in den anderen Studien erhobenen Wahlbeteiligung vergleichen lässt (siehe unten). Die Struktur der verbleibenden elf Items zu den verschiedenen politischen Aktivitätsformen von Jugendlichen wird mittels einer Hauptkomponentenanalyse erneut untersucht, wobei sich – nun ohne vorherige Festlegung der Faktorenanzahl – die oben beschriebene Struktur in allen Studien bestätigt. In Tabelle 5.4 sind die Ergebnisse dieser Analysen sowohl für die einzelnen Jugendstudien als auch für den integrierten Datensatz dargestellt. Für die folgenden Analysen werden auf Basis der entsprechenden Items drei additive Indizes gebildet: konventionelle, unkonventionelle und illegale Partizipationsformen.

Tabelle 5.4: Struktur der politischen Partizipation Jugendlicher

	integrierter Datensatz	Komm.	DJI 1992	Shell 1997	DJI 1997
Faktor 1 ‚konventionelle politische Partizipation'					
Übernahme eines politischen Amtes	.803	.676	.818	.773	.807
aktives Mitglied einer Partei werden	.815	.684	.816	.786	.803
Faktor 2 ‚unkonventionelle politische Partizipation'					
Diskussionen/Versammlungen besuchen	.689	.528	.604	.784	.680
Mitarbeit in Jugendvertretungen	.624	.411	.529	.631	.642
Beteiligung an Unterschriftenaktionen	.750	.566	.733	.725	.755
Teilnahme an genehmigter Demonstration	.710	.524	.705	.707	.726
Teilnahme an Boykott	.466	.330	.510	.469	.453
Faktor 3 ‚illegale politische Partizipation'					
Besetzung eines Hauses oder Fabrikgeländes	.607	.397	.644		.624
Beteiligung an einem wilden Streik	.593	.379	.422	.553	.583
Inkaufnahme von Sachbeschädigung	.793	.636	.811	.789	.811
Inkaufnahme von Personenschäden	.749	.570	.740	.783	.788

Anmerkung: Hauptkomponentenanalyse; Rotationsmethode: Varimax mit Kaiser-Normalisierung; es wurden keine Gewichtungs- und Filtervariablen verwendet; eingetragen: Faktorladungen > .400; Kommunalitäten (Komm.) beziehen sich auf rotierte Lösung des integrierten Datensatzes.

In Tabelle 5.1 ist zum einen der Anteil der 18- bis 24-jährigen Jugendlichen, die bereits an Wahlen teilgenommen haben, sowie zum anderen der Anteil der 16- bis 24-jährigen Jugendlichen, die bisher mindestens eine Art der verschiedenen Formen politischer Beteiligung genutzt haben, dargestellt. Ein Vergleich von DJI 1997 mit Shell 1997 macht zunächst deutlich, dass sich die Operationalisierungen der beiden Jugendstudien trotz ähnlicher Itemformulierungen offensichtlich unterscheiden. Beispielsweise hat laut den beiden DJI Jugendstudien nur eine verschwindend kleine Minderheit der Jugendlichen (1992: 4%; 1997: 8%) bisher illegale Beteiligungsformen genutzt, während in Shell 1997 22 Prozent der Jugendlichen angibt, sich schon einmal illegal beteiligt zu haben. Die Gegenüberstellung der beiden DJI Jugendstudien deutet außerdem darauf hin, dass insbesondere Formen unkonventioneller politischer Partizipation 1997 von mehr Jugendlichen zur politischen Teilhabe genutzt wurden als 1992. Diese Zunahme beschränkt sich dabei fast ausschließlich auf westdeutsche Jugendliche. Denn in DJI 1992 geben zwar zwei Drittel der ostdeutschen, aber nur rund die Hälfte der westdeutschen Jugendlichen an, bisher bereits mindestens eine Form unkonventioneller politischer Partizipation genutzt zu haben. Diese Unterschiede sind vermutlich auf die Beteiligung der ostdeutschen Jugendlichen an politischen Aktionen in der DDR in den Jahren 1989 und 1990 zurückzuführen. 1997 jedoch sind die Unterschiede zwischen den Jugendlichen in Ost- und Westdeutschland diesbezüglich nahezu ganz verschwunden, weil sich nun in beiden Teilen Deutschlands mehr als zwei Drittel der Jugendlichen schon einmal unkonventionell beteiligt haben. Sowohl das Niveau als auch die Ähnlichkeit der Jugendlichen in Deutschland wird dabei von den Daten der Shell Jugendstudie 1997 bestätigt.

Abbildung 5.1: Anteil der Jugendlichen, die sich bisher mindestens einmal an Wahlen, konventionell, unkonventionell bzw. illegal politisch beteiligt haben (in Prozent)

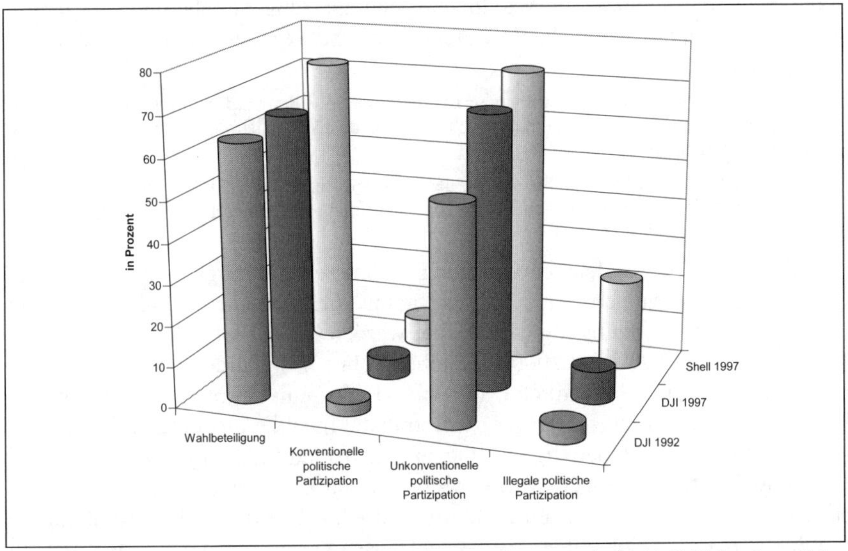

Anmerkung: Daten gewichtet; Analysen beschränkt auf gemeinsame Altersgruppe der 16- bis 24-jährigen Jugendlichen; Wahlbeteiligung zusätzlich auf Jugendliche beschränkt, die zum Erhebungszeitpunkt mindestens 18 Jahre alt waren.

Eine weitere wichtige in Abbildung 5.1 enthaltende Information betrifft die Tatsache, dass nur eine sehr kleine Gruppe von Jugendlichen *konventionelle Partizipationsformen* nutzt. In allen drei Jugendstudien liegt demnach der Anteil der Jugendlichen, die schon einmal konventionell politisch aktiv waren, unter dem der illegalen politischen Aktivität. Rechnet man allerdings die *Wahlbeteiligung* – die ja ebenfalls eine konventionelle Form politischer Teilhabe darstellt – hinzu, kann diese Feststellung nicht aufrechterhalten werden. Denn mehr als 60 Prozent der Jugendlichen zwischen 18 und 24 Jahren geben an, sich bereits an Wahlen beteiligt zu haben, wobei sich Unterschiede zwischen Jugendlichen in den neuen und den alten Bundesländern im entsprechen Zeitraum *vertiefen* (tabellarisch nicht ausgewiesen). Außerdem wird deutlich, dass wiederum die in Shell 1997 enthaltene Frage zu leicht anderen Ergebnissen führt. Allerdings ist neben der soeben dargestellten Frage in Shell 1997 ein anderes Erhebungsinstrument zur Wahlbeteiligung Jugendlicher enthalten, das auch in Shell 2000 verwendet worden ist, so dass ein Vergleich dieser beiden Studien möglich ist. Daher wird diese auch in Shell 1997 für die folgenden Analysen genutzt:

> Shell 1997/Shell 2000: Bist Du bei den letzten Wahlen (Bundestags-, Landtags- oder Gemeinderatswahlen) zur Wahl gegangen – nein, bin nicht wahlberechtigt/nein, kein dt. Staatsbürger (MV), nein, habe aus Überzeugung nicht gewählt (0), nein, habe kein Interesse (0), ja (1).

In KJE 1996 und Shell 2002 besteht darüber hinaus die Möglichkeit, mit der Frage nach einer potentiellen Wahlbeteiligung auch Jugendliche unter 18 Jahren zu berücksichtigen, wobei leicht unterschiedliche Frageinstrumente verwendet worden sind:

> KJE 1996: Wenn am nächsten Sonntag Bundestagswahl wäre, würdest Du dann zur Wahl gehen? nein, sicher nicht (0), nein, eher nicht (0), unter Umständen (1), ja, eher schon (1), ja, wahrscheinlich (1).

> Shell 2002: Werden/Würden Sie sich an den nächsten Bundestagswahl beteiligen? kein Wahlrecht, da kein dt. Bundesbürger (MV), ganz sicher nicht (0), wahrscheinlich nicht (0), wahrscheinlich (1), ganz sicher (1).

Um eine besserer Vergleichbarkeit der Ergebnisse zu ermöglichen, werden die verschiedenen Variablen der Wahlbeteiligung dichotomisiert (Wahlbeteiligung (1) vs. keine Wahlbeteiligung (0)). Dabei werden bei der tatsächlichen Wahlbeteiligung in Shell 1997 und 2000 Jugendliche ohne Wahlberechtigung und in den beiden DJI Studien Jugendliche, die zum Befragungszeitpunkt jünger als 18 Jahre sind, nicht berücksichtigt (MV). Betrachtet man die prozentuale Verteilung der tatsächlichen Wahlbeteiligung, die in den beiden Shell Jugendstudien 1997 und 2000 identisch erhoben wurde, so ist ein starker, negativer Trend zu beobachten, der sich – wenn auch nicht so deutlich – ebenfalls für die potentielle Wahlbeteiligung ergibt (tabellarisch nicht ausgewiesen). Zudem zeigen sich in allen sechs Jugendstudien Unterschiede zwischen west- und ostdeutschen Jugendlichen, wobei sowohl die potentielle als auch die tatsächliche Wahlbeteiligung ostdeutscher Jugendlicher unter der von westdeutschen Jugendlichen liegt und sich diese Differenzen eher vertiefen.

5.4.2.3 Empirische Befunde

Auf Basis der im vorangegangenen Abschnitt präsentierten Operationalisierungen politischer Partizipation wird im Folgenden der Frage nachgegangen, inwiefern soziale Beteiligung, soziales Vertrauen, soziale Werte und kooperative Normen die verschiedenen Formen jugendlicher Politikbeteiligung erklären. Dabei werden für die Untersuchung der Wahlbeteiligung logistische Regressionsanalysen verwendet, da es sich um dichotome abhängige Variablen handelt. Da bei den sonstigen Formen politischer Beteiligung auch die Partizipationsvielfalt berücksichtigt wird, werden hier lineare Regressionsanalysen eingesetzt. In Tabelle 5.5 sind zunächst die Ergebnisse für die Bedingungsfaktoren der *Wahlbeteiligung* Jugendlicher dargestellt. Während die Analyse der tatsächlichen Wahlbeteiligung auf Jugendliche beschränkt wird, die zum Befragungszeitpunkt mindestens 18 Jahre alt bzw. wahlberechtigt sind, kann die potentielle Wahlbeteiligung für alle befragten Jugendlichen untersucht werden. Von den Variablen des *Standardmodell*s erwiesen sich zunächst die Schulbildung und das Alter als konsistent wichtige Einflussfaktoren. Danach sind die besser gebildeten sowie die älteren Jugendlichen eher zur Beteiligung an Wahlen bereit bzw. haben dies eher schon gemacht. Geschlechterunterschiede sind dagegen – anders als für das politische Interesse – nicht wichtig. Außerdem zeigt sich bei den ostdeutschen Jugendlichen in drei der sechs Studien eine – vor allem in DJI 1997 – deutlich niedrigere Wahlbeteiligungswahrscheinlichkeit als bei den westdeutschen.

Die verschiedenen Aspekte jugendlichen *Entwicklungskapitals* haben für die beiden Formen jugendlicher politischer Beteiligung scheinbar unterschiedliche Relevanz. So erhöht das familiäre Entwicklungskapital in drei Studien die Wahrscheinlichkeit einer Wahlbeteiligung. In zwei von vier Studien übt zudem die religiöse Integration einen signifikant positiven Einfluss aus. Sowohl informelle soziale Kontakte als auch das schulische Entwicklungskapital erweisen sich für die Wahlbeteiligung Jugendlicher dagegen als insignifikant. Schließlich kann die Relevanz jugendlichen *Sozialkapitals* als Erklärungsfaktor der potentiellen und tatsächlichen Wahlbeteiligung betrachtet werden. Vergleicht man dabei die Erklärungskraft des Gesamtmodells mit der des Modells ohne die Sozialkapitalvariablen, so wird zunächst deutlich, dass sich diese in allen Fällen – allerdings verhältnismäßig gering – verbessert. Konsistent signifikant und positiv wirkt sich dabei – mit Ausnahme von DJI 1992 – vor allem die Vereinsmitgliedschaft aus. Der Einfluss des generalisierten Vertrauens auf die politische Beteiligung Jugendlicher kann nur für die potentielle Wahlbeteiligung untersucht werden und übt hier keinen signifikanten Einfluss aus.

Tabelle 5.5: Sozialkapital als Erklärungsfaktor tatsächlicher und potentieller Wahlbeteiligung

	DJI 1992	DJI 1997	Shell 1997	Shell 2000	KJE 1996	Shell 2002
	tatsächliche Wahlbeteiligung				potentielle Wahlbeteiligung	
Geschlecht: weiblich	n.s.	n.s.	n.s.	-.119 (-.238	n.s.	-.126* (-.251)
Alter	1.163** (.266)	2.225** (.508)	1.055* (.241)	.587* (.134)	.598** (.137)	.527** (.121)
Bildung: niedrig – mittel – hoch	.124** (.167)	.295** (.397)	.503** (.674)	.372 (.499)	.242** (.324)	.424** (.568)
Wohnort: Ostdeutschland	-.071* (-.153)	-.438** (-.951)	n.s.	n.s.	-.165* (-.357)	n.s.
Schulbildung des Vaters: niedrig – mittel – hoch	n.s.	n.s.	n.s.	.262** (.328)	n.s.	n.s.
Schulbildung der Mutter: niedrig – mittel – hoch	n.s.	n.s.	n.s.	n.s.	n.s.	-
Jugendliches Entwicklungskapital						
Familiäres Entwicklungskapital	n.s.	n.s.	.826* (.357)	.243* (.105)	.204** (.088)	n.s.
Informelle soziale Kontakte	n.s.	n.s.	-	n.s.	n.s.	n.s.
Entwicklungskapital in der Schule	-	-	-	-	-	n.s.
Religiöse Integration	-	n.s.	-	.328** (247)	n.r.	.319* (.241)
Soziale Beteiligung						
Vereinsmitgliedschaft	n.s.	.124** (.233)	.250* (.509)	.235** (.479)	.148** (.301)	.118** (.242)
Informelle soziale Aktivität	-	-	-	-	-	n.s.
Soziales Vertrauen						
Generalisiertes Vertrauen	-	-	-	-	-	n.s.
Persönlicher Optimismus	-	-	n.s.	.163 (.260)	.196** (.311)	.251** (.398)

Soziale Wertorientierungen						
Ablehnung privatistischer Wertorientierungen	-	-	.174* (.061)	.226** (.080)	-	-
Wichtigkeit sozialer Wertorientierungen	.074** (.015)	n.s.	.230* (.046)	.155* (.031)	-	-
Bereitschaft zu Hilfe im Freundeskreis	-	n.s.	-	-	-	-
Bereitschaft zu Hilfe für Fremde	-	n.s.	-	-	-	-
Bereitschaft zu Hilfe für sozial Benachteiligte	-	-	-	-	-	.114* (.114)
Bereitschaft zu Engagement in soz. Org.	-	.127* (.090)	-	-	-	-
Kooperative Normen						
Keine Gesetzesverstöße	-	-	-	-	n.s.	-
Keine gewaltsamen Auseinandersetzungen	-	-	-	-	-	.163** (.179)
Normen & Gesetze	.103* (.038)	-	-	-	-	-
Soziale Kohäsion	.153** (.063)	.273** (.113)	.244* (.100)	.124* (.051)	-	-
N	5517	4733	994	2785	2178	2134
Nagelkerke's R^2	.208	.472	.207	.212	.142	.168
Nagelkerke's R^2 *ohne* SKV	.200	.462	.163	.167	.129	.134

Anmerkung: Standardisierte log. Regressionskoeffizienten (B), in Klammern nicht-standardisierte log. Regressionskoeffizienten (B); Signifikanzniveau: * < .005 ** < .001; n.s.: nicht signifikant und daher nicht in Modell integriert; n.r.: signifikant, allerdings nicht relevant und daher nicht in Modell integriert (R^2-Erhöhung < .01); -: nicht erhoben; keine Gewichtungsvariablen; Analysen in DJI 1992 und DJI 1997 auf Jugendliche, die zum Erhebungszeitpunkt mind 18 Jahre alt sind und in Shell 1997 und Shell 2000 auf Jugendliche mit Wahlberechtigung beschränkt.

Dagegen erhöht eine optimistische Zukunftssicht die Wahrscheinlichkeit einer Wahlbeteiligung in drei von vier Studien, so dass sich zumindest mit Blick auf diesen Indikator sozialen Vertrauens die Erwartung eines positiven Einflusses bestätigt. Auch die Befürwortung sozialer Werte und die Akzeptanz kooperativer Normen wirken sich tendenziell positiv auf die Wahlbeteiligung Jugendlicher aus. Denn von den zehn möglichen Koeffizienten zum Einfluss sozialer Werte auf die Wahlbeteiligung Jugendlicher erweisen sich sieben als signifikant. Noch deutlicher wird dies, betrachtet man die Relevanz kooperativer Normen: Von den sieben möglichen Zusammenhängen ist nur einer nicht signifikant. In allen anderen Fällen gilt: je stärker Jugendliche kooperative Normen unterstützen, desto eher haben sie sich an Wahlen beteiligt bzw. würden sie sich an Wahlen beteiligen.

Inwiefern sich Sozialkapital für die sonstigen Formen politischer Beteiligung bei Jugendlichen als wichtig erweist, wird in den folgenden Abschnitten empirisch untersucht. In Tabelle 5.6 sind entsprechend die Ergebnisse der linearen Regressionsanalysen für die Bedingungsfaktoren der Indizes zu *konventioneller, unkonventioneller und illegaler politischer Partizipation* vergleichend eingetragen. In Bezug auf die *Standarderklärungsfaktoren* zeigen sich für die beiden ‚legalen' Bereiche der politischen Beteiligung Jugendlicher zunächst deutliche Bildungs- und Alterseffekte. Danach haben sich die besser gebildeten sowie die älteren Jugendlichen bisher eher konventionell bzw. unkonventionell beteiligt. Die Relevanz des sozioökonomischen Status wird durch den signifikant positiven Einfluss der Schulbildung des Vaters unterstrichen. Außerdem haben sich die weiblichen Befragten seltener konventionell beteiligt als die männlichen, während derartige Geschlechterunterschiede für die unkonventionelle Partizipation kaum eine Rolle spielen. Dagegen zeigen sich für die illegale politische Partizipation deutliche Geschlechterunterschiede, wobei dies der einzig konsistente Standarderklärungsfaktor ist. An dieser Stelle kann vorweggenommen werden, dass sich auch von den 15 möglichen Einflüssen der verschiedenen Sozialkapitalindikatoren auf die illegale politische Partizipation nur neun als signifikant erweisen. Von diesen sind außerdem fünf negativ, so dass sich soziales Kapital wenn überhaupt vor allem negativ auf illegale politische Aktivitäten Jugendlicher auswirkt, wobei der zusätzliche Erklärungsbeitrag sehr gering ist.

Der Einfluss des familiären *Entwicklungskapital*s auf die verschiedenen Formen der politischen Partizipation Jugendlicher ist zwar nur in drei von neun Fällen relevant, allerdings bestätigt sich in allen Studien und für alle Partizipationsformen ein signifikant *negativer* Einfluss. Jugendliche, die in diesem Sinne über familiäres Entwicklungskapital verfügen, beteiligen sich also eher nicht politisch. Ähnlich lassen sich auch die Ergebnisse für den Einfluss der religiösen Integration zusammenfassen. Zwar findet sich kein signifikanter Einfluss auf die konventionelle politische Partizipation Jugendlicher, allerdings beteiligen sich religiös integrierte Jugendliche seltener unkonventionell oder illegal, wobei der Einfluss ebenfalls sehr gering ist.

Schließlich kann der Einfluss des jugendlichen *Sozialkapitals* auf die verschiedenen politischen Partizipationsformen betrachtet werden. Ein Blick auf die erklärten Varianzen zeigt dabei zunächst, dass sich die unkonventionelle politische Partizipation Jugendlicher sowohl durch die Standarderklärungs- als auch durch die Sozialkapitalvariablen vergleichsweise gut erklären lässt. Dagegen ist die Erklärungskraft der Modelle für die verschiedenen konventionellen und illegalen politischen Partizipationsformen äußerst gering und verbessert sich auch durch die Integration der Sozialkapitalvariablen nicht deutlich. Mit anderen Worten: Sozialkapital erhöht bei den Jugendlichen die Wahrscheinlichkeit, sich an Wahlen oder unkonventionell zu beteiligen. Die beiden anderen Formen politischer Beteiligung, die ohnehin nur eine sehr kleine Gruppe von Jugendlichen nutzt, werden dagegen durch Sozialkapital nur geringfügig wahrscheinlicher.

Entsprechend findet sich ein konsistent positiver Einfluss der Vereinsmitgliedschaft lediglich für unkonventionelle Beteiligungsformen, so dass die Erwartung eines positiven Einflusses von sozialer auf politische Beteiligung für die Jugendlichen in Deutschland nur teilweise bestätigt wird. Die Vereinsmitgliedschaft erhöht zwar deutlich die Wahrscheinlichkeit einer Wahlbeteiligung und unkonventioneller Partizipation, allerdings gilt dies in viel geringerem Maße für sonstige konventionelle Beteiligungsformen. Noch weniger Hinweise lassen sich für die Erwartung eines positiven Einflusses des sozialen Vertrauens auf politischer Partizipation im Jugendalter finden. Dies liegt zum einen daran, dass der Zusammenhang zwischen generalisiertem Vertrauen und der politischen Partizipation Jugendlicher nur in Shell 2002 empirisch untersucht werden kann und sich daher auf die potentielle Wahlbeteiligung beschränken muss (vgl. Tabelle 5.5). Zum anderen ist auch die Variable zum persönlichen Optimismus in den beiden DJI Jugendstudien nicht enthalten. Außerdem lassen sich für die in Tabelle 5.6 untersuchten verschiedenen Formen politischer Beteiligung lediglich negative Einflüsse des persönlichen Optimismus feststellen. Demnach beteiligen sich optimistische Jugendliche zwar eher an Wahlen, allerdings sind sie eher *nicht* zu sonstigen konventionellen und illegalen Beteiligungsakten bereit, während die unkonventionellen Partizipationsformen von derartigen Einstellungsunterschieden überhaupt nicht beeinflusst werden. Unter Umständen beschränken sich zuversichtliche Jugendliche auf die Wahlbeteiligung, weil sie davon ausgehen, dass sich die gewählten Mandatsträger den anfallenden Problemen auch ohne weitergehende Einflussnahme angemessen widmen werden. Dagegen könnten Jugendliche, die ihre persönliche Zukunft pessimistisch einschätzen, durch eigene Aktivitäten versuchen, diese Entwicklung in ihrem Sinne positiv zu beeinflussen.

Tabelle 5.6: Sozialkapital als Erklärungsfaktor verschiedener Formen politischer Partizipation

	DJI 1992	**DJI 1997**	**Shell 1997**	**DJI 1992**	**DJI 1997**	**Shell 1997**	**DJI 1992**	**DJI 1997**	**Shell 1997**
	konventionelle politische Partizipation			unkonventionelle politische Partizipation			illegale politische Partizipation		
Geschlecht: weiblich	-.037* (-.017)	-.061** (-.034)	n.s.	n.s.	-.048** (-.144)	n.s.	-.036* (-.022)	-.080** (-.079)	-.106** (-.164)
Alter	.101** (.006)	.067** (.004)	.064* (.006)	.149** (.045)	.186** (.064)	.237** (.097)	-.028* (-.002)	n.s.	n.s.
Bildung: niedrig – mittel – hoch	.049* (.015)	.033** (.013)	n.s.	.202** (.338)	.210** (.432)	.147** (.316)	n.s.	-.041* (-.028)	n.s.
Wohnort: Ostdeutschland	.051** (.025)	-.050** (-.030)	n.s.	.082** (.215)	n.s.	n.s.	.070** (.046)	n.s.	n.s.
Schulbildung des Vaters: niedrig – mittel – hoch	.034* (.010)	.041** (.015)	n.s.	.075** (.114)	.065** (.122)	.075* (.149)	n.s.	n.s.	n.s.
Schulbildung der Mutter: niedrig – mittel – hoch	n.s.	n.s.	n.s.	n.s.	n.s.	n.s.	n.s.	.062** (.042)	n.s.
Jugendliches Entwicklungskapital									
Familiäres Entwicklungskapital	n.r.	n.r.	n.r.	n.r.	n.r.	-.091** (-.189)	-.109** (-.025)	n.r.	-.107* (-.108)
Informelle soziale Kontakte	n.s.	n.s.	-	n.s.	n.r.	-	n.r.	n.s.	-
Religiöse Integration	n.s.	n.s.	-	n.r.	n.r.	-	n.r.	n.r.	-
Soziale Beteiligung									
Vereinsmitgliedschaft	.051** (.024)	.041* (.030)	n.s.	.064** (.163)	.096** (.294)	.078** (.250)	n.s.	n.s.	-.085* (-.054)
Soziales Vertrauen									
Persönlicher Optimismus	-	-	-.070* (-.035)	-	-	n.s.	-	-	-.071* (-.079)

Soziale Wertorientierungen									
Ablehnung privatistischer Wertorientierungen	-	-	.095** (.012)	-	-	.245* (.136)	-	-	.066* (.018)
Wichtigkeit sozialer Wertorientierungen	.046** (.002)	n.s.	n.s.	.078** (.022)	n.s.	n.s.	n.s.	-.069** (-.007)	-.053* (-.012)
Bereitschaft zu Hilfe im Freundeskreis	-	n.s.	-	-	.142** (.224)	-	-	.029* (.015)	-
Bereitschaft zu Hilfe für Fremde	-	n.s.	-	-	n.s.	-	-	n.s.	-
Bereitschaft zu Engagement in soz. Org.	-	.084** (.017)	-	-	.192** (.203)	-	-	.047* (.016)	-
Kooperative Normen									
Normen & Gesetze	n.s.	-	-	n.s.	-	-	-.082** (-.009)	-	-
Soziale Kohäsion	.065** (.006)	n.s.	n.s.	.118** (.062)	.090** (.065)	n.s.	.059** (.008)	n.s.	n.s.
N	5552	5634	2094	5552	5973	1962	6630	6063	2081
korrigiertes R^2	.027	.024	.020	.121	.202	.217	.029	.015	.044
korrigiertes R^2 *ohne* SKV	.019	.015	.007	.099	.117	.153	.022	.010	.030

Anmerkung: Lineare Regression: Lineare Regressionskoeffizienten (Beta); in Klammern nicht-standardisierte Koeffizienten (B); Signifikanzniveau: * < .005 ** < .001; n.s.: nicht signifikant und daher nicht in Modell integriert; n.r.: signifikant, allerdings nicht relevant und daher nicht in Modell integriert (R^2-Erhöhung < .01); -: nicht erhoben; es wurden keine Gewichtungs- und Filtervariablen verwendet.

Diese Annahme wird dabei durch den ebenfalls negativen Einfluss auf die illegalen politischen Partizipationsformen unterstrichen, kann allerdings den insignifikanten Einfluss auf die unkonventionellen politischen Aktivitäten nicht erklären. Schließlich finden sich einige Hinweise für die Richtigkeit der Annahme eines positiven Einflusses sozialer Werte und Normen. So wurde bereits für die Wahlbeteiligung Jugendlicher festgestellt, dass die Befürwortung sozialer Werte und insbesondere die Akzeptanz kooperativer Normen konsistent positive Einflüsse ausüben, und das bestätigt sich auch für die unkonventionelle politische Partizipation: von den elf möglichen Koeffizienten erweisen sich sechs als signifikant und positiv.

Zusammenfassend lässt sich feststellen, dass die einzelnen Sozialkapitalvariablen, besonders die soziale Beteiligung und die Akzeptanz kooperativer Normen, zwar einen zusätzlichen und eigenständigen Beitrag zur Erklärung politischer Beteiligung Jugendlicher leisten, dieser im Vergleich zu den Standarderklärungsfaktoren wie dem Alter und der Bildung allerdings gering ist. Lediglich für die unkonventionelle politische Partizipation Jugendlicher verbessern die verschiedenen Sozialkapitalindikatoren die Erklärungskraft des Modells deutlich. Ähnlich wie für das politische Interesse finden sich damit auch für den Einfluss sozialen Kapitals auf die politischen Aktivitäten Jugendlicher die erwarteten positiven Zusammenhänge. Allerdings wird insbesondere bei der Wahlbeteiligung und den anderen konventionellen politischen Beteiligungsmöglichkeiten deutlich, dass die Bedingungsfaktoren des Standardmodells, vor allem das Alter und die Bildung, weit besser das politische Partizipationsverhalten von Jugendlichen erklären als die verschiedenen Sozialkapitalaspekte. Damit bestätigt sich auch für die Jugendlichen in Deutschland das so genannte Standardmodell der politischen Partizipation, wonach besonders Bürger mit einem hohen sozialen Status ihre politischen Beteiligungsmöglichkeiten nutzen. Da die verschiedenen Aspekte sozialen Kapitals selbst eher den privilegierten Jugendlichen zur Verfügung stehen, und diese wiederum die Wahrscheinlichkeit einer politischen Partizipation auch unter Kontrolle eben dieser Standardeinflussfaktoren positiv beeinflussen, verstärkt Sozialkapital damit entsprechende Ungleichheiten zusätzlich. Am deutlichsten findet sich dieser Zusammenhang für die unkonventionelle politische Partizipation bestätigt.

5.5 Sozialkapital und politische Unterstützung

Im Zentrum der politischen Kulturforschung steht die Frage „Welche institutionellen und politisch-kulturellen Voraussetzungen müssen erfüllt sein, damit die Bürger demokratische Regime unterstützen?“ (Fenner 1991: 360; vgl. z.B. Inglehart 1999). Inwiefern Sozialkapital für die Entwicklung politischer Unterstützung in der Jugendphase eine Rolle spielt, wird daher in diesem Kapital untersucht. Dabei finden zwar nicht „alle theoretisch relevanten Aspekte des Verhältnisses der Bevölkerung zur Politik“ Berücksichtigung (Gabriel und Neller 2000: 70), allerdings werden mit verschiedenen Formen spezifischer und diffuser Unterstützung politischer Institutionen sowie des politischen Systems zentrale Einstellungsobjekte und -arten des auf Easton (1975) zurückgehenden Konzepts der politischen Unterstützung angesprochen. Zunächst wird dieses Konzept in Kapitel 5.5.1 vorgestellt. In den folgenden Kapiteln werden dann die verschiedenen Sozialkapitalaspekte als mögliche Einflussfaktoren unterschiedlicher Dimensionen politischer Unterstützung betrachtet. Dabei werden für das Institutionenvertrauen (Kapitel 5.5.2), die Zufriedenheit mit der Leistung der Politiker (Kapitel 5.5.3), die Demokratieakzeptanz und Systemperformanz (Kapitel 5.5.4) jeweils zunächst Erwartungen formuliert, anschließend die Operationalisierungen und Verteilungen beschrieben und schließlich die empirischen Befunde und deren Interpretation präsentiert.

5.5.1 Politische Unterstützung

Ob und warum sich die Bürger eines demokratischen Staates für das politische Geschehen interessieren oder die verschiedenen Möglichkeiten der politischen Teilhabe nutzen, liegen letztlich die Einstellungen der Bürger zu dem politischen System und seinen Institutionen und damit Fragen nach der Legitimität des politischen Systems zugrunde. Empirisch gingen diesen demokratischen Grundeinstellungen der Bürger erstmals Almond und Verba (1965) nach und stellten fest, dass die junge Bundesrepublik von breiten Teilen der deutschen Bevölkerung in den ersten Jahren nach ihrer Gründung zunächst nicht angenommen oder unterstützt wurde. Dabei standen ein vergleichsweise hohes Niveau politischen Wissens und eine hohe Ergebnisorientierung einer relativ geringen affektiven Unterstützung des politischen Systems gegenüber. Aufgrund der stärkeren Abhängigkeit der politischen Unterstützung von der Systemleistung diagnostizierten die Autoren: „In Germany the lack of commitment to the political system that is relatively independent of system output suggest that the stability of the system may be in doubt if the level of output becomes less satisfactory“ (Almond und Verba 1965: 496). Die Autoren befürchteten, dass die starke Ergebnisorientierung alleine nicht zur Festigung demokratischer Überzeugungen führen würde. Conradt (1980) konnte anhand empirischer Daten allerdings seine Vermutung bestätigen, dass „a system's high level of performance, its output, can over time 'take on a life of its own', that is become a symbol aiding in identification with the political institutions and process of the regime“ (Conradt 1980: 222). Er betont die Notwendigkeit einer, im Falle Deutschlands besonders wichtigen, differenzierten Betrachtung politischer Unterstützung. Er verweist auf das Konzept Eastons (1965), das dem Aspekt der politischen Unterstützung auf verschiedenen Ebenen Rechnung trägt, indem es einerseits zwischen den Objekten, auf die sich die politische Unterstützung richtet, und andererseits der Art der Unterstützung unterscheidet (vgl. Easton 1975). Danach kann sich die politische Unterstützung eines Bürgers auf drei Objekte – die politische Gemeinschaft, das politische System und die politischen Autoritäten – beziehen:

> The political community is the cultural entity that transcends particularities of formal governing structures and enscribes the elemental identity of the collectively constituting polity. The regime is constituted of those principles, processes, and formal institutions that persist and transcend particular incumbents. And the political authorities are those officials occupying governmental posts at a particular time (Klingemann 1999: 33).

Zusätzlich unterscheidet Easton zwischen diffuser und spezifischer Unterstützung. *Spezifisch* ist die Unterstützung dann, wenn eine Bewertung der Handlungen und der Leistung der Regierung und der politischen Eliten vorgenommen wird. Es handelt sich also um eine leistungsbezogene Form der Unterstützung. Dagegen richtet sich *diffuse* Unterstützung „auf allgemeine Eigenschaften politischer Objekte“ (Gabriel 2002: 479) und dabei auf grundlegende demokratische Prinzipien. Damit spiegelt diffuse Unterstützung tiefverwurzelte Einstellungen gegenüber dem politischen System wider. Diese Einstellungen sind zwar veränderbar, im Vergleich zu spezifischer Unterstützung aber relativ stabil, denn die wichtigsten Quellen diffuser politischer Unterstützung sind die politische Sozialisation in der Kindheit und direkte Erfahrungen (vgl. Easton 1975: 445).[53]

Innerhalb des Konzepts der politischen Unterstützung nimmt das Institutionenvertrauen (oder: politische Vertrauen) als Form der *diffusen Unterstützung politischer Institutionen* „eine eigenständige Position zwischen den Orientierungen auf das Regime und die AmtsinhaberInnen ein“ (Fuchs, Gabriel und Völkl 2002: 443). Es umfasst eine Bewertung verschiedener gesellschaftlicher und politischer Institutionen und beruht auf der Erwartung, dass diese im Interesse der Bürger handeln (vgl. Bierhoff 2002). Das politische Vertrauen richtet sich auf politische Institutionen, die Normen und Werte verkörpern, die von den Bürgern geteilt werden und von denen die Bürger annehmen, dass auch die anderen Bürger sie teilen (vgl. Warren 1999b; Offe 2001; Fuchs, Gabriel und Völkl 2002). Umstritten ist allerdings, welche Rolle das politische Vertrauen für die Lebensfähigkeit einer Demokratie spielt. Während politische Elitentheorien die Notwendigkeit einer vertrauensvollen Gesellschaft einerseits und Institutionen, die dieses Vertrauen rechtfertigen, andererseits betonen, rücken liberale Theorien

---

53 Gabriel (1999) weist darauf hin, dass die empirische Sozialforschung derartige Sozialisationseffekte häufig über die „Proxy-Variablen“ Alter, Geschlecht und Schulbildung erfasst, und dabei „die genaue Bedeutung dieser Größen für das Zustandekommen politischer Unterstützung (...) weitgehend unklar“ bleibt (Gabriel 1999: 217; vgl. Brunner und Walz 2000).

die Relevanz einer misstrauischen Gesellschaft in den Vordergrund (vgl. Rothstein 2004: 105f.). Darüber hinaus findet sich eine mittlere Position, die von einer ausgewogenen Mischung von Vertrauen und Misstrauen ausgeht, denn ein „gewisses Misstrauen der Bürger in ihren Staat kann durchaus sinnvoll sein und ihr Demokratieverständnis zeigen“ (Bierhoff 2002: 249).

Grundlegender als die Frage, ob die Bevölkerung die Institutionen eines politischen Systems unterstützt, ist, ob sie das System an sich unterstützt. In empirischen Studien zeigt sich dabei, dass das demokratische System in den meisten Ländern breite Unterstützung in der Bevölkerung findet. Dabei ist die diffuse Unterstützung in der Regel stärker als die spezifische, das heißt es gibt einen großen Anteil an Bürgern, die die Demokratie als Ordnungsmodell unterstützen, nicht aber mit deren Leistung zufrieden sind (vgl. Gabriel et al. 2002: 199). Über die Entwicklung der Unterstützung des politischen Systems können aufgrund der wenig befriedigenden Datenlage zwar kaum genaue Aussagen gemacht werden, allerdings scheint es in westlichen Demokratien immer mehr „dissatisfied democrats“ zu geben also Bürger, die zwar die Demokratie als Regierungsform (Demokratiepräferenz) unterstützen, aber unzufrieden mit der aktuellen Leistung des Systems (Systemperformanz) sind (vgl. Klingemann 1999: 60). Klingemann (1999) interpretiert diese immer größer werdende Zahl unzufriedener Demokraten dabei nicht als Gefahr für moderne Demokratien, sondern als Chance für Reformen und „hope for the future of democratic governance“ (Klingemann 1999: 56). Auch Dalton (1999) zeigt, dass die Unterstützung demokratischer Institutionen und politischer Eliten in vielen westlichen Demokratien schwächer geworden ist. Da gleichzeitig die Unterstützung demokratischer Prinzipien und der politischen Gemeinschaft auf einem hohen Niveau stabil zu sein scheint, bewertet auch er die wachsende Skepsis der Bürger nicht grundsätzlich negativ. Norris (1999a) fasst die Forschungsergebnisse über die internationale Entwicklung der politischen Unterstützung der Demokratie zusammen:

> By the end of the twentieth century overwhelming support is given to the principle of democracy as an ideal of government, even among citizens living under flawed regimes characterized by widespread abuse of human rights and civil liberties (...). At the end of the twentieth century citizens in many established democracies give poor marks to how their political system functions, and in particular how institutions such as parliaments, the legal system, and the civil service work in practice (Norris 1999a: 2).

In diesem Sinne gibt es weltweit immer mehr „critical citizens, who value democracy as an ideal yet who remain dissatisfied with the performance of their political system, and particularly the core institutions of representative government” (Norris 1999b: 269).

Als Bedingungsfaktoren politischer Unterstützung sind in Deutschland vor allem Unterschiede zwischen Bürgern in Ost- und Westdeutschland relevant. Besonders deutlich zeigen sich diese in der Regel für die diffuse Unterstützung politischer Institutionen (Institutionenvertrauen) sowie für die spezifische Unterstützung des politischen Systems (Systemperformanz). Denn die Bürger in Westdeutschland haben zum einen ein deutlich höheres Vertrauensniveau gegenüber den politischen Institutionen und zum anderen eine deutlich größere Demokratiezufriedenheit als Bürger in Ostdeutschland. Dabei bestätigt sich in vielen Studien, dass vor allem die „affektive Bindung an die ehemalige DDR (...) Einstellungen zum politischen System Gesamtdeutschlands [beeinflusst]" (Gabriel 1995: 271; vgl. Gabriel 1993; Klingemann 1999; Fuchs 1999; Gabriel und Neller 2000; Gabriel et al. 2002). Fuchs, Roller und Weßels (1997) führen die innerdeutschen Differenzen in erster Linie auf Sozialisationsunterschiede zurück, so „dass wir es mit einem so genannten sozialistischen Erbe zu tun haben, das sich längerfristig nur durch den Austausch der DDR-Generation durch jüngere Generationen transformieren lässt" (Fuchs, Roller und Weßels 1997: 8). Negative Erfahrungen mit dem politischen System der Bundesrepublik in Form von wirtschaftlicher Rezession und unterschiedlichen Lebensstandards in Ost- und Westdeutschland scheinen allerdings dazu zu führen, dass sich die unterschiedlichen Einstellungen festigen. Dies könnte an einem höheren Anspruchsdenken der ostdeutschen Bevölkerung liegen, denn viele sind der Meinung, dass „[a]ll das, was der Sozialismus versprochen, aber nie eingelöst hatte, (...) nun in einer freien, demokratischen Ordnung verwirklicht werden [sollte]" (Sztompka 1995: 271). So finden sich den Daten des ALLBUS 1998 zufolge in Ostdeutschland „deutlich höhere Ansprüche an Sozialpolitik und soziale Gerechtigkeit" und „entsprechend größer ist im Osten auch die Unzufriedenheit über nicht erfüllte Erwartungen" (Eith 2002: 148f.; vgl. Schöbel 2002; Förster 2003; Gaiser et al. 2003).

5.5.2 Sozialkapital als Erklärungsfaktor von Institutionenvertrauen

Inwiefern sich die verschiedenen Sozialkapitalaspekte als Erklärungsfaktoren des Vertrauens Jugendlicher in unterschiedliche politische Institutionen erweisen, soll in den folgenden Abschnitten analysiert werden. Zunächst werden dazu einige Erwartungen bezüglich des Zusammenhangs zwischen den kulturellen und strukturellen Sozialkapitalaspekten und Institutionenvertrauen analysiert. Anschließend werden die verwendeten Operationalisierungen in den einzelnen Jugendstudien vorgestellt sowie ein kurzer Eindruck von der Verteilung bzw. Entwicklung politischen Vertrauens bei Jugendlichen in Deutschland vermittelt. Auf Basis dieser Betrachtungen wird dann mittels linearer Regressionsanalysen der Fragestellung des Kapitels empirisch nachgegangen.

5.5.2.1 Erwartungen

Innerhalb der Sozialkapitaldebatte werden für den Zusammenhang zwischen politischem und sozialem Vertrauen unterschiedliche Wirkungsmechanismen diskutiert: Einerseits könnte das Vertrauen in politische Institutionen dazu führen, dass Bürger auch ihren Mitmenschen Vertrauen entgegen bringen, denn die Legitimität der Institutionen „bewirkt eine Folgebereitschaft der BürgerInnen gegenüber den normativen Erwartungen, die mit dem politischen Institutionen verknüpft sind und erzeugt ein Vertrauen in die anderen BürgerInnen, die in diesem institutionellen Gefüge handeln“ (Fuchs, Gabriel und Völkl 2002: 433; vgl. Offe 2001; Warren 1999b). Wenn die Bürger dagegen den politischen Institutionen nicht vertrauen und von korrupten oder betrügerischem Verhalten ausgehen, dann breitet sich auch ein Misstrauen in der Gesellschaft aus, da keiner sicher davon ausgehen kann, dass der Gegenüber sich nicht auch an diesen Korruptionsprozessen bereichert. Folglich scheint auch zu gelten: „the more universal, uncorrupted, and impartial the government institutions responsible for the implementation of laws and politics, the more social capital will be the result“ (Rothstein 2004: 124). Andererseits – und dies ist der innerhalb der Sozialkapitaltheorie favorisierte Erklärungsansatz – könnte mit der Zeit eine Generalisierung sozialen Vertrauens auch auf politische Institutionen stattfinden, denn wenn „über einen längeren Zeitraum hinweg gleichartige Erfahrungen – positive oder negative – mit einer Reihe von EntscheidungsträgerInnen gemacht werden, können diese auf die politischen Institutionen und das politische Regime generalisiert werden“ (Fuchs, Gabriel und Völkl 2002: 433). So vermuten bereits Almond und Verba (1965), dass in den etablierten Demokratien USA und Großbritannien „[g]eneral social trust is translated into politically relevant trust“ (Almond und Verba 1965: 285). Rothstein (2004) schließlich geht davon aus, dass soziales und politisches Vertrauen sich wechselseitig beeinflussen.

Gegen diese These führt Newton (1999a) an, dass sich politisches Vertrauen von sozialem Vertrauen unter anderem auch in Bezug auf die Bedingungsfaktoren unterscheidet, denn im Gegensatz zu sozialem Vertrauen ist politisches Vertrauen relativ zufällig über die verschiedenen sozialen Gruppen verteilt. Wichtig erweisen sich dagegen politische Faktoren, wie das Vorhandensein einer Koalitionsregierung oder die Tatsache, ob ein Befragter Anhänger der Oppositions- oder Regierungspartei ist. Dies wird in verschiedenen internationalen Studien deutlich:

> The general conclusion seems to be that political trust often has a weak and contingent relationship with social trust and such things as involvement in voluntary and community work. It seems to be related less to social and economic factors than to political ones, especially the record and colour of the party in power (Newton 1999a: 184f.).

Diese Annahme Newtons (1999a), wonach soziales und politisches Vertrauen nicht notwendigerweise miteinander zusammenhängen, wird auch von Kaase (1999) unterstützt. Er kommt ebenfalls zu dem Ergebnis, dass „[i]nterpersonal and political trust apparently are not of one piece“ (Kaase 1999: 19). Auch Hardin (2000) geht davon aus, dass Vertrauen in politische Institutionen etwas vollkommen anderes ist als Vertrauen in andere Personen, und plädiert daher für die Verwendung der Begriffe *confidence* für das politische und *trust* für das soziale Vertrauen. Entsprechend seiner Konzeptualisierung von sozialem Vertrauen als ‚incapsulated interest' (Kapitel 3.2.2) müssen die Interaktionspartner entweder die Beziehung an sich oder die persönlichen Interessen des anderen als wichtig erachten. Politische Institutionen können demnach höchstens die erste Bedingung erfüllen, und dies hält Hardin für sehr unwahrscheinlich (vgl. Hardin 2000: 33f.). Insgesamt erhärtet sich so der Eindruck, dass „sowohl die Existenz als auch die Richtung des Verhältnisses zwischen politischem und sozialem Vertrauen (...) umstritten“ sind (Gabriel et al. 2002: 175).

Eine systematische Untersuchung des Zusammenhangs zwischen dem politischen Vertrauen und sozialem Kapital sollte sich allerdings nicht auf die Betrachtung des sozialen Vertrauens beschränken, sondern muss auch die anderen Aspekte sozialen Kapitals miteinbeziehen. So findet beispielsweise Siisiäinen (1999), der den Zusammenhang zwischen Institutionenvertrauen und der Vereinsmitgliedschaft in Finnland untersucht, dass Vereinsmitglieder den politischen Institutionen in jeder Hinsicht stärker vertrauen als Menschen, die keinem Verein angehören. Freiwilligenorganisationen stellen damit „a central supporting pillar of Finnish democracy“ dar (Siisiäinen 1999: 140). Auch Putnam (2000) vermutet, dass es zwischen dem Rückgang sozialer (und politischer) Beteiligung und dem um sich greifenden politischen Misstrauen in den USA einen Zusammenhang geben könnte. Seiner Meinung nach führt einerseits eine zynische Haltung gegenüber den politischen Institutionen zu einer geringeren Bereitschaft, sich für die Gesellschaft zu engagieren. Andererseits könnte diese gesunkene Engagementquote in den USA *tatsächlich* zu einer weniger effizienten Regierungstätigkeit und infolgedessen auch zu einem gerechtfertigten Vertrauensverlust in der Gesellschaft geführt haben (vgl. Putnam 2000: 348). Welche Prozesse dabei auf der Mikroebene wirksam sind, lässt sich dagegen weniger gut erklären, und auch die entsprechenden empirischen Ergebnisse sind nicht eindeutig interpretierbar. So finden Gabriel und Kunz (2002) zwar einen positiven Zusammenhang zwischen dem politischen und dem sozialen Vertrauen, die Mitgliedschaft in Freiwilligenorganisationen übt aber kaum einen Effekt auf das politische Vertrauen aus (vgl. Gabriel et al. 2002). Fuchs, Gabriel und Völkl (2002) versuchen ebenfalls, den Zusammenhang zwischen politischem Vertrauen und Sozialkapital empirisch zu überprüfen, wobei sich einige wenige, schwache Zusammenhänge zeigen: „Mit der Unterstützung prosozialer Werte hat das Institutionenvertrauen (...) nichts zu tun, und zum sozialen Vertrauen und der Unterstützung prosozialer Normen bestehen nur mäßige Verbindungen“ (Fuchs, Gabriel und Völkl 2002: 444). Inwiefern sich diese Ergebnisse für Jugendliche bestätigen, wird im Anschluss an die Beschreibung der Operationalisierungen in den einzelnen Jugendstudien empirisch untersucht. Dabei wird grundsätzlich ein positiver Einfluss jugendlichen Sozialkapitals erwartet, der aufgrund der Generalisierungsannahme insbesondere für das soziale Vertrauen substantiell sein sollte.

5.5.2.2 Operationalisierung

Das Institutionenvertrauen kann in sechs der sieben Jugendstudien über nahezu identische Fragen zum Vertrauen in verschiedene Institutionen operationalisiert werden. Dabei sind in den Jugendstudien unterschiedliche Items enthalten, die sich teilweise auf nicht-politische Institutionen, wie zum Beispiel Kirchen, beziehen oder aber nicht in allen Studien erhoben wurden. Diese Items werden im Folgenden nicht berücksichtigt, so dass das Vertrauen zu insgesamt fünf politischen Institutionen betrachtet wird. Die Jugendstudien unterscheiden sich dabei vor allem hinsichtlich der Länge und Konzeption der Ratingskalen. So wird in den Shell Jugendstudien eine fünfstufige Vertrauensskala genutzt und die unterste Kategorie mit *sehr wenig* Vertrauen benannt. In den DJI Jugendstudien dagegen wird eine siebenstufige Skala verwendet, deren niedrigste Kategorie *überhaupt kein* Vertrauen bedeutet. Die exakten Frageformulierungen lauten dabei:

> KJE 1996/DJI 1992/DJI 1997: Ich lese Ihnen nun eine Reihe von öffentlichen Einrichtungen und Organisationen vor. Sagen Sie mir bitte bei jeder Einrichtung oder Organisation, wie groß das Vertrauen ist, das Sie Ihr entgegenbringen. (überhaupt kein Vertrauen (1) – sehr großes Vertrauen (7))
>
> Shell 1997/Shell 2000/Shell 2002: Ich nenne Ihnen nun einige Gruppierungen oder Organisationen. Uns interessiert, wie viel Vertrauen Sie diesen Gruppen oder Organisationen entgegenbringen. (sehr wenig Vertrauen (1) – sehr viel Vertrauen (5))
> (1) Gerichte
> (2) Polizei (nicht in KJE 1996)
> (3) Bundestag (nicht in Shell 2002)
> (4) politische Parteien
> (5) Bundesregierung

Um die aufgrund der Ratingskalenlängen in den Jugendstudien unterschiedlichen Antwortitems besser miteinander vergleichen zu können, werden die Variablen jeweils so umcodiert, dass die Mittelkategorie (4 bzw. 3) den Wert ‚0‘ erhält und alle Kategorienwerte oberhalb dieser Mittelkategorie positive und alle unterhalb negative Werte annehmen. Anschließend wird die Struktur der fünf Items in allen sechs Jugendstudien jeweils in einer Hauptkomponentenanalyse untersucht.

Dabei laden die Antwortkategorien Bundestag (3), politische Parteien (4) und Bundesregierung (5) immer auf einen Faktor und Gerichte (1) und die Polizei (2) auf einen zweiten. Auf Basis der umcodierten Variablen wird daher zum einen ein additiver Index ‚Vertrauen in rechtsstaatliche Institutionen' (Polizei/Gerichte) und zum anderen ein additiver Index ‚Vertrauen in parteienstaatliche Institutionen' (Parteien/Bundestag/Bundesregierung) gebildet (vgl. Fuchs, Gabriel und Völkl 2002: 437).[54] In Tabelle 5.7 sind die Mittelwerte der beiden Indizes in den einzelnen Jugendstudien jeweils für Gesamtdeutschland sowie für Ost- und Westdeutschland enthalten.

Tabelle 5.7: Durchschnittliches Vertrauen in parteienstaatliche und rechtsstaatliche Institutionen bei Jugendlichen (Mittelwerte)

Studie (N: Gesamt)	**WD**	**OD**	**Gesamt**	**WD**	**OD**	**Gesamt**
	parteienstaatlich			rechtsstaatlich		
DJI 1992 (N-P: 3623/N-R: 3694)	-1.06	-1.89	-1.29	.89	.09	.66
DJI 1997 (N-P: 3975/N-R: 4359)	-1.02	-2.05	-1.27	.94	.37	.82
Shell 1997 (N-P: 1462/N-R: 1462)	-1.73	-2.12	-1.83	.55	.02	.41
Shell 2000 (N-P: 4023/N-R: 4023)	-.083	-1.57	-1.06	.79	.26	.65
KJE 1996 (N-P: 1858/N-R: 1869)	-2.05	-2.93	-2.48	.38	.06	.23
Shell 2002 (N-P: 1617/N-R: 1620	-.60	-1.01	-.70	.102	.55	.90

Anmerkung: Daten gewichtet; Analysen beschränkt auf gemeinsame Altersgruppe der 16- bis 24-jährigen Jugendlichen.

Allein ein Blick auf die Vorzeichen der in Tabelle 5.7 dargestellten Mittelwerte verdeutlicht, dass das Vertrauen in rechtsstaatliche Institutionen deutlich über dem für parteienstaatliche Institutionen liegt. Oder anders ausgedrückt: während in allen Jugendstudien die Jugendlichen den rechtsstaatlichen Institutionen durchschnittlich vertrauensvoll gegenüberstehen, überwiegt hinsichtlich der parteienstaatlichen Institutionen das Misstrauen. Außerdem finden sich deutliche Unterschiede zwischen den Jugendlichen in Ost- und Westdeutschland. Denn Jugendliche in den neuen Bundesländern bringen den rechtsstaatlichen, vor allem aber den parteienstaatlichen, Institutionen deutlich weniger Vertrauen entgegen

54 Die Faktorscores (Maximum Likelihood) korrelieren nahezu perfekt mit den entsprechenden additiven Indizes (Pearson's R mind. .95**), so dass diese Indizes bei den folgenden Analysen ohne Nachteile benutzt werden können.

als die Jugendlichen in den alten Bundesländern (vgl. Schneekloth 2002: 106).[55] Vergleicht man zudem die beiden DJI Jugendstudien miteinander können Aussagen über Trendentwicklungen gemacht werden. Danach ist das Vertrauen in parteienstaatliche Institutionen relativ stabil, während das Vertrauen in rechtsstaatliche Institutionen zugenommen hat. Letztere Entwicklung wird durch die Daten der Shell Jugendstudien aus den Jahren 1997 und 2000 bestätigt, allerdings findet sich hier auch eine deutliche Abnahme des Misstrauens gegenüber parteienstaatlichen Institutionen.

5.5.2.3 Empirische Befunde

Die Relevanz sozialen Kapitals Jugendlicher für das Institutionenvertrauen wird zunächst für das *Vertrauen in rechtsstaatliche Institutionen* betrachtet. Dabei zeigen die in Tabelle 5.8 dargestellten Ergebnisse zunächst, dass der einzige, konsistent signifikante *Standardeinflussfaktor* diffuser Unterstützung politischer Institutionen der Wohnort ist: In allen sechs Jugendstudien bringen die Jugendlichen in Ostdeutschland den rechtsstaatlichen Institutionen weniger Vertrauen entgegen als Gleichaltrige in Westdeutschland. In vier der sechs Studien zeigt sich darüber hinaus ein negativer Effekt des Alters. Demnach stehen die jüngeren Jugendlichen den rechtsstaatlichen Institutionen vertrauensvoller gegenüber als die älteren. Anders als bei den bisher betrachteten Aspekten der politischen Einstellungen und Verhaltensweisen Jugendlicher finden sich für das Institutionenvertrauen nur geringe Bildungseffekte. So erweist sich in keinem einzigen Fall die Schulbildung der Eltern als signifikant, und nur in einer Jugendstudie stehen die besser gebildeten Jugendlichen den rechtsstaatlichen Institutionen vertrauensvoller gegenüber als Jugendliche mit vergleichsweise niedriger formaler Schulbildung. Ein zweiter konsistenter Erklärungsfaktor des jugendlichen Vertrauens in rechtsstaatliche Institutionen stellt das familiäre *Entwicklungskapital* dar. Denn in allen sechs Jugendstudien findet sich ein signifikanter und – mit Ausnahme von Shell 2002 – auch relevanter Einfluss. Je stärker demnach Jugendliche auf Entwicklungskapital in der Familie zurückgreifen können, desto mehr Vertrauen bringen sie rechtsstaatlichen Institutionen entgegen. Ähnlich konsistent positiv wirkt sich die religiöse Integration aus, allerdings ist der Einfluss nur in zwei der fünf Studien relevant. Dagegen zeigen sich sowohl für das Entwicklungskapital in der Schule als auch für informelle soziale Kontakte keine signifikanten bzw. relevanten Zusammenhänge.

55 Mittelwertvergleich (t-test) zwischen den Untergruppen (OD-WD) je Erhebungszeitpunkt ist in allen Fällen auf 1%-Niveau statistisch signifikant; Signifikanzen bleiben bei ungewichtetem Daten unverändert.

Tabelle 5.8: Sozialkapital als Erklärungsfaktor von Vertrauen in rechtsstaatliche Institutionen

	DJI 1992	KJE 1996	Shell 1997	DJI 1997	Shell 2000	Shell 2002
Geschlecht: weiblich	n.s.	n.s.	n.s.	.053** (.288)	n.s.	.069* (.238)
Alter	n.s.	-.048* (-.015)	-.048** (-.021)	n.s.	-.056** (-.034)	-.112** (-.01)
Bildung: niedrig – mittel – hoch	n.s.	.081** (.169)	n.s.	n.s.	n.s.	n.s.
Wohnort: Ostdeutschland	-.084** (-.483)	-.099** (-.300)	-.140** (-.619)	-.021* (-.120)	-.118** (-.552)	-.114** (-.435)
Schulbildung des Vaters: niedrig – mittel – hoch	n.s.	n.s.	n.s.	n.s.	n.s.	n.s.
Schulbildung der Mutter: niedrig – mittel – hoch	n.s.	n.s.	n.s.	n.s.	n.s.	-
Jugendliches Entwicklungskapital						
Familiäres Entwicklungskapital	.104** (.210)	.053** (.031)	.142** (.321)	.092** (.200)	.067** (.089)	n.r.
Informelle soziale Kontakte	n.s.	n.s.	-	n.r.	n.s.	n.s.
Entwicklungskapital in der Schule	-	-	-	-	-	n.r.
Religiöse Integration	.135** (.245)	n.r.	-	.143** (.253)	n.r.	n.r.
Soziale Beteiligung						
Vereinsmitgliedschaft	.051** (.282)	n.s.	.112** (.390)	.052* (.286)	.063** (.234)	n.s.
Informelle soziale Aktivität	-	-	-	-	-	n.s.
Soziales Vertrauen						
Generalisiertes Vertrauen	-	-	-	-	-	.053* (.201)
Persönlicher Optimismus	-	.106** (.259)	.067** (.166)	-	.158** (.445)	.103* (.292)

Soziale Wertorientierungen						
Ablehnung privatistischer Wertorientierungen	-	-	-.055* (-.034)	-	n.s.	-
Wichtigkeit sozialer Wertorientierungen	.053** (.032)	-	.039* (.020)	.037* (.020)	n.s.	-
Bereitschaft zu Hilfe im Freundeskreis	-	-	-	-.041* (-.119)	-	-
Bereitschaft zu Hilfe für Fremde	-	-	-	n.s.	-	-
Bereitschaft zu Hilfe für sozial Benachteiligte	-	-	-	-	-	.112** (.140)
Bereitschaft zu Engagement in soz. Org.	-	-	-	n.s.	-	-
Kooperative Normen						
Keine Gesetzesverstöße	-	.144** (.092)	-	-	-	-
Keine gewaltsamen Auseinandersetzungen	-	-	-	-	-	.066* (.125)
Normen & Gesetze	.045* (.045)	-	-	-	-	-
Soziale Kohäsion	.030* (.034)	-	.097** (.073)	.086** (.113)	.064** (.050)	-
N	5833	2858	1969	5607	4314	2325
Korrigiertes R^2	.072	.068	.079	.056	.064	.069
Korrigiertes R^2 *ohne* SKV	.064	.036	.053	.044	.028	.033

Anmerkung: Lineare Regression: Lineare Regressionskoeffizienten (Beta); in Klammern nicht-standardisierte Koeffizienten (B); Signifikanzniveau: * < .005 ** < .001; n.s.: nicht signifikant und daher nicht in Modell integriert; n.r.: signifikant, allerdings nicht relevant und daher nicht in Modell integriert (R^2-Erhöhung < .01); -: nicht erhoben; keine Gewichtungs- und Filtervariablen.

Tabelle 5.9: Sozialkapital als Erklärungsfaktor von Vertrauen in parteienstaatliche Institutionen

	DJI 1992	**KJE 1996**	**Shell 1997**	**DJI 1997**	**Shell 2000**	**Shell 2002**
Geschlecht: weiblich	n.s.	n.s.	n.s.	n.s.	-.031* (-.163)	n.s.
Alter	n.s.	n.s.	n.s.	n.s.	-.043* (-.038)	-.115** (-.053)
Bildung: niedrig – mittel – hoch	n.s.	n.s.	n.s.	n.s.	.033* (.114)	n.s.
Wohnort: Ostdeutschland	n.s.	-.069* (-.538)	-.055* (-.348)	n.s.	-.108** (-.724)	n.s.
Schulbildung des Vaters: niedrig – mittel – hoch	n.s.	.056* (.280)	n.s.	n.s.	n.s.	n.s.
Schulbildung der Mutter: niedrig – mittel – hoch	n.s.	.091** (.485)	n.s.	n.s.	n.s.	-
Jugendliches Entwicklungskapital						
Familiäres Entwicklungskapital	n.s.	.068** (.103)	.140** (.457)	n.r.	.056** (.108)	.064* (.112)
Informelle soziale Kontakte	n.r.	n.s.	-	n.r.	n.s.	n.s.
Entwicklungskapital in der Schule	-	-	-	-	-	n.s.
Religiöse Integration	.123** (.348)	.140** (.469)	-	.172** (.446)	n.r.	.098** (.270)
Soziale Beteiligung						
Vereinsmitgliedschaft	.023* (.202)	.053** (.447)	.041* (.205)	.051* (.406)	.059** (.311)	n.s.
Informelle soziale Aktivität	-	-	-	-	-	n.s.
Soziales Vertrauen						
Generalisiertes Vertrauen	-	-	-	-	-	.082** (.303)
Persönlicher Optimismus	-	.125** (.784)	.062** (.221)	-	.147** (.594)	.104** (.300)

Soziale Wertorientierungen						
Ablehnung privatistischer Wertorientierungen	-	-	n.s.	-	.038** (.035)	.n.s.
Wichtigkeit sozialer Wertorientierungen	n.s.	-	n.s.	n.s.	n.s.	-
Bereitschaft zu Hilfe im Freundeskreis	-	-	-	-.100** (-.414)	-	-
Bereitschaft zu Hilfe für Fremde	-	-	-	n.s.	-	-
Bereitschaft zu Hilfe für sozial Benachteiligte	-	-	-	-	-	.083* (.107)
Bereitschaft zu Engagement in soz. Org.	-	-	-	.044* (.121)	-	-
Kooperative Normen						
Keine Gesetzesverstöße	-	.095** (.156)	-	-	-	-
Keine gewaltsamen Auseinandersetzungen	-	-	-	-	-	.054* (.117)
Normen & Gesetze	n.s.	-	-	-	-	-
Soziale Kohäsion	.086** (.153)	-	.146** (.158)	.124** (.234)	.112** (.124)	-
N	6283	2781	1970	5722	4314	2010
Korrigiertes R^2	.027	.105	.049	.069	.077	.067
Korrigiertes R^2 *ohne* SKV	.019	.079	.022	.041	.032	.038

Anmerkung: Lineare Regression: Lineare Regressionskoeffizienten (Beta); in Klammern nicht-standardisierte Koeffizienten (B); Signifikanzniveau: * < .005 ** < .001; n.s.: nicht signifikant und daher nicht in Modell integriert; n.r.: signifikant, allerdings nicht relevant und daher nicht in Modell integriert (R^2-Erhöhung < .01); -: nicht erhoben; es wurden keine Gewichtungs- und Filtervariablen verwendet.

Hinsichtlich der Relevanz *sozialen Kapitals* als Erklärungsfaktor des jugendlichen Institutionenvertrauens lässt sich aus dem Vergleich der erklärten Varianzen der Schluss ziehen, dass die verschiedenen Sozialkapitalaspekte nur wenig zur Erklärung beitragen. In allen Fällen verbessert sich die – allerdings ohnehin unbefriedigende – Erklärungskraft der Modelle (ohne SKV) auch durch die Integration der Sozialkapitalvariablen nur geringfügig. Dabei bestätigen – bis auf die sozialen Werte – alle Sozialkapitalaspekte den erwarteten positiven Zusammenhang zwischen sozialem Kapital und politischer Unterstützung: Danach bringen Vereinsmitglieder rechtsstaatlichen Institutionen in vier von sechs Studien eher Vertrauen entgegen als Nichtmitglieder. Auch der Einfluss des generalisierten Vertrauens auf das politische Vertrauen, der sich allerdings nur in Shell 2002 direkt untersuchen lässt, zeigt, dass sich soziales Kapital positiv auf das Institutionenvertrauen auswirkt. Unterstrichen wird die Relevanz sozialen Vertrauens zusätzlich durch die durchweg positiven Einflüsse des persönlichen Optimismus. Je optimistischer Jugendliche demnach ihre persönliche Zukunft einschätzen, desto mehr Vertrauen bringen sie auch den rechtsstaatlichen Institutionen entgegen. Konsistent positiv sind in den anderen Jugendstudien darüber hinaus auch die Zusammenhänge zwischen der Normakzeptanz und dem politischen Vertrauen, während sich für die Befürwortung sozialer Werte nur schwache und inkonsistente Effekte zeigen.

Die Standarderklärungsfaktoren des jugendlichen Vertrauens in parteienstaatliche Institutionen gleichen im Prinzip den für das Vertrauen in rechtsstaatliche Institutionen gefundenen Zusammenhängen, allerdings sind diese inkonsistenter (vgl. Tabelle 5.9). So bringen ostdeutsche Jugendliche zwar in einigen Jugendstudien den parteienstaatlichen Institutionen weniger Vertrauen entgegen als westdeutsche, allerdings lässt sich ein solcher Wohnorteffekt nur in drei der sechs Jugendstudien nachweisen. Auch sind nur in zwei Jugendstudien die jüngeren Jugendlichen tendenziell weniger kritisch als die älteren. Wiederum zeigen sich nur vereinzelt Bildungs- und Geschlechtereffekte. Schließlich bestätigen sich auch die Schlussfolgerungen für die verschiedenen Aspekte des jugendlichen *Entwicklungskapitals*. Dabei ist der Einfluss der religiösen Integration für die parteienstaatlichen Institutionen offensichtlich wichtiger als für die rechtsstaatlichen. Sowohl die informellen sozialen Kontakte als auch das Entwicklungskapital in der Schule erweisen sich – wie für das Vertrauen in rechtsstaatliche Institutionen auch – als entweder insignifikant oder irrelevant. Die Integration der *Sozialkapitalvariablen* verbessert die ohnehin geringe Erklärungskraft der Modelle wiederum nicht sehr stark, wobei grundsätzlich die gleichen Schlussfolgerungen gezogen werden können: Während soziale Wertorientierungen das Vertrauen in parteienstaatliche Institutionen nur inkonsistent und nicht immer positiv beeinflussen, finden sich konsistent positive Zusammenhänge für die soziale Beteiligung, das soziale Vertrauen und die Akzeptanz kooperativer Normen. Der Einfluss sozialen Kapitals auf das Institutionenvertrauen Jugendlicher lässt sich relativ einfach zusammenfassen. Zunächst gibt es – mit zwei Ausnahmen – ausschließlich positive Koeffizienten, so dass tendenziell ‚mehr' Sozialkapital zu ‚mehr' politischem Vertrauen führt. Dabei erweist sich insbesondere die Normakzeptanz und das soziale Vertrauen als relevant. Auch die Erwartung, wonach Vereinsmitglieder politischen Institutionen weniger kritisch gegenüber stehen, wird durch die Analysen bestätigt. Allerdings zeigt sich dieser positive Effekt weniger für die Befürwortung sozialer Werte, und die Integration der Sozialkapitalvariablen verbessert die Erklärungskraft der Modelle teilweise nur sehr gering.

5.5.3 Sozialkapital als Erklärungsfaktor der Zufriedenheit mit der Leistung der Politiker

Die Zufriedenheit mit der Leistung der Politiker wird negativ formuliert auch als ‚Politik(er)verdrossenheit' bezeichnet und rangiert in der ‚Hitliste' pessimistischer Einstufungen der politischen Orientierungen von Jugendlichen in der Regel auf einem der vorderen Plätze. Inwieweit diese Beurteilung der politischen Eliten von den verschiedenen Aspekten jugendlichen Sozialkapitals beeinflusst wird, soll in den folgenden Abschnitten untersucht werden. Dazu werden zunächst Annahmen formuliert und die Operationalisierungen vorgestellt, bevor dann der Frage, ob Sozialkapital zu einer größeren Zufriedenheit mit der Leistung der Politiker führt, mittels linearer Regressionsanalysen empirisch beantwortet wird.

5.5.3.1 Erwartungen

Die Erwartungen über mögliche Zusammenhänge zwischen dem Sozialkapital Jugendlicher und der Beurteilung bzw. Zufriedenheit mit der Leistung der politischen Amtsträger lassen sich nur höchst spekulativ formulieren. So kann sich soziales Kapital sowohl positiv als auch negativ auswirken. Denn ein Indikator sozialen Kapitals sind zwar persönliche Kontakte mit anderen Menschen, die verstärkt Möglichkeiten zu politischen Diskussionen mit anderen Bürgern bieten. Allerdings muss dies nicht automatisch zu einer positiveren Einstellung gegenüber den politischen Amtsträgern führen. So könnten ‚Stammtischparolen' und ‚BILD-Schlagzeilen', wonach Politiker als arbeitsscheu, geldgierig oder egoistisch dargestellt werden, in Vereinen eine wichtige Rolle spielen, so dass strukturelle Aspekte sozialen Kapitals sich negativ auf die Zufriedenheit mit der Leistung der Politiker auswirken (vgl. Rosenberg 1954: 365). Vorstellbar ist ebenfalls, dass derartige Themen überhaupt nicht diskutiert werden, so dass sich entsprechend keine Zusammenhänge finden (vgl. Eliasoph 1998). Auch im Hinblick auf soziale Wertorientierungen könnte angenommen werden, dass Menschen sozial eingestellt sind, *weil* sie davon ausgehen, dass Politiker sich nur um sich selbst kümmern.

Andererseits könnten persönliche Kontakte zu anderen Menschen die Beteiligten unter Umständen dazu bringen, die eigenen Standpunkte zu überdenken und festgefahrene Meinungen zu relativieren. Dies kann dann zur Folge haben, dass Politiker und deren Arbeit differenziert wahrgenommen und weniger kritisch beurteilt werden. Wenn es sich mit sozialem Vertrauen um eine grundsätzlich positive Einstellung gegenüber anderen Menschen handelt, sollte sich diese Erwartungshaltung auch auf Politiker übertragen. Daraus folgt nicht, dass vertrauensvolle Bürger, mit der Leistung *aller* Politiker zufrieden sind, sondern vielmehr, dass sie das Fehlverhalten einzelner Politiker nicht automatisch auf andere Politiker übertragen. Daher wird hier davon ausgegangen, dass sich die verschiedenen strukturellen sowie kulturellen Aspekte positiv auf die Wahrnehmung und Beurteilung der Leistung von Politikern auswirken.

5.5.3.2 Operationalisierung

Die *Zufriedenheit mit der Leistung der Politiker* wird im Folgenden über Instrumente operationalisiert, die in den einzelnen Jugendstudien aus teilweise unterschiedlichen Items bestehen:

> Shell 1992, KJE 1996: Ich sage Dir nun einige Aussagen über Politik. Sage Du mir bitte bei jeder, ob sie Deiner Meinung nach sehr zutrifft (1), zutrifft (2), weniger zutrifft (3) oder überhaupt nicht zutrifft (4).
> (1) Die Bevölkerung wird sehr oft von den Politikern betrogen.
> (2) Die Abgeordneten interessieren sich kaum für die Probleme der Leute, von denen sie gewählt werden.
>
> Shell 1997, 2000: Ich habe hier eine Reihe von Kärtchen, auf denen Aussagen stehen, die wir von jungen Leuten gehört haben. Uns würde nun interessieren, wie Deine Meinung dazu ist. Es gibt keine richtigen oder falschen Antworten, interessant ist lediglich, inwieweit Du mit diesen Aussagen übereinstimmst. (trifft sehr zu (1) – trifft weniger zu (4))
> (1) Die Bevölkerung wird sehr oft von den Politikern betrogen.
>
> DJI 1992, 1997, Shell 2002: Auf dieser Liste stehen Aussagen über das Verhältnis von Bürgern zur Politik. Sagen Sie mir bitte zu jeder Aussage, inwieweit diese Ihrer Meinung nach zutrifft oder nicht. (trifft voll und ganz zu (1) – trifft überhaupt nicht zu (6))
> (1) Ich glaube nicht, dass sich die Politiker viel darum kümmern, was Leute wie ich denken.
> (2) Die Politiker sind doch nur daran interessiert, gewählt zu werden, und nicht daran, was die Wähler wirklich denken.

Sofern mehrere Antwortitems zur Verfügung stehen wird eine Hauptkomponentenanalyse durchgeführt, die in allen Fällen zeigt, dass den Items eindeutig eine gemeinsame Einstellungsdimension zugrunde liegt, so dass für die weiteren Analysen einfache additive Indizes gebildet werden.[56] Diese Indizes ‚Zufriedenheit mit der Leistung von Politikern' haben unterschiedliche Wertebereiche, da die Studien hinsichtlich Ratingskalenlänge und Itemanzahl variieren. Im Zeitverlauf ist zwar ein leicht positiver Trend zu beobachten, der sich, vergleicht man die Mittelwerte, auch als statistisch signifikant erweist, allerdings handelt es sich nur um graduelle Veränderungen, die sich zudem weder im Median noch im Modus widerspiegeln (tabellarisch nicht dargestellt).[57] So ändert sich die Leistungsbeurteilung nicht grundsätzlich: Mehr als die Hälfte der Jugendlichen beurteilt Politiker negativ, hat also Indexkategorienwerte unter der Indexmitte (‚6'). Umgekehrt steht nur etwa jeder zehnte Jugendliche der Leistung der Politiker positiv gegenüber (4 höchste Indexkategorien). Die Skepsis gegenüber den Politikern ist bei Jugendlichen weit verbreitet und im Zeitverlauf stabil.

5.5.3.3 Empirische Befunde

Welche Faktoren die *Zufriedenheit mit der Arbeit der Politiker* bedingen, kann Tabelle 5.10 entnommen werden. Dabei zeigt sich zunächst deutlich, dass von den *Standarderklärungsfaktoren* lediglich die formale Schulbildung der befragten Jugendlichen einen konsistenten Einfluss ausübt: Je höher die formale Schulbildung der Jugendlichen ist, desto eher lehnen sie Aussagen ab, die die Leistung der Politiker kritisch beurteilen. Verstärkt wird dieser Bildungseffekt in einigen Jugendstudien zusätzlich durch den signifikanten Einfluss der elterlichen Schulbildung. Interpretiert man die Schulbildung als Indikator des sozialen Status, kann vermutet werden, dass besser gebildete Jugendliche auch deswegen Politiker weniger kritisch beurteilen, weil deren Entscheidungen für sie weniger negative Effekte haben.

Während das jugendliche *Entwicklungskapital* nur in einem Fall signifikant und relevant zur Erklärung der spezifischen Unterstützung politischer Institutionen beiträgt, zeigen sich konsistente und teilweise sehr deutliche Einflüsse der verschiedenen *Sozialkapitalvariablen*. So ist die Erklärungskraft des Gesamterklärungsmodells zwar ziemlich gering, doch lässt der Vergleich mit der Erklärungskraft des Modells ohne die Sozialkapitalvariablen den Schluss zu, dass deren Integration die Erklärungskraft in einigen Jugendstudien teilweise stark verbessert (vgl. Shell 1997, Shell 2000).

---

56 Die Faktorscores (Maximum Likelihood) korrelieren nahezu perfekt mit den entsprechenden additiven Indizes (Pearson's R mind. .96**), so dass diese bei den folgenden Analysen ohne Nachteile benutzt werden können.

57 t-test: Mittelwertvergleich zwischen den Erhebungszeitpunkten; DJI 1992 (N: 4088): MEAN: 4.85; DJI 1997 (N: 4811): MEAN: 4.94 = +.09*; Shell 2002 (N: 1634): MEAN 5.30 = +36**.

Tabelle 5.10: Sozialkapital als Erklärungsfaktor der Zufriedenheit mit der Leistung der Politiker

	Shell 1992	**DJI 1992**	**KJE 1996**	**Shell 1997**	**DJI 1997**	**Shell 2000**	**Shell 2002**
Geschlecht: weiblich	n.s.	n.s.	n.s.	n.s.	n.s.	n.s.	n.s.
Alter	-.069** (-.020)	n.s.	-.048* (-.014)	n.s.	n.s.	n.s.	-.076** (-.048)
Bildung: niedrig – mittel – hoch	.062** (.112)	.054** (.167)	.086** (.158)	.053* (.052)	.056** (.179)	.033** (.031)	.148** (.466)
Wohnort: Ostdeutschland	n.s.	n.s.	-.046* (-.122)	n.s.	-.078** (-.383)	n.s.	n.s.
Schulbildung des Vaters: niedrig – mittel – hoch	n.s.	.040* (.111)	.082* (.133)	n.s.	.040* (.117)	n.s.	n.s.
Schulbildung der Mutter: niedrig – mittel – hoch	n.s.	n.s.	.074* (.133)	n.s.	n.s.	n.s.	-
Jugendliches Entwicklungskapital							
Familiäres Entwicklungskapital	n.r.	n.r.	n.s.	n.s.	n.s.	n.s.	.081** (.297)
Informelle soziale Kontakte	n.s.	n.r.	n.s.	-	n.r.	n.r.	n.s.
Entwicklungskapital in der Schule	-	-	-	-	-	-	n.r.
Religiöse Integration	n.r.	n.r.	n.r.	-	n.r.	n.r.	n.r.
Soziale Beteiligung							
Vereinsmitgliedschaft	.055** (.151)	.027* (.128)	.070** (.202)	.064* (.093)	.025* (.121)	.037* (.055)	.062* (.297)
Informelle soziale Aktivität	-	-	-	-	-	-	n.s.
Soziales Vertrauen							
Generalisiertes Vertrauen	-	-	-	-	-	-	.086** (.450)
Persönlicher Optimismus	.140** (.325)	-	.098** (.209)	n.s.	-	.044* (.049)	.100** (.395)

Soziale Wertorientierungen							
Ablehnung privatistischer Wertorientierungen	.038* (.018)	-	-	n.s.	-	.110** (.028)	-
Wichtigkeit sozialer Wertorientierungen	-	n.s.	-	.093** (.020)	.059** (.028)	n.s.	-
Bereitschaft zu Hilfe im Freundeskreis	-	-	-	-	-.081** (-.203)	-	-
Bereitschaft zu Hilfe für Fremde	-	-	-	-	-.038* (-.067)	-	-
Bereitschaft zu Hilfe für sozial Benachteiligte	-	-	-	-	-	-	.043* (.074)
Bereitschaft zu Engagement in soz. Org.	-	-	-	-	.096** (.157)	-	-
Kooperative Normen							
Keine Gesetzesverstöße	.103** (.056)	-	.039* (.022)	-	-	-	-
Keine gewaltsamen Auseinandersetzungen	-	-	-	-	-	-	n.s.
Normen & Gesetze	-	.095** (.081)	-	-	-	-	-
Soziale Kohäsion	-	.254** (.245)	-	.279** (.086)	.203** (.229)	.227** (.070)	-
N	3843	5940	2870	2073	5450	4543	2076
Korrigiertes R^2	.051	.106	.064	.100	.090	.099	.081
Korrigiertes R^2 *ohne* SKV	.014	.025	.049	.010	.038	.013	.055

Anmerkung: Lineare Regression: Lineare Regressionskoeffizienten (Beta); in Klammern nicht-standardisierte Koeffizienten (B); Signifikanzniveau: * < .005 ** < .001; n.s.: nicht signifikant und daher nicht in Modell integriert; n.r.: signifikant, allerdings nicht relevant und daher nicht in Modell integriert (R^2-Erhöhung < .01); -: nicht erhoben; es wurden keine Gewichtungs- und Filtervariablen verwendet.

Zunächst zeigt sich in allen sieben Jugendstudien, dass Jugendliche, die Mitglied in einem Verein sind, die Leistung der Politiker positiver beurteilen als Nichtmitglieder. Außerdem sehen optimistische Jugendlichen Politikern weniger kritisch als Pessimisten, was sich auch für Jugendliche bestätigt, die anderen Menschen grundsätzlich vertrauensvoll gegenüber stehen. Die Ergebnisse bezüglich der sozialen Wertorientierungen sind dagegen weniger eindeutig. So sind von den elf möglichen Koeffizienten zwar nur drei nicht signifikant, doch finden sich zwei negative Zusammenhänge: Sowohl die Bereitschaft zur Hilfe im Freundeskreis als auch zur Hilfe für Fremde hängt negativ mit einer positiven Bewertung der Leistung von Politikern zusammen. An dieser Stelle findet sich also ein Hinweis auf die Richtigkeit der Vermutung, dass Jugendliche zu Hilfeleistungen bereit sind, gerade *weil* sie davon ausgehen, dass die Politiker ihren ‚Job' nicht gut genug erfüllen. Allerdings deuten die restlichen sechs signifikanten Koeffizienten zu den sozialen Wertorientierungen in eine andere Richtung.

Hinsichtlich der kooperativen Normakzeptanz Jugendlicher zeigen sich die stärksten Einflüsse auf die Beurteilung der Arbeit von Politikern. Zwar findet sich auch hier ein insignifikanter Koeffizient, doch ist der Einfluss, der durch die sieben positiven Koeffizienten abgebildet wird, vergleichsweise groß. Insbesondere die Wahrnehmung sozialer Kohäsion wirkt sich deutlich positiv auf die Bewertung der Politiker aus. Offensichtlich gehen Jugendliche, die davon ausgehen, dass sich die *Mitmenschen* an die gesellschaftlichen Regeln halten, auch davon aus, dass die *Politiker* sich an diese Regeln halten. Dieser Zusammenhang kann als Generalisierung der Einstellung gegenüber Mitbürgern im Allgemeinen auf Politiker im Speziellen und damit als Ausdruck einer grundsätzlichen Haltung gegenüber anderen Menschen interpretiert werden. Abgesehen von den beiden der allgemeinen Erwartung eines positiven Einflusses widersprechenden Koeffizienten deuten die Ergebnisse insgesamt darauf hin, dass Jugendliche, die auf wenig soziales Kapital zurückgreifen können, eher als ‚Politikerverdrossen' (vgl. Hurrelmann et al. 2002: 43) bezeichnet werden können als Jugendliche mit hoher Sozialkapitalausstattung. Sowohl die Normakzeptanz als auch eine optimistische Zukunftssicht bzw. eine allgemeine Aufgeschlossenheit gegenüber anderen Mitmenschen und die Vereinsmitgliedschaft beeinflussen dabei konsistent positiv die Wahrnehmung der Leistung der Politiker.

5.5.4 Sozialkapital als Erklärungsfaktor der Demokratieakzeptanz und Systemperformanz

Da die Akzeptanz der Demokratie als Ordnungsmodell und die Zufriedenheit mit der Leistung der Demokratie zwei Dimensionen der Systemunterstützung, nämlich die affektive und die spezifische, widerspiegeln, werden diese beiden Aspekte der politischen Unterstützung durch Jugendliche in den folgenden Abschnitten gemeinsam dargestellt. Allerdings handelt es sich um zwei theoretisch wie analytisch voneinander zu trennende Aspekte, so dass die Erwartungen ebenso wie die Ergebnisse der empirischen Analysen gesondert betrachtet werden.

Erwartungen

Die *Akzeptanz der Demokratie als Ordnungsmodell* ist ein zentraler Aspekt politischer Unterstützung, der sich insbesondere auf die Legitimität des Systems bezieht. „It reflects the fact that in some vague or explicit way [a person] sees these objects as confirming to his own moral principles, his own sense of what is right and proper in the political sphere" (Easton 1975: 451). Die Legitimierung eines politischen Systems ist somit deutlich von der Übereinstimmung der durch das System verkörperten Werte und Normen mit den für den einzelnen Bürger wichtigen Werten und Normen abhängig. Zur Beantwortung der damit verbundenen Frage, welche Werte und Normen einem demokratischen System vor allem von Bedeutung sind, kann ein von Buchstein (1996) entwickelter ‚Tugendkatalog' herangezogen werden. Danach müssen ‚demokratische Tugenden' mindestens drei Eigenschaften erfüllen: „Sie sind gemeinsinnorientiert, affektiv verankert und handlungsmotivierend" (Buchstein 1996: 302). Gegenüber dem staatlichen Gemeinwesen sind Loyalität und Mut grundlegend. Liberale Werte umfassen Fairness, Toleranz, Kooperationsbereitschaft und Rechtsgehorsam, und unter demokratischen Werten wird die Bereitschaft zur Beteiligung und zur Übernahme von Verantwortung verstanden. Gerechtigkeitssinn und Solidarität zählen zu den sozialstaatlichen Werten (Buchstein 1996: 302ff.). Speth und Klein (2000) gehen zudem von einem ‚zwiebelartigen' Aufbau dieser grundlegenden, demokratieförderlichen Werte aus. Dabei stellen die zentralen Werte, wie Menschenrechte und Freiheit, den Kern und liberale, demokratische und sozialstaatliche Grundwerte jeweils eine weitere Schicht dar. Die Autoren weisen zudem darauf hin, dass „Grundwerte (...) nicht als Grundwerte [existieren], sondern (...) in der öffentlichen Auseinandersetzung zu Grundwerten [werden]" (Speth und Klein 2000: 37). Da derartige Werte allerdings weder rational begründbar sind noch ohne Begründung einfach existieren, stellt sich die Frage, wie demokratieförderliche Normen und Werte entstehen und sich festigen. Dabei wird der Zivilgesellschaft mit ihren vielfältigen Organisationsformen häufig eine wichtige Rolle zugesprochen. Hier erhalten viele grundlegende demokratische Normen und Werte erst ihre praktische Relevanz für die Bürger, so dass die Zivilgesellschaft als „der ideale Nährboden für das Gedeihen der demokratischen Grundwerte" angesehen wird (Klein 2001: 403). Insofern führt soziale Beteiligung nicht nur dazu, dass *soziale* Werte sich in der Gesellschaft verbreiten (vgl.

Kapitel 3.5), sondern hat auch zur Folge, dass diese sich positiv auf die Unterstützung *demokratischer* Werte auswirkt.

In Anbetracht der zentralen Rolle, die der Zivilgesellschaft im Rahmen der Diskussion um die demokratischen Werte zugesprochen wird, schenkt man der Rolle sozialer Werte innerhalb der Sozialkapitaldebatte sowohl auf theoretischer als auch auf empirischer Ebene weit weniger Beachtung als anzunehmen ist (vgl. Gabriel et al. 2002: 70). Dies liegt in erster Linie daran, dass Werte, anders als Vertrauen und Engagement, rational nicht begründbar sind. Doch vor allem soziale Werte ermöglichen es, dass Sozialkapital positive Effekte auf die Demokratie und die Gesellschaft haben kann (vgl. Keane 1998). Es sind Werte, die beispielsweise einen Unterschied zwischen der demokratiefeindlichen italienischen Mafia und der demokratieförderlichen amerikanischen Bürgerrechtsbewegung machen. Denn wie bürgerschaftliche Organisationen basiert auch die Mafia auf Netzwerkstrukturen, Engagement und gegenseitigem Vertrauen, allerdings stehen vollkommen andere Werte im Mittelpunkt (vgl. Gambetta 1988). Hinsichtlich der Wirksamkeit sozialer Werte als kulturelle Aspekte sozialen Kapitals kann also vermutet werden, dass mit der Wichtigkeit sozialer Wertorientierungen auch die Bereitschaft steigt, das politische System und die politischen Institutionen zu unterstützen. Dieser Zusammenhang sollte sich dabei insbesondere für die diffuse Unterstützung zeigen, da es sich um grundsätzliche Einstellungen und damit im weitesten Sinne auch um demokratische Wertorientierungen handelt.

Angesichts der von vielen Autoren festgestellten, immer größer werdenden Diskrepanz zwischen der diffusen und der spezifischen Unterstützung des politischen Systems, erscheint insbesondere die *Zufriedenheit mit der Systemperformanz*, ein kritischer Punkt moderner westlicher Demokratien zu sein. Da davon ausgegangen wird, dass es sich um einen Bereich handelt, der weniger stabil, also leichter beeinflussbar ist, böten positive Zusammenhänge zwischen der Sozialkapitalausstattung und der Zufriedenheit mit der Systemperformanz vielversprechende Möglichkeiten, der Entfremdung der Bürger vom politischen System entgegenzuwirken. Dabei sind Wechselwirkungen in beide Richtungen möglich. Wenn sich die Regierung der Aufmerksamkeit der Bürger bewusst ist und sich über die verschiedenen Problemlagen leichter informieren kann, führt dies zu einem besseren Funktionieren des demokratischen Systems, So erleichtert und verbessert soziales Kapital die Artikulation gesellschaftlicher Bedürfnisse, was von den Bürgern wahrgenommen wird (vgl. Boix und Posner 1996: 9ff.). Andererseits können unter Umständen Forderungen an das politische System geringer werden, wenn sich Bürger der Bedürfnisse ihrer Mitmenschen durch soziale Kontakte bewusst werden. Vor allem letzterer Aspekt führt zu der Vermutung eines positiven Einflusses sozialen Kapitals auf die spezifische Unterstützung des politischen Regimes.

5.5.4.1 Operationalisierung

Die diffuse Unterstützung des politischen Systems wird als Befürwortung der bzw. *Präferenz für die Demokratie als Ordnungsmodell* (Demokratiepräferenz) über verschiedene Fragestellungen operationalisiert:

> DJI 1992/DJI 1997: Bitte sagen Sie mir anhand der Liste, wie sehr Sie grundsätzlich für oder grundsätzlich gegen die Idee der Demokratie sind. (sehr gegen Idee (1) – sehr für Idee (6))
>
> KJE 1996: Ich sage Dir nun einige Aussagen über Politik. Sage Du mir bitte bei jeder, ob sie nach Deiner Meinung sehr zutrifft (4), zutrifft (3), weniger zutrifft (2) oder überhaupt nicht zutrifft (1).
> (1) Die Idee der Demokratie ist auf jeden Fall gut.
> (2) Die Demokratie ist die angemessenste Regierungsform.
>
> Shell 1997: Ich habe hier eine Reihe von Kärtchen, auf denen Aussagen stehen, die wir von jungen Leuten gehört haben. Uns würde nun interessieren, wie Deine Meinung dazu ist. Es gibt keine richtigen oder falschen Antworten, interessant ist lediglich, inwieweit Du mit diesen Aussagen übereinstimmst. (trifft sehr zu (4) – trifft weniger zu (1))
> (1) Demokratie ist das beste politische Modell, das es für einen Staat gibt.
>
> Shell 2002: Halten Sie die Demokratie ganz allgemein für eine gute Staatsform oder für eine nicht so gute Staatsform? (nicht so gute Staatsform (0), gute Staatsform (1))

In KJE 1996 ergibt eine Hauptkomponentenanalyse mit den beiden Antwortitems eindeutig eine eindimensionale Lösung, so dass in dieser Studie für die weiteren Analysen ein einfacher additiver Index ‚Demokratiepräferenz' gebildet wird.[58] In den anderen Studien werden jeweils die in den Klammern dargestellten Codierungen der einzelnen Antwortitems verwendet.

Die spezifische Unterstützung des politischen Systems befasst sich mit der leistungsbezogenen Beurteilung der Demokratie, der so genannten *Systemperformanz*. Dazu stehen in den einzelnen Jugendstudien wiederum teilweise sehr unterschiedliche Fragekonzeptionen zur Verfügung:

> DJI 1992/DJI 1997: Wie zufrieden oder unzufrieden sind Sie – alles in allem – mit der Demokratie, so wie sie in der Bundesrepublik besteht? (sehr unzufrieden (6) – sehr zufrieden (1))
>
> KJE 1996: Ich sage Dir nun einige Aussagen über Politik. Sage Du mit bitte bei jeder, ob sie nach Deiner Meinung sehr zutrifft (4), zutrifft (3), weniger zutrifft (2) oder überhaupt nicht zutrifft (1).
> (1) Ich bin mit der Demokratie, wie sie in der Bundesrepublik besteht, zufrieden.
>
> Shell 1997: Ich habe hier eine Reihe von Kärtchen, auf denen Aussagen stehen, die wir von jungen Leuten gehört haben. Uns würde nun interessieren, wie Deine Meinung dazu ist. Es gibt keine richtigen oder falschen Antworten, interessant ist lediglich, inwieweit Du mit diesen Aussagen übereinstimmst. (trifft sehr zu (1) – trifft weniger zu (4))
> (1) Demokratie ist eine gute Staatsform, aber in Krisenzeiten nicht sehr effektiv.
>
> Shell 2002: Wie zufrieden oder unzufrieden sind Sie – alles in allem – mit der Demokratie, so wie sie in der Bundesrepublik besteht? (sehr unzufrieden (4) – sehr zufrieden (1))

---

58 Die Faktorscores (Maximum Likelihood) korrelieren nahezu perfekt mit dem entsprechenden additiven Index (Pearson's R = KJE 1996: .986**; N: 1851), so dass dieser bei den folgenden Analysen ohne Nachteile benutzt werden können.

Da sich aussagekräftige Schlüsse aufgrund der unterschiedlichen Fragekonzeptualisierungen sowohl für die diffuse als auch für die spezifische Systemunterstützung ohnehin auf die Betrachtung der beiden DJI Jugendstudien beschränken müssen, werden auch lediglich diese in Abbildung 5.2 dargestellt.

Abbildung 5.2: Demokratiepräferenz und Systemperformanz Jugendliche (jeweils in Prozent der Angaben ‚ziemlich' und ‚sehr')

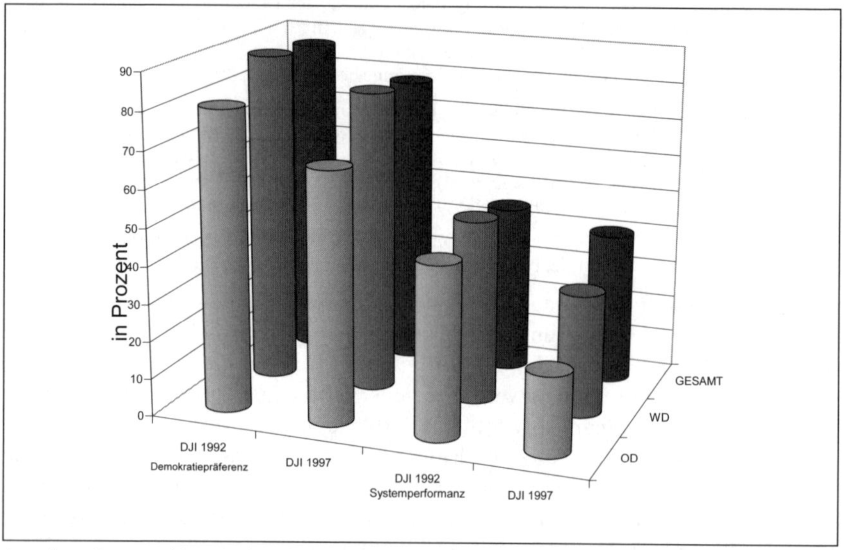

Anmerkung: Daten gewichtet; Analysen beschränkt auf gemeinsame Altersgruppe der 16- bis 24-jährigen Jugendlichen.

Dabei ist der relative Anteil der Jugendlichen abgebildet, die ‚ziemlich' und ‚sehr für die Idee' der Demokratie sind bzw. ‚ziemlich' und ‚sehr' mit der Demokratie in Deutschland zufrieden sind. Danach befürwortet die überwiegende Mehrheit der Jugendlichen zwar die Demokratie als Ordnungsmodell (Demokratiepräferenz) eindeutig, allerdings ist weniger als die Hälfte der Jugendlichen mit der Leistung der Demokratie (Systemperformanz) zufrieden. Außerdem wird deutlich, dass es sowohl für die diffuse als auch für die spezifische Systemunterstützung erstens deutliche Unterschiede zwischen den Jugendlichen in Ost- und Westdeutschland gibt und dass zweitens ein starker negativer Trend zwischen 1992 und 1997 zu beobachten ist, der die ostdeutschen Jugendlichen zwar stärker betrifft, sich aber auch bei den westdeutschen Jugendlichen findet. Entsprechend ist in diesem Zeitraum auch der Abstand zwischen den Jugendlichen in Ost- und Westdeutschland größer geworden. 1997 sind demnach nur noch 46 Prozent der ostdeutschen Jugendlichen zwischen 16 und 24 Jahren eindeutig für die Idee der Demokratie und nur 22 Prozent mit der Demokratie wie sie in Deutschland besteht zufrieden.

5.5.4.2 Empirische Befunde

Die Bedingungsfaktoren der *Demokratiepräferenz*, also der Befürwortung der Demokratie als Ordnungsmodell, können Tabelle 5.11 entnommen werden. Von den *Standardvariablen* erweisen sich drei Erklärungsfaktoren als konsistent. So äußeren die älteren, besser gebildeten Jugendlichen aus den alten Bundesländern deutlicher eine Demokratiepräferenz. In drei der fünf untersuchten Jugendstudien findet sich zudem ein signifikanter Effekt des Geschlechts. Demnach präferieren die männlichen Jugendlichen deutlicher als die weiblichen die Demokratie als Ordnungsmodell. Dabei sind zwar in allen Studien das Alter, die Bildung und der Wohnort signifikante Einflussfaktoren, doch erklären sie – je nach Studie (Erhebungszeitpunkt, Operationalisierung) – die diffuse Systemunterstützung unterschiedlich gut. Vom *Entwicklungskapital* der Jugendlichen gehen einige signifikante (positive) Einflüsse aus, allerdings ist deren zusätzlicher Erklärungswert nicht relevant. Durch die Integration der *Sozialkapitalvariablen* verbessert sich zwar die Erklärungskraft des Standardmodells, allerdings bleibt sie – mit Ausnahme von Shell 2002 – relativ gering. Dabei scheint insbesondere das strukturelle Sozialkapital wenig Bedeutung zu haben, denn es zeigen sich nur in zwei der fünf Jugendstudien signifikante Koeffizienten, so dass die Erwartung eines positiven Zusammenhangs zwischen sozialer Beteiligung und der Demokratiepräferenz kaum Bestätigung findet. Von den acht möglichen Koeffizienten zum Einfluss der sozialen Wertorientierungen sind zwar sieben signifikant, allerdings auch zwei negativ. So dass nur etwas mehr als die Hälfte der möglichen Koeffizienten die Annahme über einen positiven Zusammenhang zwischen sozialen Werten und der Demokratiepräferenz unterstützt. Eindeutiger fallen dagegen die Ergebnisse für die restlichen kulturellen Sozialkapitalaspekte aus. So äußern die optimistischen und vertrauensvollen Jugendlichen eine stärkere Demokratiepräferenz, und auch für die Akzeptanz kooperativer Normen finden sich fast ausschließlich signifikant positive Zusammenhänge. Jugendliche, die kooperative Normen – und damit im weitesten Sinne die Regeln des gesellschaftlichen Systems – akzeptieren, sich an diese halten oder davon ausgehen, dass andere sich an sie halten, präferieren die Demokratie als Ordnungsmodell somit stärker als Jugendliche, die in diesem Sinne nicht auf kulturelles Sozialkapital zurückgreifen können.

Tabelle 5.11: Sozialkapital als Erklärungsfaktor der Demokratieakzeptanz

	DJI 1992	KJE 1996	Shell 1997	DJI 1997	Shell 2002
Geschlecht: weiblich	n.s.	-.079** (-.207)	-.069* (-.108)	n.s.	-.172** (-.344)
Alter	.074** (.015)	.098** (.022)	.155** (.031)	.127** (.027)	.547** (.125)
Bildung: niedrig – mittel – hoch	.071* (.082)	.098** (.177)	.126** (.132)	.191** (.246)	.352** (.472)
Wohnort: Ostdeutschland	-.110** (-.193)	-.168** (-.440)	-.076** (-.150)	-.111** (-.219)	-.439** (-.954)
Schulbildung des Vaters: niedrig – mittel – hoch	n.s.	.053** (.088)	n.s.	n.s.	.238** (.298)
Schulbildung der Mutter: niedrig – mittel – hoch	n.s.	n.s.	n.s.	n.s.	-
Jugendliches Entwicklungskapital					
Familiäres Entwicklungskapital	n.r.	n.r.	n.r.	n.r.	n.s.
Informelle soziale Kontakte	n.r.	n.r.	-	n.r.	n.s.
Entwicklungskapital in der Schule	-	-	-	-	n.s.
Religiöse Integration	n.r.	n.r.	-	n.r.	n.s.
Soziale Beteiligung					
Vereinsmitgliedschaft	n.s.	.039* (.111)	n.s.	.051** (.097)	n.s.
Informelle soziale Aktivität					n.s.
Soziales Vertrauen					
Generalisiertes Vertrauen	-	-	-	-	.123* (.269)
Persönlicher Optimismus	-	.141** (.297)	n.s.	-	.318* (.505)

Soziale Wertorientierungen					
Ablehnung privatistischer Wertorientierungen	-	-	-.083** (-.023)	-	-
Wichtigkeit sozialer Wertorientierungen	.126** (.024)	-	.064* (.015)	.052** (.010)	-
Bereitschaft zu Hilfe im Freundeskreis	-	-	-	.034* (.034)	-
Bereitschaft zu Hilfe für Fremde	-	-	-	-.046* (-.033)	-
Bereitschaft zu Hilfe für sozial Benachteiligte	-	-	-	-	n.s.
Bereitschaft zu Engagement in soz. Org.	-	-	-	.036* (.024)	-
Kooperative Normen					
Keine Gesetzesverstöße	-	.121** (.067)	-	-	-
Keine gewaltsamen Auseinandersetzungen	-	-	-	-	.127* (.140)
Normen & Gesetze	.069** (.022)	-	-	-	-
Soziale Kohäsion	.115** (.041)	-	n.s.	.158** (.072)	-
N	6122	2867	1963	5680	1203
Korrigiertes/Nagelkerke's R^2	.079	.102	.048	.132	.211
Korrigiertes/Nagelkerke's R^2 *ohne* SKV	.043	.064	.040	.101	.179

Anmerkungen Lineare Regression: Lineare Regressionskoeffizienten (Beta); in Klammern nicht-standardisierte Koeffizienten (B); Shell 2002: Binäre log. Regression: Standardisierte log. Regressionskoeffizienten (B), in Klammern nicht-standardisierte log. Regressionskoeffizienten (B); Signifikanzniveau: * < .005 ** < .001; n.s.: nicht signifikant und daher nicht in Modell integriert; n.r.: signifikant, allerdings nicht relevant und daher nicht in Modell integriert (R^2-Erhöhung < .01); -: nicht erhoben; keine Gewichtungs- und Filtervariablen.

Tabelle 5.12: Sozialkapital als Erklärungsfaktor der Systemperformanz

	DJI 1992	KJE 1996	Shell 1997	DJI 1997	Shell 2002
Geschlecht: weiblich	n.s.	n.s.	n.s.	n.s.	n.s.
Alter	-.026* (-.008)	-.061** (-.010)	.094** (.020)	n.s.	n.s.
Bildung: niedrig – mittel – hoch	n.s.	n.s.	n.s.	.056** (.092)	.068** (.061)
Wohnort: Ostdeutschland	-.147** (-.381)	-.186** (-.294)	-.123** (-.253)	-.194** (-.484)	-.245** (-.376)
Schulbildung des Vaters: niedrig – mittel – hoch	n.s.	.082** (.082)	n.s.	n.s.	n.s.
Schulbildung der Mutter: niedrig – mittel – hoch	n.s.	n.s.	n.s.	-.054** (-.089)	-
Jugendliches Entwicklungskapital					
Familiäres Entwicklungskapital	n.r.	n.r.	n.s.	n.r.	n.r.
Informelle soziale Kontakte	n.s.	n.s.	-	n.r.	n.r.
Entwicklungskapital in der Schule	-	-	-	-	n.r.
Religiöse Integration	n.r.	.089** (.082)	-	n.r.	n.r.
Soziale Beteiligung					
Vereinsmitgliedschaft	.036* (.092)	n.s.	n.s.	.064* (.155)	n.s.
Informelle soziale Aktivität	-	-	-	-	n.s.
Soziales Vertrauen					
Generalisiertes Vertrauen	-	-	-	-	.127** (.193)
Persönlicher Optimismus	-	.140** (.177)	n.s.	-	.131** (.149)

Soziale Wertorientierungen					
Ablehnung privatistischer Wertorientierungen	-	-	.130** (.037)	-	-
Wichtigkeit sozialer Wertorientierungen	.122** (.034)	-	n.s.	n.s.	-
Bereitschaft zu Hilfe im Freundeskreis	-	-	-	-.042* (-.054)	-
Bereitschaft zu Hilfe für Fremde	-	-	-	n.s.	-
Bereitschaft zu Hilfe für sozial Benachteiligte	-	-	-	-	n.s.
Bereitschaft zu Engagement in soz. Org.	-	-	-	n.s.	-
Kooperative Normen					
Keine Gesetzesverstöße	-	.100** (.033)	-	-	-
Keine gewaltsamen Auseinandersetzungen	-	-	-	-	.075* (.057)
Normen & Gesetze	-.031* (-.014)	-	-	-	-
Soziale Kohäsion	.119** (.063)	-	.196** (.068)	.105** (.061)	-
N	6241	2880	1979	5377	2206
Korrigiertes R^2	.059	.106	.098	.123	.126
Korrigiertes R^2 *ohne* SKV	.030	.074	.032	.107	.082

Anmerkung: Lineare Regression: Lineare Regressionskoeffizienten (Beta); in Klammern nicht-standardisierte Koeffizienten (B); Signifikanzniveau: * < .005 ** < .001; n.s.: nicht signifikant und daher nicht in Modell integriert; n.r.: signifikant, allerdings nicht relevant und daher nicht in Modell integriert (R^2-Erhöhung < .01); -: nicht erhoben; es wurden keine Gewichtungs- und Filtervariablen verwendet.

Die Bedingungsfaktoren der *Systemperformanz* können Tabelle 5.12 entnommen werden. Wie bereits für die Akzeptanz der Demokratie als Ordnungsmodell erweist sich von den *Standarderklärungsfaktoren* für die Zufriedenheit mit der Leistung der Demokratie vor allem der Wohnort als konsistent wichtiger Einflussfaktor. Denn in allen untersuchten Jugendstudien beurteilen die Jugendlichen in Ostdeutschland die Systemperformanz kritischer als die Jugendlichen in Westdeutschland. Ebenfalls konsistent ist außerdem die Insignifikanz des Geschlechts. Darüber hinaus erweisen sich die verschiedenen Aspekte des jugendlichen *Entwicklungskapitals* als nicht signifikant oder nicht relevant.

Im Hinblick auf den Erklärungsbeitrag der verschiedenen Aspekte jugendlichen *Sozialkapitals* ist zunächst festzustellen, dass die Integration der entsprechenden Variablen die ohnehin schwache Erklärungskraft nur geringfügig verbessert. Außerdem sind die Ergebnisse wiederum relativ inkonsistent. So zeigen sich nur einige wenige signifikante Koeffizienten für die soziale Beteiligung und die Befürwortung sozialer Werte. Diese sind zudem sehr gering und, im Fall der Bereitschaft zu Hilfe im Freundeskreis, sogar negativ, so dass die Ergebnisse die Annahme eines positiven Einflusses der Sozialkapitalaspekte nur wenig stützen. Allerdings gehen deutlich positive Effekte vom sozialen Vertrauen aus, denn – mit Ausnahme von Shell 1997 – sind wiederum die optimistischen und vertrauensvollen Jugendlichen mit der Leistung der Demokratie zufriedener. Ähnlich konsistent positiv ist zudem der Einfluss der Normakzeptanz. So erweist sich von sechs möglichen Koeffizienten nur einer als inkonsistent; die übrigen wirken sich deutlich positiv auf die Beurteilung der Leistung der Demokratie aus.

Im Großen und Ganzen bestätigen sich die allgemeinen Erwartungen über die positiven Konsequenzen jugendlichen Sozialkapitals für die verschiedenen Objekte und Arten politischer Unterstützung: Bei Jugendlichen mit hoher Sozialkapitalausstattung findet sich eher eine das politische System und seine Institutionen unterstützende Haltung als bei Jugendlichen ohne eine derartige Ausstattung. Auch wenn die entsprechende Analyse nur in Shell 2002 möglich war, zeigt sich, dass dabei das generalisierte Vertrauen eine wichtige Rolle spielt. Denn für *alle* fünf Formen politischer Unterstützung gilt: Jugendliche, die anderen Menschen Vertrauen entgegen bringen, stehen auch dem demokratischen System und seinen Institutionen positiver gegenüber. Ähnlich konsistent positiv wirkt sich die Akzeptanz sozialer Normen auf die verschiedenen Unterstützungsarten und -objekte aus. Der Einfluss der sozialen Beteiligung ist dagegen lediglich für das Institutionenvertrauen und die Zufriedenheit mit der Leistung der Politiker konsistent positiv. Am wenigsten unterstützen die Koeffizienten für den Einfluss der Indikatoren von sozialen Werten die Annahmen der Sozialkapitaltheorie.

5.6 Zusammenfassung

Nachdem in Kapitel 3 die verschiedenen Sozialkapitalaspekte bei den Jugendlichen in Deutschland vorgestellt wurden und gezeigt werden konnte, dass die Sozialkapitalausstattung der Jugendlichen relativ gut ist und sich zweitens rekursive Zusammenhänge zwischen den einzelnen Sozialkapitalaspekten bereits im Jugendalter empirisch nachweisen lassen, wurden in Kapitel 4 die Bedingungsfaktoren der einzelnen Sozialkapitalaspekte analysiert. In Kapitel 5 standen nun die Konsequenzen sozialen Kapitals für die Entwicklung politischer Orientierungen in der Jugendphase im Mittelpunkt. Dabei interessierte, ob und inwiefern sich Sozialkapital bei Jugendlichen positiv auf verschiedene politische Einstellungen und Verhaltensweisen auswirkt. Dazu wurde in Kapitel 5.2 zunächst dargelegt, warum Sozialkapital für die Entwicklung politischer Orientierungen im Jugendalter relevant sein könnte, wobei die zugrundeliegende Überlegung war, dass soziales Kapital eine wichtige *zusätzliche* Ressource für die Entwicklung politischer Orientierungen Jugendlicher darstellt. Daher wurden für drei Bereiche politischer Orientierungen – das politische Interesse, die politische Partizipation und die politische Unterstützung – jeweils zunächst Erwartungen über die Relevanz sozialen Kapitals formuliert und anschließend empirisch überprüft, so dass eine zusammenfassende Antwort auf die fünfte innerhalb dieser Arbeit zu beantwortende Frage möglich ist:

5. Was sind die Konsequenzen von Sozialkapital bei Jugendlichen in Deutschland? Wie ist der Einfluss sozialen Kapitals auf die politischen Orientierungen Jugendlicher im Vergleich zu Standarderklärungsfaktoren und jugendspezifischen Entwicklungskapitalaspekten zu bewerten?

Zunächst ist bezüglich des *subjektiven politischen Interesses* Jugendlicher deutlich geworden, dass es sich gut durch die bekannten Standarderklärungsfaktoren Geschlecht, Alter und Bildung erklären lässt. Wie bereits in anderen Studien festgestellt, sind die männlichen, älteren, besser gebildeten Jugendlichen politisch interessierter als die weiblichen und jüngeren Jugendlichen mit niedriger Schulbildung. Alle diese Erklärungsfaktoren bleiben signifikant erhalten, auch wenn man das Entwicklungs- und Sozialkapital Jugendlicher als zusätzliche mögliche Bedingungsfaktoren integriert, wobei die einzelnen Aspekte des jugendlichen Entwicklungskapitals keinen relevanten Einfluss auf das politische Interesse Jugendlicher haben. Durch die Integration der verschiedenen Sozialkapitalaspekte verbessert sich zwar die Erklärungskraft der Modelle nicht sehr stark, doch finden sich überwiegend signifikante Koeffizienten, die alle Aspekte sozialen Kapitals betreffen. Mit anderen Worten: es sind nicht nur die männlichen, älteren und besser gebildeten Jugendlichen, die vergleichsweise hohes politisches Interesse zeigen, sondern auch diejenigen Jugendlichen, die über soziales Kapital in Form von Vereinsmitgliedschaft, sozialem Vertrauen sowie sozialen Werten und kooperativer Normakzeptanz verfügen.

Die tatsächliche und potentielle *Wahlbeteiligung* lässt sich durch zwei Standardvariablen, dem Alter und der Bildung, gut erklären, denn die älteren und besser gebildeten Jugendlichen haben eine signifikant höhere Beteiligungsneigung. Außerdem liefern das familiäre Entwicklungskapital und die religiöse Integration gute Erklärungsbeiträge. Wiederum verbessert die Integration der verschiedenen Sozialkapitalindikatoren zwar die Erklärungskraft des Modells nicht stark, doch finden sich, wie für das politische Interesse auch, konsistent positive und signifikante Einflüsse der strukturellen sowie kulturellen Sozialkapitalaspekte. Ähnliches gilt für die *unkonventionelle politische Partizipation.* Denn auch diese Form politischer Beteiligung ist zum einen deutlich vom Alter und von der Bildung der Befragten abhängig, wobei die Bildungseffekte nochmals durch den positiven Einfluss der Bildung des Vaters verstärkt werden. Zum anderen üben – mit Ausnahme des sozialen Vertrauens – die verschiedenen Aspekte des jugendlichen Sozialkapitals einen positiven und vergleichsweise starken zusätzlichen Einfluss aus. Allerdings trägt das jugendspezifische Entwicklungskapital – wie für die restlichen Formen politischer Partizipation auch – nur wenig zur Erklärung bei. Schließlich lässt sich für die sonstigen *konventionellen politischen Partizipationsformen* zusammenfassen, dass die Vereinsmitgliedschaft zwar einen signifikant positiven Einfluss hat, dieser aber erstens gering ist und sich zweitens der Einfluss sozialen Kapitals auf diesen strukturellen Aspekt beschränkt. Für die *illegale politische Partizipation* erweisen sich die meisten Sozialkapitalindikatoren als insignifikant oder negativ.

Die politische Unterstützung wurde für verschiedene Unterstützungsarten und -objekte getrennt betrachtet. Dabei zeigten sich für das *Institutionenvertrauen*, operationalisiert über das Vertrauen in rechtsstaatliche und parteienstaatliche Institutionen, zunächst konsistente Wohnorteffekte. Jugendliche in Ostdeutschland bringen den politischen Institutionen weniger Vertrauen entgegen als Jugendliche in Westdeutschland. Außerdem vertrauen Jugendliche, die auf familiäres Entwicklungskapital zurückgreifen können, eher parteienstaatlichen wie rechtsstaatlichen Institutionen als Jugendliche, denen diese Ressource nicht zur Verfügung steht. Für die parteienstaatlichen Institutionen erfüllt die religiöse Integration eine ähnlich positive Funktion. Der Einfluss der verschiedenen Aspekte sozialen Kapitals dagegen ist wiederum relativ ähnlich, und es sind die soziale Beteiligung, das soziale Vertrauen und die Akzeptanz kooperativer Normen, die die Stärke des politischen Vertrauens positiv beeinflussen. Dabei findet sich in beiden Fällen ein signifikanter Zusammenhang zwischen dem generalisierten und dem politischen Vertrauen. Insgesamt verbessert die Integration der

Sozialkapitalvariablen die ohnehin geringe Erklärungskraft der Modelle nur sehr wenig. Die *Zufriedenheit mit der Arbeit der Politiker* ist wiederum signifikant und in allen Studien konsistent von dem formalen Bildungsniveau der befragten Jugendlichen abhängig, während von allen anderen möglichen Erklärungsfaktoren lediglich inkonsistente Effekte ausgehen. Ebenfalls eindeutig ist zudem, dass die verschiedenen Aspekte des jugendspezifischen Entwicklungskapitals nur teilweise einen signifikanten und so gut wie keinen relevanten Einfluss auf diese Form der jugendlichen politischen Unterstützung haben. Dagegen zeigen sich in allen Jugendstudien fast durchgehend positive Einflüsse der verschiedenen Sozialkapitalaspekte. Die Relevanz sozialen Kapitals als Erklärungsfaktor dieser Form der politischen Unterstützung wird außerdem durch die teilweise starke Verbesserung der Erklärungskraft hervorgehoben, auch wenn diese insgesamt gering bleibt. Der dritte untersuchte Aspekt politischer Unterstützung ist die *Demokratiepräferenz.* Auch wenn die große Mehrheit der Jugendlichen die Demokratie als Ordnungsmodell präferiert, können konsistente Alters-, Bildungs-, und Wohnorteffekte festgestellt werden. So äußern diese Form der diffusen Systemunterstützung eher die älteren westdeutschen Jugendlichen mit hohem formalem Bildungsniveau. Wiederum trägt keiner der Entwicklungskapitalaspekte zur Erklärung bei, während gleichzeitig sowohl das soziale Vertrauen als auch soziale Werte und die Akzeptanz kooperativer Normen einen konsistenten und teilweise starken Zusatzbeitrag leisten. Für die Vereinsmitgliedschaft kann dagegen kein konsistenter Einfluss auf die Demokratiepräferenz nachgewiesen werden. Schließlich gilt ähnliches für die *Systemperformanz.* Zusätzlich findet sich hier außerdem kein konsistenter Einfluss der sozialen Werte, so dass sich lediglich die Akzeptanz kooperativer Normen einerseits und das soziale Vertrauen andererseits als signifikante und relevante Sozialkapitalfaktoren erweisen. Von den verschiedenen Aspekten des jugendspezifischen Entwicklungskapitals geht dagegen keine signifikante Wirkung aus, und auch von den Standardfaktoren erweist sich lediglich der Wohnort als relevant. Denn Jugendliche in den neuen Bundesländern bewerten die Leistung der Demokratie in allen sieben Jugendstudien skeptischer als Jugendliche in den alten Bundesländern.

Die wichtigsten empirischen Ergebnisse über die Zusammenhänge zwischen dem Sozial- bzw. Entwicklungskapital und den politischen Orientierungen Jugendlicher sind noch einmal in Tabelle 5.13 dargestellt. Ein ‚+' drückt dabei aus, dass mindestens die Hälfte der Koeffizienten signifikant (und relevant) positiv ist, während ‚-' bedeutet, dass mindestens die Hälfte der Koeffizienten signifikant (und relevant) negativ ist. Das Zeichen ‚o' wird verwendet, wenn mehr als die Hälfte der Koeffizienten entweder insignifikant, irrelevant oder inkonsistent sind.

Tabelle 5.13: Bedingungsfaktoren politischer Orientierungen bei Jugendlichen in Deutschland – Zusammenfassung

	subjektives politisches Interesse	Wahlbeteiligung	konventionelle pol. Partizipation	unkonventionelle pol. Partizipation	illegale politische Partizipation	Institutionenvertrauen: rechtsstaatlich	Institutionenvertrauen: parteienstaatlich	Zufriedenheit mit der Leistung der Politiker	Demokratiepräferenz	Systemperformanz
Standarderklärungsfaktoren										
Geschlecht: weiblich	–	O	–	O	–	O	O	O	–	O
Alter	+	+	+	+	O	–	O	O	+	O
Bildung: niedrig – mittel – hoch	+	+	+	+	O	O	O	+	+	O
Wohnort: Ostdeutschland	O	–	O	O	O	–	–	O	–	–
Schulbildung Vater: niedrig – mittel – hoch	+	O	+	+	O	O	O	O	O	O
Schulbildung Mutter: niedrig – mittel – hoch	O	O	O	O	O	O	O	O	O	O
Entwicklungskapital										
Familiäres Entwicklungskapital	O	+	O	O	–	+	+	O	O	O
Informelle soziale Kontakte	O	O	O	O	O	O	O	O	O	O
Entwicklungskapital in der Schule	O	O	?	?	?	O	O	O	O	O
Religiöse Integration	O	+	O	O	O	O	+	O	O	O
Sozialkapital										
Soziale Beteiligung	+	+	+	+	O	+	+	+	O	O
Soziales Vertrauen	+	+	–	O	–	+	+	+	+	+
Soziale Werte	+	+	O	+	O	O	O	+	+	O
Kooperative Normen	+	+	O	+	O	+	+	+	+	+

Anmerkung: +: Standarderklärungsfaktoren: mind. die Hälfte der Koeffizienten positiv signifikant, Entwicklungskapitalaspekte: mind. in der Hälfte der Koeffizienten positiv signifikant und relevant; -: Standarderklärungsfaktoren: mind. die Hälfte der Koeffizienten negativ signifikant, Entwicklungskapitalaspekte: mind. die Hälfte der Koeffizienten negativ signifikant und relevant; O: Standarderklärungsfaktoren mehr als die Hälfte der Koeffizienten insignifikant, Entwicklungskapitalaspekte: mehr als die Hälfte der Koeffizienten insignifikant oder irrelevant; oder: inkonsistente Ergebnisse.
?: Einfluss konnte aufgrund fehlender Variablen nicht untersucht werden.

Die in Tabelle 5.13 zusammengefassten Ergebnisse ermöglichen einen Vergleich der Relevanz der Standard- und Entwicklungskapitalfaktoren mit den verschiedenen Sozialkapitalindikatoren. So wird bezüglich der *Standarderklärungsfaktoren* zunächst deutlich, dass weibliche Jugendliche weniger politisch interessiert sind, sich seltener konventionell bzw. illegal beteiligen und weniger deutlich eine Demokratiepräferenz äußern. Für alle anderen betrachteten politischen Orientierungen finden sich dagegen keine Geschlechterunterschiede. Daneben zeigen sich für fünf Indikatoren politischer Orientierungen positive Alterseffekte. Demnach steigen mit dem Alter nicht nur das politische Interesse, sondern auch die politische Aktivität und die Akzeptanz der Demokratie als Ordnungsmodell. Mit anderen Worten: Jugendliche entwickeln demokratische Orientierungen, wobei im Laufe der (politischen) Sozialisation insbesondere die drei grundlegendsten Aspekte demokratischer Legitimierung, das Interesse an politischen Sachfragen, die Beteiligung an Wahlen und die Demokratiepräferenz, zunehmen. Wie erwartet erweisen sich Unterschiede zwischen den Jugendlichen in Deutschland insbesondere für die politische Unterstützung als wichtig. So haben sowohl die Institutionen als auch das politische System bei ostdeutschen Jugendlichen eine geringere Legitimationsgrundlage als bei den westdeutschen. Lediglich die Leistung der Politiker wird in beiden Teilen Deutschlands in etwa gleich eingeschätzt, wobei sich auch diesbezüglich in drei der sieben Jugendstudien Differenzen zeigen. Ähnliches gilt auch für die restlichen Aspekte politischer Orientierungen, denn zwar erweisen sich vergleichsweise wenige Koeffizienten als signifikant, allerdings deuten die signifikanten Koeffizienten fast immer in die gleiche Richtung: Ostdeutsche Jugendliche sind tendenziell weniger politisch involviert als westdeutsche. Der vierte relevante Standardeinflussfaktor ist die formale Schulbildung. Demnach steigt mit der Schulbildung die Wahrscheinlichkeit eines politischen Interesses sowie einer politischen Beteiligung. Außerdem beeinflusst die Schulbildung die Beurteilung der Leistung der Politiker und die Demokratiepräferenz positiv. Dieser Statuseffekt wird bei der konventionellen und unkonventionellen politischen Partizipation durch den Einfluss der Schulbildung der Eltern verstärkt.

Die betrachteten *jugendspezifischen Entwicklungskapitalaspekte* tragen insgesamt relativ wenig zur Erklärung der politischen Orientierungen Jugendlicher bei. Während sowohl informelle soziale Kontakte als auch das Entwicklungskapital in der Schule keinen einzigen konsistent signifikanten und relevanten Einfluss haben, erweist sich das familiäre Entwicklungskapital einerseits für die Wahlbeteiligung und andererseits für das politische Vertrauen als konsistent wichtig. Zusätzlich erhöht die religiöse Integration sowohl die Wahrscheinlichkeit einer Wahlbeteiligung als auch eines Vertrauens in parteienstaatliche Institutionen.

Die verschiedenen *Sozialkapitalaspekte* üben mehrheitlich auch unter Kontrolle der anderen Variablen einen eigenständigen (signifikanten) Einfluss auf die politischen Orientierungen Jugendlicher aus, womit sich in insgesamt 27 von 40 möglichen Fällen die formulierten Erwartungen bestätigen (vgl. Sozialkapital ‚+' in Tabelle 5.13). Dabei ist die *soziale Beteiligung* zunächst weder für die illegale politische Partizipation noch für die die Demokratiepräferenz und die Systemperformanz konsistent wichtig. Für alle anderen untersuchten politischen Orientierungen gilt: Vereinsmitglieder sind politisch involvierter als Nicht-Mitglieder und sie unterstützen das politische System und seine Institutionen stärker. Auch die beiden Indikatoren *sozialen Vertrauens* erweisen sich als relevante Erklärungsfaktoren der politischen Orientierungen Jugendlicher. Demnach finden sich zwar negative und insignifikante Zusammenhänge für die verschiedenen Formen politischer Aktivität. Allerdings zeigt sich für alle anderen politischen Einstellungen, dass Jugendliche, die anderen Menschen vertrauen bzw. ihre Zukunft optimistisch beurteilen, sowohl eher politisch interessiert sind als auch eher politische Unterstützung äußern. Ebenfalls sehr konsistent sind die Koeffizienten für die *kooperative Normakzeptanz*. Denn – mit Ausnahme der konventionellen und der illegalen politischen Partizipation – beteiligen sich Jugendliche, die kooperative Normen akzeptieren, eher politisch, sie äußern mit höherer Wahrscheinlichkeit politisches Interesse und sie unterstützen das politische System sowie die politischen Institutionen durchweg stärker. Schließlich lässt sich für den letzten kulturellen Aspekt sozialen Kapitals, die *sozialen Werte*, zusammenfassend feststellen, dass sich zwar ebenfalls signifikante und positive Einflussfaktoren finden, allerdings sehr viel seltener. So erhöhen soziale Werte zwar die Wahrscheinlichkeit eines Politikinteresses, einer Wahlbeteiligung oder einer unkonventionellen Beteiligung, allerdings finden sich nur für zwei Aspekte der politischen Unterstützung derartige konsistente Zusammenhänge.

Insgesamt erweisen sich von den 247 untersuchten Zusammenhängen zwischen den verschiedenen Sozialkapitalaspekten und den unterschiedlichen Dimensionen politischer Orientierungen 155 (63%) als signifikant und positiv, weisen damit also in die erwartete Wirkungsrichtung. Lediglich 6 Prozent der Koeffizienten sind signifikant negativ. Die entsprechenden Informationen für die einzelnen Sozialkapitalaspekte sind –jeweils in Prozent der untersuchten Zusammenhänge – in Abbildung 5.3 enthalten. Es ist grafisch dargestellt, wie groß jeweils der Anteil der signifikant positiven (erwartete Wirkungsrichtung), signifikant negativen (nicht erwartete Wirkungsrichtung) sowie der insignifikanten Koeffizienten ist. Die Abbildung veranschaulicht noch einmal die in Tabelle 5.13 präsentierte Zusammenfassung, dass Sozialkapital einen relevanten zusätzlichen Erklärungsfaktor politischer Orientierungen im Jugendalter darstellt.

Abbildung 5.3: Sozialkapital und politische Orientierungen bei Jugendlichen – Zusammenfassung

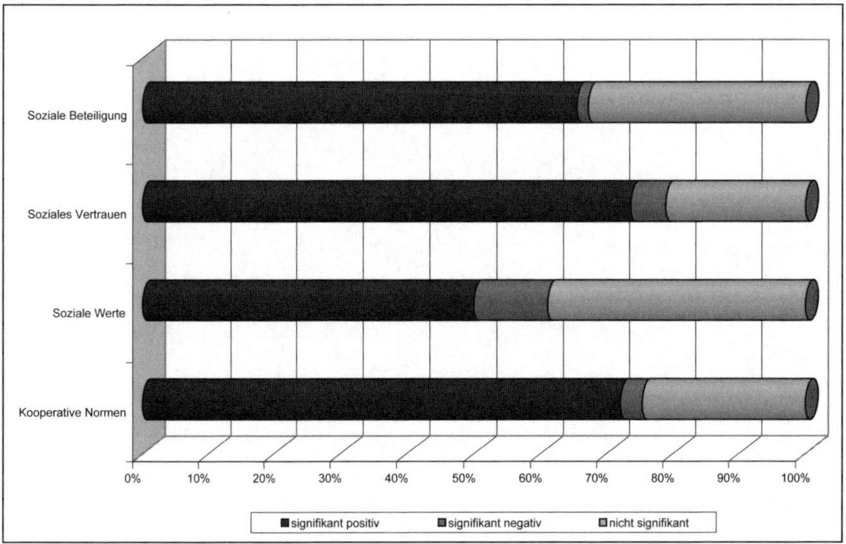

Anmerkung: eingetragen jeweils in Prozent aller untersuchten Zusammenhänge: Soziale Beteiligung N: 58; Soziales Vertrauen N: 38; Soziale Werte N: 90; Kooperative Normen N: 61.

Am besten fällt dieses Verhältnis für das soziale Vertrauen (74% : 5%) und die kooperative Normakzeptanz (73% : 3%) aus. Für die soziale Beteiligung erweisen sich 65 Prozent der Koeffizienten als signifikant positiv und nur 2 Prozent als signifikant negativ. Aber auch für die sozialen Werte bestätigt die Hälfte der Koeffizienten die Erwartung von einem positiven Einfluss der verschiedenen Sozialkapitalaspekte auf die politischen Einstellungen und Verhaltensweisen Jugendlicher. Damit gibt es kaum Hinweise auf einen negativen Zusammenhang zwischen der Sozialkapitalausstattung und den politischen Einstellungen und Verhaltensweisen Jugendlicher. Zwar haben sich umgekehrt auch nicht alle untersuchten Variablen als signifikant erwiesen, aber die Ergebnisse der verschiedenen Regressionsanalysen in den verwendeten Jugendstudien deuten daraufhin, dass Jugendliche, die auf soziales Kapital zurückgreifen können, eher politisch interessiert sind und eher politisch partizipieren. Sie bringen den politischen Institutionen mehr Vertrauen entgegen, stehen der Arbeit der Politiker weniger kritisch gegenüber und sind auch mit der Leistung des politischen Systems zufriedener. Ebenso unterstützen sie eher die Demokratie als Ordnungsmodell. Insgesamt trägt bei den Jugendlichen in Deutschland also eine hohe Sozialkapitalausstattung auch zu einer größeren Verfügbarkeit von politischem Kapital bei.

6 Sozialkapital in der Jugendphase

6.1 Fazit: Jugendliches *Sozialkapital* und die Zukunft der Demokratie

Den Ausgangspunkt dieser Arbeit bildete die Diskussion um die Wahl des Unwortes 2004. Vor allem die *Begründung* der ‚Unwort-Jury', den Begriff ‚Humankapital' als Unwort des Jahres 2004 auszuwählen, um der Reduzierung des Menschen auf ‚nur noch ökonomisch interessanten Größen', der Ausbreitung des Kapitalsbegriffs in ‚nichtfachliche Bereiche' und dem Einbezug ‚aller denkbaren Lebensbezüge' entgegenzuwirken, widerspricht den Intentionen moderner Kapitaltheorien. So hielt zum Beispiel Pierre Bourdieu (1983) gerade die Erweiterung des Kapitalbegriffs sowie dessen Etablierung in den Sozialwissenschaften für notwendig, denn „es ist nur möglich, der Struktur und dem Funktionieren der gesellschaftlichen Welt gerecht zu werden, wenn man den Begriff des *Kapitals in allen seinen Erscheinungsformen einführt*" (Bourdieu 1983: 184; H.i.O). Innerhalb dieser Arbeit sollte daher geklärt werden, welchen Einfluss die verschiedenen Kapitalformen – und dabei insbesondere das *Sozialkapital* – auf die Entwicklung politischer Orientierungen (das *‚politische Kapital'*) in der Jugendphase haben.

Denn in Folge der Arbeiten Robert D. Putnams wurde der Sozialkapitalansatz von James S. Coleman (1990a) erweitert und in die politische Kulturforschung integriert, wobei Sozialkapital als Kombination struktureller und kultureller Aspekte konzeptualisiert wird. Mit Rückgriff auf die auf Alexis de Tocqueville ([1835] 1965) zurückgehende Idee einer Wechselwirkung zwischen sozialen, nicht-politischen Aktivitäten und politischen Verhaltensweisen wird dabei davon ausgegangen, dass *Sozialkapital* sowohl für die einzelnen Bürger als auch für die Gesellschaft und damit für das Funktionieren moderner demokratischer Systeme positive Konsequenzen hat. Denn Sozialkapital senkt nicht nur als kollektives Gut einer Gesellschaft die Risiken von Kooperation und hilft so, Dilemmata kollektiven Handelns kostengünstig zu überwinden, sondern es wirkt sich als individuelle Ressource auch positiv auf die politischen Orientierungen der Bürger aus (vgl. Putnam 2000: 338; 1993: 177; van Deth 2002: 575). So kommt Putnam bei seiner Studie über die italienische Regionalverwaltungsreform zu dem Ergebnis, dass „social capital is the key to making democracy work" (Putnam 1993: 183; vgl. 2000: 290). Während in vielfältigen aktuellen

Forschungsprojekten daher untersucht wird, inwieweit soziale Beteiligung, soziales Vertrauen sowie soziale Werte und Normen als zentrale strukturelle und kulturelle Bestandteile von Sozialkapital politisches Interesse, politische Beteiligung oder politische Unterstützung bei *Erwachsenen* bedingen. Allerdings ist bisher nicht untersucht worden, ob sich die bei Erwachsenen in vielen empirischen Studien gefundenen Zusammenhänge zwischen den kulturellen und strukturellen Aspekten sozialen Kapitals sowie deren Einfluss auf politische Orientierungen bereits im Jugendalter zeigen. Wenn aber die (unterschiedliche) Sozialkapitalausstattung tatsächlich ein wichtiger Erklärungsfaktor der Verteilung politischer Einstellungen und Verhaltensweisen bei Erwachsenen ist, sollte sich dieser Zusammenhang bereits im Jugendalter zeigen. Aufgrund der Annahme, dass die politische Sozialisation besonders in der Jugendphase wirksam ist, liegt sogar die Vermutung nahe, dass sich *gerade* in dieser Zeit grundlegende politische Einstellungen festigen und insofern Sozialkapital besonders wichtig sein sollte. Trotzdem blieben bislang Sozialisationsansätze in der Sozialkapitalforschung ebenso weitgehend unberücksichtigt, wie umgekehrt die Sozialisationsforschung wenig unternimmt, um Erkenntnisse der politischen Kulturforschung fruchtbar zu nutzen (vgl. Greiffenhagen 2002).

Daher standen im Mittelpunkt dieser Arbeit die Wirkungszusammenhänge von Sozialkapital bei *Jugendlichen.* Außerdem wurden das Humankapital, das kulturelle Kapital und verschiedenen Formen des jugendspezifischen Entwicklungskapitals betrachtet. Anhand von sieben seit 1990 erhobenen Jugendstudien wurde für die Jugendlichen in Deutschland untersucht, ob Sozialkapital einen *substantiellen, zusätzlichen* Erklärungsfaktor dafür bietet, warum einige Jugendliche in Deutschland politisch involviert sind und in diesem Sinne bereits in jungen Jahren über politisches Kapital verfügen und warum dies für andere Jugendliche nicht zutrifft. Die wichtigsten Ergebnisse der bisherigen Analysen lassen sich wie folgt zusammenfassen:

Im Hinblick auf den ‚Sozialkapitalbestand' lässt sich feststellen, dass ein Großteil der Jugendlichen auf soziales Kapital zurückgreifen kann. Zudem hat Sozialkapital offensichtlich bereits bei Jugendlichen einen akkumulierenden Charakter, denn drei Viertel der betrachteten Indikatoren der strukturellen und kulturellen Sozialkapitalaspekte korrelieren signifikant positiv miteinander, so dass die in dieser Arbeit durchgeführten Analysen auf das Vorhandensein eines *virtuous circle* der individuellen Sozialkapitalaspekte bei den Jugendlichen in Deutschland deuten. In einem nächsten Schritt wurde untersucht, welchen *Bedingungen* Sozialkapital bei Jugendlichen unterliegt. Dabei wurde deutlich, dass Sozialkapital bereits in der Jugendphase vor allem von Humankapital (formales Bildungsniveau der befragten Jugendlichen) abhängig ist. Kein anderer Standarderklärungsfaktor und auch kein Aspekt des jugendspezifischen Entwicklungskapitals beeinflusst dermaßen konsistent die Verfügbarkeit von Sozialkapital bei Jugendlichen. Dieses Ergebnis findet sich – trotz der unterschiedlichen Operationalisierung – für nahezu alle hier untersuchten Indikatoren von Sozialkapital. Die Tatsache, dass der soziale Status über recht einfache Variablen, nämlich den angestrebten bzw. höchsten erreichten Schulabschluss, operationalisiert wurde, hebt die Bedeutung dieses Befundes nochmals hervor. Außerdem wird dieser Statuseffekt noch teilweise durch den Einfluss der Schulbildung der Eltern verstärkt. Zwar finden sich hier weitaus weniger signifikante Zusammenhänge, doch zeigen diese immer, dass Jugendliche, deren Eltern eine höhere formale Schulbildung haben, auch eher auf Sozialkapital zurückgreifen können. Bedenkt man außerdem, dass die Eltern aufgrund ihrer besseren Schulbildung selbst auch stärker auf Sozialkapital zurückgreifen können, wird mehr als deutlich: Soziales Kapital steht insbesondere Jugendlichen aus Bevölkerungsschichten zur Verfügung, die auch mit sonstigen Kapitalien (z.B. Human- und Kulturkapital) vergleichsweise gut ausgestattet sind (vgl. Kapitel 3).

Doch auch für die anderen Standarderklärungsfaktoren lassen sich einige einfache Ergebnisse formulieren: So haben Jugendliche in Ostdeutschland tendenziell weniger Sozialkapital als Jugendlichen in Westdeutschland. Außerdem verfügen männliche Jugendlichen eher über strukturelles und weibliche eher über kulturelles Sozialkapital. Das jugendspezifische familiäre Entwicklungskapital wirkt sich teilweise ebenso direkt auf das soziale Kapital aus wie die religiöse Integration. Auf Basis der innerhalb dieser Untersuchung verwendeten Indikatoren kann zudem vermutet werden, dass informelle soziale Kontakte wenig zur Akkumulation sozialen Kapitals beitragen. Gleichzeitig ist ein solcher Rückschluss über den Einfluss des schulischen Engagements nicht möglich, da eine entsprechende Operationalisierung lediglich in einer Studie – und hier nur über einen vergleichsweise oberflächlichen Indikator – zur Verfügung stand (vgl. Kapitel 4).

Schließlich kann in Hinblick auf die *Konsequenzen* von Sozialkapital für die Entwicklung politischer Orientierungen in der Jugendphase zusammenfassend festgestellt werden, dass die einzelnen Sozialkapitalaspekte mehrheitlich einen unabhängigen Beitrag zur Erklärung politischer Einstellungen und Verhaltensweisen leisten. Insgesamt trägt also eine hohe Sozialkapitalausstattung auch zu einer größeren Verfügbarkeit von politischem Kapital bei. Dabei zeigt sich, dass die verschiedenen Aspekte sozialen Kapitals die Standardbedingungsfaktoren politischen Interesses, politischer Partizipation und politischer Unterstützung nicht ersetzen sondern lediglich ergänzen, denn der Einfluss insbesondere der Bildung, des Alters, des Geschlechts und des Wohnorts ist auch unter Kontrolle der Sozialkapitalindikatoren signifikant (vgl. Kapitel 5).

Besonders in Bezug auf die Bildung hat dieses Ergebnis weitreichende Konsequenzen. Denn als Ausdruck des sozialen Status bedeutet dies, dass Sozialkapital, das ja selbst stark vom Bildungsniveau abhängt, den Bildungseffekt auf die politischen Orientierungen zusätzlich verstärkt. So zeigen die verschiedenen Analysen, dass sich der Einfluss der Schulbildung der befragten Jugendlichen durch sämtliche Aspekte sozialen und fast alle Indikatoren des hier untersuchten politischen Kapitals zieht: Je höher das formale Bildungsniveau der befragten Jugendlichen, desto besser der Rückgriff auf soziales und politisches Kapital. Bei keiner der durchgeführten Analysen konnte festgestellt werden, dass Jugendliche, die nur eine niedrige Schulbildung aufweisen, diesen Nachteil durch soziales Kapital ausgleichen können. Im Gegenteil: Es bestätigt sich, dass diejenigen, die ohnehin vergleichsweise gut mit Ressourcen ausgestattet sind, weitere Vorteile erhalten. So sind aus den Befunden dieser Arbeit zwei Schlussfolgerungen zu ziehen: Erstens wird klar, dass vielen Jugendlichen in Deutschland Sozialkapital als individuelle Ressource zur Verfügung steht. Außerdem lassen sich sowohl in Bezug auf den *virtuous circle* als auch für die Bedingungen und Konsequenzen der kulturellen und strukturellen Sozialkapitalaspekte, die bei den Erwachsenen vermuteten und teilweise auch bestätigten Wirkungszusammenhänge des individuellen Sozialkapitals für die Jugendlichen in Deutschland empirisch nachweisen. Mit anderen Worten: Jugendliches Sozialkapital ist kumulativ, abhängig von der sonstigen Ressourcenausstattung und hat positive Konsequenzen für die Entwicklung politischer Orientierungen. Zweitens aber werden deutliche Unterschiede innerhalb der Jugendlichen sichtbar: So steht Jugendlichen mit niedriger Bildung sowie ostdeutschen Jugendlichen zum einen weniger Sozialkapital zur Verfügung, und zum anderen finden sich bei ihnen teilweise schwächere demokratische Orientierungen. Da zudem Sozialkapital auch unter Kontrolle dieser sozioökonomischen Einflussvariablen einen eigenständigen Beitrag leistet, verstärken sich Ungleichheiten in Hinblick auf das politische Kapital zusätzlich. Und dies scheint für eine demokratische Gesellschaft problematisch zu sein, denn

> (...) if the tendency to withdrawal is asymmetrically distributed among population groups, then the outputs of the political system are likely to become increasingly unbalanced. And if those who withdraw the most are those who have the least, the system will become even less responsive to their needs. Political engagement is not a sufficient condition for political effectiveness, but it is certainly necessary (Galston 2001: 220).

So muss ein erklärtes Ziel der Politik sein, nicht nur den Anteil der an Sozialkapital partizipierenden Jugendlichen zu erhöhen, sondern auch die mit der Verfügbarkeit von Sozialkapital verbundenen Ungleichheiten langfristig auszugleichen, denn die Zukunft der Gesellschaft sollte idealerweise in den Händen der *gesamten* Jugend liegen. Zurzeit wird dies besonders deutlich, denn viele der Probleme, die heute diskutiert werden, können erst von künftigen Generationen gelöst werden. In Deutschland sind Sozialreformen notwendig, deren Folgen *alle* Bürger mehr oder weniger zu tragen haben werden. Dabei sind viele wichtige normative Entscheidungen auf breiter Basis zu treffen, die zum Beispiel mit dem Umgang mit der Genforschung, dem internationalen Terrorismus, den Globalisierungsfolgen oder der EU-Erweiterung zu tun haben. Aber auch nationale Probleme, wie die Kostenverteilung zwischen jungen und alten Menschen, die Betreuung von Pflegebedürftigen, der Umgang mit Selbsttötung auf Verlangen, die gleichgeschlechtliche Eheschließung oder die Rolle der Religion im modernen Staat, werden gesellschaftliche Kompromisse erfordern. Entsprechend wichtig ist ein gemeinsames ‚Kapital', auf das in schwierigen Zeiten zurückgegriffen werden kann. Gesellschaftlicher Zusammenhalt, zwischenmenschliches Vertrauen, gemeinsame Werte und weit verbreitete Akzeptanz kooperativer Normen – also zentrale Aspekte von Sozialkapital – stehen hierbei im Mittelpunkt.

6.2 Forschungsperspektiven: Jugendliches *Systemkapital* und die Zukunft der Sozialkapitalforschung

In dieser Arbeit wurde mit der Relevanz von ‚Sozialkapital' für die Entwicklung der modernen Demokratie eine aktuelle politikwissenschaftliche Frage aufgegriffen. Dabei wurde der Fokus erstens auf *Jugendliche* und zweitens auf Entwicklungen in *Deutschland* gerichtet. Es konnte gezeigt werden, dass Sozialkapital als individuelle Ressource (*Beziehungskapital*) in der Jugendphase ähnlichen Wirkungszusammenhängen unterliegt wie bei den Erwachsenen. Die hier präsentierten empirischen Befunde bestätigen, dass die von der Sozialkapitaltheorie postulierten Annahmen für die Jugendlichen in Deutschland zumindest auf der Mikroebene nachweisbar sind. Allerdings sind damit keine Aussagen über Wirkungszusammenhänge auf der Makroebene, also über das *Systemkapital,* möglich. Doch „ohne nachweisbare Beziehungen auf der Makroebene hat die Frage nach der Stellung des Beziehungskapitals als Produktivkapital in modernen Demokratien nicht mehr die große Bedeutung, die ihr der Sozialkapitalansatz zuschreibt" (Gabriel et al. 2002: 30). Denn die Betrachtung sozialen Kapitals als kollektive Eigenschaft von Gesellschaften (Systemkapital) macht den Ansatz im Rahmen politikwissenschaftlicher Untersuchungen interessant. So deuten die Ergebnisse Putnams (1993) in Italien darauf hin, dass „the performance of representative government is facilitated by the social infrastructure of civic communities" (Putnam 1993: 182, 185). *Systemkapital* hat dabei in Hinblick auf die hier untersuchten Fragestellungen zwei wichtige Konsequenzen: Erstens wird aufgrund rekursiver Beziehungen der verschiedenen Aspekte von kumulativen Effekten auch auf der Ebene der Gesamtgesellschaft ausgegangen: *Systemkapital* führt zur Generierung von mehr Systemkapital. Zum Zweiten sind diese rekursiven Zusammenhänge aus politikwissenschaftlicher Sicht deshalb relevant, weil *Systemkapital* nicht nur positive Konsequenzen für die Leistung und den Erfolg politischer Systeme zu haben scheint, sondern laut Putnam (1993) „the key to making democracy work" ist.

Wie für das Beziehungskapital, sollten sich auch die vermuteten Zusammenhänge von *Systemkapital* bei Jugendlichen zeigen, so dass in den Ländern, in denen viele Jugendliche Mitglied in einem Verein sind, auch das Vertrauen Jugendlicher gegenüber fremden Menschen weit verbreitet sein sollte. Außerdem sollte das in den einzelnen Ländern zur Verfügung stehende jugendliche Sozialkapital dazu führen, dass die Jugendlichen politisch involvierter sind. Dass derartige Fragen durchaus vielversprechende Forschungsperspektiven darstellen können, wird im Folgenden kurz anhand einer exemplarischen Auswertung des European Social Survey 2003 (ESS 2003) gezeigt.[59] Dazu werden für die dargestellten Analysen lediglich diejenigen Befragten, die zum Erhebungszeitpunkt zwischen 15 und 29 Jahre alt sind, berücksichtigt, so dass ein ‚ESS-Jugenddatensatz' entsteht, der insgesamt 7.690 Jugendliche aus 19 europäischen Ländern umfasst. Für die Operationalisierung von Systemkapital werden die Werte der auf der Individualebene erhobenen Variablen für die einzelnen Länder jeweils aggregiert (vgl. Gabriel et al. 2002: 31; van Deth 2003a). Auf Basis dieses Datensatzes wird zunächst untersucht, ob sich ein Zusammenhang zwischen den Systemkapitalaspekten soziales Vertrauen und soziale Beteiligung empirisch nachweisen lässt. Als Indikator sozialen Vertrauens wird die bereits in Kapitel 3.3.2.1 vorgestellte Standardfrage zum generalisierten Vertrauen verwendet, die im ESS 2003 über eine zehnstufige Antwortskala gemessen wird:

> Generalisiertes Vertrauen: Generally speaking, would you say that most people can be trusted, or that you can't be too careful in dealing with people? Please tell me on a score of 0 to 10, where 0 means you can't be too careful and 10 means that most people can be trusted.

Die Aggregation erfolgt über die jeweiligen Landesmittelwerte. Als Indikator sozialer Beteiligung dient die Mitgliedschaft in Freiwilligenorganisationen, die ebenfalls über eine Standardfrage erhoben wird:

> Mitgliedschaft in Freiwilligenorganisationen: For each of the voluntary organisations I will now mention, please use this card to tell me whether any of these things apply to you now or in the last 12 months, and, if so, which: (1) a sports club or club for outdoor activities (2) an organisation for cultural or hobby activities (3) a trade union (4) a business, professional, or farmers' organisation (5) a consumer or automobile organisation (6) an organisation for humanitarian aid, human rights, minorities, or immigrants (7) an organisation for environmental protection, peace or animal rights (8) a religious or church organisation (9) an organisation for science, education, or teachers and parents (10) a social club, club for the young, the retired/elderly, women, or friendly societies (11) any other voluntary organisation such as the ones I've just mentioned

---

59 Der Datensatz kann kostenlos auf der Internetseite http://ess.nsd.uib.no/nesstarlight/index.jsp herunter geladen werden (Stand 1. März 2005).

Auf Basis dieser elf Organisationstypen wird zunächst ein einfacher additiver Index ohne vorheriger Strukturanalyse gebildet und anschließend eine Dichotomisierung der Variablen in 'Mitglied' vs. 'kein Mitglied' vorgenommen, so dass die Aggregation, anders als für das generalisierte Vertrauen nicht über den Mittelwert erfolgt, sondern über den Anteil der Vereinsmitglieder in dem jeweiligen Land. Wie Abbildung 6.1 entnommen werden kann, bestätigen sich die Annahmen der Sozialkapitaltheorie auch für die Jugendlichen in Europa. Denn je mehr Jugendliche in einem Land Mitglied in einem Verein sind, desto größer ist auch tendenziell das generalisierte Vertrauen in diesem Land (Pearson's r = .810**).

Abbildung 6.1: Systemkapital bei Jugendlichen in Europa – Mitgliedschaft in Freiwilligenorganisationen und generalisiertes Vertrauen

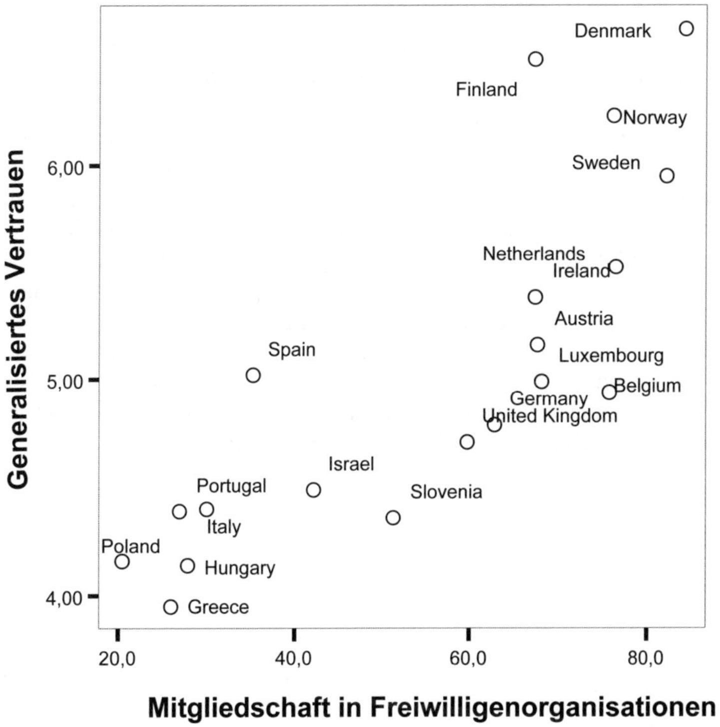

Anmerkung: Generalisiertes Vertrauen (Ländermittelwerte); Mitgliedschaft in Freiwilligenorganisationen (Anteil der Jugendlichen, die in mindestens einem Verein Mitglied sind); N: 21; Pearson's Korrelationskoeffizient r: . 810** (2-seitig).

Aus Abbildung 6.1 kann außerdem abgeleitet werden, dass der jugendliche Sozialkapitalbestand in den skandinavischen Ländern (Dänemark, Finnland, Norwegen, Schweden) besonders hoch ist, denn dort finden sich sowohl die meisten jugendlichen Organisationsmitglieder als auch das höchste generalisierte Vertrauensniveau. Umgekehrt sind im unteren, linken Viertel der Abbildung die süd- und osteuropäischen Länder mit wenig Vertrauen und wenigen Vereinsmitgliedschaften vertreten, während Deutschland sich in einer Gruppe zwischen den beiden Extremen befindet.

Inwiefern das Systemkapital außerdem positive Konsequenzen für die politische Kultur der Länder hat, wird mittels einer einfachen Variablen zur politischen Involvierung untersucht:

> Gespräche über Politik: How often would you say you discuss politics and current affairs? (every day (6), several times a week (5), once a week (4), several times a month (3), once a month (2), less often (1), never (0))

Die Aggregation erfolgt wiederum über den jeweiligen Ländermittelwert. Die zugrundeliegende Annahme ist, dass in den Ländern, in denen viele Jugendliche Vereinsmitglied sind bzw. das Vertrauen in die Mitmenschen hoch ist, die Jugendlichen häufiger über Politik diskutieren als in Ländern mit niedriger Mitgliedschaftsrate bzw. niedrigem Vertrauensniveau. Abbildung 6.2 kann entnommen werden, dass dieser Zusammenhang für die Mitgliedschaftsrate tendenziell vorhanden ist. In europäischen Ländern, in denen viele Jugendliche Mitglied in einem Verein sind, beteiligen sich die Jugendlichen auch häufiger an politischen Diskussionen (Pearson's r = .583**). Wiederum spiegelt auch Abbildung 6.2 wider, dass sich die skandinavischen Länder deutlich von den ost- und südeuropäischen Ländern unterscheiden. Allerdings findet sich Deutschland ebenfalls in der skandinavischen Spitzengruppe. Im europäischen Vergleich zeigt sich also, dass insbesondere in Deutschland die jugendliche Vereinsmitgliedschaftsrate eng mit der politischen Diskussionshäufigkeit zusammenhängt.

Abbildung 6.2: Systemkapital und politische Kultur bei Jugendlichen in Europa –Mitgliedschaft in Freiwilligenorganisationen und Gespräche über Politik

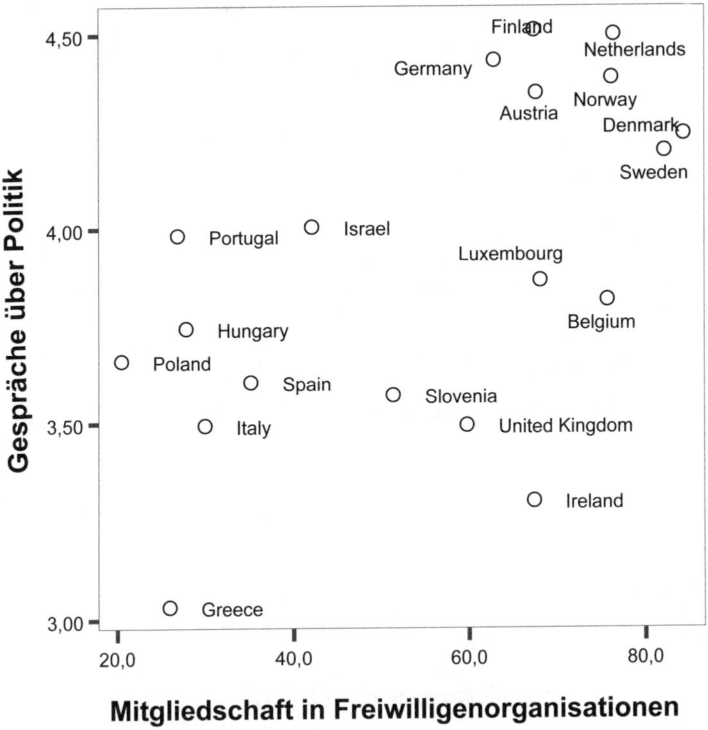

Anmerkung: Gespräche über Politik (Ländermittelwerte); Mitgliedschaft in Freiwilligenorganisationen (Anteil der Jugendlichen, die in mindestens einem Verein Mitglied sind); N: 21; Pearson's Korrelationskoeffizient r: .583** (2-seitig).

Betrachtet man das generalisierte Vertrauen wird der Zusammenhang zwischen dem jugendlichen Systemkapital und der politischen Kultur in den europäischen Ländern noch deutlicher (Pearson's r = .650**; vgl. Abbildung 6.3). Wiederum bestätigt sich dieser Zusammenhang insbesondere für die skandinavischen Länder, wobei sich auch Deutschland (zusammen mit Österreich) in dieser Gruppe wiederfindet.

Abbildung 6.3: Systemkapital und politische Kultur bei Jugendlichen in Europa – Generalisiertes Vertrauen und Gespräche über Politik

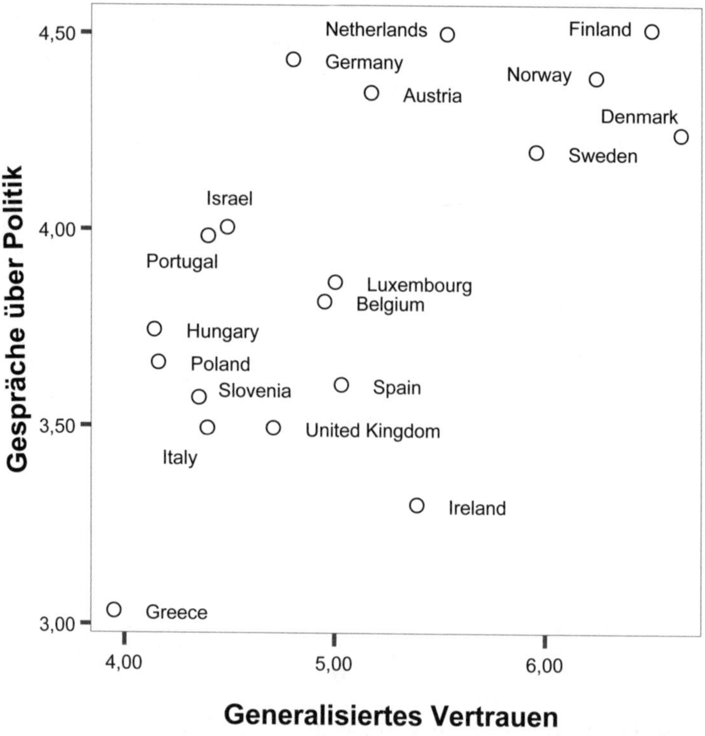

Anmerkung: Gespräche über Politik (Ländermittelwerte); Generalisiertes Vertrauen (Ländermittelwerte); N: 21; Pearson's Korrelationskoeffizient r: .650** (2-seitig).

Es wird deutlich, dass sich die innerhalb der Sozialkapitaltheorie postulierten Annahmen sowohl auf der Aggregat- als auch auf der Individualebene bereits in der Jugendphase empirisch nachweisen lassen. Dieses Ergebnis bildet einen vielversprechenden Ausgangspunkt für weiterführende Analysen. Dabei könnte neben einer international vergleichenden Studie auch die direkte Gegenüberstellung von Jugendlichen und Erwachsenen ein guter Ansatzpunkt weiterführender Forschungsarbeiten sein.

Literaturverzeichnis

Abt, Hans Günter und Joachim Braun (2001): Zugangswege zu Bereichen und Formen des freiwilligen Engagements in Deutschland. In: Rosenbladt, Bernhard von (Hg.): Freiwilliges Engagement in Deutschland. Freiwilligensurvey 1999. Ergebnisse der Repräsentativerhebung zu Ehrenamt, Freiwilligenarbeit und bürgerschaftlichem Engagement. Band 1: Gesamtbericht. Stuttgart, Kohlhammer, 186-197.

Ackermann, Paul (1996): Das Schulfach 'Politische Bildung' als institutionalisierte Sozialisation. In: Claußen, Bernhard und Rainer Geißler (Hg.): Die Politisierung des Menschen. Instanzen der politischen Sozialisation. Ein Handbuch. Opladen, Leske + Budrich, 91-100.

Adloff, Frank (2001): Community Service and Service-Learning: Eine sozialwissenschaftliche Bestandsaufnahme zum freiwilligen Engagement an amerikanischen Schulen und Universitäten. München, Maecenata.

Albert, Mathias, Klaus Hurrelmann, Ruth Linssen und Holger Quellenberg (2002): Entgrenzung von Politik? Ein Resümee. In: Deutsche Shell (Hg.): Jugend 2002. 13. Shell Jugendstudie - Zwischen pragmatischem Idealismus und robustem Materialismus. Frankfurt am Main, Fischer Taschenbuch Verlag, 213-220.

Albert, Mathias, Ruth Linssen und Klaus Hurrelmann (2003): Jugend und Politik. Politisches Interesse und Engagement Jugendlicher im Lichte der 14. Shell Jugendstudie. In: Aus Politik und Zeitgeschichte B15, 3-5.

Albrecht, Steffen (2002): Netzwerke als Kapital. Zur unterschätzten Bedeutung des sozialen Kapitals für die gesellschaftliche Reproduktion. In: Ebrecht, Jörg und Frank Hillebrandt (Hg.): Bourdieus Theorie der Praxis: Erklärungskraft – Anwendung - Perspektiven. Wiesbaden, Westdeutscher Verlag, 199-224.

Almond, Gabriel A. und Sidney Verba (1965): The Civic Culture: Political Attitudes and Democracy in Five Nations. Princeton, Princeton University Press.

Andersen, Susan M. (1998): Service Learning: A National Strategy for Youth Development, http://www.gwu.edu/~ccps/pop_svc.html (Stand: 1. 3. 2005).

Anderson, Christopher (1996): Political Action and Social Integration. In: American Politics Quarterly 24 (1), 105-124.

Andolina, Molly, Krista Jenkins, Cliff Zukin und Scott Keeter (2003): Habits from Home, Lessons from School: Influences on Youth Civic Engagement. In: Political Science & Politics 36 (2), 269-274.

Anheier, Helmut und Jeremy Kendall (2002): Interpersonal trust and voluntary organisation: examining three approaches. In: The British Journal of Sociology 53 (3), 343-362.

Arrow, Kenneth (1980): Wo Organisation endet. Management an den Grenzen des Machbaren. Wiesbaden, Gabler.

Babchuk, Nicholas und John Edwards (1965): Voluntary Associations and the Integration Hypothesis. In: Sociological Inquiry 35 (Spring), 149-62.

Backhaus, Klaus, Bernd Erichson, Wulff Plinke und Rolf Weiber (2000): Multivariate Analysemethoden. Eine anwendungsorientierte Einführung. Berlin etc., Springer.

Backhaus-Maul, Holger, Gisela Jakob und Thomas Olk (2003): Engagement in der Bürgergesellschaft. In: Backhaus-Maul, Holger, Olaf Ebert, Gisela Jakob und Thomas Olk (Hg.): Bürgerschaftliches Engagement in Ostdeutschland. Potenziale und Perspektiven. Opladen, Leske + Budrich, 293-306.

Backhaus-Maul, Holger, Olaf Ebert, Gisela Jakob und Thomas Olk (2003): Institutionelle Lücken und günstige Gelegenheiten. Zum aktuellen Stand der Debatte über bürgerschaftliches Engagement in Ostdeutschland. In: Backhaus-Maul, Holger, Olaf Ebert, Gisela Jakob und Thomas Olk (Hg.): Bürgerschaftliches Engagement in Ostdeutschland. Potenziale und Perspektiven. Opladen, Leske + Budrich, 5-18.

Banfield, Edward C. (1958): The Moral Basis of a Backward Society. Chicago, Free Press.

Barnes, Samuel H., Max Kaase, Klaus R. Allerbeck, Barbara G. Farah, Felix Heunks, Ronald Inglehard, M. Kent Jennings, Hans D. Klingemann, Alan Marsh und Leopold Rosenmayr (1979): Political Action: Mass Participation in Five Western Democracies. Beverly Hills etc., Sage.

Baumert, Jürgen und Gundel Schümer (2001): Familiäre Lebensverhältnisse, Bildungsbeteiligung und Kompetenzerwerb. In: Deutsches PISA-Konsortium (Hg.): PISA 2000 - Basiskompetenzen von Schülerinnen und Schülern im internationalen Vergleich. Opladen, Leske + Budrich, 323-410.

Baumert, Jürgen und Gundel Schümer (2002): Familiäre Lebensverhältnisse, Bildungsbeteiligung und Kompetenzerwerb im nationalen Vergleich. In: Deutsches PISA-Konsortium (Hg.): PISA 2000 - Die Länder der Bundesrepublik Deutschland im Verlgleich. Opladen, Leske + Budrich, 159-202.

Baur, Jürgen und Ulrike Burrmann (2003): Sportvereine als Sozialisationsinstanzen. In: Andresen, Sabine, Karin Bock, Micha Brumlik, Hans-Uwe Otto, Mathias Schmidt und Dietmar Sturzbecher (Hg.): Vereintes Deutschland - geteilte Jugend. Ein politisches Handbuch. Opladen, Leske + Budrich, 375-392.

Beck, Ulrich (1997): Kinder der Freiheit: Wider das Lamento über den Werteverfall. In: Beck, Ulrich (Hg.): Kinder der Freiheit. Frankfurt am Main, Suhrkamp, 9-33.

Beck, Ulrich (2000): Die postnationale Gesellschaft und ihre Feinde. Globalisierung, Politikverlust und die neue Beliebigkeit der "Warum-nicht-Gesellschaft" bedrohen die Freiheit. In: Assheuer, Thomas und Werner A. Perger (Hg.): Was wird aus der Demokratie? Opladen, Leske + Budrich, 35-50.

Becker, Gary S. (1993): Human Capital. A Theoretical and Empirical Analysis with Special Reference to Education. Chicago, The University of Chicago Press.

Beher, Karin, Reinhard Liebig, Thomas Rauschenbach und Wiebken Düx (2000): Strukturwandel des Ehrenamts. Gemeinwohlorientierung im Modernisierungsprozess. Weinheim etc., Juventa.

Bernart, Yvonne (1998): Jugend. In: Schäfers, Bernhard und Wolfgang Zapf (Hg.): Handwörterbuch der Gesellschaft Deutschlands. Opladen, Leske + Budrich, 353-361.

Bierhoff, Hans-Werner (2002): Politisches Vertrauen: Verschiedene Dimensionen, verschiedene Ebenen der Betrachtung. In: Schmalz-Bruns, Rainer und Rainer Zintl (Hg.): Politisches Vertrauen. Soziale Grundlagen reflexiver Kooperation. Baden-Baden, Nomos Verlagsgesellschaft, 241-254.

Billiet, Jaak B. und Bart Cambré (1999): Social capital, active membership in voluntary associations and some aspects of political participation: an empirical case study. In: van Deth, Jan W., Marco Maraffi, Kenneth Newton und Paul F. Whiteley (Hg.): Social Capital and European Democracy. London, Routhledge, 240-262.

Böckler, Stefan (1992): Die deutsche Jugend. Voraussetzungen und Perspektiven der Generationsbildung im vereinten Deutschland. In: Zeitschrift für Soziologie 5 (21), 313-329.

Boix, Carles und Daniel N. Posner (1996): Making Social Capital Work: A Review of Robert Putnam's 'Making Democracy Work: Civic Traditions in Modern Italy' - Working Paper No. 96-4. Cambridge, Center for International Affairs, Harvard University.

Boll, Bernhad (2003): Politische Einstellungen junger Erwachsener in West- und Ostdeutschland. Empirische Befunde 1996-2000. In: Andresen, Sabine, Karin Bock, Micha Brumlik, Hans-Uwe Otto, Mathias Schmidt und Dietmar Sturzbecher (Hg.): Vereintes Deutschland - geteilte Jugend. Ein politisches Handbuch. Opladen, Leske + Budrich, 41-52.

Booth, John A. und Patricia Bayer Richard (1998): Civil Society, Political Capital, and Democratization in Central America. In: The Journal of Politics 60 (3), 780-800.

Borgstede, Chris von (2002): The Impact of Norms in Social Dilemmas. Göteborg, Göteborg University.

Bortz, Jürgen und Nicola Döring (1995): Forschungsmethoden und Evaluation für Sozialwissenschaftler. Berlin etc., Springer.

Bourdieu, Pierre (1982): Die feinen Unterschiede. Kritik der gesellschaftlichen Urteilskraft. Frankfurt am Main, Suhrkamp.
Bourdieu, Pierre (1983): Ökonomisches Kapital, kulturelles Kapital, soziales Kapital. In: Kreckel, Reinhard (Hg.): Soziale Ungleichheiten. Göttingen, Schwarz, 183-198.
Brady, Henry A., Sidney Verba und Kay Lehmann Schlozman (1995): Beyond SES: A Ressource Model of Political Partizipation. In: American Political Science Review 89 (2), 271-294.
Braun, Dietmar (1999): Theorien rationalen Handelns in der Politikwissenschaft: eine kritische Einführung. Opladen, Leske + Budrich.
Braun, Joachim und Helmut Klages (2001): Freiwilliges Engagement in Deutschland. Freiwilligensurvey 1999. Ergebnisse der Repräsentativerhebung zu Ehrenamt, Freiwilligenarbeit und bürgerschaftlichem Engagement. Band 2. Zugangswege zum freiwilligen Engagement und Engagementpotenzial in den neuen und alten Bundesländern. Stuttgart, Kohlhammer.
Braun, Sebastian (2001a): Bürgerschaftliches Engagement im politischen Diskurs. In: Aus Politik und Zeitgeschichte B 25-26, 3-5.
Braun, Sebastian (2001b): Putnam und Bourdieu und das soziale Kapital in Deutschland. Der rhetorische Kurswert einer sozialwissenschaftlichen Kategorie. In: Leviathan 29 (3), 337-354.
Braun, Sebastian (2001c): Bürgerschaftliches Engagement - Konjunktur und Ambivalenz einer gesellschaftspolitischen Debatte. In: Leviathan 29 (1), 83-109.
Braun, Sebastian (2002): Soziales Kapital, sozialer Zusammenhalt und soziale Ungleichheit. Integrationsdiskurse zwischen Hyperindividualismus und der Abdankung des Staates. In: Aus Politik und Zeitgeschichte B29-30, 6-12.
Braun, Sebastian und Jürgen Baur (2003): Von staatlicher Steuerung zur Selbstorganisation. Freiwilliges Engagement in ostdeutschen Sportvereinen. In: Backhaus-Maul, Holger, Olaf Ebert, Gisela Jakob und Thomas Olk (Hg.): Bürgerschaftliches Engagement in Ostdeutschland. Potenziale und Perspektiven. Opladen, Leske + Budrich, 125-148.
Brehm, John und Wendy Rahn (1997): Individual-Level Evidence for the Causes and Consequences of Social Capital. In: American Journal of Political Science 41 (3), 999-1023.
Brettschneider, Wolf-Dietrich und Torsten Kleine (2002): Jugendarbeit in Sportvereinen. Anspruch und Wirklichkeit. Eine Evaluationsstudie. Schorndorf, Verlag Karl Hofmann.
Brömme, Norbert und Hermann Strasser (2001): Exklusive Solidarität: Die ungleichen Folgen des Strukturwandels von Engagement und Partizipation. In: Allmendinger, Jutta (Hg.): Gute Gesellschaft? Verhandlungen des 30. Kongresses der Deutschen Gesellschaft für Soziologie. Opladen, Leske + Budrich, 984-985.
Brown, Thomas F. Theoretical Perspectives on Social Capital, http://hal.lamar.edu/~BROWNTF/SOCCAP.HTML (Stand: 1. März 2005).
Bruckner, Elke und Karin Knaup (1990): Frauen-Beziehungen - Männer- Beziehungen? Eine Untersuchung über geschlechtsspezifische Unterschiede in sozialen Netzwerken. In: Müller, Walter, Peter Ph. Mohler, Barbara Erbslöh und Martina Wasmer (Hg.): Blickpunkt Gesellschaft. Einstellungen und Verhalten der Bundesbürger. Wiesbaden, Westdeutscher Verlag.
Bruner, Claudia Franziska, Ursula Winklhofer und Claudia Zinser (1999): Beteiligung von Kindern und Jugendlichen in der Kommune. Ergebnisse einer bundesweiten Erhebung. München, Deutsches Jugendinstitut e.V.
Brunner, Wolfram und Dieter Walz (1998): Selbstidentifikation der Ostdeutschen 1990-1997. Warum sich die Ostdeutschen zwar als Bürger zweiter Klasse verstehen, wir aber nicht auf die "innere Mauer" treffen. In: Meulemann, Heiner (Hg.): Werte und nationale Identität im vereinten Deutschland. Erklärungsansätze der Umfrageforschung. Opladen, Leske + Budrich, 229-251.
Brunner, Wolfram und Dieter Walz (2000): Das politische Institutionenvertrauen in den 90er Jahren. In: Falter, Jürgen, Oscar W. Gabriel und Hans Rattinger (Hg.): Wirklich ein Volk? Die politischen Orientierungen von Ost- und Westdeutschen im Vergleich. Opladen, Leske + Budrich, 175-208.

Bubis, Ignatz (1995): Toleranz als Grundwert einer demokratischen politischen Gesellschaft. In: Klein, Ansgar und Marianne Birthler (Hg.): Wertediskussion im vereinten Deutschland. Köln, Bund Verlag, 62-64.

Büchner, Peter und Heinz-Hermann Krüger (1991): Aufwachsen hüben und drüben. Deutsch-deutsche Kindheit und Jugend vor und nach der Vereinigung. Opladen, Leske + Budrich.

Buchstein, Hubertus (1996): Die Zumutungen der Demokratie. Von der normativen Demokratie des Bürgers zur institutionell vermittelten Präferenzkompetenz. In: Beyme, Klaus von und Claus Offe (Hg.): Politische Theorien in der Ära der Transformation. Wiesbaden, Westdeutscher Verlag, 295-324.

Buchstein, Hubertus (2002): Die Bürgergesellschaft - eine Ressource der Demokratie. In: Breit, Gotthard und Siegfried Schiele (Hg.): Demokratie-Lernen als Aufgaben der politischen Bildung. Schwalbach, Wochenschau Verlag, 198-222.

Buhl, Monika (2003): Jugend, Familie, Politik. Familiale Bedingungen und politische Orientierungen im Jugendalter. Opladen, Leske + Budrich.

Buhl, Monika und Hans-Peter Kuhn (2003): Jugendspezifische Formen politischen und sozialen Engagements. In: Reinders, Heinz und Elke Wild (Hg.): Jugendzeit - time out? Zur Gestaltung des Jugendalters als Moratorium. Opladen, Leske + Budrich, 85-109.

Bühlmann, Marc und Markus Freitag (2004): Individuelle und kontextuelle Determinanten der Teilhabe an Sozialkapital. Eine Mehrebenenanalyse zu den Bedingungen des Engagements in Freiwilligenorganisationen. In: Kölner Zeitschrift für Soziologie und Sozialpsychologie 56 (2), 326-349.

Bukow, Dietrich-Wolf (2001): Barrieren und Hindernisse bei der Beteiligung von Kindern und Jugendlichen in urbanen Umbruchsituationen. In: Aus Politik und Zeitgeschichte B44, 31-38.

Burns, Nancy, Kay Lehman Schlozman und Sidney Verba (2001): The private roots of public action. Gender, equality, and political participation. Cambridge, Harvard University Press.

Burt, Ronald (1998): The Gender of Social Capital. In: Rationality and Society 10 (1), 5-46.

Bütow, Birgit und Iris Nentwig-Gesemann (2002): Mädchen - Cliquen - öffentliche Räume. In: Hammer, Veronika und Ronald Lutz (Hg.): Weibliche Lebenslagen und soziale Benachteiligung. Frankfurt, New York, Campus Verlag, 192-236.

Caulkins, Douglas D. (2004): Organizational Memberships and Crosscutting Ties: Bonding or Bridging Social Capital? In: Prakash, Sanjeev und Per Selle (Hg.): Investigating Social Capital. Comparative Perspectives on Civil Society, Participation and Governance. New Delhi etc., Sage Publications, 162-183.

Claußen, Bernhard und Rainer Geißler (1996): Die Politisierung des Menschen. Instanzen der politischen Sozialisation. Ein Handbuch. Opladen, Leske + Budrich.

Coleman, James S. (1987): Norms as social capital. In: Radnitzky, Gerhard und Peter Bernholz (Hg.): Economic Imperialism. The Economic Approach Applied Outside the Field of Economics. New York, Paragon House Publishers, 133-155.

Coleman, James S. (1988): Social Capital in the Creation of Human Capital. In: American Journal of Sociology 94 (supplement), 95-120.

Coleman, James S. (1990a): Foundations of Social Theory. Cambridge, The Belknap Press of Harvard University Press.

Coleman, James S. (1990b): Equality and Achievement in Education. Boulder, San Francisco, New Yerk, Westview Press.

Coleman, James S. (1991): Grundlagen der Sozialtheorie. Band 1: Handlungen und Handlungssysteme. München, Oldenbourg.

Coleman, James S. (1992): Grundlagen der Sozialtheorie. Band 2: Körperschaften und die moderne Gesellschaft. München, Oldenbourg.

Coleman, James S. (1995): Families and School. In: Zeitschrift für Sozialisationsforschung und Erziehungssoziologie 15 (4), 362-374.

Coleman, James S., Ernest Q. Campbell, Carol J. Hobson, James McPartland, Alexander M. Mood, Frederic D. Weinfeld und Robert L. York (1965): Equality of Educational Opportunity (Coleman-Report). Princeton, Princeton University Press.
Conradt, David P. (1980): Changing German Political Culture. In: Almond, Gabriel A. und Sidney Verba (Hg.): The Civic Culture Revisited. Boston, Little, Brown & Co., 212-272.
Conway, Margaret M. und Alfonso J. Damico (2001): Building Blocks: The Relationship Between High School and Adult Associational Life. Paper presented at the Annual Meeting of the American Political Science Association, San Francisco.
Cook, Karen S. und Russell Hardin (2001): Norms of Cooperation and Networks of Trust. In: Hechter, Michael und Karl-Dieter Opp (Hg.): Social Norms. New York, Russel Sage Foundation, 327-347.
Crozier, Michel, Samuel P. Huntington und Joji Watanuki (1975): The Crisis of Democracy. Report on the Governability of Democracies to the Trilateral Commission. New York, New York University Press.
Dalton, Russell J. (1988): Citizen Politics in Western Democracies. Public Opinion and Political Parties in the United States, Great Britain, West Germany and France. Chatham etc., Chatham House Pubishers.
Dalton, Russell J. (1999): Political Support in Advanced Industrial Democracies. In: Norris, Pippa (Hg.): Critical Citizens. Global Support for Democratic Governance. Oxford, Oxford University Press, 57-77.
Danner, Stefan (2001): Wie stimmig sind die Ziele von Beteiligungsaktionen mit Kindern und Jugendlichen in der Kommune. In: Aus Politik und Zeitgeschichte B44, 24-30.
de Hart, Joep (2001): Religion and Volunteering in the Netherlands. In: Dekker, Paul und Eric M. Uslaner (Hg.): Social Capital and participation in everyday life. London, Routhledge, 89-103.
de Hart, Joep und Paul Dekker (1999): Civic Engagement and volunteering in the Netherlands: a 'Putnamian' analysis. In: van Deth, Jan W., Marco Maraffi, Kenneth Newton und Paul F. Whiteley (Hg.): Social Capital and European Democracy. London, Routhledge, 75-107.
Dekker, Paul und Eric M. Uslaner (2001): Introduction. In: Dekker, Paul und Eric M. Uslaner (Hg.): Social Capital and Participation in Everyday Life. London, Routhledge, 1-8.
Dekker, Paul, Ruud Koopmans und Andries van den Broek (1997): Voluntary associations, social movements and individual political behaviour in Western Europe. In: van Deth, Jan W. (Hg.): Private Groups and Public Life: Social Participation, Voluntary Associations and Political Involvement in Representative Democracies. London, Routhledge, 220-239.
Deutsche Shell (2000a): Jugend 2000. 13. Shell Jugendstudie - Band 1. Opladen, Leske + Budrich.
Deutsche Shell (2000b): Jugend 2000. 13. Shell Jugendstudie - Band 2. Opladen, Leske + Budrich.
Deutsche Shell (2002): Jugend 2002. 13. Shell Jugendstudie - Zwischen pragmatischem Idealismus und robustem Materialismus. Frankfurt am Main, Fischer Taschenbuch Verlag.
Deutsches PISA-Konsortium (2001): PISA 2000 - Basiskompetenzen von Schülerinnen und Schülern im internationalen Vergleich. Opladen, Leske + Budrich.
Deutsches PISA-Konsortium (2002): PISA 2000 - Die Länder der Bundesrepublik Deutschland im Verlgleich. Opladen, Leske + Budrich.
Dickenberger, Dorothee (1991): Politische Sozialisation. In: Holtmann, Everhard, Heinz Ulrich Brinkmann und Heinrich Prehler (Hg.): Politiklexikon. München etc., Oldenbourg, 367-373.
Diekmann, Andreas (1993): Sozialkapital und das Kooperationsproblem in sozialen Dilemmata. In: Analyse und Kritik: Zeitschrift für Sozialtheorie 15 (1), 22-35.
Diewald, Martin (1995): Informelle Beziehungen und Hilfeleistungen in der DDR: Persönliche Bindungen und instrumentelle Nützlichkeit. In: Nauck, Bernhard, Norbert Schneider und Angelika Tölke (Hg.): Familie und Lebenslauf im gesellschaftlichen Umbruch. Stuttgart, Ferdinand Enke Verlag, 56-75.
Downs, Anthony (1957): An Economic Theory of Democracy. New York, Harper.
Drüke, Helmut (2000): Italien. Wirtschaft, Gesellschaft, Politik. Opladen, Leske + Budrich.
Easton, David (1965): A System Analysis of Political Life. New York, Wiley.

Easton, David (1975): A Re-Assessment of the Concept of Political Support. In: British Journal of Political Science 5 (4), 435-457.
Edwards, Bob und Michael W. Foley (1998): Civil Society and Social Capital Beyond Putnam. In: American Behavioral Scientist 42 (1), 124-139.
Edwards, Rosalind (2004): Present and absent in troubling ways: families and social capital debates. In: The Sociological Review 52 (1), 1-21.
Ehrenberg, John (2002): Equality, Democracy, and Community from Tocqueville to Putnam. In: McLean, Scott L., David A. Schultz und Manfred B. Steger (Hg.): Social capital. Critical Perspectives on community and "Bowling alone". New York, University Press, 50-73.
Eisenbürger, Iris und Waldemar Vogelgesang (2002): "Ich muss mein Leben selber meistern". Jugend im Stadt-Land-Vergleich. In: Aus Politik und Zeitgeschichte B5, 3-13.
Eith, Ulrich (2002): Politisch zweigeteilt? Wählerverhalten und Parteiensystem zehn Jahre nach der Einheit. In: Wehling, Hans-Georg (Hg.): Deutschland Ost - Deutschland West. Eine Bilanz. Opladen, Leske + Budrich, 132-154.
Elias, Norbert und John L. Scotson (2002): Etablierte und Außenseiter. Frankfurt am Main, Suhrkamp.
Eliasoph, Nina (1998): Avoiding Politics. How Americans Produce Apathy in Everyday Life. Cambridge, Cambridge University Press.
Enquete-Kommission "Zukunft des Bürgerschaftlichen Engagements" Deutscher Bundestag (2002a): Bürgerschaftliches Engagement und Zivilgesellschaft. Opladen, Leske + Budrich.
Enquete-Kommission "Zukunft des Bürgerschaftlichen Engagements" Deutscher Bundestag (2002b): Bericht Bürgerschaftliches Engagement: auf dem Weg in eine zukunftsfähige Bürgergesellschaft. Opladen, Leske + Budrich.
Enquete-Kommission "Zukunft des Bürgerschaftlichen Engagements" Deutscher Bundestag (2002d): Partizipation und Engagement in Ostdeutschland. Opladen, Leske + Budrich.
Enquete-Kommission "Zukunft des Bürgerschaftlichen Engagements" Deutscher Bundestag (2002e): Bürgerschaftliches Engagement und Erwerbsarbeit. Opladen, Leske + Budrich.
Enquete-Kommission "Zukunft des Bürgerschaftlichen Engagements" Deutscher Bundestag (2003a): Bürgerschaftliches Engagement von Unternehmen. Opladen, Leske + Budrich.
Enquete-Kommission "Zukunft des Bürgerschaftlichen Engagements" Deutscher Bundestag (2003b): Bürgerschaftliches Engagement und Sozialstaat. Opladen, Leske + Budrich.
Enquete-Kommission "Zukunft des Bürgerschaftlichen Engagements" Deutscher Bundestag (2003c): Politik des bürgerschaftlichen Engagements in den Bundesländern. Opladen, Leske + Budrich.
Enquete-Kommission "Zukunft des Bürgerschaftlichen Engagements" Deutscher Bundestag (2003d): Bürgerschaftliches Engagement in den Kommunen. Opladen, Leske + Budrich.
Enquete-Kommission "Zukunft des Bürgerschaftlichen Engagements" Deutscher Bundestag (2003e): Bürgerschaftliches Engagement in Parteien und Bewegungen. Opladen, Leske + Budrich.
Enquete-Kommission "Zukunft des Bürgerschaftlichen Engagements" Deutscher Bundestag (2003f): Bürgerschaftliches Engagement im internationalen Vergleich. Opladen, Leske + Budrich.
Enquete-Kommission "Zukunft des Bürgerschaftlichen Engagements" Deutscher Bundestag (2002c): Rechtliche Rahmenbedingungen bürgerschaftlichen Engagements: Zustand und Entwicklungsmöglichkeiten. Opladen, Leske + Budrich.
Erikson, Erik H. (1965): Kindheit und Gesellschaft. Stuttgart, Ernst Klett Verlag.
Esser, Hartmut (2000): Soziologie. Spezielle Grundlagen. Band 4: Opportunitäten und Restriktionen. Frankfurt etc., Campus.
Etzioni, Amitai (2000): Creating good communities and good societies. In: Contemporary Sociology 29 (1), 188-195.
Farr, James (2004): Social Capital. A Conceptual History. In: Political Theory 32 (1), 6-33.
Fend, Helmut (1988): Sozialgeschichte des Aufwachsens. Bedingungen des Aufwachsens und Jugendgestalten im zwanzigsten Jahrhundert. Frankfurt am Main, Suhrkamp.
Fend, Helmut (1991): Identitätsentwicklung in der Adoleszenz: Lebensentwürfe, Selbstfindung und Weltaneignung in beruflichen, familiären und politisch-weltanschaulichen Bereichen. Bern, Huber.

Fenkl, Sulamith und Karsten Speck (2003): Ehrenamtliche Arbeit in der Evangelischen Kirche Ostdeutschlands - empirische Befunde aus einem unerforschten Feld. In: Backhaus-Maul, Holger, Olaf Ebert, Gisela Jakob und Thomas Olk (Hg.): Bürgerschaftliches Engagement in Ostdeutschland. Potenziale und Perspektiven. Opladen, Leske + Budrich, 167-184.
Fenner, Christian (1991): Politische Kultur. In: Holtmann, Everhard, Heinz Ulrich Brinkmann und Heinrich Prehler (Hg.): Politiklexikon. München etc., Oldenbourg, 359-366.
Fiorina, Morris P. (1999): Extreme Voices: A Dark Side of Civic Engagement. In: Skocpol, Theda und Morris P. Fiorina (Hg.): Civic Engagement in American Democracy. Washington, Brookings Institution Press, 395-425.
Fischer, Arthur (1997): Engagement und Politik. In: Jugendwerk der Deutschen Shell (Hg.): Jugend `97. Zukunftsperspektiven, Gesellschaftliches Engagement, Politische Orientierungen. Opladen, Leske + Budrich, 303-341.
Fischer, Arthur (2000a): Jugend und Politik. In: Deutsche Shell (Hg.): Jugend 2000. 13. Shell Jugendstudie - Band 1. Opladen, Leske + Budrich, 261-282.
Fischer, Arthur (2000b): Jugendliche im Osten - Jugendliche im Westen. In: Deutsche Shell (Hg.): Jugend 2000. 13. Shell Jugendstudie - Band 1. Opladen, Leske + Budrich, 283-304.
Fischer, Arthur (2000c): Beschreibung der Skalen. In: Deutsche Shell (Hg.): Jugend 2000. 13. Shell Jugendstudie - Band 1. Opladen, Leske + Budrich, 379-433.
Flanagan, Constance A. und Nakesha Faison (2001): Youth Civic Development: Implications of Research for Social Policy and Programs. In: Social Policy Report 15 (1), 3-14.
Förster, Peter (2003): Junge Ostdeutsche heute: doppelt enttäuscht. Ergebnisse einer Längsschnittstudie zum Mentalitätswandel zwischen 1987 und 2002. In: Aus Politik und Zeitgeschichte B15, 6-17.
Fried, Amy (2002): The Strange Disappearance of Alexis de Tocqueville in Putnams Analysis of Social Capital. In: McLean, Scott L., David A. Schultz und Manfred B. Steger (Hg.): Social capital. Critical Perspectives on community and "Bowling alone". New York, University Press, 21-49.
Friedrich, Walter und Peter Förster (1994): Jugendliche in den neuen Bundesländern. In: Veen, Hans-Joachim (Hg.): Eine Jugend in Deutschland? Orientierungen und Verhaltensweisen der Jugend in Ost und West. Opladen, Leske + Budrich, 119-152.
Friedrichs, Jürgen (1999): Die Delegitimierung sozialer Normen. In: Soziale Integration. Kölner Zeitschrift für Soziologie und Sozialpsychologie Sonderheft (39), 269-292.
Fritzsche, Yvonne (2000a): Moderne Orientierungsmuster: Inflation am "Wertehimmel". In: Deutsche Shell (Hg.): Jugend 2000. 13. Shell Jugendstudie - Band 1. Opladen, Leske + Budrich, 93-156.
Fritzsche, Yvonne (2000b): Die quantitative Studie: Stichprobenstruktur und Feldarbeit. In: Deutsche Shell (Hg.): Jugend 2000. 13. Shell Jugendstudie - Band 1. Opladen, Leske + Budrich, 349-378.
Fuchs, Dieter (1991): The Normalization of the Unconventional Forms of Political Action and New Social Movements. In: Meyer, Gerd und Franciszek Ryska (Hg.): Political Participation and Democracy in Poland and West Germany. Warschau, Osrodek Badan Spolecznych, 148-169.
Fuchs, Dieter (1996): Wohin geht der Wandel der demokratischen Institutionen in Deutschland? Die Entwicklung der Demokratievorstellungen der Deutschen seit ihrer Vereinigung. In: WZB-papers FS III, 96-207.
Fuchs, Dieter (1999): The Democratic Culture of Unified Germany. In: Norris, Pippa (Hg.): Critical Citizens. Global Support for Democratic Governance. Oxford, Oxford University Press, 123-145.
Fuchs, Dieter (2002): Das Konzept der politischen Kultur: Die Fortsetzung einer Kontroverse in konstruktiver Absicht. In: Fuchs, Dieter, Edeltraud Roller und Bernhard Weßels (Hg.): Bürger und Demokratie in Ost und West. Studien zur politischen Kultur und zum politischen Prozess. Festschrift für Hans-Dieter Klingemann. Wiesbaden, Westdeutscher Verlag, 27-49.
Fuchs, Dieter, Edeltraud Roller und Bernhard Weßels (1997): Die Akzeptanz der Demokratie des vereinigten Deutschland. Oder: Wann ist ein Unterschied ein Unterschied? In: Aus Politik und Zeitgeschichte B 51, 3-12.
Fuchs, Dieter, Oscar W. Gabriel und Kerstin Völkl (2002): Vertrauen in politische Institutionen und politische Unterstützung. In: Österreichische Zeitschrift für Politikwissenschaft 31 (4), 427-450.

Fuchs, Ina (1990): Wagnis Jugend. Zu Geschichte und Wirkung eines Forschungsinstituts 1949 - 1989. München, Verlag DJI.

Fuchs, Werner (1985): Soziale Orientierungsmuster. Bilder vom Ich in der sozialen Welt. In: Jugendwerk der Deutschen Shell (Hg.): Jugendliche + Erwachsene 1985. Generationen im Vergleich - Band 5. Opladen, Leske + Budrich, 89-136.

Fuchs-Heinritz, Werner (2000): Religion. In: Deutsche Shell (Hg.): Jugend 2000. 13. Shell Jugendstudie - Band 1. Opladen, Leske + Budrich, 157-180.

Fukuyama, Francis (1995): Konfuzius und Marktwirtschaft. Der Konflikt der Kulturen. München, Kindler.

Fukuyama, Francis (2002): Der große Aufbruch. Wie unsere Gesellschaft eine neue Ordnung findet. München, Deutscher Taschenbuch Verlag.

Gabriel, Oscar W. (1993): Institutionenvertrauen im vereinigten Deutschland. In: Aus Politik und Zeitgeschichte B43, 3-12.

Gabriel, Oscar W. (1995): Immer mehr Gemeinsamkeiten? Politische Kultur im vereinigten Deutschland. In: Altenhof, Ralf und Eckhard Jesse (Hg.): Das wieder vereinigte Deutschland. Zwischenbilanz und Perspektiven. Düsseldorf, Droste, 243-274.

Gabriel, Oscar W. (1999): Integration durch Institutionenvertrauen? Struktur und Entwicklung des Verhältnisses der Bevölkerung zum Parteienstaat und zum Rechtsstaat im vereinigten Deutschland. In: Soziale Integration. Kölner Zeitschrift für Soziologie und Sozialpsychologie Sonderheft (39), 199-235.

Gabriel, Oscar W. (2002): Politische Unterstützung. In: Greiffenhagen, Martin und Sylvia Greiffenhagen (Hg.): Handwörterbuch zur politischen Kultur in der Bundesrepublik Deutschland. Wiesbaden, Westdeutscher Verlag, 477-483.

Gabriel, Oscar W. und Katja Neller (2000): Stabilität und Wandel politischer Unterstützung im vereinigten Deutschland. In: Esser, Hartmut (Hg.): Der Wandel nach der Wende. Gesellschaft, Wirtschaft, Politik in Ostdeutschland. Wiesbaden, Westdeutscher Verlag, 67-90.

Gabriel, Oscar W. und Volker Kunz (1998): Engagement in Freiwilligenorganisationen - Produktivkapital einer modernen Gesellschaft? Sankt Augustin, Konrad-Adenauer-Stiftung e.V.

Gabriel, Oscar W. und Volker Kunz (2002): Die Bedeutung des Sozialkapital-Ansatzes für die Erklärung politischen Vertrauens. In: Schmalz-Bruns, Rainer und Rainer Zintl (Hg.): Politisches Vertrauen. Soziale Grundlagen reflexiver Kooperation. Baden-Baden, Nomos Verlagsgesellschaft, 255-274.

Gabriel, Oscar W., Volker Kunz, Sigrid Roßteutscher und Jan W. van Deth (2002): Sozialkapital und Demokratie. Zivilgesellschaftliche Ressourcen im Vergleich. Wien, WUV Universitätsverlag.

Gaiser, Wolfgang und Johann de Rijke (2000): Partizipation und politisches Engagement. In: Gille, Martina und Winfried Krüger (Hg.): Unzufriedene Demokraten. Politische Orientierungen der 16- bis 29jährigen im vereinigten Deutschland. Opladen, Leske + Budrich, 267-323.

Gaiser, Wolfgang und Johann de Rijke (2001): Gesellschaftliche Beteiligung der Jugend. Handlungsfelder, Entwicklungstendenzen, Hintergründe. In: Aus Politik und Zeitgeschichte B44, 8-16.

Gaiser, Wolfgang, Martina Gille, Winfried Krüger und Johann de Rijke (2000): Politikverdrossenheit in Ost und West? In: Aus Politik und Zeitgeschichte B 19-20, 12-22.

Gaiser, Wolfgang, Martina Gille, Winfried Krüger und Johann de Rijke (2001): Jugend und Politik - Entwicklungen in den 90er Jahren. In: Andersen, Uwe, Gotthart Breit, Peter Massing und Richard Woyke (Hg.): Jugend und Politik. Jugenddebatten, Jugendforschung, Jugendpolitik. Schwalbach, Wochenschau Verlag, 38-59.

Gaiser, Wolfgang, Martina Gille, Winfried Krüger und Johann de Rijke (2003): Annäherungen und Differenzen in den politischen Kulturen der Jugend in der neuen Bundesrepublik. In: Andresen, Sabine, Karin Bock, Micha Brumlik, Hans-Uwe Otto, Mathias Schmidt und Dietmar Sturzbecher (Hg.): Vereintes Deutschland - geteilte Jugend. Ein politisches Handbuch. Opladen, Leske + Budrich, 29-39.

Galston, William A. (1996): Unsolved Mysteries: The Tocqueville Files II. Won't You Be My Neighbor. In: The American Prospect 26 (7), 16-18.
Galston, William A. (2001): Political Knowledge, Political Engagement, and Civic Education. In: Annual Review of Political Science 4 (1), 217-34.
Gambetta, Diego (1988): Mafia: the Price of Distrust. In: Gambetta, Diego (Hg.): Trust. Making and Breaking Cooperative Relations. Oxford, Blackwell, 158-175.
Gambetta, Diego (2001): Können wir dem Vertrauen vertrauen? In: Hartmann, Martin und Claus Offe (Hg.): Vertrauen. Die Grundlage des sozialen Zusammenhalts. Frankfurt, New York, Campus, 204-240.
Gaskin, Katharine, Justin Davis Smith und Irmtraut Paulwitz (1996): Ein neues bürgerschaftliches Europa. Eine Untersuchung zur Verbreitung und Rolle von Volunteering in zehn Ländern. Freiburg im Breisgau, Lambertus.
Geissler, Birgit und Mechthild Oechsle (2000): Die Modernisierung weiblicher Lebenslagen. In: Aus Politik und Zeitgeschichte B31-32, 11-17.
Geißler, Rainer (1996): Politische Sozialisation in der Familie. In: Claußen, Bernhard und Rainer Geißler (Hg.): Die Politisierung des Menschen. Instanzen der politischen Sozialisation. Ein Handbuch. Opladen, Leske + Budrich, 51-70.
Gensicke, Thomas (1995): Deutschland im Wandel. Sozialer Wandel und Wertewandel in Deutschland vor und nach der Wiedervereinigung. Speyer, Forschungsinstitut für öffentliche Verwaltung.
Gensicke, Thomas (2001a): Freiwilliges Engagement in den neuen und alten Bundesländern. Ergebnisse des Freiwilligensurveys 1999. In: Aus Politik und Zeitgeschichte B25-26, 24-32.
Gensicke, Thomas (2002): Individualität und Sicherheit in neuer Synthese? Wertorientierungen und gesellschaftliche Aktivität. In: Deutsche Shell (Hg.): Jugend 2002. 13. Shell Jugendstudie - Zwischen pragmatischem Idealismus und robustem Materialismus. Frankfurt am Main, Fischer Taschenbuch Verlag, 139-212.
Gensicke, Thomas (2003): Freiwilliges Engagement in Ostdeutschland. Ergebnisse einer repräsentativen Bevölkerungsumfrage. In: Backhaus-Maul, Holger, Olaf Ebert, Gisela Jakob und Thomas Olk (Hg.): Bürgerschaftliches Engagement in Ostdeutschland. Potenziale und Perspektiven. Opladen, Leske + Budrich, 88-108.
Gille, Martina (1995): Wertorientierungen und Geschlechterorientierungen im Wandel. In: Hoffmann-Lange, Ursula (Hg.): Jugend und Demokratie in Deutschland. DJI-Jugendsurvey 1. Opladen, Leske + Budrich, 109-158.
Gille, Martina (2000): Werte, Rollenbilder und soziale Orientierungen. In: Gille, Martina und Winfried Krüger (Hg.): Unzufriedene Demokraten. Politische Orientierungen der 16- bis 29-jährigen im vereinigten Deutschland. Opladen, Leske + Budrich, 143-204.
Gille, Martina und Winfried Krüger (2000): Unzufriedene Demokraten. Politische Orientierungen der 16- bis 29jährigen im vereinigten Deutschland. Opladen, Leske + Budrich.
Gille, Martina, Winfried Krüger, Johann de Rijke und Helmut Willems (1997): Politische Orientierungen, Werthaltungen und Partizipation Jugendlicher: Veränderungen und Trends in den 90er Jahren. In: Palentien, Christian und Klaus Hurrelmann (Hg.): Jugend und Politik. Ein Handbuch für Forschung, Lehre und Praxis. Neuwied etc., Luchterhand, 148-177.
Goldberg, Ellis (1996): Thinking about How Democratic Works. In: Politics and Society 24 (1), 7-18.
Gouldner, Alvin W. (1960): The Norm of Reciprocity: A Preliminary Statement. In: American Sociological Review 25 (2), 161-178.
Granovetter, Mark (1973): The strength of weak ties. In: American Journal of Sociology 78 (6), 1360-1380.
Greiffenhagen, Martin (1998): Politische Legitimität in Deutschland. Bonn, Bundeszentrale für politische Bildung.
Greiffenhagen, Martin und Sylvia Greiffenhagen (1997): Politische Kultur. In: Geiss, Harald (Hg.): Grundwissen Politik. Bonn, Bundeszentrale für politische Bildung, 167-237.

Greiffenhagen, Martin und Sylvia Greiffenhagen (2002): Zwei politische Kulturen in Deutschland? Wissenschaftliche und politische Unsicherheiten im Umgang mit der deutschen Vereinigung. In: Wehling, Hans-Georg (Hg.): Deutschland Ost - Deutschland West. Eine Bilanz. Opladen, Leske + Budrich, 11-34.

Greiffenhagen, Sylvia (2002): Politische Sozialisation. In: Greiffenhagen, Martin und Sylvia Greiffenhagen (Hg.): Handwörterbuch zur politischen Kultur in der Bundesrepublik Deutschland. Wiesbaden, Westdeutscher Verlag, 407-418.

Grix, Jonathan (2000): East German political attitudes: Socialist legacies v. situational factors - a false antithesis. In: German Politics 9 (2), 109-124.

Hagan, John, Ross MacMillan und Blair Wheaton (1996): New Kid in Town: Social Capital and the Life Course Effects of Family Migration on Children. In: American Sociological Review 61 (3), 368-385.

Hardin, Russell (1995): One for all. The logic of group conflict. Princeton, Princeton University Press.

Hardin, Russell (1999a): Do we want to trust in government. In: Warren, Mark (Hg.): Democracy and trust. Cambridge, Cambridge University Press, 22-41.

Hardin, Russell (2000): The Public Trust. In: Pharr, Susan J. und Robert D. Putnam (Hg.): Disaffected Democracies. What's troubling the Trilateral Countries? Princeton, Princeton University Press, 31-51.

Hardin, Russell (2001): Die Alltagsepistemologie von Vertrauen. In: Hartmann, Martin und Claus Offe (Hg.): Vertrauen. Die Grundlage des sozialen Zusammenhalts. Frankfurt, New York, Campus, 295-332.

Hardin, Russell (2002): Trust and Trustworthiness. New York, Russell Sage Foundation.

Harper, Rosalyn (2001): Social Capital: A review of the literature, http://www.statistics.gov.uk/socialcapital/downloads/soccaplitreview.pdf (Stand: 1. März 2005).

Haug, Sonja (1997): Soziales Kapital: Ein kritischer Überblick über den aktuellen Forschungsstand. Mannheimer Zentrum für Europäische Sozialforschung - Working Papers 15.

Haug, Sonja (2000): Vertrauen ist gut, Kontrolle ist besser: soziales Kapital und moralische Normen im Kommunitarismus. In: Metze, Regina, Kurt Mühler und Karl-Dieter Opp (Hg.): Normen und Institutionen: Entstehung und Wirkungen. Leipzig, Leipziger Universitätsverlag, 321-357.

Haus, Michael (2003): Kommunitarismus. Einführung und Analyse. Wiesbaden, Westdeutscher Verlag.

Hechter, Michael und Karl-Dieter Opp (2001): What Have We Learned about the Emergence of Social Norms? In: Hechter, Michael und Karl-Dieter Opp (Hg.): Social Norms. New York, Russel Sage Foundation, 394-417.

Heinze, Rolf G. und Christoph Strünck (2000): Die Verzinsung des sozialen Kapitals. Freiwilliges Engagement im Strukturwandel. In: Beck, Ulrich (Hg.): Die Zukunft von Arbeit und Demokratie. Frankfurt am Main, Suhrkamp, 171-216.

Hirschman, Albert O. (1979): Shifting Involvements: Private Interest and Public Action. Princeton, Princeton University Press.

Hoffmann-Lange, Ursula (1995a): Jugend und Demokratie in Deutschland. DJI-Jugendsurvey 1. Opladen, Leske + Budrich.

Hoffmann-Lange, Ursula (1995b): Jugend und Demokratie in Deutschland: Versuch einer Bilanz. In: Hoffmann-Lange, Ursula (Hg.): Jugend und Demokratie in Deutschland. DJI-Jugendsurvey 1. Opladen, Leske + Budrich, 389-396.

Hoffmann-Lange, Ursula (2000a): Jugend und Politik. In: Andersen, Uwe und Richard Woyke (Hg.): Handwörterbuch des politischen Systems der Bundesrepublik Deutschland. Bonn, Bundeszentrale für politische Bildung, 247-251.

Hoffmann-Lange, Ursula (2000b): Bildungsexpansion, politisches Interesse und politisches Engagement in den alten Bundesländern. In: Niedermayer, Oskar und Bettina Westle (Hg.): Demokratie und Partizipation. Festschrift für Max Kaase. Wiesbaden, Westdeutscher Verlag, 46-65.

Hoffmann-Lange, Ursula, Martina Gille und Winfried Krüger (1994): Jugend und Politik in Deutschland. In: Niedermayer, Oskar und Klaus von Beyme (Hg.): Politische Kultur in Ost- und Westdeutschland. Berlin, Akademie-Verlag, 140-161.

Hofmann-Göttig, Joachim (1984): Die jungen Wähler. Zur Interpretation der Jungwählerdaten der Repräsentativen Wahlstatistik für Bundestag, Landtage und Europaparlament 1953-1984. Frankfurt am Main, Campus.

Hooghe, Marc (2004): Political Socialization and the Future of Politics. In: Acta Politica 39 (4), 331-341.

Hooghe, Marc und Stolle Dietlind (2003): Age matters: life-cycle and cohort differences in the socialisation effect of voluntary participation? In: European Political Science 2 (3), 49-56.

Hooghe, Marc und Stolle Dietlind (2004): Good Girls go to the Polling Booth, Bad Boys go Everywhere: Gender Differences in Anticipated Political Participation Among American Fourteen-Year-Olds. In: Women and Politics 26 (3), 2004.

Huckfeldt, R. Robert und John D. Sprague (1993): Citizens, Contexts, and Politics. In: Finifter, Ada W. (Hg.): Political Science. The State of the Discipline. Washington D.C., American Political Science Association.

Hurrelmann, Klaus (1994): Lebensphase Jugend. Eine Einführung in die sozialwissenschaftliche Jugendforschung. Weinheim etc., Juventa.

Hurrelmann, Klaus (2002): Einführung in die Sozialisationstheorie. Weinheim etc., Beltz Verlag.

Hurrelmann, Klaus, Ruth Linssen, Mathias Albert und Holger Quellenberg (2002): Eine Generation von Egotaktikern? Ergebnisse der bisherigen Jugendforschung. In: Deutsche Shell (Hg.): Jugend 2002. 13. Shell Jugendstudie - Zwischen pragmatischem Idealismus und robustem Materialismus. Frankfurt am Main, Fischer Taschenbuch Verlag, 31-52.

Hyman, Herbert H. (1959): Political socialization. A study in the psychology of political behavior. Glencoe, Free Press.

Inglehart, Ronald (1989): Kultureller Umbruch. Wertewandel in der westlichen Welt. Frankfurt am Main, etc., Campus.

Inglehart, Ronald (1999): Trust, Well-being and Democracy. In: Warren, Mark (Hg.): Democracy and Trust. Cambridge, Cambridge University Press, 88-120.

Ingrisch, Michaela (1997): Politisches Wissen, politisches Interesse und politische Handlungsbereitschaft bei Jugendlichen aus den alten und neuen Bundesländern. Eine Studie zum Einfluss von Medien und anderen Sozialisationsbedingungen. Regensburg, S. Roderer Verlag.

Jennings, M. Kent und Jan W. Van Deth (1990): Continuities in Political Action: A Longitudinal Study of Political Orientations in Three Western Democracies. Berlin, Walter de Gruyter.

Jennings, M. Kent und Laura Stoker (2002): Generational Change, Life Circle Processes, and Social Capital. Paper prepared for the Workshop on "Citizenship on Trial: Interdisciplinary Perspectives on the Political Socialisation of Adolescents".

Jennings, M. Kent und Laura Stoker (2004): Social Trust and Civic Engagement across Time and Generations. In: Acta Politica 39 (4), 342-379.

Jennings, M. Kent und Richard B. Niemi (1974): The Political Character of Adolescence. The Influence of Families and Schools. Princeton, Princeton University Press.

Jennings, M. Kent und Richard G. Niemi (1981): Generations and Politics. A Panel Study of Young Adults and Their Parents. Princeton, Princeton University Press.

Jordan, Grant und William A. Maloney (1997): The Protest Business? Mobilizing campaign groups. Manchester, Manchester University Press.

Jugendwerk der Deutschen Shell (1992a): Jugend '92. Band 1: Gesamtdarstellung und biographische Porträts. Opladen, Leske + Budrich.

Jugendwerk der Deutschen Shell (1992b): Jugend '92. Band 2: Im Spiegel der Wissenschaften. Opladen, Leske + Budrich.

Jugendwerk der Deutschen Shell (1992c): Jugend '92. Band 3: Die Neuen Länder. Rückblick und Perspektiven. Opladen, Leske + Budrich.

Jugendwerk der Deutschen Shell (1992d): Jugend '92. Band 4: Methodenberichte, Tabellen, Fragebogen. Opladen, Leske + Budrich.
Jugendwerk der Deutschen Shell (1997): Jugend `97. Zukunftsperspektiven, Gesellschaftliches Engagement, Politische Orientierungen. Opladen, Leske + Budrich.
Jungbauer-Gans, Monika (2002): Schwindet das soziale Kapital. In: Soziale Welt 53 (2), 189-208.
Kaase, Max (1990a): Jugend und Jugendpolitik unter den Aspekten: Politische Partizipation in verfaßten Formen; Jugend und Gewalt und Jugendprotest. In: Sachverständigenkommission 8. Jugendbericht (Hg.): Lebensverhältnisse Jugendlicher. Zur Pluralisierung und Individualisierung der Jugendphase. Weinheim etc., Juventa, 150-192.
Kaase, Max (1995): Partizipation. In: Nohlen, Dieter (Hg.): Wörterbuch Staat und Politik. Bonn, Bundeszentrale für politische Bildung, 521-527.
Kaase, Max (1999): Interpersonal Trust, Political Trust and Non-institutionalised Political Participation in Western Europe. In: West European Politics 22 (3), 1-21.
Kaase, Max (2000): Politische Beteiligung/Politische Partizipation. In: Andersen, Uwe und Richard Woyke (Hg.): Handwörterbuch des politischen Systems der Bundesrepublik Deutschland. Bonn, Bundeszentrale für politische Bildung, 473-478.
Kandzora, Gabriele (1996): Schule als vergesellschaftete Einrichtung: Heimlicher Lehrplan und politisches Lernen. In: Claußen, Bernhard und Rainer Geißler (Hg.): Die Politisierung des Menschen. Instanzen der politischen Sozialisation. Ein Handbuch. Opladen, Leske + Budrich, 71-89.
Kasemir, Helga (1997): Der Beitrag der Familie zur Bildung von Human- und Sozialkapital. In: Clar, Günter, Julia Dore und Hans Mohr (Hg.): Humankapital und Wissen Grundlagen einer nachhaltigen Entwicklung. Berlin, Springer, 117-122.
Kasten, Hartmut (1995): Einzelkinder - Aufwachsen ohne Geschwister. Berlin, Springer.
Keane, John (1998): Civil Society: Old Images, New Visions. Cambridge, Polity Press.
Kemper, Franz-Josef (2004): Regionale Disparitäten in Deutschland. Entwicklungsmuster sozialgeographischer Indikatoren in den 90er-Jahren. In: Eckart, Karl und Konrad Scherf (Hg.): Deutschland auf dem Weg zur inneren Einheit. Berlin, Duncker & Humblot, 311-330.
Keupp, Heiner (2000): Eine Gesellschaft der Ichlinge? Zum bürgerschaftlichen Engagement von Heranwachsenden. München, Sozialpädagogisches Institut im SOS-Kinderdorf e.V.
Kirlin, Mary (2003): The Role of Adolescent Extracurricular Activities in Adult Political Engagement. Circle Working Paper 02.
Klages, Helmut (1984): Wohlstandsgesellschaft und Anomie. In: Haferkamp, Hans (Hg.): Wohlfahrtsstaat und soziale Probleme. Wiesbaden, Westdeutscher Verlag, 6-30.
Klein, Ansgar (2001): Der Diskurs der Zivilgesellschaft. Politische Kontexte und demokratietheoretische Bezüge der neueren Begriffsverwendung. Opladen, Leske + Budrich.
Klein-Allermann, Elke, Klaus-Peter Wild, Manfred Hofer, Peter Noack und Bärbel Kracke (1995): Gewaltbereitschaft und rechtsextreme Einstellungen ost- und westdeutscher Jugendlicher als Folge gesellschaftlicher, familialer und schulischer Bedingungen. In: Zeitschrift für Entwicklungspsychologie und Pädagogische Psychologie 27 (3), 191-209.
Klingemann, Hans-Dieter (1999): Mapping Political Support in the 1990s: A Global Analysis. In: Norris, Pippa (Hg.): Critical Citizens. Global Support for Democratic Governance. Oxford, Oxford University Press
Knack, Stephen und Philip Keefer (1997): Does Social Capital Have an Economic Payoff? A Cross-Country Investigation. In: The Quarterly Journal of Economics 112 (4), 1251-1288.
Kohlberg, Lawrence (1984): The Psychology of Moral Development. The Nature and Validity of Moral Stages - Essays on Moral Development Volume II. San Francisco, Harper & Row.
Kohlberg, Lawrence und Elliot Turiel (1978): Moralische Entwicklung und Moralerziehung. In: Portele, Gerhard (Hg.): Sozialisation und Moral. Neuere Ansätze zur moralischen Entwicklung und Erziehung. Weinheim, Beltz Verlag, 13-80.

Koller, Michael (1997): Psychologie interpersonalen Vertrauens. Eine Einführung in theoretische Ansätze. In: Schweer, Martin (Hg.): Interpersonales Vertrauen. Theorien und empirische Befunde. Wiesbaden, Westdeutscher Verlag, 13-25.

Krause, Christina (1991): Familiale Sozialisation von Jungen und Mädchen in Ostdeutschland. In: Büchner, Peter und Heinz-Hermann Krüger (Hg.): Aufwachsen hüben und drüben. Deutsch-deutsche Kindheit und Jugend vor und nach der Vereinigung. Opladen, Leske + Budrich, 89-96.

Kreft, Gudrun (2000): Frühe Erfahrungen mit Beteiligung und Engagement. Freiwilligendienste im Kontext der übrigen Partizipationangebote für junge Menschen. In: Guggenberg, Bernd (Hg.): Jugend erneuert Gemeinschaft. Freiwilligendienste in Deutschland und Europa - eine Synopse. Baden-Baden, Nomos Verlagsgesellschaft, 202-213.

Krimmel, Iris (2000): Politische Beteiligung in Deutschland - Strukturen und Erklärungsfaktoren. In: Falter, Jürgen, Oscar W. Gabriel und Hans Rattinger (Hg.): Wirklich ein Volk? Die politischen Orientierungen von Ost- und Westdeutschen im Vergleich. Opladen, Leske + Budrich, 610-639.

Kromrey, Helmut (2000): Empirische Sozialforschung: Modelle und Methoden der standardisierten Datenerhebung und Datenauswertung. Opladen, Leske + Budrich.

Kuhn, Hans-Peter und Christine Schmid (2004): Politisches Interesse, Mediennutzung und Geschlechterdifferenz. Zwei Thesen zur Erklärung von Geschlechterunterschieden im politischen Interesse Jugendlicher. In: Hoffmann, Dagmar und Hans Merkens (Hg.): Jugendsoziologische Sozialisationstheorie. Weinheim etc., Juventa, 71-89.

Kulke, Christine (1996): Geschlechterverhältnis und politischer Aufbruch von Frauen: Wandlungsprozesse zwischen Herausforderungen und Verhinderungen. In: Claußen, Bernhard und Rainer Geißler (Hg.): Die Politisierung des Menschen. Instanzen der politischen Sozialisation. Ein Handbuch. Opladen, Leske + Budrich, 485-493.

Kulke, Christine (1998): Politische Sozialisation und Geschlechterdifferenz. In: Hurrelmann, Klaus und Dieter Ulrich (Hg.): Handbuch der Sozialisationsforschung. Weinheim, Beltz, 595-613.

Kunz, Eva (2003): Engagement im Transformationsprozess. Konturen bürgerschaftlichen Engagements in Brandenburg. In: Backhaus-Maul, Holger, Olaf Ebert, Gisela Jakob und Thomas Olk (Hg.): Bürgerschaftliches Engagement in Ostdeutschland. Potenziale und Perspektiven. Opladen, Leske + Budrich, 237-250.

Kunz, Volker und Oscar W. Gabriel (2000): Soziale Integration und politische Partizipation. Das Konzept des Sozialkapitals - ein brauchbarer Ansatz zur Erklärung politischer Partizipation? In: Druwe, Ulrich, Steffen Kühnel und Volker Kunz (Hg.): Kontext, Akteur und strategische Interaktion: Untersuchungen zur Organisation politischen Handelns in modernen Gesellschaften. Opladen, Leske + Budrich, 47-74.

Ladd, Everett Carll (1999): The Ladd report. New York, Free Press.

Ladd, Everrett Carll (1996): The data just don't show the erosion of American's social capital. In: Public Perspective 7 (4), 7-16.

Land: Valelly, Richard M. (1996): Unsolved Mysteries: The Tocqueville Files. Couch-Potato Democracy. In: The American Prospect 7 (25), 9-34.

Levi, Margaret (1993): Making Democracy Work: A Review. In: Comparative Political Studies 26 (3), 375-379.

Levi, Margaret (1996): Social and Unsocial Capital: A Review Essay of Robert Putnam's Making Democracy Work. In: Politics and Society 24 (1), 45-55.

Liebau, Eckart (1993): Pluralisierung der Jugendphase. In: Bendit, René, Gérard Mauger und Christian von Wolffersdorff (Hg.): Jugend und Gesellschaft. Deutsch-französische Forschungsperspektiven. Baden-Baden, Nomos Verlagsgesellschaft, 91-100.

Linssen, Ruth, Ingo Leven und Klaus Hurrelmann (2002): Wachsende Ungleichheit der Zukunftschancen? Familie, Schule und Freizeit als jugendliche Lebenswelten. In: Deutsche Shell (Hg.): Jugend 2002. 13. Shell Jugendstudie - Zwischen pragmatischem Idealismus und robustem Materialismus. Frankfurt am Main, Fischer Taschenbuch Verlag, 53-90.

Lipset, Seymour M. (1981): Political Man: The Social Bases of Politics. Baltimore, John Hopkins University Press.
Lösch, Hans (1993): Partizipation und Verweigerung: Aspekte der Verständigung über das Verhältnis Jugendlicher zur Politik. In: Bendit, René, Gérard Mauger und Christian von Wolffersdorff (Hg.): Jugend und Gesellschaft. Deutsch-französische Forschungsperspektiven. Baden-Baden, Nomos Verlagsgesellschaft, 195-201.
Loury, Glenn C. (1977): A Dynamic Theory of Racial Income Differences. In: Wallace, Phyllis A. und Annette M. LaMond (Hg.): Woman, minorities, and employment discrimination. Lexington, Heath, 153-188.
Loury, Glenn C. (1987): Why should we care about group inequality? In: Social Philosophy & Policy 5 (1), 249-271.
Luhmann, Niklas (1989): Vertrauen. Ein Mechanismus zur Reduktion sozialer Komplexität. Stuttgart, Ferdinand Enke Verlag.
Maloney, William A. (1999): Contracting out the participation function: social capital and chequebook participation. In: van Deth, Jan W., Marco Maraffi, Kenneth Newton und Paul F. Whiteley (Hg.): Social Capital and European Democracy. London, Routhledge, 108-119.
Mannheim, Karl (1965): Das Problem der Generation. In: Friedeburg, Ludwig von (Hg.): Jugend in der modernen Gesellschaft. Köln, Berlin, Kiepenhauer & Witsch, 23-48.
Mayr-Keffel, Verena (2002): Netzwerkbeziehungen und weibliche Lebenslagen. In: Hammer, Veronika und Ronald Lutz (Hg.): Weibliche Lebenslagen und soziale Benachteiligung. Frankfurt, New York, Campus Verlag, 66-85.
Meier, Bernd (1996): Sozialkapital in Deutschland. Eine empirische Skizze. Köln, Deutscher Instituts-Verlag.
Melzer, Wolfgang (1992): Jugend und Politik in Deutschland. Gesellschaftliche Einstellungen, Zukunftsorientierungen und Rechtsextremismus-Potential Jugendlicher in Ost- und Westdeutschland. Opladen, Leske + Budrich.
Metz, Edward und James Youniss (2003): A Demonstration that School-Based Required Service Does Not Deter, But Heightens, Volunteerism. In: Political Science & Politics 36 (2), 281-286.
Meulemann, Heiner (1996): Werte und Wertewandel. Zur Identität einer geteilten und wieder vereinten Nation. Weinheim etc., Juventa.
Möller, Kurt (2003): Gewalt und Rechtsextremismus als Phänomen von Jugendcliquen. In: Andresen, Sabine, Karin Bock, Micha Brumlik, Hans-Uwe Otto, Mathias Schmidt und Dietmar Sturzbecher (Hg.): Vereintes Deutschland - geteilte Jugend. Ein politisches Handbuch. Opladen, Leske + Budrich, 257-270.
Mouritsen, Per (2001): What's the Civil in Civil Society? Robert Putnam's Italian Republicanism. EUI Working papers in political and social science 4.
Mutz, Gerd und Irene Kühnlein (2003): Bürgerengagement und zivile Arbeitsgesellschaft - Perspektiven für West- und Ostdeutschland. In: Backhaus-Maul, Holger, Olaf Ebert, Gisela Jakob und Thomas Olk (Hg.): Bürgerschaftliches Engagement in Ostdeutschland. Potenziale und Perspektiven. Opladen, Leske + Budrich, 307-328.
Nauck, Berhard (2000): Soziales Kapital und intergenerative Transmission von kulturellem Kapital im regionalen Kontext. In: Bertram, Hans, Bernhard Nauck und Thomas Klein (Hg.): Solidarität, Lebensformen und regionale Entwicklung. Opladen, Leske + Budrich, 17-57.
Newton, Kenneth (1999a): Social and Political Trust in Established Democracies. In: Norris, Pippa (Hg.): Critical Citizens. Global Support for Democratic Governance. Oxford, Oxford University Press, 169-187.
Newton, Kenneth (1999b): Social Capital and Democracy in Modern Europe. In: van Deth, Jan W., Marco Maraffi, Kenneth Newton und Paul F. Whiteley (Hg.): Social Capital and European Democracy. London, Routhledge, 3-24.
Newton, Kenneth (2001a): Social Capital and Democracy. In: Edwards, Bob, Michael W. Foley und Mario Diani (Hg.): Beyond Tocqueville. Civil society and the social capital debate in comparative

perspective. Hanover, University Press of New England, 225-234.
Newton, Kenneth (2001b): Trust, social capital, civil society, and democracy. In: International Political Science Review 22 (2), 212-214.
Noelle-Neumann, Elisabeth (1996): Die deutsche Einheit gelingt - aber wann? Frankfurter Allgemeine Zeitung, 18. 12. 1996, 5.
Norris, Pippa (1996): Does television erode social capital? A reply to Putnam. In: Political Science and Politics 29 (3), 474-480.
Norris, Pippa (1999a): Introduction: The Growth of Critical Citizens? In: Norris, Pippa (Hg.): Critical Citizens. Global Support for Democratic Governance. Oxford, Oxford University Press, 1-27.
Norris, Pippa (1999b): Conclusions: The Growth of Critical Citizens and its Consequences. In: Norris, Pippa (Hg.): Critical Citizens. Global Support for Democratic Governance. Oxford, Oxford University Press, 257-272.
Nowotny, Thomas (2002): Markets, Democracy and Social Capital. In: Österreichische Zeitschrift für Politikwissenschaft 31 (2), 217-229.
Nunner-Winkler, Gertrud (1999): Moralische Integration. In: Soziale Integration. Kölner Zeitschrift für Soziologie und Sozialpsychologie Sonderheft (39), 293-319.
OECD (2001): The well-being of nations. The role of human and social capital. Paris, OECD.
Offe, Claus (2000): Wenn das Vertrauen fehlt. Demokratisierung ist nicht genug: Warum die Institutionen vor allem das politische Misstrauen der Staatsbürger entkräften müssen. In: Assheuer, Thomas und Werner A. Perger (Hg.): Was wird aus der Demokratie? Opladen, Leske + Budrich, 59-66.
Offe, Claus (2001): Wie können wir unseren Mitbürgern vertrauen? In: Hartmann, Martin und Claus Offe (Hg.): Vertrauen. Die Grundlage des sozialen Zusammenhalts. Frankfurt, New York, Campus, 241-294.
Offe, Claus und Susanne Fuchs (2001): Schwund des Sozialkapitals? Der Fall Deutschland. In: Putnam, Robert D. (Hg.): Gesellschaft und Gemeinsinn. Sozialkapital im internationalen Vergleich. Gütersloh, Verlag Bertelsmann Stiftung.
Olk, Thomas (1985): Zur Entstrukturierung der Jugendphase. In: Heid, Helmut Klafki Wolfgang (Hg.): Arbeit - Bildung - Arbeitslosigkeit. Weinheim, Beltz, 290-307.
Olsen, Marvin E. (1972): Social Participation and Voting Turnout: A Multivariate Analysis. In: American Sociological Review 37, 317-333.
Olson, Mancur (1992): Die Logik des kollektiven Handelns. Kollektivgüter und die Theorie der Gruppen. Tübingen, Mohr.
Ostrom, Elinor (1999): Die Verfassung der Allmende. Jenseits von Staat und Markt. Tübingen, Mohr.
Oswald, Hans und Christine Schmid (1999): Political Participation of young people in East Germany. In: Flockton, Chriss und Eva Kolinsky (Hg.): Recasting East Germany: Social Transformation after the GDR. London, Frank Cass, 147-164.
Palentien, Christian und Klaus Hurrelmann (1997): Veränderte Jugend - veränderte Formen der Beteiligung Jugendlicher? In: Palentien, Christian und Klaus Hurrelmann (Hg.): Jugend und Politik. Ein Handbuch für Forschung, Lehre und Praxis. Neuwied etc., Luchterhand, 11-30.
Petermann, Franz (1996): Psychologie des Vertrauens. Göttingen etc., Hogrefe.
Peuckert, Rüdiger (2001a): Norm, soziale. In: Schäfers, Bernhard (Hg.): Grundbegriffe der Soziologie. Opladen, Leske + Budrich, 255-259.
Peuckert, Rüdiger (2001b): Werte. In: Schäfers, Bernhard (Hg.): Grundbegriffe der Soziologie. Opladen, Leske + Budrich, 434-438.
Pharr, Susan J. und Robert D. Putnam (2000): Disaffected Democracies. What's troubling the Trilateral Countries? Princeton, Princeton University Press.
Pickel, Gerd (2002): Jugend und Politikverdrossenheit. Zwei politische Kulturen im Deutschland nach der Wiedervereinigung? Opladen, Leske + Budrich.
Pickel, Gerd und Dieter Walz (1997): Politikverdrossenheit in Ost- und Westdeutschland: Dimensionen und Auswirkungen. In: Politische Vierteljahresschrift 38, 27-49.

Picot, Sibylle (2001): Jugend und freiwilliges Engagement. In: Picot, Sibylle (Hg.): Freiwilliges Engagement in Deutschland. Freiwilligensurvey 1999. Ergebnisse der Repräsentativerhebung zu Ehrenamt, Freiwilligenarbeit und bürgerschaftlichem Engagement. Band 3: Frauen und Männer, Jugend, Senioren und Sport. Stuttgart, Kohlhammer, 111-208.

Portes, Alejandro (1998): Social Capital: Its origins and applications in modern sociology. In: Annual Review of Sociology 24, 1-24.

Portes, Alejandro und Patricia Landholt (1996): Unsolved Mysteries: The Tocqueville Files. The Downside of Social Capital. In: The American Prospect 7 (26), 18-21.

Putnam, Robert D. (1993): Making Democracy Work. Civic Traditions in Modern Italy. Princeton, Princeton University Press.

Putnam, Robert D. (1995a): Tuning In, Tuning Out: The Strange Disappearance of Social Capital in America. In: Political Science and Politics 28 (4), 664-683.

Putnam, Robert D. (1995b): Bowling Alone: America's Declining Social Capital. In: Journal of Democracy 6 (1), 65-78.

Putnam, Robert D. (1995c): Bowling Alone Revisited. In: The Responsive Community Spring, 18-33.

Putnam, Robert D. (1996a): The Strange Disappearance of Civic America. In: The American Prospect 7 (24), 34-48.

Putnam, Robert D. (1996b): Unsolved Mysteries: The Tocqueville Files. Robert Putnam Responds. In: The American Prospect 7 (25), 26-28.

Putnam, Robert D. (1996c): Symptome der Krise - Die USA, Europa und Japan im Vergleich. In: Weidenfeld, Werner (Hg.): Demokratie am Wendepunkt. Die demokratische Frage als Projekt des 21. Jahrhunderts. Berlin, Siedler Verlag, 52-80.

Putnam, Robert D. (1996d): Who killed civic America. In: Prospect März, 66-72.

Putnam, Robert D. (1999): Demokratie in Amerika am Ende des 20. Jahrhunderts. In: Graf, Friedrich Wilhem, Andreas Platthaus und Stephan Schleissing (Hg.): Soziales Kapital in der Bürgergesellschaft. Stuttgart etc., Kohlhammer, 21-70.

Putnam, Robert D. (2000): Bowling Alone. The Collapse and Revival of American Community. New York, London, Toronto Sydney, Singapore, Touchstone.

Putnam, Robert D. (2001a): Civic Disengagement in Contemporary America. In: Government and Opposition 36 (2), 135-156.

Putnam, Robert D. (2001b): Gesellschaft und Gemeinsinn. Sozialkapital im internationalen Vergleich. Gütersloh, Verlag Bertelsmann Stiftung.

Putnam, Robert D. (2002a): Soziales Kapital in der Bundesrepublik Deutschland und in den USA. In: Enquete-Kommission "Zukunft des Bürgerschaftlichen Engagements" Deutscher Bundestag (Hg.): Bürgerschaftliches Engagement und Zivilgesellschaft. Opladen, Leske + Budrich, 257-273.

Putnam, Robert D. (2002b): Bowling Together. The United States of America. In: The American Prospect 13 (3), 20-22.

Putnam, Robert D. und Kristin A. Goss (2001): Einleitung. In: Putnam, Robert D. (Hg.): Gesellschaft und Gemeinsinn. Sozialkapital im internationalen Vergleich. Gütersloh, Verlag Bertelsmann Stiftung, 15-43.

Ragnitz, Joachim (2002): Die Wirtschaft in Deutschland Ost und in Deutschland West. Von der wirtschaftlichen Vereinigung war weitgehend nur der Osten betroffen. In: Wehling, Hans-Georg (Hg.): Deutschland Ost - Deutschland West. Eine Bilanz. Opladen, Leske + Budrich, 222-236.

Reese-Schäfer, Walter (2000): Politische Theorie heute: neuere Tendenzen und Entwicklungen. München etc., Oldenbourg.

Reinders, Heinz (2001): Politische Sozialisation Jugendlicher in der Nachwendezeit: Forschungsstand, theoretische Perspektiven und empirische Evidenzen. Opladen, Leske + Budrich.

Reinhardt, Sibylle und Frank Tillmann (2001): Politische Orientierungen Jugendlicher. Ergebnisse und Interpretationen der Sachsen-Anhalt-Studie "Jugend und Demokratie". In: Aus Politik und Zeitgeschichte B 45, 3-13.

Ripperger, Tanja (1998): Ökonomik des Vertrauens. Tübingen, Mohr Siebeck.

Roberts, John Michael (2004): What's 'Social' about 'Social Capital'? In: The British Journal of Politics and International Relations 6 (4), 471-493.
Rosenberg, Morris J. (1954): Some Determinants of Political Apathy. In: Public Opinion Quarterly 18 (4), 349-366.
Rosenberg, Shawn W. (1988): The structure of political thinking. In: American Journal of Political Science 32 (3), 539-566.
Rosenbladt, Bernhard von (2001): Freiwilliges Engagement in Deutschland. Freiwilligensurvey 1999. Ergebnisse der Repräsentativerhebung zu Ehrenamt, Freiwilligenarbeit und bürgerschafltichem Engagement. Band 1: Gesamtbericht. Stuttgart, Kohlhammer.
Roßteutscher, Sigrid (2002): Vereine. In: Greiffenhagen, Martin (Hg.): Handwörterbuch zur politischen Kultur in der Bundesrepublik Deutschland. Wiesbaden, Westdeutscher Verlag, 614-619.
Roßteutscher, Sigrid und Jan W. van Deth (2002): Associations between Associations. The Structure of the Voluntary Association Sector. Mannheimer Zentrum für Europäische Sozialforschung - Working Papers 56.
Roth, Roland (2001): Besonderheiten des bürgerschaftlichen Engagements in den neuen Bundesländern. In: Aus Politik und Zeitgeschichte B39-40, 15-22.
Roth, Roland (2003): Chancen und Hindernisse bürgerschaftlichen Engagements in den neuen Bundesländern. In: Backhaus-Maul, Holger, Olaf Ebert, Gisela Jakob und Thomas Olk (Hg.): Bürgerschaftliches Engagement in Ostdeutschland. Potenziale und Perspektiven. Opladen, Leske + Budrich, 19-42.
Rothstein, Bo (2004): Social Capital in a Working Democracy. The Causal Mechanisms. In: Engelstad, Fedrik und Oyvind Osterud (Hg.): Power and Democracy. Critical Interventions. Hants, Ashgate, 101-127.
Rueschemeyer, Dietrich (1998): The Self-Organization of Society and Democratic Rule. Specifying the Relationship. In: Rueschemeyer, Dietrich, Marilyn Rueschemeyer und Björn Wittrock (Hg.): Participation and Democracy East and West. Comparisons and Interpretations. Armonk, Sharpe, 9-25.
Sabetti, Filippo (1996): Path Dependency and Civic Culture: Some Lessons Form Italy About Interpreting Social Experiments. In: Politics and Society 24 (1), 19-44.
Sander, Rudolf (2001): Jugend als Gegenstand von Wissenschaft und Forschung. In: Andersen, Uwe, Gotthart Breit, Peter Massing und Richard Woyke (Hg.): Jugend und Politik. Jugenddebatten, Jugendforschung, Jugendpolitik. Schwalbach, Wochenschau Verlag, 25-37.
Sapiro, Virginia (2004): Not Your Parents' Political Socialization: Introduction for a New Generation. In: Annual Review of Political Science 7, 1-23.
Schäfers, Bernhard (2001): Jugendsoziologie. Opladen, Leske + Budrich.
Schelsky, Helmut (1957): Die skeptische Generation: eine Soziologie der deutschen Jugend. Düsseldorf, etc., Diederichs.
Scheurer-Englisch, Hermann und Peter Zimmermann (1997): Vertrauensentwicklung in Kindheit und Jugend. In: Schweer, Martin (Hg.): Interpersonales Vertrauen. Theorien und empirische Befunde. Wiesbaden, Westdeutscher Verlag, 27-48.
Schlozman, Kay L., Sidney Verba und Henry E. Brady (1999): Civic Partizipation and the Equality Problem. In: Skocpol, Theda und Morris P. Fiorina (Hg.): Civic Engagement in American Democracy. Washington D.C., Brookings Insitution Press, 427-459.
Schmalz-Bruns, Rainer (1992): Die Konturen eines "neuen Liberalismus". Zur Debatte um Liberalismus, Kommunitarismus und Civil Society. In: PVS-Literatur 33 (4), 662-672.
Schmidt, Manfred G. (1995): Wörterbuch zur Politik. Stuttgart, Kröner.
Schmidt, Ralf (2001): Partizipation in Schule und Unterricht. In: Aus Politik und Zeitgeschichte B45, 24-30.
Schneekloth, Ulrich (2002): Demokratie, ja - Politik, nein? Einstellungen Jugendlicher zu Politik. In: Deutsche Shell (Hg.): Jugend 2002. 13. Shell Jugendstudie - Zwischen pragmatischem Idealismus und robustem Materialismus. Frankfurt am Main, Fischer Taschenbuch Verlag, 91-138.

Schneider, Helmut (1995): Politische Partizipation - zwischen Krise und Wandel. In: Hoffmann-Lange, Ursula (Hg.): Jugend und Demokratie in Deutschland. DJI-Jugendsurvey 1. Opladen, Leske + Budrich, 275-336.

Schneider, Herbert (2002): "Community Education"? - Bürgergesellschaft, soziales Kapital und kommunales Politikfeld Schule. In: Haus, Michael (Hg.): Bürgergesellschaft, soziales Kapital und lokale Politik. Theoretische Analysen und empirische Befunde. Opladen, Leske + Budrich, 314-327.

Schnell, Rainer, Paul B. Hill und Elke Esser (1999): Methoden der empirischen Sozialforschung. München etc., Oldenbourg.

Schöbel, Carolin (2002): Politische Sozialisation: Ost-/ Westdeutschland. In: Greiffenhagen, Martin (Hg.): Handwörterbuch zur politischen Kultur in der Bundesrepublik Deutschland. Wiesbaden, Westdeutscher Verlag, 447-450.

Schudson, Michael (1996): Unsolved Mysteries: The Tocqueville Files. What if Civic Life Didn't Die? In: The American Prospect 7 (25), 17-20.

Schuller, Tom, Stephen Baron und John Field (2000): Social Capital. A Review and Critique. In: Baron, Stephen, John Field und Tom Schuller (Hg.): Social Capital: Critical Perspectives. New York, Oxford University Press, 1-38.

Schultz, David A. (2002): The Phenomenology of Democracy. Putnam, Pluralism, and Voluntary Associations. In: McLean, Scott L., David A. Schultz und Manfred B. Steger (Hg.): Social capital. Critical Perspectives on community and "Bowling alone". New York, University Press, 74-98.

Schultze, Rainer-Olaf (2001): Partizipation. In: Nohlen, Dieter (Hg.): Kleines Lexikon der Politik. Bonn, Bundeszentrale für politische Bildung, 363-365.

Seligman, Adam B. (1997): The Problem of Trust. Princeton, Princeton University Press.

Selle, Per und Kristin Strømsnes (2001): Membership and democracy. In: Dekker, Paul und Eric M. Uslaner (Hg.): Social Capital and participation in everyday life. London, Routhledge, 134-147.

Shapiro, Robert Y. (2000): Book Review: Bowling alone. The Collapse and Revival of American Community by Robert D. Putnam. New York, Simon & Schuster, 2000. 384 pp. $ 26.00. In: Political Science Quarterly 115 (4), 618-620.

Siisiäinen, Martti (1999): Voluntary associations and social capital in Finland. In: van Deth, Jan W., Marco Maraffi, Kenneth Newton und Paul F. Whiteley (Hg.): Social Capital and European Democracy. London, Routhledge, 120-143.

Silbereisen, Rainer K., Laszlo A. Vaskovics und Jürgen Zinnecker (1996): Jungsein in Deutschland. Jugendliche und junge Erwachsene 1991 und 1996. Opladen, Leske + Budrich.

Skocpol, Theda (1996): Unsolved Mysteries: The Tocqueville Files. Unravelling From Above. In: The American Prospect 25 (7), 20-25.

Sliwka, Anne (2002): Service Learning an Schulen in Deutschland. Bericht über den Pilotversuch Verantwortung Lernen - Service Learning der Freudenberg Stiftung. Weinheim, Freudenberg Stiftung.

Smith, Elizabeth S. (1999a): The Effects of Investments in Social Capital of Youth on Political and Civic Behaviour in Young Adulthood. A Longitudinal Analysis. In: Political Psychology 20 (3), 553-580.

Smith, Elizabeth S. (1999b): Youth Voluntary Association Participation and Political Attitudes: A Quasi- Experimental Analysis. Atlanta, Annual Meeting of the American Political Science Association.

Smith, John C. (1957): Membership and Participation in Voluntary Associations. In: American Sociological Review, 315-326.

Speth, Rudolf und Ansgar Klein (2000): Demokratische Grundwerte in der pluralistischen Gesellschaft. Zum Zusammenspiel von politischen Verfahren und bürgerschaftlichem Engagement. In: Breit, Gotthard und Siegfried Schiele (Hg.): Werte in der politischen Bildung. Bonn, Bundeszentrale für politische Bildung, 30-55.

Staeck, Florian (1997): Beteiligung von Kindern und Jugendlichen in der Kommunalpolitik. In: Bühler, Theo (Hg.): Bürgerbeteiligung und Demokratie vor Ort. Bonn, Verlag Stiftung Mitarbeit, 99-111.

Staub, Erwin (1989): Individual and Societal (Group) Values in a Motivational Perspective and their Role in Benevolence and Harmdoing. In: Eisenberg, Nancy, Janusz Reykowski und Ervin Staub (Hg.): Social and Moral Values: Individual and Societal Perspectives. Hillsdale, Erlbaum, 45-61.

Stecher, Ludwig (2001): Die Wirkung sozialer Beziehungen. Empirische Ergebnisse zur Bedeutung sozialen Kapitals für die Entwicklung von Kindern und Jugendlichen. Weinheim etc., Juventa.

Stecher, Ludwig und Jürgen Zinnecker (2000): Gesellschaftliches Engagement Jugendlicher und junger Erwachsener: Einblicke in die Tradition der Shell Jugendstudien. In: Kuhn, Hans-Peter, Harald Uhlendorff und Lothar Krappmann (Hg.): Sozialisation zur Mitbürgerlichkeit. Opladen, Leske + Budrich, 133-150.

Stecher, Ludwig und Raimund Dröge (1996): Bildungskapital und Bildungsvererbung in der Familie. In: Silbereisen, Rainer K., Laszlo A. Vaskovics und Jürgen Zinnecker (Hg.): Jungsein in Deutschland. Jugendliche und junge Erwachsene 1991 und 1996. Opladen, Leske + Budrich, 331-348.

Stolle, Dietlind (1998): Bowling Together, Bowling Alone: The Development of Generalized Trust in Voluntary Associations. In: Political Psychology 19 (3), 497-525.

Stolle, Dietlind (2001a): "Getting to trust". An analysis of the importance of institutions, families, personal experience and group membership. In: Dekker, Paul und Eric M. Uslandr (Hg.): Social Capital and participation in everyday life. London, Routhedge, 118-133.

Stolle, Dietlind (2003): The Sources of Social Capital. In: Hooghe, Marc und Dietlind Stolle (Hg.): Generating Social Capital. Civil Society and Institutions in Comparative Perspective. New York, Palgrave Macmillan, 19-42.

Stolle, Dietlind und Marc Hooghe (2002): Preparing for the Learning School of Democracy. The Effects of Youth and Adolescent Involvement on Value Patterns and Participation in Adult Life - Paper. Turin, ECPR Joint Sessions.

Stolle, Dietlind und Marc Hooghe (2004): The Roots of Social Capital: Attitudinal and Network Mechanisms in the Relation between Youth and Adult Indicators of Social Capital. In: Acta Politica 39 (4), 422-441.

Sturm, Roland (1995): Nicht in einer Generation zu Erreichen. Die Angleichung der Lebensverhältnisse. In: Altenhof, Ralf und Eckhard Jesse (Hg.): Das wieder vereinigte Deutschland. Zwischenbilanz und Perspektiven. Düsseldorf, Droste, 191-218.

Sünker, Heinz (1996): Informelle Gleichaltrigen-Gruppen im Jugendalter und die Konstitution politischen Alltagsbewusstseins. In: Claußen, Bernhard und Rainer Geißler (Hg.): Die Politisierung des Menschen. Instanzen der politischen Sozialisation. Ein Handbuch. Opladen, Leske + Budrich, 101-111.

Swain, Nigel (2003): Social Capital and its Uses. In: European Journal of Sociology 44 (2), 185-212.

Sztompka, Piotr (1995): Vertrauen: Die fehlende Ressource in der Postkommunistischen Gesellschaft. In: Nedelmann, Birgitta (Hg.): Politische Institutionen im Wandel. Westdeutscher Verlag, 254-276.

Tarrow, Sidney (1996): Making Social Science Work across Space and Time: A Critical Reflection on Robert Putnam's Making Democracy Work. In: American Political Science Review 90 (2), 389-397.

Taylor, Michael (1989): Community, anarchy and liberty. Cambridge, Cambridge University Press.

Tenbruck, Friedrich H. (1965): Jugend und Gesellschaft. Soziologische Perspektiven. Freiburg, Rombach.

Tillmann, Klaus-Jürgen und Ulrich Meier (2001): Schule, Familie und Freunde - Erfahrungen von Schülerinnen und Schülern in Deutschland. In: Deutsches PISA-Konsortium (Hg.): PISA 2000 - Basiskompetenzen von Schülerinnen und Schülern im internationalen Vergleich. Opladen, Leske + Budrich, 468-510.

Tippelt, Rudolf und Manuela Pietraß (2001): Jugend und Gesellschaft - Etappen der Jugenddebatte in der Bundesrepublik Deutschland. In: Andersen, Uwe, Gotthart Breit, Peter Massing und Richard Woyke (Hg.): Jugend und Politik. Jugenddebatten, Jugendforschung, Jugendpolitik. Schwalbach, Wochenschau Verlag, 9-24.

Tocqueville, Alexis de ([1835]1962): Über die Demokratie in Amerika. Zweiter Teil. Stuttgart, Deutsche Verlagsanstalt.

Torney-Purta, Judith (2004): Adolescents' Political Socialization in Changing Contexts: An International Study in the Spirit of Nevitt Sanford. In: Political Psychology 25 (3), 465-478.
Torney-Purta, Judith, Rainer Lehmann, Hans Oswald und Wolfram Schulz (2001): Demokratie und Bildung in 28 Ländern. Politisches Verstehen und Engagement bei Vierzehnjährigen (IEA Civic Education Study). http://www2.rz.hu-berlin.de/empir_bf/kurzbericht.htm (Stand: 1. März 2005).
Uehlinger, Hans-Martin (1988): Politische Partizipation in der Bundesrepublik: Strukturen und Erklärungsmodelle. Wiesbaden, Westdeutscher Verlag.
Uhlendorff, Harald und Hans Oswald (2003): Freundeskreise und Cliquen im frühen Jugendalter. In: Berliner Zeitschrift für Soziologie 13 (2), 197-212.
Uslaner, Eric M. (1999): Morality plays: social capital and moral behaviour in Anglo-American democracies. In: van Deth, Jan W., Marco Maraffi, Kenneth Newton und Paul F. Whiteley (Hg.): Social Capital and European Democracy. London, Routhledge, 213-239.
Uslaner, Eric M. (2001): Volunteering and social capital. How trust and religion shape civic participation in the United States. In: Dekker, Paul und Eric M. Uslaner (Hg.): Social Capital and participation in everyday life. London, Routhledge, 104-117.
Uslaner, Eric M. (2002): The moral foundations of trust. New York, Cambridge University Press.
Uslaner, Eric M. und Paul Dekker (2001): The 'social' in social capital. In: Dekker, Paul und Eric M. Uslaner (Hg.): Social Capital and participation in everyday life. London, Routhledge, 176-187.
van Deth, Jan W. (1990): Interest in Politics. In: Jennings, M. Kent und Jan W. van Deth (Hg.): Continuities in Political Action. A Longitudinal Study of Political Orientations in Three Western Democracies. Berlin, Walter de Gruyter, 275-312.
van Deth, Jan W. (1996a): Politisches Interesse und Apathie in Europa. In: König, Thomas, Elmar Rieger und Hermann Schmitt (Hg.): Das europäische Mehrebenensystem. Frankfurt, Campus, 383-402.
van Deth, Jan W. (1996b): Voluntary Associations and Political Participation. In: Gabriel, Oscar W. und Jürgen F. Falter (Hg.): Wahlen und politische Einstellungen in westlichen Demokratien. Frankfurt, Lang, 389-411.
van Deth, Jan W. (1997a): Formen konventioneller politischer Partizipation: Eine neues Leben alter Dinosaurier? In: Gabriel, Oscar W. (Hg.): Politische Orientierungen und Verhaltensweisen im vereinigten Deutschland. Opladen, Leske + Budrich, 291-319.
van Deth, Jan W. (1997b): Introduction: Social involvement and democratic politics. In: van Deth, Jan W. (Hg.): Private Groups and Public Life: Social Participation, Voluntary Associations and Political Involvement in Representative Democracies. London, Routhledge, 1-23.
van Deth, Jan W. (2000): Das Leben, nicht die Politik ist wichtig. In: Niedermayer, Oskar und Bettina Westle (Hg.): Demokratie und Partizipation. Festschrift für Max Kaase. Wiesbaden, Westdeutscher Verlag, 115-135.
van Deth, Jan W. (2001a): Ein amerikanischer Eisberg. Sozialkapital und die Erzeugung politischer Verdrossenheit. In: Politische Vierteljahresschrift 42 (2), 275-281.
van Deth, Jan W. (2001b): Soziale und politische Beteiligung. Alternativen, Ergänzungen oder Zwillinge? In: Koch, Achim, Martina Wasmer und Peter Schmidt (Hg.): Politische Partizipation in der Bundesrepublik Deutschland. Empirische Befunde und theoretische Erklärungen. Opladen, Leske + Budrich, 195-219.
van Deth, Jan W. (2002): Sozialkapital/Soziales Vertrauen. In: Greiffenhagen, Martin (Hg.): Handwörterbuch zur politischen Kultur in der Bundesrepublik Deutschland. Wiesbaden, Westdeutscher Verlag, 575-579.
van Deth, Jan W. (2003a): Measuring Social Capital: Orthodoxies and Continuing Controversies. In: International Journal of Social Research Methodology 6 (1), 79-92.
van Deth, Jan W. (2003b): Vergleichende Politische Partizipationsforschung. In: Berg-Schlosser, Dirk und Ferdinand Müller-Rommel (Hg.): Vergleichende Politikwissenschaft. Opladen, Leske + Budrich, 167-187.

van Deth, Jan W. (2003c): Using Published Survey Data. In: Harkness, Janet A., Fons J. R. van den Vijver und Peter Ph. Mohler (Hg.): Cross-Cultural Survey Methods. Hoboken, Wiley-Interscience, 291-309.
van Deth, Jan W. und Elinor Scarbrough (1995): The Concept of Values. In: van Deth, Jan W. und Elinor Scarbrough (Hg.): The Impact of Values. Oxford, Oxford University Press, 21-47.
van Deth, Jan W. und Frauke Kreuter (1998): Membership of Voluntary Associations. In: van Deth, Jan W. (Hg.): Comparative Politics. The Problem of Equivalence. London, Routhledge, 135-155.
van Deth, Jan W. und Martin Elff (2004): Politicisation, economic development and political interest in Europe. In: European Journal of Political Research 43 (3), 477-508.
Veen, Hans-Joachim (1997): Die innere Einheit ist schon da. Frankfurter Allgemeine Zeitung, 1997, 11.
Verba, Sidney und Norman H. Nie (1972): Participation in America: Political Democracy and Social Equality. Chicago, University of Chicago Press.
Verba, Sidney, Kay Lehman Schlozman und Henry E. Brady (1995): Voice and Equality. Civic Voluntarism in American Politics. Cambridge etc., Harvard University Press.
Verba, Sidney, Norman H. Nie und Jae-On Kim (1980): Participation and Political Equality: A Seven-Nation Comparison. Cambridge, Cambridge University Press.
Warren, Mark E. (1999b): Democratic Theory and trust. In: Warren, Mark (Hg.): Democracy and trust. Cambridge, Cambridge University Press, 310-345.
Warren, Mark E. (2001): Democracy and Association. Princeton, NJ, Princeton University Press.
Wegmann, Jutta (2001): Verein. In: Schäfers, Bernhard (Hg.): Grundbegriffe der Soziologie. Opladen, Leske + Budrich, 412-414.
Weßels, Bernhard (1997): Organizing Capacity of Societies and Modernity. In: van Deth, Jan W. (Hg.): Private Groups and Public Life. Social Participation, Voluntary Associations and Political Involvement in Representative Democracies. London, Routhledge
Weßels, Bernhard (2001): Schlussbetrachtung: Einblicke - Ausblicke: Interessenvermittlung in der Demokratie. In: Zimmer, Anette und Bernhard Weßels (Hg.): Verbände und Demokratie in Deutschland. Opladen, Leske + Budrich, 101-120.
Weßels, Bernhard (2002): Wählen und politische Ungleichheit: Der Einfluss von individuellen Ressourcen auf das politische Angebot. In: Fuchs, Dieter, Edeltraud Roller und Bernhard Weßels (Hg.): Bürger und Demokratie in Ost und West. Studien zur politischen Kultur und zum politischen Prozess. Festschrift für Hans-Dieter Klingemann. Wiesbaden, Westdeutscher Verlag, 145-168.
Westle, Bettina (1992): Politische Partizipation. In: Gabriel, Oscar W. (Hg.): Die EG-Staaten im Vergleich. Wiesbaden, Westdeutscher Verlag, 135-171.
Whiteley, Paul F. (1999): The origins of social capital. In: van Deth, Jan W., Marco Maraffi, Kenneth Newton und Paul F. Whiteley (Hg.): Social Capital and European Democracy. London, Routhledge, 25-44.
Wiesendahl, Elmar (2001): Keine Lust mehr auf Parteien. Zur Abwanderung Jugendlicher von den Parteien. In: Aus Politik und Zeitgeschichte B10, 7-19.
Wilson, John (2000): Volunteering. In: Annual Review of Sociology 26 (1), 215-240.
Winter, Nicholas (2003): Social Capital, Civic Engagement and Positive Youth Development Outcomes. Paper prepared for the Edna McConnell Clark Foundation.
Wolfinger, Raymond E. und Steven J. Rosenstone (1980): Who Votes? New Haven, Yale University Press.
Wollebæk, Dag und Per Selle (2004): Passive Membership in Voluntary Organisations: Implications for Civil Society, Integration and Democracy. In: Prakash, Sanjeev und Per Selle (Hg.): Investigating Social Capital. Comparative Perspectives on Civil Society, Participation and Governance. New Delhi etc., Sage Publications, 235-256.
Wößmann, Ludger (2003): Familiärer Hintergrund, Schulsystem und Schülerleistungen im internationalen Vergleich. In: Aus Politik und Zeitgeschichte B21-22, 33-38.
Wuthnow, Robert (1996): Sharing the Journey. Support Groups and America's New Quest for Community. New York, Free Press.

Yates, Miranda und James E. Youniss (1999): Roots of civic identity. International perspectives on community service and activism in youth. Cambridge, Cambridge University Press.
Youniss, James (1994): Children's Friendship and Peer Culture: Implications for Theories of Networks and Support. In: Nestmann, Frank und Klaus Hurrelmann (Hg.): Social Networks and Social Support in Childhood and Adolescence. Berlin, New York, Walter de Gruyter, 75-88.
Youniss, James (2000): Die Entwicklung politischen Bewusstseins durch gemeinnützige Tätigkeiten und enge Beziehungen. In: Kuhn, Hans-Peter, Harald Uhlendorff und Lothar Krappmann (Hg.): Sozialisation zur Mitbürgerlichkeit. Opladen, Leske + Budrich, 281-288.
Youniss, James und Miranda Yates (1997): Community service and social responsibility in youth. Chicago, University of Chicago Press.
Zahlmann, Christel (1997): Kommunitarismus in der Diskussion. Eine streitbare Einführung. Hamburg, Rotbuch.
Zapf, Wolfgang (2000): Wie kann man die deutsche Wiedervereinigung bilanzieren? - Mannheimer Vorträge 5. Mannheim, Mannheimer Zentrum für europäische Sozialforschung.
Zengerle, Jason (1997): Investing in Social Capital. In: Swarthmore College Bulletin, 20-23.
Zierau, Johanna (2001): Genderperspektive - Freiwilligenarbeit, ehrenamtliche Tätigkeit und bürgerschaftliches Engagement bei Männern und Frauen. In: Picot, Sibylle (Hg.): Freiwilliges Engagement in Deutschland. Freiwilligensurvey 1999. Ergebnisse der Repräsentativerhebung zu Ehrenamt, Freiwilligenarbeit und bürgerschaftlichem Engagement. Band 3. Frauen und Männer, Jugend, Senioren und Sport. Stuttgart, Kohlhammer, 15-110.
Zimmer, Annette (1996): Vereine - Basiselement der Demokratie: Eine Analyse aus der Dritte-Sektor-Perspektive. Opladen, Leske + Budrich.
Zimmer, Annette (2002): Empirische Befunde zum bürgerschaftlichen Engagement in Deutschland. In: Enquete-Kommission "Zukunft des Bürgerschaftlichen Engagements" Deutscher Bundestag (Hg.): Bürgerschaftliches Engagement und Zivilgesellschaft. Opladen, Leske + Budrich, 89-100.
Zinnecker, Jürgen und Christiane Strzoda (1996): Freundschaft und Clique. Das informelle Netzwerk der Gleichaltrigen. In: Zinnecker, Jürgen und Rainer K. Silbereisen (Hg.): Kindheit in Deutschland. Aktueller Survey über Kinder und ihre Eltern. Weinheim etc., Juventa, 81-97.
Zinnecker, Jürgen und Rainer K. Silbereisen (1996): Kindheit in Deutschland. Aktueller Survey über Kinder und ihre Eltern. Weinheim etc., Juventa.
Zinnecker, Jürgen und Werner Georg (1996): Soziale Interaktion in der Familie und ihre Wirkungen auf Schuleinstellung und Schulerfolg der Kinder. In: Zinnecker, Jürgen und Rainer K. Silbereisen (Hg.): Kindheit in Deutschland. Weinheim etc., Juventa, 303-315.
Zmerli, Sonja (2002): The Empirical Relevance of Bonding and Bridging Social Capital. An East-West German Comparison. Paper presented at the Annual Meeting of the American Political Science Association.